INTRODUÇÃO AO ESTUDO DO DIREITO

O GEN | Grupo Editorial Nacional – maior plataforma editorial brasileira no segmento científico, técnico e profissional – publica conteúdos nas áreas de concursos, ciências jurídicas, humanas, exatas, da saúde e sociais aplicadas, além de prover serviços direcionados à educação continuada.

As editoras que integram o GEN, das mais respeitadas no mercado editorial, construíram catálogos inigualáveis, com obras decisivas para a formação acadêmica e o aperfeiçoamento de várias gerações de profissionais e estudantes, tendo se tornado sinônimo de qualidade e seriedade.

A missão do GEN e dos núcleos de conteúdo que o compõem é prover a melhor informação científica e distribuí-la de maneira flexível e conveniente, a preços justos, gerando benefícios e servindo a autores, docentes, livreiros, funcionários, colaboradores e acionistas.

Nosso comportamento ético incondicional e nossa responsabilidade social e ambiental são reforçados pela natureza educacional de nossa atividade e dão sustentabilidade ao crescimento contínuo e à rentabilidade do grupo.

MARÇAL JUSTEN FILHO

INTRODUÇÃO AO ESTUDO DO DIREITO

2ª edição revista, atualizada e ampliada

- O autor deste livro e a editora empenharam seus melhores esforços para assegurar que as informações e os procedimentos apresentados no texto estejam em acordo com os padrões aceitos à época da publicação, e todos os dados foram atualizados pelo autor até a data de fechamento do livro. Entretanto, tendo em conta a evolução das ciências, as atualizações legislativas, as mudanças regulamentares governamentais e o constante fluxo de novas informações sobre os temas que constam do livro, recomendamos enfaticamente que os leitores consultem sempre outras fontes fidedignas, de modo a se certificarem de que as informações contidas no texto estão corretas e de que não houve alterações nas recomendações ou na legislação regulamentadora.

- Fechamento desta edição: *22.01.2021*

- O Autor e a editora se empenharam para citar adequadamente e dar o devido crédito a todos os detentores de direitos autorais de qualquer material utilizado neste livro, dispondo-se a possíveis acertos posteriores caso, inadvertida e involuntariamente, a identificação de algum deles tenha sido omitida.

- **Atendimento ao cliente: (11) 5080-0751 | faleconosco@grupogen.com.br**

- Direitos exclusivos para a língua portuguesa
  Copyright © 2021 by
  Editora Forense Ltda.
  Uma editora integrante do GEN | Grupo Editorial Nacional
  Travessa do Ouvidor, 11 – Térreo e 6º andar
  Rio de Janeiro – RJ – 20040-040
  www.grupogen.com.br

- Reservados todos os direitos. É proibida a duplicação ou reprodução deste volume, no todo ou em parte, em quaisquer formas ou por quaisquer meios (eletrônico, mecânico, gravação, fotocópia, distribuição pela Internet ou outros), sem permissão, por escrito, da Editora Forense Ltda.

- Capa: Fabricio Vale

- A partir da 2ª edição essa obra passou a ser publicada pela Editora Forense.

- **CIP – BRASIL. CATALOGAÇÃO NA FONTE.
  SINDICATO NACIONAL DOS EDITORES DE LIVROS, RJ.**

J97i
Justen Filho, Marçal, 1955-

Introdução ao Estudo do Direito / Marçal Justen Filho. – 2. ed. – Rio de Janeiro: Forense, 2021.

Inclui bibliografia e índice
ISBN 978-65-596-4055-3

1. Direito – Estudo e ensino. 2. Direito – Brasil. 3. Formação profissional – Brasil. I. Título.

21-69362 CDU: 340.11

Camila Donis Hartmann – Bibliotecária – CRB-7/6472

Para Monica,
que teve a ideia e com quem experimento o eterno retorno
("Live so that you can will your entire life to recur infinitely").

Para Marçal Neto e Augusta, com o meu eterno amor
e mais aquilo que eu puder.

Para Lucas, que o meu ponto de chegada
seja o teu ponto de partida!

APRESENTAÇÃO

Iniciei a minha atividade de docência na disciplina de Introdução ao Estudo do Direito. Depois, lecionei muitas outras matérias: Direito Comercial, Direito Tributário, Direito Econômico. Retorno agora à Introdução ao Estudo do Direito. Trago comigo a experiência como doutrinador e como advogado. Tenho a ilusão (pretensão?) de que isso me permite identificar aquilo que é essencial para conhecer e compreender o Direito.

Esse livro reflete essa longa experiência de mais de quarenta anos no mundo do Direito. Ele é orientado pelo método pragmático, que reconhece a ausência de pressupostos imutáveis e intocáveis do conhecimento, a contextualização das experiências e a relevância das consequências para as decisões (individuais, inclusive).

Por isso, os temas foram escolhidos e examinados segundo uma previsão de utilidade para aquele que inicia o estudo do Direito. Todas as exposições destinam-se a servir ao desenvolvimento posterior do conhecimento e da compreensão do Direito.

O livro tem um compromisso com o pragmatismo e com o existencialismo. Reconhece o Direito como uma experiência concreta relacionada com a realização de valores. Mas isso não dispensou uma análise mais aprofundada do pensamento kelseniano. A concepção do Direito Promocional de Bobbio foi objeto de tratamento detalhado.

Por outro lado, a obra preocupou-se com a contemporaneidade. Apontou a complexidade da separação de poderes no Brasil. Não é possível compreender o Direito brasileiro sem considerar a existência do Tribunal de Contas, do Ministério Público e das agências reguladoras independentes. A atuação inovadora do Poder Judiciário é inegável, especialmente no âmbito do Supremo Tribunal Federal. O texto faz referência a diversos julgados, alguns deles muito recentes, que evidenciam a dimensão normativa da jurisprudência.

Esse livro buscou equilíbrio entre temas de Direito Público e de Direito Privado. Esse é um desafio de uma disciplina introdutória. Em primeiro lugar, a constitucionalização do Direito exige o domínio dos fundamentos da Constituição Federal e das concepções nela cristalizadas. Isso envolve inclusive o exame da distinção entre princípios e regras, tal como as concepções sobre a eficácia e a aplicabilidade das normas constitucionais. Houve uma breve abordagem sobre os direitos fundamentais.

Também foram examinados os temas básicos de Direito Privado, sem os quais é impossível levar avante qualquer conhecimento – tal como personalidade jurídica, relação jurídica e posições jurídicas.

Outro aspecto da exposição se relacionou com a interpretação e aplicação do Direito. O livro adotou uma concepção fundada no pensamento propriamente hermenêutico, vinculado a Dilthey, Heidegger e Gadamer. A obra, em seu conjunto, incorporou a concepção do círculo hermenêutico e da pré-compreensão do intérprete. Os chamados "métodos hermenêuticos" foram objeto de exposição nesse contexto. Por outro lado, tomou-se em vista advertência de Tércio Sampaio Ferraz Júnior no sentido de que a dogmática jurídica é uma arquitetônica de modelos e que cada doutrinador constrói o próprio modelo doutrinário. Também foi feito um exame mais detalhado sobre a aplicação do Direito, especialmente no tocante ao princípio da proporcionalidade.

Cada capítulo é acompanhado de um vídeo, acessível por meio de *Qr-code*, contendo uma exposição sumária sobre temas examinados.

Ao final de cada capítulo, há um resumo, com os tópicos principais examinados e um pequeno questionário, destinado a estabelecer um diálogo com o leitor.

Para apoio didático, houve a elaboração de sumários de *power point* relativamente aos temas versados em cada capítulo. Essa é mais uma ferramenta relevante para a comunicação entre professor e alunos, especialmente nessas épocas de ensino à distância.

O livro foi escrito a propósito da situação atual, em que o estudo à distância tem prevalecido. Destina-se a fornecer um texto para leitura do aluno, permitindo atividades distintas durante a videoaula.

Em termos pessoais, esse livro foi um reencontro com a disciplina de Introdução ao Estudo do Direito e com a condição de colaborador com aqueles que se iniciam no Direito. A sua elaboração foi sugerida por minha esposa, Monica, que foi minha aluna em 1988, na Faculdade de Direito da Universidade Federal do Paraná. Naqueles dias, nós não sabíamos que os nossos caminhos se entrelaçariam e que, um dia, voltaríamos à Introdução ao Estudo do Direito.

Por isso, essa obra é dedicada para a Monica. Também para o Lucas, nosso filho, que cursa a Faculdade de Direito. Espero que o livro seja útil para ele e para muitos outros. Também se espera que essa obra auxilie professores da disciplina. Com intuito de facilitar o processo de aprendizagem foi disponibilizado material de apoio que contém vídeos e *slides*.

Esse livro não seria possível sem a colaboração da Monica, do Lucas e de Juliane Erthal de Carvalho, que tem me acompanhado há muitos anos. Sempre com total dedicação e competência. O Marçal Neto ajudou enormemente. Agradeço a todos eles.

Brasília, fevereiro 2021.

Marçal Justen Filho

SUMÁRIO

Capítulo I
A experiência individual quanto ao "Direito"

I.1 – A avaliação intuitiva quanto a limites à ação	1
I.1.1 – O conhecimento generalizado do Direito	1
I.1.2 – Os "meus direitos", a "Constituição", o "Código de Defesa do Consumidor"	1
I.1.3 – As autoridades formais	1
I.1.4 – Os diferentes usos da palavra "Direito"	2
I.2 – A restrição à autonomia da conduta do ser humano	2
I.3 – A "heteronomia": o efeito vinculante	2
I.4 – A admissão do uso da força	2
I.5 – A produção contínua de novas determinações	3
I.6 – O Direito como parte da existência humana	3
I.7 – Comportamento e conduta do ser humano	3
I.7.1 – Ser humano e atuação "animal": a dimensão puramente externa	3
I.7.2 – Ser humano, consciência e vontade: a dimensão interna	4
I.8 – As "dimensões" do ser humano?	4
I.8.1 – Ser humano como integralidade complexa	4
I.8.2 – O aspecto animal	4
I.8.3 – O aspecto racional	4
I.8.4 – O aspecto "valorativo"	5
I.9 – A ideia de "finalidade"	5
I.9.1 – A atuação humana e a identificação de fins	5
I.9.2 – A tomada de consciência quanto à pluralidade de fins diversos	5
I.9.3 – A escolha entre os diversos fins	5
I.9.4 – A escolha "consciente" entre os diversos fins	5
I.10 – A ideia de "valor"	6
I.11 – A complexidade do processo de valoração	6
I.12 – Pensar, entender e compreender	6
I.13 – Valorações subjetivas e objetivação dos valores	7
I.14 – A "objetivação" das escolhas: o "valor"	7
I.15 – "O homem é a medida de todas as coisas"?	7
I.16 – A intervenção humana	7

INTRODUÇÃO AO ESTUDO DO DIREITO • *Marçal Justen Filho*

I.16.1 – A realização concreta de valores e a alteração do mundo 8

I.16.2 – As realizações "positivas" e "negativas" 8

I.16.3 – A interferência entre os seres humanos 8

Resumo 8

Caso prático 9

Questões 9

Capítulo II

Leis naturais e leis jurídicas

II.1 – Natureza: as relações de causalidade (mundo do ser) 11

II.1.1 – Os fenômenos da natureza e sua relação de causa e efeito 11

II.1.2 – A complexidade das relações de causa e efeito e sua dimensão infinita 11

II.1.3 – A Lei Natural 12

II.1.4 – O conceito de "ser" 12

II.2 – Humanidade: as relações de imputação (mundo do dever ser) 12

II.2.1 – A intervenção humana e a instrumentalização das relações de causa e efeito 12

II.2.2 – Os objetos culturais: produção humana para realizar valores 13

II.2.3 – Objetos culturais imateriais 13

II.2.4 – A introdução de uma "causalidade artificial": a imputação 13

II.2.5 – O Direito e sua natureza prescritiva 13

II.2.6 – O conceito de "dever ser" 13

II.2.7 – O dever ser "axiológico" (em vista de valores) 14

II.2.8 – O dever ser "lógico": a imposição normativa 14

II.2.9 – A relação de imputação 14

II.3 – O pressuposto fundamental do Direito: a "não submissão à causalidade" 15

II.3.1 – A pluralidade de alternativas em vista das circunstâncias 15

II.3.2 – A capacidade de escolha entre as alternativas 15

II.4 – O direito como uma imposição à conduta humana ("livre"?) 16

II.4.1 – A restrição à autonomia de escolha 16

II.4.2 – A criação de uma "causalidade artificial" 16

II.4.3 – As alternativas "impositivas" 16

II.4.4 – A conduta proibida 16

II.4.5 – A conduta obrigatória 16

II.4.6 – A conduta permitida 17

Resumo 17

Caso prático 17

Questões 17

Capítulo III
Normas de conduta

III.1 – A ideia de "controle da conduta humana" 19

    III.1.1 – A redução (eliminação?) da autonomia de escolha 19

    III.1.2 – A interferência (em graus variáveis) sobre a conduta humana 19

    III.1.3 – O fenômeno do "poder" 20

    III.1.4 – A repressão como fundamento da Civilização (Sigmund Freud) 20

III.2 – A consagração de sistemas de controle da conduta humana 21

    III.2.1 – A variação quanto aos fins buscados 21

    III.2.2 – A diversa abrangência de cada sistema 21

III.3 – Regras técnicas e regras éticas 22

III.4 – Regras técnicas: como atingir resultados materiais 22

    III.4.1 – O utilitarismo e a eficiência econômica 22

    III.4.2 – A infração e o sancionamento 22

III.5 – Regras de etiqueta 22

    III.5.1 – Padrões de conduta humana externa 22

    III.5.2 – Questões de higiene e convivência superficial 23

    III.5.3 – O sancionamento: o ostracismo 23

III.6 – Regras éticas (em sentido amplíssimo) 23

III.7 – Regras éticas religiosas 23

    III.7.1 – A vinculação a uma entidade transcendente (divindade) 23

    III.7.2 – A revelação divina das normas 23

    III.7.3 – A entificação de "Bem" e "Mal" ("diabo") 23

    III.7.4 – O sancionamento relacionado com a órbita religiosa (terrena e extra-terrena) 24

III.8 – Regras ética não religiosas "puras" 24

    III.8.1 – A realização do Bem como valor autônomo 24

    III.8.2 – A dimensão interna da conduta e do sancionamento: remorso e redenção 24

    III.8.3 – A adesão espontânea (a autonomia) 24

    III.8.4 – A questão da "morte de deus" (Friedrich Nietzsche) 25

III.9 – Regras de Direito (jurídicas) 25

    III.9.1 – A realização de valores de interesse coletivo 25

    III.9.2 – A disciplina da conduta externa 25

    III.9.3 – A disciplina da conduta intersubjetiva 25

    III.9.4 – A dimensão externa da infração e do sancionamento 26

    III.9.5 – A existência de uma organização externa para avaliação das infrações e sua punição 26

Resumo 26

Caso prático 27

Questões 27

Capítulo IV

A distinção entre Direito Natural e Direito Positivo

IV.1 – O contexto histórico e o surgimento da distinção... 29

IV.2 – A concepção monista (unitária) do mundo: a universalização da Natureza......... 30

    IV.2.1 – A ausência de distinção entre a Natureza e o Ser Humano...................... 30

    IV.2.2 – A pluralidade de concepções sobre o Direito Natural............................. 30

    IV.2.3 – O reconhecimento da existência de Leis Universais (disciplinando a Natureza e a conduta humana).. 30

    IV.2.4 – A eventual dificuldade em "descoberta" das Leis Jurídicas Naturais........ 30

    IV.2.5 – Direito Natural e valores 30

    IV.2.6 – Definição... 31

IV.3 – A concepção existencial pluralista.. 31

    IV.3.1 – O reconhecimento da distinção entre Natureza e órbita humana............ 31

    IV.3.2 – A natureza descritiva das chamadas "leis da Natureza" 31

    IV.3.3 – A natureza prescritiva e "inovadora" das normas de conduta 31

IV.4 – O reconhecimento da autonomia inovadora do ser humano............................... 31

    IV.4.1 – A intervenção do ser humano sobre o mundo e seus reflexos............... 32

    IV.4.2 – A realização dos valores e a imposição de exigências inovadoras 32

IV.5 – A concepção "positivista" do mundo (séc. XIX) 32

    IV.5.1 – O positivismo e o prestígio à comprovação empírica da realidade......... 32

    IV.5.2 – A negação da existência de objetos não comprováveis "cientificamente"..... 32

    IV.5.3 – A afirmação da existência exclusiva do "Direito Positivo"...................... 32

IV.6 – A superação da distinção: a recondução do Direito Positivo a limites................. 33

    IV.6.1 – A constatação da insuficiência das concepções positivistas..................... 33

    IV.6.2 – O relativismo científico.. 33

    IV.6.3 – A afirmação de "direito positivo inumano": Julgamentos de Nuremberg.... 33

IV.7 – A atualização da distinção: conquistas civilizatórias irredutíveis........................... 33

    IV.7.1 – A evolução civilizatória e a objetivação absoluta de valores 33

    IV.7.2 – O núcleo dos valores fundamentais: a proteção à dignidade humana 34

    IV.7.3 – A inviabilidade da aceitação de imposições infringentes de valores consagrados como inerentes à Civilização 34

    IV.7.4 – Uma certa forma de "Direito Natural evolutivo" 34

    IV.7.5 – Ainda a superação da distinção.. 34

IV.8 – A exigência da "vedação ao retrocesso" 34

    IV.8.1 – A adoção de postulados normativos "positivos" vedando a supressão de regras inerentes à Civilização 35

    IV.8.2 – A rejeição da sobreposição das circunstâncias a valores fundamentais ... 35

Resumo 35

Caso prático 36

Questões.. 36

SUMÁRIO | **XIII**

Capítulo V
Análise do Direito sob o prisma estrutural

V.1 – A discussão sobre o que o Direito "é"	37
V.2 – A multiplicidade das concepções sobre a natureza do Direito	37
V.3 – O Direito como fato social	37
V.3.1 – Concepções sociológicas	38
V.3.2 – O Direito é aquilo praticado concretamente pela sociedade	38
V.3.3 – As concepções "realistas": os diversos realismos	38
V.3.4 – O realismo "fático"	38
V.3.5 – O realismo "jurisprudencial"	38
V.3.6 – Síntese	38
V.4 – O Direito como valor	39
V.4.1 – Concepções éticas	39
V.4.2 – O Direito é aquilo que se configura como Justo	39
V.4.3 – A dimensão secundária da intervenção estatal	39
V.4.4 – A irrelevância da "forma" (Constituição, lei, sentença...)	39
V.4.5 – Síntese	39
V.5 – O Direito como norma	40
V.5.1 – Concepções formais	40
V.5.2 – A irrelevância da experiência social	40
V.5.3 – A irrelevância dos valores	40
V.5.4 – Síntese	40
V.6 – A teoria tridimensional do Direito (Miguel Reale)	40
V.6.1 – A dimensão fática do Direito	41
V.6.2 – A dimensão axiológica do Direito	41
V.6.3 – A dimensão normativa do Direito	41
V.6.4 – A unidade indissociável	41
V.7 – O Direito como "experiência existencial"	41
V.7.1 – O Direito não se confunde com o texto da Lei	41
V.7.2 – O Direito não se confunde com o conhecimento das condutas praticadas	42
V.7.3 – O Direito não está nos livros	42
V.7.4 – O Direito não é algo simplesmente pensado (como os números)	42
V.7.5 – O Direito é uma "experiência na vida real": a existência e o Direito	42
Resumo	42
Caso prático	43
Questões	43

Capítulo VI
Análise do Direito sob o prisma funcional

VI.1 – A discussão sobre a função do Direito: "para que serve o Direito?"	45
VI.1.1 – Qual a finalidade buscada pelo Direito	45
VI.1.2 – O Direito e sua relação com o poder	45
VI.2 – Direito e sociedade	45

VI.2.1 – A dimensão social do Ser Humano	46
VI.2.2 – A convivência entre seres humanos como alternativa inafastável	46
VI.2.3 – As relações intersubjetivas e os conflitos de interesses	46
VI.2.4 – A questão da determinação da prevalência de interesses em conflito	46
VI.3 – Direito e violência	46
VI.3.1 – A violência (física) como forma de conjugação da existência	47
VI.3.2 – A incompatibilidade da violência como solução para a coexistência	47
VI.3.3 – O Direito como instrumento de promoção da paz social	47
VI.3.4 – O Direito como instrumento para alteração da realidade	47
VI.4 – Direito e Estado	48
VI.4.1 – As diversas teorias sobre o surgimento do Estado	48
VI.4.2 – A absorção pelo Estado de recursos e soluções para realização de atividades de interesse coletivo	48
VI.5 – Ainda Direito e poder	48
VI.5.1 – O Estado moderno: a aspiração ao monopólio estatal da violência	48
VI.5.2 – O Direito como instrumento para controlar as condutas	48
VI.5.3 – A inexistência de modelos únicos no tempo e no espaço	49
VI.6 – As diversas concepções políticas: amplitude e finalidade do Direito	49
VI.6.1 – A dificuldade na afirmativa de uma solução "correta"	49
VI.6.2 – A concepção estática do Estado de Polícia do séc. XIX	49
VI.6.3 – A concepção marxista	49
VI.6.4 – A concepção do Estado de Bem-Estar Social	50
VI.6.5 – A concepção neoliberal	50
VI.6.6 – A concepção reguladora	51
VI.7 – Alteração da concepção de Estado e da participação privada	51
VI.7.1 – A dinâmica da realidade e os reflexos sobre o Direito	51
VI.7.2 – A contraposição entre Estado e sociedade civil	51
VI.7.3 – O desenvolvimento de um terceiro setor	52
VI.7.4 – A "insuficiência" do Estado e seus reflexos sobre o Direito	52
VI.8 – Conclusão	52
VI.8.1 – O Direito é um instrumento de intervenção	52
VI.8.2 – As concepções políticas determinam a função do Direito	53
VI.8.3 – A evolução rumo à cooperação?	53
Resumo	53
Caso prático	54
Questões	54

Capítulo VII

As teorias sobre separação de poderes

VII.1 – Os pressupostos da teoria	55
VII.1.1 – O Estado é investido de funções de diversa natureza	55

SUMÁRIO | **XV**

VII.1.2 – A concentração das funções propicia o abuso 55

VII.1.3 – A separação de funções produz o fracionamento do poder estatal 56

VII.1.4 – A vedação à acumulação de funções de natureza diversa 56

VII.1.5 – A atribuição de cada função a uma estrutura organizacional estatal
diversa (poder estatal) 56

VII.1.6 – Finalidade de controle: "checks and balances" (freios e contrapesos).... 56

VII.1.7 – Finalidade de eficiência: especialização 56

VII.2 – A teoria tradicional e o cenário simplista 56

VII.3 – A disciplina do tema no Brasil 57

VII.3.1 – A independência e a harmonia 57

VII.3.2 – A organização constitucional dos Poderes 57

VII.3.3 – A estrutura constitucional do Poder Executivo 57

VII.3.4 – A estrutura constitucional do Poder Legislativo 57

VII.3.5 – A estrutura constitucional do Poder Judiciário 58

VII.4 – As funções principais e as funções atípicas 58

VII.4.1 – As funções do Poder Executivo 58

VII.4.2 – As funções do Poder Legislativo 58

VII.4.3 – As funções do Poder Judiciário 59

VII.5 – Evolução civilizatória e alterações marcantes 59

VII.5.1 – O controle de constitucionalidade 59

VII.5.2 – A ampliação das funções jurisdicionais 60

VII.5.3 – A ampliação da abrangência da jurisdição 60

VII.5.4 – A ampliação das funções administrativas 60

VII.5.5 – O surgimento de estruturas estatais "independentes" 61

VII.5.6 – A produção de normas pela Administração Pública 61

VII.5.7 – Desempenho de funções "estatais" por particulares 61

VII.6 – Síntese 61

Resumo 62

Caso prático 63

Questões 63

Capítulo VIII

Norma jurídica

VIII.1 – A evolução dinâmica do conceito de norma jurídica 65

VIII.1.1 – A variação no tempo e no espaço 65

VIII.1.2 – A identificação do Direito com outras ordens de controle de conduta.... 65

VIII.1.3 – A variação quanto ao modo de produção do Direito 66

VIII.1.4 – Os reflexos sobre o conceito de norma jurídica 66

VIII.1.5 – A multiplicidade e heterogeneidade de figuras 66

VIII.2 – A identificação da norma jurídica em face de outros conceitos 66

VIII.2.1 – Norma jurídica e lei 66

VIII.2.2 – Norma jurídica, lei e texto legislativo 67

VIII.2.3 – Norma jurídica: objeto imaterial, cultural e heterônomo 67

VIII.3 – As normas jurídicas: enfoque contemporâneo 67

VIII.3.1 – Provimento 67

VIII.3.2 – A integração em um ordenamento jurídico 67

VIII.3.3 – A tutela estatal 67

VIII.3.4 – A disciplina da conduta intersubjetiva 68

VIII.3.5 – O provimento bilateral ou plurilateral 68

VIII.3.6 – Atributividade 69

VIII.4 – Algumas características eventuais 69

VIII.4.1 – Generalidade e abstração 69

VIII.4.2 – Coercitividade ou não 69

VIII.4.3 – A previsão de uma sanção 69

VIII.5 – A classificação das normas jurídicas 70

VIII.5.1 – Ainda a heterogeneidade das normas 70

VIII.5.2 – A utilidade das classificações 70

VIII.6 – A classificação de Kelsen 70

VIII.6.1 – Normas primárias: dispõem sobre a sanção 70

VIII.6.2 – Normas secundárias: dispõem sobre outros temas 71

VIII.7 – A classificação de Herbert L. A. Hart 71

VIII.7.1 – Normas primárias: dispõem sobre a conduta intersubjetiva 71

VIII.7.2 – Normas secundárias: dispõem sobre as normas primárias 71

VIII.7.3 – Normas de reconhecimento 71

VIII.7.4 – Normas de atribuição de competência jurisdicional 72

VIII.7.5 – Normas de câmbio normativo 72

VIII.8 – As normas jurídicas de estrutura e de conduta 72

VIII.9 – As normas de estrutura 73

VIII.9.1 – Organização do Estado 73

VIII.9.2 – Instituição e disciplina de competências estatais 73

VIII.9.3 – Instituição e disciplina da competência para aplicar normas e sanções ... 73

VIII.9.4 – Outros temas 73

VIII.10 – A distinção entre princípios e regras 73

Resumo 74

Caso prático 74

Questões 75

Capítulo IX

Espécies de normas jurídicas: princípios e regras

IX.1 – O nível de abstração e generalidade das normas constitucionais 77

IX.1.1 – A abstração e a generalidade e o mundo real 77

IX.1.2 – As normas infraconstitucionais menos abstratas e gerais 78

SUMÁRIO | **XVII**

IX.1.3 – A questão da eficácia vinculante da Constituição 78

IX.1.4 – A diferenciação entre "princípios" e "regras" 78

IX.2 – Os princípios 78

    IX.2.1 – A baixa densidade normativa 79

    IX.2.2 – A elevada densidade axiológica 79

    IX.2.3 – A pluralidade de princípios e a sua contraposição 79

    IX.2.4 – A conflituosidade inerente entre os princípios e a sua validade 80

    IX.2.5 – A exigência de conjugação entre os princípios 80

    IX.2.6 – A produção de efeitos jurídicos diretos, ainda que provisórios 80

    IX.2.7 – A aplicação do princípio: o sopesamento 80

    IX.2.8 – A técnica da proporcionalidade 80

IX.3 – As regras 81

    IX.3.1 – A elevada densidade normativa 81

    IX.3.2 – A densidade axiológica mais reduzida 81

    IX.3.3 – A pluralidade de regras e a sua harmonia 81

    IX.3.4 – A produção de efeitos imediatos e tendencialmente definitivos 82

    IX.3.5 – A aplicação: a subsunção 82

IX.4 – A conjugação entre princípios e regras 82

    IX.4.1 – A ausência de hierarquia intrínseca 82

    IX.4.2 – A dimensão constitucional do princípio 82

    IX.4.3 – A existência de regras constitucionais 83

    IX.4.4 – A existência de princípios infraconstitucionais 83

    IX.4.5 – A interpretação da norma infraconstitucional e a Constituição 83

    IX.4.6 – A provocação de Carlos Ari Sundfeld 83

    IX.4.7 – A exigência de avaliação concreta dos princípios 84

IX.5 – As demais espécies normativas 84

    IX.5.1 – A diretriz 84

    IX.5.2 – A orientação 85

IX.6 – A distinção entre "hard law" e "soft law" 85

Resumo 86

Caso prático 87

Questões 87

Capítulo X

Fontes do Direito (uma questão arcaica?)

X.1 – A distinção entre fontes "materiais" e "formais": concepção tradicional 89

    X.1.1 – Fontes materiais 89

    X.1.2 – Fontes formais 90

X.2 – As variações civilizatórias 90

    X.2.1 – As circunstâncias de cada Nação 90

    X.2.2 – As variações ao longo do tempo 90

    X.2.3 – Alguns modelos fundamentais 90

X.3 – O modelo "anglo-saxão" 90

    X.3.1 – O prestígio ao precedente 90

    X.3.2 – O direito costumeiro e a lenta evolução do direito legislado 91

X.4 – O modelo "continental" 91

    X.4.1 – A proeminência da fonte legislativa 91

    X.4.2 – A tendência à ampliação da relevância do precedente 91

X.5 – A concepção tradicional no Brasil 91

    X.5.1 – A distinção entre "fonte material" e "fonte formal" 91

    X.5.2 – As fontes formais: o "costume" e a "lei" 92

X.6 – O enfoque tradicional sobre as fontes materiais no Brasil 92

    X.6.1 – A doutrina 92

    X.6.2 – A jurisprudência 92

X.7 – O costume como fonte formal do Direito no Brasil 93

    X.7.1 – A estrutura complexa do costume 93

    X.7.2 – A indefinição temporal 93

    X.7.3 – O costume e o passado 93

    X.7.4 – O costume e os valores fundamentais 93

    X.7.5 – O costume e a participação democrática 94

    X.7.6 – A dinâmica civilizatória e a irrelevância do costume 94

    X.7.7 – A incorporação do costume por determinação legal 94

X.8 – A lei 94

    X.8.1 – O princípio da legalidade 95

    X.8.2 – A pluralidade figuras abrangidas 95

    X.8.3 – A crise da função legislativa 95

    X.8.4 – A paralisia do Legislativo: o Estado Pluriclasse (Massimo Severo Gian-
    nini) 95

X.9 – O Direito abrange normas jurídicas de origem não legislativa 96

    X.9.1 – Tratados e Convenções Internacionais 96

    X.9.2 – Os regulamentos administrativos do Poder Executivo 96

    X.9.3 – Os atos regulatórios das agências reguladoras independentes 96

    X.9.4 – As decisões do Poder Judiciário 97

    X.9.5 – A autorregulação privada 97

X.10 – Um novo modelo? 97

    X.10.1 A multiplicação das modalidades e fontes normativas 98

    X.10.2 – Norma jurídica administrativa 98

    X.10.3 – Norma jurídica judicial 98

    X.10.4 – A consensualidade entre Estado e iniciativa privada 98

Resumo 99

Caso prático 100

Questões 100

Capítulo XI
Modelos organizatórios do Estado e do Direito

XI.1 – A influência do passado 101

    XI.1.1 – A genialidade do "Direito Romano" 101

    XI.1.2 – As variações históricas dos diversos países ocidentais 101

XI.2 – O modelo anglo-saxão (ressalvas) 102

    XI.2.1 – O diferente modelo de separação de poderes 102

    XI.2.2 – A ausência de distinção entre Direito Público e Direito Privado 102

    XI.2.3 – A simplicidade da "common law" 102

    XI.2.4 – A prevalência do Poder Judiciário (uno) 103

    XI.2.5 – A introdução do controle de constitucionalidade 103

    XI.2.6 – A exigência de soluções mais complexas 103

XI.3 – O modelo continental europeu e suas variações 103

    XI.3.1 – A afirmação da separação de poderes 103

    XI.3.2 – A distinção entre Direito Público e Direito Privado 103

    XI.3.3 – A limitação dos poderes do Poder Judiciário 104

    XI.3.4 – A existência do "contencioso administrativo" 104

    XI.3.5 – A importância das normas de origem legislativa 104

XI.4 – Modelo comunitário europeu 104

    XI.4.1 – Um novo paradigma "estatal" 104

    XI.4.2 – A construção progressiva 104

    XI.4.3 – A origem econômica: As "Comunidades Econômicas Europeias" 105

    XI.4.4 – A criação de estruturas crescentemente complexas 105

    XI.4.5 – Novas concepções sobre separação de poderes 105

    XI.4.6 – A coexistência entre a União e os Estados-Nacionais 105

XI.5 – O Direito brasileiro e suas peculiaridades 105

    XI.5.1 – A conjugação de influências continentais e estadunidenses 105

    XI.5.2 – A importância das normas de origem legislativa 106

    XI.5.3 – A diferenciação entre Direito Público e Direito Privado 106

    XI.5.4 – A amplitude do Poder Judiciário (uno) 106

    XI.5.5 – A difusão do controle de constitucionalidade 106

    XI.5.6 – As agências reguladoras independentes 106

    XI.5.7 – A figura dos Tribunais de Contas 107

XI.6 – Conclusão 107

    XI.6.1 – A globalização e seus efeitos 107

    XI.6.2 – A tendência à uniformização do Direito: Tratados e outros documentos 107

    XI.6.3 – A comunicação ("contaminação"?) dos institutos alienígenas 107

Resumo 107

Caso prático 108

Questões 108

XX | INTRODUÇÃO AO ESTUDO DO DIREITO • *Marçal Justen Filho*

Capítulo XII
Validade e eficácia do Direito

XII.1 – A validade	109
XII.1.1 – Existência e validade	109
XII.1.2 – A compatibilidade com outras normas	110
XII.1.3 – A relação de supra e infraordenação	110
XII.1.4 – A competência	111
XII.1.5 – A determinação do procedimento	111
XII.1.6 – A compatibilidade com o conteúdo das normas superiores	112
XII.1.7 – A competência da autoridade jurisdicional	112
XII.2 – A eficácia	113
XII.3 – Os atributos jurídicos da lei	113
XII.3.1 – A "incompletude" da lei	113
XII.3.2 – A "incompletude" intencional das leis	114
XII.3.3 – A distinção básica entre normas suficientes e não suficientes	114
XII.3.4 – A "complementação normativa"	114
XII.3.5 – O posicionamento tradicional	114
XII.3.6 – A classificação de José Afonso da Silva para a Constituição	115
XII.3.7 – Normas de eficácia plena (aplicabilidade imediata)	115
XII.3.8 – Normas de eficácia contida (aplicabilidade imediata, mas contível)	115
XII.3.9 – Normas de eficácia limitada (aplicabilidade mediata)	116
XII.3.10 – A crítica de Virgílio Afonso da Silva	116
XII.3.11 – A eficácia não é uma questão puramente normativa	116
XII.3.12 – A eficácia "plena": a insuficiência de qualquer norma constitucional	117
XII.3.13 – A eficácia "contida": a possibilidade de "limitação" de toda e qualquer norma constitucional	117
XII.3.14 – A eficácia "limitada": a questão de grau e de realidade	117
XII.3.15 – A incompletude da norma e o suprimento pelo Poder Judiciário	118
XII.3.16 – A "reserva do possível"	118
Resumo	118
Caso prático	119
Questões	120

Capítulo XIII
Efetividade e legitimidade do Direito

XIII.1 – Efetividade	121
XIII.2 – A verificação da realidade dos fatos	121
XIII.2.1 – A chamada "falácia naturalista"	121
XIII.2.2 – A advertência kelseniana	122
XIII.2.3 – A ausência de efetividade e a tendência à perda da validade	122
XIII.2.4 – A versão difundida no Brasil: leis que "pegam" e leis que "não pegam"	122

SUMÁRIO | **XXI**

XIII.3 – Legitimidade: relação entre Poder e Direito 122

XIII.3.1 – A legitimidade indica o fundamento do Poder 122

XIII.3.2 – A legitimidade do Direito.. 122

XIII.3.3 – A legitimidade do Direito como uma questão do mundo do ser 123

XIII.3.4 – A imposição do Direito pela simples violência...................... 123

XIII.3.5 – A inviabilidade da preservação permanente da violência (?)............... 123

XIII.3.6 – O "mínimo de Direito Natural" (Hart)................................... 123

XIII.3.7 – Os processos de legitimação do Direito 124

XIII.4 – A distinção entre legitimidade pela origem e pelo exercício.............. 124

XIII.4.1 – A investidura no Poder... 124

XIII.4.2 – O exercício do Poder.. 124

XIII.5 – A experiência histórica.. 125

XIII.6 – O pensamento de Max Weber 125

XIII.6.1 – A legitimação tradicional.. 125

XIII.6.2 – A legitimação carismática 125

XIII.6.3 – A legitimação racional (burocrática) 125

XIII.6.4 – A rejeição a uma interpretação simplista.................................. 126

XIII.7 – O Estado contemporâneo e a legitimidade 126

XIII.7.1 – A legitimidade democrática é uma ilusão?................................ 126

XIII.7.2 – A sistemática da eleição 126

XIII.7.3 – O fenômeno do "Estado Pluriclasse" (Massimo Severo Giannini)........ 127

XIII.7.4 – O exercício do Poder e a deslegitimização 127

XIII.8 – A crise de legitimidade do Poder e seus reflexos sobre o Direito 127

XIII.8.1 – A redução do "sentimento" de vinculação ao Direito 128

XIII.8.2 – A redução da relevância da "lei".. 128

XIII.8.3 – A ampliação da intervenção judicial 128

XIII.8.4 – A ampliação da litigiosidade 128

XIII.8.5 – A questão da "legitimidade técnica"... 128

XIII.8.6 – Os reflexos sobre o Direito.. 129

XIII.9 – Conclusão 129

XIII.9.1 – A incerteza quanto ao futuro da democracia............................ 129

XIII.9.2 – A tentação dos regimes autoritários (fascismo) 129

XIII.9.3 – Os desafios à sociedade e ao indivíduo.................................... 129

Resumo 129

Caso prático 130

Questões.. 131

Capítulo XIV

A teoria do ordenamento jurídico

XIV.1 – A pluralidade de normas.. 133

XIV.1.1 – A inviabilidade de uma norma única ("obedece ao senhor") 133

XIV.1.2 – A pluralidade de normas de cunho heterogêneo............................. 133

XIV.1.3 – A identificação do "Direito" como um conjunto normativo................... 133
XIV.1.4 – A inviabilidade de identificação da norma isolada como jurídica 134
XIV.2 – O ordenamento como um sistema 134
XIV.2.1 – A concepção de um sistema.. 134
XIV.2.2 – A multiplicidade de normas jurídicas como um sistema..................... 134
XIV.2.3 – As normas de conduta propriamente ditas 134
XIV.2.4 – As normas de estrutura 134
XIV.3 – O conjunto racional e completo 135
XIV.3.1 – Ausência de lacunas 135
XIV.3.2 – Ausência de contradições 135
XIV.4 – Princípio da hierarquia: a norma superior prevalece sobre a inferior.............. 135
XIV.5 – Princípio da horizontalidade.. 136
XIV.6 – Princípio da temporalidade.. 136
XIV.6.1 – Revogação expressa.. 136
XIV.6.2 – Revogação implícita.. 136
XIV.7 – Princípio da especialidade 136
XIV.8 – A completude do ordenamento jurídico 137
XIV.9 – O princípio da liberdade 137
XIV.10 – Princípio da completude... 137
XIV.11 – A produção do sistema pela dinâmica existencial 137
XIV.11.1 – As dimensões estática e dinâmica do Direito................................... 138
XIV.12 – A estrutura hierárquica do ordenamento (Kelsen) 138
XIV.12.1 – As normas não se encontram no mesmo plano hierárquico................ 138
XIV.12.2 – Toda norma encontra seu fundamento de validade em outra (dever ser) 139
XIV.12.3 – A norma constitucional 139
XIV.12.4 – A norma fundamental ("obedece ao constituinte originário") 139
XIV.12.5 – A condição de possibilidade da norma fundamental é o mínimo de efetividade da ordem jurídica (ser) 139
XIV.12.6 – A "aplicação" de uma norma significa a produção de outra norma, de hierarquia inferior, ressalvado o ato de pura execução da sanção 140
XIV.13 – A estrutura piramidal do ordenamento jurídico (Kelsen)........................ 140
XIV.13.1 – Existe um número mais reduzido de normas de hierarquia superior, que apresentam grau mais intenso de abstração e generalidade.................. 141
XIV.13.2 – Os níveis hierárquicos inferiores compreendem normas dotadas de maior concretude e especificidade (grande número de normas)............... 141
XIV.14 – A "produção" do sistema pelos mecanismos de aplicação 141
XIV.14.1 – A aplicação do direito na vida real.. 141
XIV.14.2 – O trabalho doutrinário 141
XIV.14.3 – A evolução jurisprudencial 142
XIV.14.4 – A transformação do caos em organização... 142
XIV.14.5 – Síntese 142
Resumo 142

Caso prático 143

Questões.. 143

SUMÁRIO | **XXIII**

Capítulo XV
Ordenamento jurídico e Federação

XV.1 – A organização do poder político 145

    XV.1.1 – Modelo unitário: concentração do poder política em um único ente 145

    XV.1.2 – Modelos plurais: pluralidade de entes políticos 146

    XV.1.3 – Federação: ente estatal central e entes estatais locais........................ 146

    XV.1.4 – A questão dos limites dos poderes estatais.. 146

XV.2 – A federação dos EUA e do Brasil: dimensão histórica.................................... 146

    XV.2.1 – Modelo teórico estadunidense: a "União" produzida pela conjugação dos Estados-membros (solução centrípeta) 146

    XV.2.2 – Modelo brasileiro: a fragmentação do Estado em virtude da República (solução centrífuga) 146

XV.3 – A federação brasileira 147

    XV.3.1 – A existência de três órbitas: União, Estados e Municípios.................... 147

    XV.3.2 – A participação do Distrito Federal 147

    XV.3.3 – A ausência de equivalência de funções e poderes................................ 148

    XV.3.4 – A União e a concentração dos poderes mais relevantes: três poderes.... 148

    XV.3.5 – Os Estados e os poderes privativos: três poderes................................ 148

    XV.3.6 – Os Municípios e os poderes privativos: dois poderes (ausência de Judiciário)... 148

    XV.3.7 – Ainda a ausência de hierarquia federativa 149

XV.4 – A federação brasileira e o direito brasileiro... 149

    XV.4.1 – Competências privativas da União: CF, art. 22 149

    XV.4.2 – Competências legislativas concorrentes: CF, art. 24 149

    XV.4.3 – Competências legislativas privativas dos entes locais............................ 149

XV.5 – A dificuldade fundamental da Federação (e do Direito) brasileiro 149

    XV.5.1 – O critério de discriminação de competência.. 150

    XV.5.2 – A existência de questões de interesse cumulativo 150

XV.6 – Algumas decorrências da distribuição de competências legislativas..................... 150

    XV.6.1 – A situação peculiar da União: leis nacionais e leis federais..................... 150

    XV.6.2 – Os Estados: competência normativa estadual... 151

    XV.6.3 – Os Municípios: competência normativa puramente local 151

XV.7 – Implicações: a pluralidade de "pirâmides normativas" 151

    XV.7.1 – A concepção kelseniana: Estado unitário.. 152

    XV.7.2 – O Brasil e a pluralidade de pirâmides 152

    XV.7.3 – A Constituição Federal (e as Emendas Constitucionais) 152

    XV.7.4 – A pirâmide normativa do direito nacional 152

    XV.7.5 – A pirâmide normativa do direito federal 152

    XV.7.6 – As pirâmides normativas dos direitos estaduais 152

    XV.7.7 – As pirâmides normativas dos direitos municipais.................................. 152

    XV.7.8 – A formação em "cata-vento"... 153

Resumo 153

Caso prático 154

Questões.. 154

Capítulo XVI
As pirâmides normativas no Brasil

XVI.1 – As pirâmides normativas dos Direitos na federação brasileira 155

XVI.1.1 – A problemática da pluralidade de ordens políticas 155

XVI.1.2 – A submissão dos Estados ao Direito nacional 155

XVI.1.3 – A submissão dos Municípios ao Direito nacional e estadual 155

XVI.2 – As figuras contempladas no processo legislativo 155

XVI.2.1 – O art. 59 da CF 156

XVI.2.2 – Emendas Constitucionais 156

XVI.2.3 – Leis Complementares 156

XVI.2.4 – Leis em geral 157

XVI.2.5 – Leis ordinárias 157

XVI.2.6 – Leis delegadas 157

XVI.2.7 – Medidas Provisórias 157

XVI.2.8 – Decretos Legislativos 158

XVI.2.9 – Resoluções do Poder Legislativo 158

XVI.3 – As figuras contempladas na atividade administrativa 159

XVI.3.1 – A competência normativa externa ao Poder Legislativo 159

XVI.3.2 – Os decretos do Chefe do Poder Executivo 159

XVI.3.3 – Os regulamentos 159

XVI.3.4 – Atos normativos de autoridades administrativas subordinadas 160

XVI.4 – Atos do Poder Judiciário 160

XVI.5 – Negócios jurídicos públicos e privados 160

XVI.6 – A pirâmide normativa do Direito federal 160

XVI.7 – A pirâmide normativa do Direito nacional privativo 161

XVI.8 – A pirâmide normativa do Direito estadual privativo 161

XVI.9 – A pirâmide normativa do Direito municipal privativo 162

XVI.10 – A pirâmide normativa do Direito nacional não privativo e estadual 162

XVI.11 – Decorrências e conclusões 162

Resumo 163

Caso prático 164

Questões 164

Capítulo XVII
Direito Público e Direito Privado

XVII.1 – A concepção em Roma 165

XVII.2 – A evolução histórica e a situação atual 165

XVII.3 – A situação no Direito anglo-saxão 165

XVII.3.1 – "The King can do no wrong": a imunidade do Poder Executivo ao Judiciário 166

XVII.3.2 – A tendência à submissão do Estado às normas do setor privado 166

XVII.3.3 – A limitada intervenção estatal nos EUA 166

XVII.3.4 – A submissão dos agentes do Estado a controle individual 166

XVII.3.5 – As normas relacionadas à segurança nacional	166
XVII.3.6 – Existência (limitada) de normas distintas para setor público e privado	166
XVII.4 – A situação no Direito brasileiro	167
XVII.4.1 – Direito Público	167
XVII.4.2 – Direito Privado	168
XVII.5 – O regime de Direito Público	168
XVII.5.1 – A influência do Direito francês	168
XVII.5.2 – A indisponibilidade de certos interesses e direitos	168
XVII.5.3 – A distinta relevância atribuída à vontade	169
XVII.5.4 – A vedação à aplicação de normas previstas para o setor privado	169
XVII.5.5 – A atribuição de prerrogativas distintas daquelas asseguradas aos particulares	169
XVII.5.6 – O rigor formal	170
XVII.6 – O regime de Direito Privado	170
XVII.6.1 – A preponderância da autonomia da vontade	170
XVII.6.2 – A disponibilidade dos interesses e direitos	171
XVII.6.3 – A ausência de formalismo	171
XVII.7 – A publicização contínua	171
XVII.7.1 – A ampla intervenção do Estado brasileiro nos diversos setores	171
XVII.7.2 – A atuação estatal em atividades econômicas: o surgimento de regime híbrido	171
XVII.7.3 – A contínua funcionalização dos direitos: "função social"	172
XVII.8 – A privatização contínua	172
XVII.8.1 – As limitações do regime de Direito Público	172
XVII.8.2 – A insolvência do Estado e a dependência dos recursos privados	172
XVII.8.3 – A ampliação dos mecanismos empresariais privados	172
XVII.8.4 – A exigência de eficiência na exploração dos recursos econômicos	172
XVII.9 – Conclusão	172
XVII.9.1 – As disputas de cunho político	173
XVII.9.2 – As peculiaridades do "Estado pós-moderno"	173
XVII.9.3 – A conjugação dos regimes de Direito Público e de Direito Privado	173
Resumo	173
Caso prático	174
Questões	175

Capítulo XVIII

Ramos do Direito

XVIII.1 – A divisão do Direito em "ramos"	177
XVIII.1.1 – Os "ramos do Direito"	177
XVIII.1.2 – Os institutos jurídicos	177
XVIII.1.3 – Ramos do Direito e institutos jurídicos	178
XVIII.2 – Ramos do Direito Público e do Direito Privado	178

XVIII.2.1 – Ainda o problema da distinção 178

XVIII.2.2 – A evolução social e o surgimento de ramos "híbridos" 179

XVIII.3 – As soluções normativas diferenciadas 179

XVIII.3.1 – Regime de Direito Público 179

XVIII.3.2 – Regime de Direito Privado 179

XVIII.4 – Ramos do Direito Público: participação estatal 179

XVIII.4.1 – Direito Constitucional 179

XVIII.4.2 – Direito Penal 181

XVIII.4.3 – Direito Administrativo 181

XVIII.4.4 – Direito Econômico 181

XVIII.4.5 – Direito Tributário 182

XVIII.4.6 – Direito Previdenciário 183

XVIII.4.7 – Direito Processual Civil 183

XVIII.4.8 – Direito Processual Penal 183

XVIII.4.9 – Direito Internacional Público 184

XVIII.4.10 – Direito Internacional Privado 184

XVIII.5 – Ramos do Direito Privado 185

XVIII.5.1 – Direito Civil 185

XVIII.5.2 – Direito Empresarial 185

XVIII.6 – Ramos "híbridos" 185

XVIII.6.1 – Direito do Trabalho 186

XVIII.6.2 – Direito do Consumidor: disciplina das relações de que participa um consumidor 186

XVIII.6.3 – Direito Ambiental 186

XVIII.7 – Conclusão 187

Resumo 187

Questões 189

Capítulo XIX

Sujeito de Direito – a pessoa natural (ou física)

XIX.1 – O conceito jurídico de "pessoa" 191

XIX.1.1 – Definição de pessoa 191

XIX.1.2 – A concepção vigente 191

XIX.1.3 – A evolução histórica 191

XIX.2 – Algumas considerações históricas 192

XIX.2.1 – A origem da expressão "pessoa" 192

XIX.2.2 – Pessoa como um "atributo" distinto da condição de ser humano 192

XIX.2.3 – A conquista democrática 192

XIX.3 – A pessoa natural ou física 192

XIX.3.1 – A dignidade do ser humano 193

XIX.3.2 – Os fundamentos constitucionais 193

XIX.3.3 – A previsão específica do Código Civil 193

SUMÁRIO | XXVII

XIX.3.4 – A personalidade ou capacidade jurídica 193

XIX.4 – A problemática do início da personalidade da pessoa física............................... 193

XIX.4.1 – A disputa sobre o aborto 194

XIX.4.2 – As outras implicações jurídicas.. 194

XIX.4.3 – A solução legislativa formal... 194

XIX.4.4 – A natureza "declaratória" do Registro Civil 194

XIX.5 – A extinção da personalidade jurídica do ser humano.. 195

XIX.5.1 – A morte efetiva 195

XIX.5.2 – Morte presumida 195

XIX.5.3 – Ausência 195

XIX.6 – Personalidade jurídica (capacidade de direito) e capacidade de fato 196

XIX.6.1 – Incapacidade absoluta (decorrente da idade).. 196

XIX.6.2 – Incapacidade relativa a certos atos ou ao modo de exercício............... 196

XIX.6.3 – Cessação da incapacidade relativa dos menores 197

XIX.7 – O tratamento diferenciado ao ser humano 197

XIX.7.1 – A questão dos animais: coisas ou sujeitos de direito?.......................... 197

XIX.7.2 – A questão do meio ambiente 197

XIX.7.3 – Sujeitos de direito ou meros reflexos?... 197

XIX.8 – O problema da evolução tecnológica e os desafios futuros................................ 198

XIX.8.1 – As máquinas e a perspectiva de aquisição de autonomia...................... 198

XIX.8.2 – A aquisição de identidade própria pelos "equipamentos"...................... 198

Resumo 199

Caso prático 199

Questões.. 199

Capítulo XX

Sujeito de Direito – as pessoas jurídicas

XX.1 – Definição e considerações gerais... 201

XX.1.1 – A evolução política: o Estado como "pessoa" 201

XX.1.2 – A evolução econômica: as empresas como "pessoas".............................. 202

XX.1.3 – A evolução social: as fundações como "pessoas" 202

XX.2 – Disciplina e classificação... 202

XX.2.1 – Pessoas jurídicas de direito público externo 202

XX.2.2 – Pessoas jurídicas de direito público interno... 202

XX.2.3 – Pessoas jurídicas de direito privado... 204

XX.3 – As diversas teorias sobre as pessoas jurídicas... 205

XX.3.1 – Teoria da realidade 206

XX.3.2 – Teoria da realidade mitigada 206

XX.3.3 – Teoria da ficção 206

XX.4 – O descabimento da identificação entre as pessoas físicas e jurídicas 206

XX.5 – Início e término da existência da pessoa jurídica... 207

XX.5.1 – Pessoas jurídicas de direito público externo 207

XX.5.2 – Pessoas jurídicas de direito público interno 207
XX.5.3 – Pessoas jurídicas de direito privado 207
XX.6 – A gestão das pessoas jurídicas 208
XX.6.1 – A teoria do órgão: antropomorfismo 208
XX.6.2 – As implicações da teoria do órgão 208
XX.7 – A função das pessoas jurídicas de direito privado 209
XX.7.1 – A diferenciação entre sujeitos de direito 209
XX.7.2 – A captação de recursos em grande escala 209
XX.7.3 – A despersonalização na gestão do empreendimento 209
XX.7.4 – A questão da responsabilidade patrimonial 209
Resumo 210

Caso prático 212

Questões 212

Capítulo XXI

Fatos jurídicos

XXI.1 – Fato jurídico (em sentido amplo) 213
XXI.1.1 – Ainda a estrutura dúplice das normas de conduta 213
XXI.1.2 – A natureza pretensamente "descritiva" da hipótese 214
XXI.2 – Fato jurídico em sentido amplo 215
XXI.3 – Ato jurídico 215
XXI.3.1 – A terminologia do Código Civil de 2002 216
XXI.3.2 – O conteúdo específico da hipótese: a conduta 216
XXI.3.3 – A ausência de configuração de ato jurídico sem a vontade 216
XXI.3.4 – Atos jurídicos unilaterais, bilaterais e plurilaterais 217
XXI.3.5 – Atos jurídicos unilaterais: individuais, coletivos e complexos 217
XXI.4 – Fato jurídico em sentido restrito 219
XXI.4.1 – O conteúdo da hipótese: a relevância à externalidade do evento 219
XXI.4.2 – A irrelevância da vontade na hipótese normativa 219
XXI.5 – Ato ilícito 220
XXI.5.1 – A conduta distinta da prestação 220
XXI.5.2 – A relevância da ilicitude para o Direito 220
XXI.5.3 – Ato ilícito como conduta humana: a relevância da vontade 220
XXI.5.4 – A questão do defeito na formação da vontade 220
XXI.5.5 – Os efeitos jurídicos: o sancionamento 221
XXI.5.6 – As diferentes categorias de atos ilícitos e de sancionamento 221
XXI.5.7 – Ato ilícito e ato inválido 222
XXI.6 – A figura do negócio jurídico (ato jurídico) obrigacional 222
XXI.6.1 – A atribuição de poder para a autovinculação de sujeitos 223
XXI.6.2 – A hipótese e o mandamento da norma geral 223
XXI.6.3 – O "negócio jurídico obrigacional" 223
XXI.7 – Os efeitos jurídicos desencadeados pelo fato jurídico 223

SUMÁRIO | **XXIX**

XXI.8 – A eficácia do ato jurídico.. 224

Resumo.. 224

Caso prático.. 225

Questões... 226

Capítulo XXII
Relação jurídica

XXII.1 – Definição e elementos.. 227

    XXII.1.1 – Vínculo jurídico.. 227

    XXII.1.2 – As relações sociais... 227

    XXII.1.3 – A juridicização do relacionamento 228

    XXII.1.4 – A objetivização do relacionamento 228

    XXII.1.5 – A relação jurídica como previsão do mandamento normativo............ 228

XXII.2 – Partes.. 228

    XXII.2.1 – Partes e sujeitos de Direito... 228

    XXII.2.2 – Pessoas físicas e (ou) jurídicas.. 229

XXII.3 – Objeto... 229

    XXII.3.1 – Imediato: prestação 229

    XXII.3.2 – Mediato: bens jurídicos 230

XXII.4 – A disciplina da conduta objeto da relação jurídica....................................... 230

XXII.5 – Classificação quanto ao regime jurídico... 230

    XXII.5.1 – Relações jurídicas de Direito Público... 230

    XXII.5.2 – Relações jurídicas de Direito Privado... 230

XXII.6 – Classificação quanto ao número de partes 230

    XXII.6.1 – As relações jurídicas bilaterais.. 230

    XXII.6.2 – As relações jurídicas plurilaterais.. 231

XXII.7 – A formalização da constituição da relação jurídica....................................... 231

    XXII.7.1 – Graus variáveis de rigor formalístico.. 231

    XXII.7.2 – Hipóteses de liberdade de forma.. 231

    XXII.7.3 – Hipóteses de rigor formal 231

XXII.8 – O desenvolvimento da relação jurídica 232

    XXII.8.1 – Disciplina normativa mandatória intensa 232

    XXII.8.2 – Disciplina normativa restritiva 232

    XXII.8.3 – Atribuição de autonomia às partes.. 232

XXII.9 – A extinção da relação jurídica.. 232

    XXII.9.1 – Previsão legislativa impositiva 233

    XXII.9.2 – Exaurimento do objeto 233

    XXII.9.3 – Extinção anômala: rescisão, revogação e outras figuras........................ 233

Resumo.. 233

Caso prático.. 234

Questões... 234

XXX | INTRODUÇÃO AO ESTUDO DO DIREITO • *Marçal Justen Filho*

Capítulo XXIII
Bens jurídicos

XXIII.1 – Conceito	235
XXIII.1.1 – Coisas inanimadas e vegetais	235
XXIII.1.2 – Animais (?)	235
XXIII.1.3 – Objetos produzidos pelo Direito	236
XXIII.1.4 – Objetos de existência futura	236
XXIII.1.5 – A questão do ser humano	236
XXIII.2 – Algumas questões adicionais	236
XXIII.2.1 – Bens jurídicos personalíssimos	236
XXIII.2.2 – Os direitos subjetivos como "bens"	236
XXIII.2.3 – A questão da patrimonialidade	237
XXIII.3 – A questão da existência física	237
XXIII.3.1 – Bens corpóreos: coisas	237
XXIII.3.2 – Bens incorpóreos: ideias (dotadas ou não de conteúdo patrimonial)	237
XXIII.4 – A disciplina dos bens jurídicos	237
XXIII.5 – A classificação dos bens quanto ao critério do deslocamento	237
XXIII.5.1 – Os bens imóveis	238
XXIII.5.2 – Os bens móveis	238
XXIII.5.3 – A relevância jurídica da distinção	238
XXIII.6 – Classificação quanto à titularidade	238
XXIII.6.1 – Bens públicos	238
XXIII.6.2 – Bens privados	239
XXIII.6.3 – A relevância da distinção	239
XXIII.7 – Bens públicos	239
XXIII.8 – Bens singulares e coletivos (universalidade de fato ou de direito)	239
XXIII.8.1 – Os bens singulares	240
XXIII.8.2 – Os bens coletivos	240
XXIII.9 – Patrimônio	240
XXIII.9.1 – Algumas considerações filosóficas	241
XXIII.9.2 – A composição do patrimônio	241
XXIII.9.3 – Todo sujeito é titular de um patrimônio	241
XXIII.9.4 – Todo sujeito é titular de um único patrimônio indivisível	241
XXIII.9.5 – Responsabilidade patrimonial	241
XXIII.9.6 – O regime diferenciado para alguns bens	241
XXIII.10 – Titularidade do patrimônio e personalidade jurídica	242
XXIII.10.1 – O patrimônio próprio da pessoa jurídica	242
XXIII.10.2 – A responsabilidade ilimitada da pessoa jurídica	242
XXIII.10.3 – A responsabilidade limitada dos sócios	242
XXIII.10.4 – O efeito similar à multiplicação de patrimônios	242
Resumo	243
Caso prático	244
Questões	244

SUMÁRIO | XXXI

Capítulo XXIV
Posições jurídicas subjetivas

XXIV.1 – Os efeitos subjetivos das normas jurídicas 245

    XXIV.1.1 – As posições jurídicas 245

    XXIV.1.2 – Os reflexos sobre os sujeitos ("direito subjetivo" e "dever jurídico")....... 245

    XXIV.1.3 – A "bilateralidade" das posições jurídicas: correspondência 246

XXIV.2 – As posições jurídicas de preponderância (ativas).................................... 246

    XXIV.2.1 – Poder jurídico 246

    XXIV.2.2 – Direito subjetivo... 246

XXIV.3 – As posições jurídicas de dependência (passivas) 246

    XXIV.3.1 – Sujeição jurídica 247

    XXIV.3.2 – Dever jurídico.. 247

    XXIV.3.3 – Obrigação.. 247

    XXIV.3.4 – A distinção entre dever jurídico e obrigação 248

    XXIV.3.5 – Ônus... 248

    XXIV.3.6 – Limitação a direito... 249

XXIV.4 – A distinção entre "posição jurídica" e "pretensão"................................. 249

XXIV.5 – Classificação dos direitos subjetivos privados 249

    XXIV.5.1 – Direitos subjetivos relativos... 250

    XXIV.5.2 – Direitos subjetivos absolutos.. 250

XXIV.6 – A função como posição jurídica.. 250

    XXIV.6.1 – Poderes jurídicos para fins alheios ao interesse do titular................. 250

    XXIV.6.2 – A vinculação aos fins de interesse público 250

    XXIV.6.3 – A restrição à satisfação do interesse pessoal................................. 250

    XXIV.6.4 – A limitação à autonomia da vontade do titular 251

XXIV.7 – A fórmula do "poder-dever".. 251

    XXIV.7.1 – A atribuição de faculdades: poderes jurídicos (ativos) 251

    XXIV.7.2 – A submissão ao fim: deveres jurídicos (passivos) 251

    XXIV.7.3 – A dimensão complexa do instituto da função jurídica...................... 252

XXIV.8 – A função como instituto de Direito Público e de Direito Privado 252

    XXIV.8.1 – A difusão no direito de família (poder familiar, curador)................... 252

    XXIV.8.2 – A ampla aplicação no Direito Público... 252

    XXIV.8.3 – A competência estatal e a sua natureza funcional........................... 252

    XXIV.8.4 – A figura do desvio de poder 252

XXIV.9 – A funcionalização das posições jurídicas em geral................................. 253

    XXIV.9.1 – A inviabilidade de atuação absolutamente egoística 253

    XXIV.9.2 – A concepção da solidariedade 253

    XXIV.9.3 – A vedação ao absolutismo do direito subjetivo privado.................... 253

    XXIV.9.4 – A figura do abuso de direito: excesso ou anormalidade 253

    XXIV.9.5 – A previsão constitucional quanto à propriedade: art. 5° da CF.......... 254

    XXIV.9.6 – A funcionalização generalizada nos diversos ramos do Direito.......... 254

Resumo 254

Caso prático 256

Questões... 256

Capítulo XXV

Direitos Fundamentais

XXV.1 – Dignidade humana	257
XXV.2 – Conteúdos essenciais	257
XXV.2.1 – Valor intrínseco de cada ser humano	257
XXV.2.2 – Autonomia individual	258
XXV.2.3 – Valor comunitário	258
XXV.3 – A previsão constitucional dos direitos fundamentais	258
XXV.3.1 – A multiplicidade de direitos fundamentais constitucionais	258
XXV.3.2 – A previsão do art. 5º, § 2º, da CF	258
XXV.4 – Direitos fundamentais como "princípios" e como "regras"	259
XXV.4.1 – Casos de princípios e casos de regras	259
XXV.4.2 – A plena eficácia jurídica: art. 5º, § 1º, da CF	259
XXV.4.3 – A atribuição "prima facie" de direito subjetivo	260
XXV.4.4 – O sopesamento para aplicação	260
XXV.4.5 – A reserva do possível	260
XXV.5 – A dupla eficácia dos direitos fundamentais	260
XXV.5.1 – A eficácia vertical: indivíduo vs. Estado	260
XXV.5.2 – A eficácia horizontal: sujeitos entre si	260
XXV.6 – Classificação quanto ao conteúdo	261
XXV.6.1 – Direito à limitação da ação estatal (proibição de excesso)	261
XXV.6.2 – Direito à ação estatal (proibição da insuficiência)	261
XXV.7 – Classificação geracional dos direitos fundamentais	261
XXV.7.1 – Direitos fundamentais de primeira geração (individualistas)	261
XXV.7.2 – Direitos fundamentais de segunda geração (democráticos)	262
XXV.7.3 – Direitos fundamentais de terceira geração (socioeconômicos)	262
XXV.7.4 – Direitos fundamentais de outras categorias	262
XXV.8 – Síntese: implicações	262
XXV.8.1 – A constitucionalização da ordem jurídica	262
XXV.8.2 – Os reflexos generalizados da disciplina constitucional	263
XXV.8.3 – A transformação do jurista em constitucionalista	263
Resumo	263
Caso prático	264
Questões	264

Capítulo XXVI

Hermenêutica jurídica: introdução

XXVI.1 – Origem e evolução histórica	265
XXVI.1.1 – A origem etimológica: "Hermes"	265
XXVI.1.2 – Estudo dos textos escritos e a evolução mais recente	265
XXVI.2 – A disputa sobre o objetivo: a "compreensão"	266

SUMÁRIO | **XXXIII**

XXVI.2.1 – A revelação da vontade do autor 266

XXVI.2.2 – A revelação de uma vontade inerente ao objeto 266

XXVI.2.3 – A recriação do objeto artístico pelo sujeito 266

XXVI.3 – As variações inerentes ao objeto 266

XXVI.3.1 – A arte e suas peculiaridades 266

XXVI.3.2 – A literatura e suas peculiaridades 267

XXVI.3.3 – A teologia e suas peculiaridades 267

XXVI.3.4 – O Direito e suas peculiaridades 267

XXVI.4 – O desenvolvimento da linguística e suas implicações 268

XXVI.4.1 – A questão da semântica: a descoberta do significado 268

XXVI.4.2 – A questão da dialética: a dinâmica do pensamento 268

XXVI.4.3 – A questão da pragmática: a comunicação 268

XXVI.5 – A linguagem e o "mundo" 268

XXVI.5.1 – A linguagem e os processos mentais 269

XXVI.5.2 – A linguagem e os limites do sujeito 269

XXVI.5.3 – O processo de comunicação 269

XXVI.6 – A questão da "pré-compreensão" 269

XXVI.6.1 – A existência de processos mentais conscientes e inconscientes 269

XXVI.6.2 – A concepção antecedente do sujeito 270

XXVI.6.3 – A "compreensão" condicionada pela "pré-compreensão" 270

XXVI.6.4 – O referencial para a expressão linguística 270

XXVI.6.5 – O "meio é a mensagem" 270

XXVI.6.6 – As implicações para a interpretação jurídica 271

Resumo 271

Questões 272

Capítulo XXVII

A hermenêutica jurídica: interpretação jurídica

XXVII.1 – A pluralidade de significações de "interpretar" 273

XXVII.1.1 – A "revelação": pressuposição de um objeto autônomo 273

XXVII.1.2 – O sentido: o conteúdo da disciplina jurídica 274

XXVII.1.3 – O alcance: a abrangência da disciplina normativa 274

XXVII.2 – A variação entre costume e lei e suas implicações 274

XXVII.2.1 – Ainda a distinção entre norma jurídica, lei e costume 274

XXVII.2.2 – O costume e a redução da incerteza 274

XXVII.2.3 – A lei e a ampliação da incerteza 275

XXVII.2.4 – A dinâmica da produção legislativa e seus reflexos 275

XXVII.2.5 – A questão da mutação legislativa 275

XXVII.2.6 – A questão da "inconstitucionalidade progressiva" 275

XXVII.3 – A hermenêutica e a questão da autonomia do intérprete 276

XXVII.3.1 – A tentativa de neutralizar (ocultar?) a influência do "intérprete" 276

XXVII.3.2 – A multiplicidade de interpretações 276

XXVII.3.3 – A disputa pela prevalência da interpretação mais favorável 277

XXVII.3.4 – A intensa dimensão retórica da atividade interpretativa 277

XXVII.3.5 – A lição de Louis Eisenstein.. 277

XXVII.4 – Concepções clássicas.. 278

XXVII.4.1 – Redução da hermenêutica a uma atividade mecânica 278

XXVII.4.2 – A tese da "técnica": "regras de interpretação"................................. 278

XXVII.4.3 – A pluralidade de "métodos hermenêuticos".................................... 278

XXVII.5 – A disputa sobre a finalidade da interpretação da lei.................................. 278

XXVII.5.1 – A revelação da vontade do legislador ("mens legislatoris") 278

XXVII.5.2 – A revelação da vontade da lei ("mens legis") 278

XXVII.5.3 – Ainda a disputa sobre a margem de autonomia do intérprete 279

XXVII.6 – A finalidade da interpretação do negócio jurídico 279

XXVII.6.1 – A revelação da vontade da parte 279

XXVII.6.2 – A rejeição a sentido dissociado da vontade das partes 279

XXVII.7 – A quem incumbe a atividade de interpretar a lei? 279

XXVII.8 – A interpretação doutrinária.. 280

XXVII.8.1 – As concepções teóricas dos especialistas... 280

XXVII.8.2 – As influências políticas, econômicas e sociais................................... 280

XXVII.8.3 – A interpretação realizada de modo abstrato 281

XXVII.8.4 – A ausência de eficácia vinculante da interpretação doutrinária........ 281

XXVII.8.5 – O processo de comunicação: a Ciência do Direito............................ 281

XXVII.8.6 – O poder do conhecimento: a influência sobre a sociedade 281

XXVII.8.7 – O posicionamento de Peter Häberle 282

XXVII.9 – A interpretação advocatícia 282

XXVII.10 – A interpretação pelo Poder Legislativo: "interpretação autêntica"........... 282

XXVII.10.1 – A lei "interpretativa"... 282

XXVII.10.2 – O problema da necessidade de interpretação da lei interpretativa 283

XXVII.10.3 – O problema da autonomia entre as diversas leis 283

XXVII.11 – A interpretação administrativa 283

XXVII.11.1 – O órgão titular de função pública interessada 283

XXVII.11.2 – O efeito vinculante frente aos particulares 283

XXVII.12 – A interpretação judicial 284

XXVII.12.1 – A interpretação produzida em vista do caso concreto 284

XXVII.12.2 – A interpretação produzida de modo abstrato 284

XXVII.12.3 – A pluralidade de decisões não uniformes.. 284

XXVII.12.4 – A função dos tribunais de uniformização da jurisprudência 284

XXVII.12.5 – O efeito vinculante da jurisprudência: a uniformidade.................. 284

XXVII.12.6 – A definitividade da solução: ainda Kelsen...................................... 285

Resumo 285

Caso prático 287

Questões.. 287

Capítulo XXVIII
Hermenêutica jurídica: os métodos de interpretação

XXVIII.1 – A conjugação de métodos	289
XXVIII.1.1 – A inexistência de método único	289
XXVIII.1.2 – A inviabilidade de utilização do mesmo método	289
XXVIII.1.3 – A escolha do método e a determinação do resultado	289
XXVIII.2 – As circunstâncias da situação concreta e seus reflexos	290
XXVIII.2.1 – A atividade de interpretação não se desenvolve "fora do mundo"..	290
XXVIII.2.2 – A interpretação é afetada pela avaliação dos fatos	290
XXVIII.2.3 – A identificação da norma pressupõe a avaliação sobre os fatos	290
XXVIII.2.4 – É possível interpretar uma lei de modo "abstrato"?	291
XXVIII.2.5 – A questão da "interpretação" e da "aplicação" do Direito	291
XXVIII.2.6 – A tridimensionalidade do Direito	291
XXVIII.3 – Hermenêutica dos princípios e hermenêutica das regras	291
XXVIII.3.1 – A dimensão "fechada" da regra	291
XXVIII.3.2 – A dimensão "aberta" do princípio	291
XXVIII.3.3 – As concepções tradicionais modeladas segundo as regras	292
XXVIII.4 – O método gramatical ou literal	292
XXVIII.4.1 – A língua natural e sua textura aberta	292
XXVIII.4.2 – A técnica jurídica e a redução da incerteza	292
XXVIII.4.3 – O risco do congelamento do sentido da lei	293
XXVIII.4.4 – O risco do "desmembramento" do Direito	293
XXVIII.4.5 – O posicionamento generalizado: necessário, mas não suficiente	293
XXVIII.4.6 – As propostas de superação do texto legislativo	293
XXVIII.5 – O método histórico	293
XXVIII.5.1 – A vinculação do sentido da lei ao contexto da sua criação	293
XXVIII.5.2 – A prevalência da "mens legis"	294
XXVIII.6 – O método teleológico (finalístico)	294
XXVIII.6.1 – A identificação da finalidade buscada pela lei	294
XXVIII.6.2 – A inferência lógica sobre a lei	294
XXVIII.6.3 – A dificuldade quanto à identificação da finalidade	294
XXVIII.6.4 – A dificuldade em vista da alteração dinâmica da finalidade	295
XXVIII.6.5 – A ausência de conexão necessária entre o fim e o meio	295
XXVIII.6.6 – A utilidade da interpretação finalista	295
XXVIII.7 – O método sistemático	295
XXVIII.7.1 – A afirmação do Direito como sistema (ordenamento jurídico)	295
XXVIII.7.2 – A impossibilidade de compreensão isolada	295
XXVIII.7.3 – A questão do "círculo hermenêutico"	296
XXVIII.7.4 – A rejeição ao fracionamento da ordem jurídica	296
XXVIII.7.5 – A eventual superação da redação literal da lei	296
XXVIII.7.6 – A ampliação da incerteza	296
XXVIII.7.7 – A "interpretação conforme a Constituição"	297
Resumo	297
Caso prático	298
Questões	299

Capítulo XXIX
A aplicação do Direito

XXIX.1 – A inter-relação entre interpretação e aplicação 301

XXIX.2 – A interpretação e sua dimensão inovadora 301

    XXIX.2.1 – A interpretação e a agregação de sentido 301

    XXIX.2.2 – A disputa pelo poder: ainda "in claris non fit interpretatio"............... 302

    XXIX.2.3 – A atuação dos "intérpretes" 302

XXIX.3 – O enquadramento formal do resultado atingido... 302

    XXIX.3.1 – Interpretação declaratória... 302

    XXIX.3.2 – Interpretação ampliativa 302

    XXIX.3.3 – Interpretação restritiva... 302

    XXIX.3.4 – Interpretação "ab-rogante".. 303

XXIX.4 – A identificação de conflitos entre normas... 303

XXIX.5 – A identificação de lacunas: a integração.. 303

    XXIX.5.1 – A relevância da amplitude da CF 303

    XXIX.5.2 – Axioma da completude: o Direito não contém lacunas..................... 303

    XXIX.5.3 – O art. 4º da LINDB 304

    XXIX.5.4 – A analogia 304

    XXIX.5.5 – Os costumes 304

    XXIX.5.6 – Princípios gerais do direito.. 304

XXIX.6 – O enfoque "consequencialista" 304

    XXIX.6.1 – A postura ortodoxa rigorosa: "Fiat Justitia, pereat mundus"............... 305

    XXIX.6.2 – A exigência de avaliação dos efeitos concretos 305

    XXIX.6.3 – O risco de comprometimento da ética 305

    XXIX.6.4 – O risco de comprometimento da igualdade... 305

    XXIX.6.5 – O risco de comprometimento da segurança.. 305

    XXIX.6.6 – A recepção da concepção consequencialista no Brasil 305

XXIX.7 – A proporcionalidade: princípio ou técnica? 306

    XXIX.7.1 – Os limites ao exercício do Poder 306

    XXIX.7.2 – A configuração da proporcionalidade como solução jurídica............ 306

XXIX.8 – As três dimensões da proporcionalidade 306

    XXIX.8.1 – A proporcionalidade-adequação 306

    XXIX.8.2 – A proporcionalidade-necessidade 307

    XXIX.8.3 – A proporcionalidade em sentido restrito... 307

XXIX.9 – A tutela constitucional à proporcionalidade... 308

    XXIX.9.1 – A solução técnica para a máxima realização constitucional 308

    XXIX.9.2 – Aplicar a Constituição é atuar segundo a proporcionalidade 308

    XXIX.9.3 – A preponderância da Constituição... 308

XXIX.10 – Observações conclusivas... 308

    XXIX.10.1 – As limitações da exposição tradicional sobre o tema........................... 308

    XXIX.10.2 – A atribuição de uma "entidade ideal" à norma 308

    XXIX.10.3 – A dissociação do caso concreto 308

SUMÁRIO | **XXXVII**

XXIX.10.4 – A desconsideração à natureza dinâmica e complexa 309

Resumo 309

Caso prático 310

Questões 311

Capítulo XXX
A vigência da lei no tempo e no espaço

XXX.1 – O fenômeno da vigência da lei 313

XXX.1.1 – A existência da lei 313

XXX.1.2 – A validade da lei 313

XXX.1.3 – A vigência da lei 313

XXX.1.4 – O âmbito de vigência temporal 314

XXX.1.5 – O âmbito de vigência espacial 314

XXX.2 – A vigência da lei no tempo 314

XXX.2.1 – A "entrada em vigor" da lei nova 314

XXX.2.2 – A vigência no estrangeiro 314

XXX.2.3 – A exigência de publicação 314

XXX.2.4 – A questão da "republicação" 315

XXX.2.5 – A "correção" de equívoco 315

XXX.3 – A aplicação da lei nova 315

XXX.3.1 – A disciplina constitucional e infraconstitucional 315

XXX.3.2 – A vigência para o futuro 315

XXX.3.3 – Os efeitos pendentes de atos pretéritos 315

XXX.4 – Ato jurídico perfeito 316

XXX.5 – Direito adquirido 316

XXX.6 – Coisa julgada (material) 317

XXX.7 – A aplicação do Direito e a vedação à retroatividade 317

XXX.7.1 – A alteração superveniente da interpretação 317

XXX.7.2 – A vedação à aplicação retroativa da interpretação superveniente 318

XXX.8 – A extinção da vigência 318

XXX.8.1 – Prazo predeterminado 318

XXX.8.2 – Consumação de condição resolutiva 318

XXX.8.3 – Revogação pela lei posterior 319

XXX.8.4 – Revogação explícita 319

XXX.8.5 – Revogação implícita 319

XXX.8.6 – Não recepção por Constituição posterior 319

XXX.9 – A questão da "repristinação" 319

XXX.10 – A vigência da lei no espaço 319

XXX.10.1 – A dimensão interna 320

XXX.10.2 – A dimensão externa 320

XXX.10.3 – A disciplina jurídica do conflito das leis no espaço 320

XXX.11 – Os elementos de conexão 320

XXX.11.1 – A ausência de critérios únicos, uniformes e abrangentes 320

XXX.11.2 – Os principais elementos de conexão 320

XXX.12 – As regras da LINDB 321

XXX.12.1 – Direitos da personalidade e de família: lei do domicílio 321

XXX.12.2 – Direito das obrigações 321

XXX.12.3 – Direito empresarial 321

XXX.12.4 – Direito das sucessões 321

XXX.13 – A chamada "extraterritorialidade" da lei 321

XXX.13.1 – As dificuldades políticas 321

XXX.13.2 – A extraterritorialidade da lei penal brasileira 322

XXX.14 – A tendência à uniformização 322

XXX.14.1 – Convenções internacionais 322

XXX.14.2 – A harmonização quanto ao conteúdo 322

XXX.15 – O problema da virtualização das relações 322

XXX.15.1 – A internet e a "desespacialização" das relações 323

XXX.15.2 – A dificuldade na repressão de ilícitos 323

XXX.15.3 – A necessidade de colaboração entre os diversos países 323

Resumo 323

Caso prático 325

Questões 325

Capítulo XXXI

Aplicação do Direito e autonomia do aplicador

XXXI.1 – Ainda o limite da interpretação 327

XXXI.1.1 – Ainda a heteronomia do Direito 327

XXXI.1.2 – A autonomia "oculta" 327

XXXI.1.3 – O problema do erro redacional 328

XXXI.1.4 – O problema da norma "injusta" 328

XXXI.1.5 – O problema da norma incorreta ou inadequada 328

XXXI.1.6 – Ainda a questão da interpretação conforme a Constituição 328

XXXI.2 – A atribuição pela lei de margem de autonomia para o aplicador 329

XXXI.2.1 – A inviabilidade de definição da solução mais satisfatória 329

XXXI.3 – A consagração de princípio 329

XXXI.4 – Rigidez e flexibilidade do Direito 329

XXXI.5 – Mecanismos jurídicos para autonomia limitada 329

XXXI.6 – O instituto da "discricionariedade" 330

XXXI.6.1 – A instituição e a delimitação da autonomia pela lei 330

XXXI.6.2 – A escolha circunscrita a limites jurídicos 330

XXXI.6.3 – A dimensão funcional da competência discricionária 330

XXXI.6.4 – A vedação ao arbítrio 330

SUMÁRIO | **XXXIX**

XXXI.6.5 – A limitação do controle externo à decisão adotada 330

XXXI.7 – A distinção entre "interpretação" e "discricionariedade" 331

XXXI.7.1 – A negação da distinção: a questão prática 331

XXXI.7.2 – A diferenciação teórica 331

XXXI.7.3 – A distinção no tocante ao controle 331

XXXI.8 – Os "conceitos jurídicos indeterminados" 331

XXXI.8.1 – A realidade fática é autônoma 332

XXXI.8.2 – O direito institui uma classificação jurídica dos fatos 332

XXXI.8.3 – Diferenciação de três áreas de abrangência 332

XXXI.8.4 – Área de certeza positiva: aplicação inquestionável 332

XXXI.8.5 – Área de certeza negativa: não aplicação inquestionável 332

XXXI.8.6 – Área cinzenta: margem de autonomia de escolha 333

XXXI.8.7 – A redução da margem de autonomia do aplicador 333

XXXI.9 – Os "conceitos técnico-científicos" 333

XXXI.9.1 – A inviabilidade de solução predeterminada 333

XXXI.9.2 – O consenso científico determina o conteúdo da expressão 333

XXXI.10 – Os "conceitos valorativos" 334

XXXI.10.1 – Ainda a inviabilidade de solução predeterminada 334

XXXI.10.2 – A solução fundada no entendimento prevalente 334

XXXI.11 – Síntese 334

Resumo 335

Caso prático 335

Questões 336

Capítulo XXXII

Ainda os valores jurídicos

XXXII.1 – Os valores e o sentido da existência 337

XXXII.1.1 – A existência como experiência concreta da vida 337

XXXII.1.2 – Os valores e a preservação da realização do "humano" 337

XXXII.1.3 – A evolução civilizatória e a tendência à objetivação dos valores 338

XXXII.1.4 – A pluralidade dos valores jurídicos e a tensão entre eles 338

XXXII.1.5 – Valor jurídico e norma jurídica 338

XXXII.2 – Segurança Jurídica 339

XXXII.2.1 – Segurança Jurídica e a dimensão temporal 339

XXXII.2.1.1 – Segurança como "conhecimento da disciplina jurídica" 339

XXXII.2.1.2 – Segurança como "previsibilidade da disciplina jurídica" futura 339

XXXII.2.1.3 – Segurança como "estabilidade da disciplina jurídica" passada e presente 339

XXXII.2.2 – Requisitos da existência da Segurança Jurídica 339

XXXII.2.2.1 – Existência de normas claras e precisas 339

XXXII.2.2.2 – A estabilidade da disciplina jurídica 340

XXXII.2.2.3 – A submissão de todos os sujeitos (inclusive o Estado) às normas 340

XXXII.2.2.4 – A observância do devido processo legal.......................... 340

XXXII.2.2.5 – A garantia da jurisdição.. 340

XXXII.2.3 – Os inconvenientes da Segurança Jurídica 340

XXXII.2.3.1 – O "engessamento" da disciplina jurídica........................ 340

XXXII.2.3.2 – O risco de soluções injustas e inconvenientes.................... 341

XXXII.3 – Justiça.. 341

XXXII.3.1 – As dificuldades do tema.. 341

XXXII.3.1.1 – A indeterminação do significado da expressão.................... 341

XXXII.3.1.2 – A variação subjetiva do enfoque..................................... 341

XXXII.3.1.3 – A variação histórica do enfoque: a evolução socio-econômica 341

XXXII.3.1.4 – A multiplicidade de teorizações ao longo da história 341

XXXII.3.1.5 – A tendência à aproximação com igualdade 342

XXXII.3.2 – Justiça e tratamento individual.. 342

XXXII.3.2.1 – O reconhecimento da condição intrínseca.......................... 342

XXXII.3.2.2 – O reconhecimento do merecimento 342

XXXII.3.2.3 – O reconhecimento da necessidade.................................... 342

XXXII.3.2.4 – A observância das regras predeterminadas........................ 342

XXXII.3.3 – Justiça e tratamento intersubjetivo (comparativo).................... 342

XXXII.3.3.1 – A justiça distributiva (Aristóteles)................................... 343

XXXII.3.3.2 – A justiça corretiva (Aristóteles) 343

XXXII.4 – Igualdade (isonomia) 343

XXXII.4.1 – A concepção clássica 343

XXXII.4.2 – A formulação de Celso Antônio Bandeira de Mello 343

XXXII.4.3 – Esboço quanto ao conteúdo jurídico da igualdade 343

XXXII.4.3.1 – Identificação da finalidade a ser realizada 343

XXXII.4.3.2 – Delimitação do conjunto de situações 344

XXXII.4.3.3 – Escolha do critério de comparação adequado.................... 344

XXXII.4.3.4 – A definição do tratamento jurídico e a sua adequação 345

XXXII.4.3.5 – O exame da proporcionalidade em sentido restrito............. 345

XXXII.4.4 – Síntese.. 345

XXXII.5 – Solidariedade 345

XXXII.5.1 – A interconexão entre os seres vivos.. 346

XXXII.5.2 – A legitimidade dos interesses dos diversos sujeitos.................... 346

XXXII.5.3 – A inviabilidade da prevalência absoluta dos interesses individuais....... 346

XXXII.5.4 – A solidariedade e a generosidade 346

XXXII.5.5 – A satisfação proporcional às circunstâncias individuais 346

XXXII.5.6 – Solidariedade, voluntariedade e imposição................................ 346

XXXII.6 – Conclusão 347

Resumo 347

Caso prático 349

Questões.. 349

Capítulo XXXIII
A Ciência do Direito

XXXIII.1 – A terminologia adotada 351

XXXIII.2 – O estudo do Direito e a questão de uma "Ciência do Direito" 351

    XXXIII.2.1 – "Sujeito que conhece" *vs.* "objeto conhecido" 351

    XXXIII.2.2 – A concepção clássica das ciências da Natureza 351

    XXXIII.2.3 – As "ciências do espírito" e a inserção do sujeito no "objeto conhe-
cido" 352

XXXIII.3 – A "Ciência do Direito" é uma "ciência"? 352

    XXXIII.3.1 – O método das ciências naturais 352

    XXXIII.3.2 – A ampliação do conceito de ciência 352

    XXXIII.3.3 – A inexistência de uma "Ciência do Direito" 352

    XXXIII.3.4 – A manutenção da terminologia e seus efeitos indiretos 353

XXXIII.4 – O conhecimento do Direito 353

    XXXIII.4.1 – Ainda a dificuldade em diferenciar sujeito e objeto 353

    XXXIII.4.2 – A aplicação e o estudo do Direito 353

XXXIII.5 – A inter-relação entre "Direito" e "Ciência do Direito" 353

    XXXIII.5.1 – A heteronomia e objetividade do Direito (em tese) 354

    XXXIII.5.2 – A "produção" de um "sistema jurídico" 354

    XXXIII.5.3 – A influência da Ciência do Direito sobre a produção legislativa 354

    XXXIII.5.4 – A determinação do conteúdo do Direito no caso concreto 354

XXXIII.6 – A identidade entre o aplicador e o doutrinador 354

XXXIII.7 – A disputa pelo conteúdo e sentido do Direito 355

    XXXIII.7.1 – A dimensão política da atuação doutrinária 355

    XXXIII.7.2 – A superação da diferenciação entre Direito e Ciência do Direito ... 355

    XXXIII.7.3 – A redução da heteronomia 355

XXXIII.8 – A contribuição de Tércio Sampaio Ferraz Júnior 355

    XXXIII.8.1 – A opção pela expressão "dogmática jurídica" 355

    XXXIII.8.2 – A concepção da "função social da dogmática jurídica" 356

XXXIII.9 – Os diversos modelos de dogmática jurídica 356

    XXXIII.9.1 – A multiplicidade dos modelos de abordagem 356

    XXXIII.9.2 – A construção do modelo pelos doutrinadores 356

XXXIII.10 – O modelo "analítico" 356

XXXIII.11 – O modelo "hermenêutico" 357

XXXIII.12 – O modelo "tecnológico" 357

XXXIII.13 – O Direito, a Ciência do Direito e a Aplicação do Direito 357

    XXXIII.13.1 – A transformação do Direito num objeto "ideal" 357

    XXXIII.13.2 – O Direito e a vida real 357

XXXIII.14 – A relevância do enfoque pragmático 357

XXXIII.15 – Síntese 358

Resumo 358

Caso prático 360

Questões 361

Capítulo XXXIV
As contribuições de Hans Kelsen

XXIV.1 – A advertência inicial indispensável 363

    XXIV.1.1 – A genialidade do pensamento kelseniano 363

    XXIV.1.2 – A oposição (ideológica) a Kelsen 363

    XXIV.1.3 – As críticas improcedentes 364

XXIV.2 – O Direito como disciplina da "violência estatal" 364

XXIV.3 – A teoria do ordenamento jurídico 364

XXIV.4 – Distinção entre "ser" e "dever ser" (lógico) 365

    XXIV.4.1 – Relações de causalidade e de imputação 365

    XXIV.4.2 – O "dever ser" do Direito é lógico 365

XXIV.5 – A concepção realista do Direito 365

XXIV.6 – A distinção entre Direito e Ciência do Direito 366

    XXIV.6.1 – A Ciência do Direito como conhecimento do objeto 366

    XXIV.6.2 – Teoria Pura do Direito e não Teoria do Direito Puro 366

    XXIV.6.3 – A Ciência do Direito tem por objeto a descrição do Direito 366

    XXIV.6.4 – A exigência de neutralidade 367

XXIV.7 – A superação (limitada) do pensamento de Kelsen 367

    XXIV.7.1 – A inviabilidade da neutralidade do sujeito 367

    XXIV.7.2 – As limitações da condição do cidadão 367

    XXIV.7.3 – A rejeição à limitação da abrangência da Ciência do Direito 368

    XXIV.7.4 – Decorrências práticas 368

XXIV.8 – A permanência do pensamento kelseniano 368

Resumo 368

Questões 369

Capítulo XXXV
As contribuições de Norberto Bobbio

XXXV.1 – O "primeiro" Bobbio: o direito é identificado por sua estrutura 371

    XXXV.1.1 – A tentativa de revelar as características estruturais do direito 371

    XXXV.1.2 – A manutenção do enfoque da violência 371

    XXXV.1.3 – A inviabilidade da identificação do Direito como "uma norma" 371

XXXV.2 – O "segundo Bobbio: o direito é identificado por sua função" 372

    XXXV.2.1 – O Estado não se restringe ao exercício da violência 372

    XXXV.2.2 – Estado de Polícia 372

    XXXV.2.3 – Estado de Bem-Estar Social 372

    XXXV.2.4 – A nova função do Direito 373

XXXV.3 – O sancionamento como a providência estatal interventiva 373

    XXXV.3.1 – A sanção 373

    XXXV.3.2 – A sanção negativa (punitiva) 373

    XXXV.3.3 – A sanção positiva (prêmio) 374

SUMÁRIO | **XLIII**

XXXV.3.4 – A distinção entre ação e inação do destinatário 374

XXXV.3.5 – A insuficiência do exercício da violência pelo Estado 374

Resumo 374

Questões 375

Capítulo XXXVI

O círculo hermenêutico e o eterno retorno

XXXVI.1 – A interpretação e a aplicação do Direito 377

XXXVI.2 – Sempre o círculo hermenêutico 377

XXXVI.2.1 – A compreensão como uma sucessão de etapas 377

XXXVI.2.2 – O percurso é antecedido por uma pré-compreensão 378

XXXVI.2.3 – A pré-compreensão é inevitável 378

XXXVI.2.4 – O cunho adivinhatório da pré-compreensão 378

XXXVI.2.5 – A adivinhação sobre o todo 378

XXXVI.2.6 – A revisão da pré-compreensão 378

XXXVI.2.7 – A pré-compreensão pode ser "correta" ou não 378

XXXVI.2.8 – O esclarecimento e a revisão das pré-compreensões 379

XXXVI.2.9 – A natureza circular dessa trajetória 379

XXXVI.2.10 – A dimensão evolutiva da trajetória 379

XXXVI.3 – Interpretar o Direito não é apenas valoração subjetiva 379

XXXVI.3.1 – O domínio das leis, das normas e dos institutos 379

XXXVI.3.2 – A apreensão do conhecimento existente 379

XXXVI.3.3 – O contato com a realidade prática do mundo 380

XXXVI.4 – A conquista e o domínio do instrumental do Direito 380

XXXVI.5 – O eterno retorno 380

XXXVI.6 – A Introdução ao Estudo do Direito e a trajetória interminável 381

Bibliografia 383

Capítulo I
A EXPERIÊNCIA INDIVIDUAL QUANTO AO "DIREITO"

Acesse e assista à aula explicativa sobre este assunto.
> https://uqr.to/r4hj

A vida em sociedade envolve a existência de limites à conduta própria e alheia. Todos os sujeitos têm consciência de que a sua autonomia de escolhas e de condutas é limitada por imposições de cunho heterônomo, que são produzidas por uma instância externa.

I.1 – A AVALIAÇÃO INTUITIVA QUANTO A LIMITES À AÇÃO

Isso produz uma avaliação até mesmo intuitiva quanto aos limites à ação individual e coletiva. Não é necessário ter conhecimento jurídico especializado para ter consciência de que essas determinações devem ser obrigatoriamente observadas.

I.1.1 – O conhecimento generalizado do Direito

De todo modo, existe uma determinação legal expressa nesse sentido. O art. 3º do Decreto-lei 4.657/1942 (conhecido como Lei de Introdução às Normas do Direito Brasileiro – LINDB) determina o seguinte: *"Ninguém se escusa de cumprir a lei, alegando que não a conhece"*.

I.1.2 – Os "meus direitos", a "Constituição", o "Código de Defesa do Consumidor"

Essa intuição sobre o Direito abrange também uma série de conceitos, difundidos na vida social. As pessoas afirmam que têm direitos, discutem a Constituição, falam do Código de Defesa do Consumidor e assim por diante.

I.1.3 – As autoridades formais

E existem as autoridades formais, que são reconhecidas como titulares de poderes e responsabilidades. Todos têm consciência quanto à existência do

Presidente da República, do Governador, do Prefeito. Essas autoridades não se confundem com o Congresso Nacional, com a Assembleia Legislativa ou com a Câmara de Vereadores. As pessoas falam do Supremo Tribunal Federal e de seus Ministros, que não se confundem com os demais tribunais e juízes.

I.1.4 – Os diferentes usos da palavra "Direito"

Mesmo em termos vulgares, as pessoas diferenciam os "Direitos", considerados como algo subjetivo (vinculados ao indivíduo), e o "Direito", tomado como algo objetivo (que existe independentemente das pessoas).

De modo geral, as pessoas entendem o vocábulo "lei" como integrante desse mundo do Direito. No entanto, também utilizam a mesma palavra para indicar certas relações do mundo físico-químico. Até de modo intuitivo, as pessoas compreendem que essas expressões possuem sentidos muito diferentes e se aplicam a fenômenos distintos.

Portanto, "Direito" e "lei" são palavras que integram o vocabulário cotidiano, com acepções distintas, ainda que não exista um conhecimento especializado sobre isso.

I.2 – A RESTRIÇÃO À AUTONOMIA DA CONDUTA DO SER HUMANO

O Direito se relaciona com a restrição à autonomia da conduta dos seres humanos, que são sujeitos a interferências e limitações provenientes de outros indivíduos e da coletividade. Nenhum ser humano que convive em sociedade dispõe da possibilidade de realizar escolhas e adotar condutas de modo absolutamente livre, sem limitações expressas ou implícitas provenientes do meio circundante.

I.3 – A "HETERONOMIA": O EFEITO VINCULANTE

Muitas determinações e constrangimentos são heterônomas. A heteronomia significa que a eficácia e a força vinculante da limitação à conduta individual e coletiva independem da vontade do sujeito. A concordância ou a discordância do indivíduo e do grupo são irrelevantes, eis que essas determinações apresentam força vinculante própria.

I.4 – A ADMISSÃO DO USO DA FORÇA

Em muitos casos, a observância dessas determinações é respaldada inclusive pelo uso da força física (violência). O infrator é subordinado a constrangimento físico, que pode consistir no impedimento material da prática de uma conduta. Por exemplo, há hipóteses em que manifestações populares são reprimidas por parte do aparato policial. Em outros casos, a infração pode acarretar a eliminação da própria vida do infrator.

O aspecto relevante reside em que o exercício da violência pelo Estado, nessas situações, é qualificado como legítimo e adequado, desde que exercitado com base nos padrões previstos no ordenamento jurídico.[1]

I.5 – A PRODUÇÃO CONTÍNUA DE NOVAS DETERMINAÇÕES

Um dos aspectos da vida social consiste em que essas determinações são produzidas de modo contínuo. Há uma multiplicação permanente das determinações, de modo que a autonomia individual e a coletiva sofrem um processo contínuo de disciplina cada vez mais intensa.

I.6 – O DIREITO COMO PARTE DA EXISTÊNCIA HUMANA

O Direito é um produto da existência humana e somente pode ser compreendido como parte dessa existência. O Direito não existe antes do surgimento da sociedade, nem pode ser compreendido como algo dissociado da humanidade. Integra o processo civilizatório e se encontra em permanente evolução. As concepções predominantes nas gerações passadas tornaram-se obsoletas e aquilo que é experimentado como Direito na atualidade será superado no futuro.

I.7 – COMPORTAMENTO E CONDUTA DO SER HUMANO

O ser humano exercita sua atuação nos planos intelectual e físico. É necessário diferenciar os planos do comportamento e da conduta, dois conceitos diversos e que são essenciais para entender o que é o Direito.

I.7.1 – Ser humano e atuação "animal": a dimensão puramente externa

A expressão "ser humano" é utilizada para indicar um ser que evoluiu da animalidade para um estágio diverso. Em um estágio evolutivo inicial, nem caberia aludir a um "ser humano" – ao menos, não na acepção de um ser capaz de compreender valores, realizar tarefas e restringir os seus impulsos. Prevalecia a dimensão animal, em que a capacidade de raciocínio era limitada e as finalidades da existência eram apenas sobreviver e procriar. Essa atuação predominantemente externa pode ser referida como "comportamento". A expressão pode ser utilizada genericamente para indicar as manifestações físicas de um objeto. Assim, pode-se aludir ao comportamento dos seres vivos em geral, que admite exame para fins diversos. Por exemplo, um cientista pode examinar o comportamento das abelhas em uma colmeia.

---

[1] Admite-se o exercício da violência pelo sujeito privado em situações excepcionais. Há as hipóteses de legítima defesa e estado de necessidade contra ameaça de lesão a bem jurídico (Código Penal, arts. 23-25) e se admite o uso da força na defesa da posse (Código Civil, art. 1.210, § 1º).

A transformação do animal em ser humano não exclui o cabimento de aludir a um "comportamento". O ser humano também apresenta um comportamento, que pode ser examinado e estudado como manifestação predominantemente externa. Por exemplo, é cabível aludir ao comportamento dos seres humanos em estações espaciais, para verificar as reações físicas e emocionais ocorridas.

I.7.2 – Ser humano, consciência e vontade: a dimensão interna

Mas a humanidade é produzida pela ampliação da complexidade da vida subjetiva. De modo simplificado, o ser humano é caracterizado pela sua consciência sobre si mesmo e sobre os outros e pela capacidade de realizar escolhas fundadas num processo de vontade. Há uma dimensão interna que acompanha e (em certa medida) comanda o comportamento externo.

I.8 – AS "DIMENSÕES" DO SER HUMANO?

Talvez seja possível aludir a "dimensões" do ser humano, para indicar esses diversos âmbitos da sua existência.

I.8.1 – Ser humano como integralidade complexa

Mas é indispensável reconhecer que o ser humano se constitui em uma integralidade complexa e indissociável. Aludir a um plano interno e a uma dimensão externa não significa que existam órbitas autônomas. O ser humano é conduta e comportamento, de modo unitário. Essa diferenciação somente é possível sob um plano teórico, visando conhecer de modo mais perfeito o ser humano.

I.8.2 – O aspecto animal

O ser humano é uma espécie animal. O seu comportamento e a sua conduta são influenciados por instintos, impulsos e manifestações norteadas pelas circunstâncias. Existem programações genéticas herdadas das etapas evolutivas iniciais (*Homo erectus*), que influenciam o modo de agir desse ser humano moderno (*Homo sapiens*).

I.8.3 – O aspecto racional

Por outro lado, há uma dimensão racional que foi sendo desenvolvida com a evolução de milhares de anos. O ser humano detém, de modo genérico, a capacidade de entender os fenômenos circundantes, formular novos problemas, superar desafios. Mais do que isso, o ser humano dispõe – como regra – da capacidade de controlar o próprio comportamento, transformando-o em conduta. Ou seja, uma manifestação externa que reflete a consciência e a vontade.

I.8.4 – O aspecto "valorativo"

Mas a evolução produzida pela humanização abrange uma outra dimensão da existência, que é o aspecto valorativo. O ser humano é capaz de valorar. Isso significa avaliar o mundo segundo padrões de preferibilidade, diferenciando aquilo que é desejável e o que não o é. Mais ainda, essa capacidade de valorar afeta as escolhas e as condutas individuais e coletivas.

Em princípio, essa atividade valorativa é individual e pessoal. Assim, algumas pessoas gostam de futebol, enquanto outras preferem música. Há alguns que gostam de música sertaneja e outros, de música clássica. O ser humano estabelece esse tipo de preferências relativamente a tudo e todos. Alude-se a "valoração" para indicar esse posicionamento do sujeito em face do mundo. Não se trata de um posicionamento puramente racional, ainda que a racionalidade possa estar envolvida.

Algumas valorações são compartilhadas pela generalidade das pessoas e se tornam insuscetíveis de questionamento. Esse tema será mais bem examinado adiante.

I.9 – A IDEIA DE "FINALIDADE"

A capacidade de valorar se relaciona com a noção de finalidade. O ser humano diferencia finalidades para a existência própria e dos demais.

I.9.1 – A atuação humana e a identificação de fins

Essas finalidades são experimentadas como desejáveis ou não desejáveis. E essa avaliação se sobrepõe tanto ao instinto animal como às escolhas puramente racionais. O ser humano orienta a sua conduta segundo esses fins, cuja escolha resulta de uma pluralidade de circunstâncias.

I.9.2 – A tomada de consciência quanto à pluralidade de fins diversos

Um aspecto essencial reside em que o ser humano adquire consciência da existência de uma pluralidade de fins diversos, inclusive para reconhecer a sua potencial excludência. O ser humano compreende que não é possível realizar, de modo cumulativo, todos os diferentes fins teoricamente possíveis.

I.9.3 – A escolha entre os diversos fins

Portanto, é necessário escolher. O ser humano realiza escolhas entre os diversos fins, por ter noção de que nem todos são idênticos. Alguns são preferíveis sobre outros.

I.9.4 – A escolha "consciente" entre os diversos fins

A escolha entre os diversos fins é dotada de alguma racionalidade, mas não é um processo puramente lógico. Nem é norteado pela exclusiva dimensão instintiva.

Assim, por exemplo, um ser humano é capaz de ações de heroísmo e de renúncia, ainda que isso possa representar o sacrifício da própria vida.

I.10 – A IDEIA DE "VALOR"

Esse processo de identificação e diferenciação entre fins diversos para orientar a conduta própria e para avaliar a conduta alheia se relaciona com o conceito de "valor". É muito problemático definir "valor", porque se trata de um conceito descritivo de um processo interno, desenvolvido ao longo da evolução humana.

A expressão "valor" indica uma experiência do ser humano quanto à própria existência e quanto ao mundo que o circunda, qualificando os demais sujeitos, as circunstâncias e os objetos como desejáveis ou não desejáveis, segundo critérios distintos.

Ou seja, a valoração não é um processo puramente racional nem integralmente irracional. Mais ainda, a valoração relaciona-se com a orientação da própria conduta. Alude-se a "experiência" para indicar que a valoração e o valor fazem parte da vida real do ser humano. Não são explicáveis mediante raciocínio lógico abstrato.

I.11 – A complexidade do processo de valoração

Uma característica fundamental da valoração reside na sua complexidade. A valoração se produz segundo aspectos diversos. Por exemplo, alguém pode afirmar que, sob o prisma estético, prefere um automóvel de cor vermelha, mas que é economicamente preferível um veículo prateado. A dificuldade de realizar escolhas concretas, que afeta a todos os seres humanos, relaciona-se com a complexidade do processo valorativo. Há muitos aspectos para valorar em cada situação concreta e isso torna muito mais difícil tomar uma decisão – tanto mais porque a valoração e a decisão são processos que não são norteados apenas por critérios racionais.

I.12 – Pensar, entender e compreender

É relevante destacar que o processo subjetivo do ser humano abrange uma pluralidade de mecanismos que não são qualitativamente homogêneos. De modo geral, fala-se em "pensamento" para indicar a operação intelectual de exame do mundo circundante, sem vinculação a questões específicas ou determinadas.

Um processo mental consiste na "explicação", que é a identificação das relações de causa e efeito entre os fenômenos. É uma atividade intelectual preponderantemente racional.

Utiliza-se a expressão "compreender" para indicar a atividade de conjugação entre os eventos ocorridos e seu sentido valorativo. A compreensão não consiste numa explicação sobre a relação causal entre os fatos, mas na conjugação entre a racionalidade e a valoração. Compreender algo significa experimentar os valores referidos a uma situação concreta. Por exemplo, o sujeito "compreende" uma obra de arte. Ou seja, é uma atividade subjetiva distinta do simples "pensamento" e que não se confunde com a "explicação". É possível explicar as razões pelas quais uma obra de arte tornou-se famosa. Podemos tentar "explicar" a obra de arte em si mesma, mas isso não é suficiente para justificar o que ela significa para nós e para os outros. O mesmo se passa com todas as manifestações do mundo que incorporam valores.

I.13 – Valorações subjetivas e objetivação dos valores

Sob um certo ângulo, a valoração é puramente individual. Por exemplo, costuma-se afirmar que "gosto não se discute", indicando que cada sujeito exercita de modo autônomo as suas escolhas valorativas.

Sem dúvida, cada ser humano exercita a valoração como um processo subjetivo e individual. Isso tornaria problemático considerar a existência de valores comuns ao conjunto dos indivíduos.

I.14 – A "objetivação" das escolhas: o "valor"

No entanto, a evolução civilizatória produz o compartilhamento de processos valorativos. A vivência no mundo real, o compartilhamento do enfrentamento do mundo e a capacidade de colocar-se no lugar do próximo vão gerando a identificação dos indivíduos. O surgimento das comunidades implica a existência de processos valorativos homogêneos. Com o decorrer do tempo, esses processos existenciais produzem a objetivação das valorações, que passam a ser transmitidas entre as gerações humanas. Costuma-se aludir a "valores" nesse sentido. Há algumas escolhas pessoais, que não afetam a terceiros, que não são suscetíveis de discussão. Mas há valores comuns, que adquirem relevância diferenciada e se constituem em fundamento da própria humanidade, tal como a dignidade, a igualdade, a defesa do meio ambiente.

I.15 – "O homem é a medida de todas as coisas"?

Um sofista grego famoso, Protágoras, afirmou que "o homem é a medida de todas as coisas". Essa frase pode ser interpretada em diversas acepções. Uma delas seria que não existem valores comuns a todos os seres humanos. Tudo seria avaliado de modo individual. Essa concepção pode ser admitida de modo muito limitada, porque a evolução socioeconômica foi produzindo a integração cada vez mais intensa entre os indivíduos. E a experiência comum conduziu ao reconhecimento de limites a valorações individuais.

I.16 – A intervenção humana

A vida humana se traduz em intervenção sobre o mundo circundante. O ser humano não se dedica apenas a sobreviver e a procriar. Ele muda o mundo, inova, produz objetos.

I.16.1 – A realização concreta de valores e a alteração do mundo

Essa intervenção do ser humano no mundo é orientada pelos valores. Toda interferência humana sobre o universo circundante visa à realização de valores. Há objetos físicos e imateriais, produzidos pelo ser humano, que se constituem em meio de concretização de valores. Assim se passa desde a pré-história. A pedra lascada, usada por um indivíduo há milhares de anos, foi um instrumento para a concretização de um valor relacionado com a utilidade. Ainda hoje, todas as nossas condutas são norteadas pela realização de valores.

I.16.2 – As realizações "positivas" e "negativas"

Daí não se segue que todas as condutas humanas sejam orientadas por valores positivos. As realizações humanas são não apenas "positivas". Também são "negativas". Ou seja, a existência humana concretiza o "Bem", mas também o "Mal" – utilizando-se tais expressões para indicar as valorações consagradas na experiência civilizatória.

I.16.3 – A interferência entre os seres humanos

Essas ponderações precisam ser tomadas em consideração a propósito das condutas humanas que afetam outros seres humanos. Muitas condutas humanas produzem efeitos individuais. Por exemplo, o sujeito decide pintar um quadro, como forma de realização puramente privada. Resolve ingerir uma bebida alcoólica ou dedicar-se ao estudo de uma língua estrangeira.

Mas há uma pluralidade muito significativa de escolhas e condutas que envolvem interferência na conduta alheia. O sujeito exterioriza no mundo físico uma atuação que é potencialmente apta a afetar a individualidade alheia. Em tais casos, a dimensão positiva ou negativa das escolhas individuais ultrapassa o limite do próprio sujeito. Nessas hipóteses, tornam-se necessários mecanismos de compatibilização das condutas e das situações dos indivíduos. O Direito é um desses mecanismos e suas características serão objeto de exame nos capítulos seguintes.

RESUMO

- Este capítulo trata de alguns preconceitos e prenoções que alguém interessado no Direito pode ter antes de iniciar um estudo formal.

- O Direito se desenvolve como uma parte da vida real dos indivíduos e da coletividade. Existe uma intuição geral sobre o Direito e seus direitos.

- O Direito envolve a restrição à autonomia da conduta do ser humano e compreende o exercício da violência. Para o Direito, é relevante a conduta, não o comportamento. A conduta consiste na manifestação externalizada da vontade de um ser humano. Essa distinção envolve uma análise simplificada quanto às diversas dimensões do ser humano.

- Um aspecto fundamental consiste na capacidade de valorar. A valoração reflete uma preferência do ser humano relativamente àquilo que constitui o mundo. Essa preferência se relaciona com a finalidade e com a escolha entre os fins a serem realizados. O valor que consiste numa experiência do ser humano que atribui a qualidade de desejável ou não desejável aos sujeitos, às circunstâncias e aos objetos com quem se relaciona.

- O relacionamento do ser humano com o mundo circundante pode fazer-se como pensamento, entendimento e compreensão. O pensamento consiste numa operação intelectual de exame do mundo. O entendimento corresponde a uma explicação, que identifica relações de causa e efeito entre os fenômenos. A compreensão indica a conjugação entre a racionalidade e a valoração.

- Entre eles estão a obrigatoriedade da lei, a heteronomia do Direito. Nesse capítulo são introduzidos conceitos fundamentais para o estabelecimento do direito em uma sociedade humana: a racionalidade, a valoração e a finalidade. Por fim, discute-se a subjetividade da valoração, a objetivação dos valores e a identificação do "Bem" e do "Mal".

Caso prático

Um vídeo (disponível em https://www.youtube.com/watch?v=Ku9GgK19Aeo) mostra os danos provocados por um cachorro chamado "Chico". Na sua opinião, Chico merece ser punido? Em caso positivo, de que forma? Em caso negativo, por quê?

Questões

1) Diferencie comportamento e conduta.

2) Explique, em suas palavras, a dimensão "valorativa" do ser humano.

3) Por que a ideia de finalidade é inerente à condição humana?

4) Diferencie "explicar" e "compreender".

5) O homem é a medida de todas as coisas?

Capítulo II
LEIS NATURAIS E LEIS JURÍDICAS

A expressão "lei" é utilizada tanto a propósito da Natureza quanto dos métodos de controle da conduta, especialmente do Direito.

II.1 – NATUREZA: AS RELAÇÕES DE CAUSALIDADE (MUNDO DO SER)

A Natureza precede, contém e influencia a existência do ser humano. De modo geral, os fenômenos naturais se produzem segundo relações não subordinadas à vontade humana. Em princípio, as reações físico-químicas se aperfeiçoam de modo independente da vontade humana. Mas o progresso da ciência tem permitido a criação de novos elementos e processos que não existiam anteriormente na Natureza.

II.1.1 – Os fenômenos da natureza e sua relação de causa e efeito

Os fenômenos da Natureza se caracterizam por relações de causalidade. Isso significa que, consumadas certas causas, produzir-se-ão determinados efeitos. As teorias da relatividade não implicam a ausência dessa causalidade, mas admitem que podem existir causalidades subordinadas a processos diversos conforme as circunstâncias.

II.1.2 – A complexidade das relações de causa e efeito e sua dimensão infinita

As relações de causalidade são complexas e podem compreender uma pluralidade muito ampla de fatores-causa e de fenômenos-efeitos. Pode-se afirmar que esses processos de causalidade são infinitos. A partir de um determinado momento inicial (que é objeto das mais diversas cogitações), a evolução natural consistiu no desencadeamento de processos de causalidade intermináveis. Quando examinamos algum desses fenômenos, produzimos uma espécie de delimitação arbitrária, orientada a permitir o nosso julgamento e conhecimento.

II.1.3 – A Lei Natural

A Lei Natural explicita uma relação de causalidade identificada na Natureza e apresenta natureza descritiva. A Lei Natural não institui nem impõe determinações em face da Natureza.

II.1.4 – O conceito de "ser"

O contexto da Natureza envolve o conceito de "ser", que se constitui num dos temas mais complexos e difíceis de entendimento. O conceito de "ser" é utilizado para explicar o mundo. A explicação sobre o mundo depende do verbo "ser". É possível discutir o que o ser humano é. Mas é muito difícil descobrir o que "ser" é. Isso exige determinar o "ser" do próprio "ser". Então, o conceito do substantivo "ser" vai ser descoberto mediante o uso do verbo "ser". Por isso, muitos pensadores afirmam que o conceito de "ser" somente pode ser intuído e não comporta explicações maiores. As pessoas entendem o que é "ser", mas não é possível explicar o seu significado. Um dos maiores filósofos do séc. XX, Martin Heidegger, dedicou a sua maior obra a aprofundar o conhecimento sobre o "ser".[1] Afirmou que o conceito de "ser" não é compreensível de modo teórico e abstrato, porque o "ser" existe no mundo e somente pode ser experimentado na vida concreta e real.

Os fenômenos da Natureza são manifestações do "mundo do ser". O sol existe, a chuva ocorre, as pessoas nascem e morrem e assim por diante.

II.2 – HUMANIDADE: AS RELAÇÕES DE IMPUTAÇÃO (MUNDO DO DEVER SER)

O ser humano também pertence ao mundo do ser. A condição de cada indivíduo pode ser examinada como um processo de causalidade, em que há causas e há efeitos. Mas a existência humana não é restrita à dimensão do ser.

II.2.1 – A intervenção humana e a instrumentalização das relações de causa e efeito

O ser humano é capaz de entender as relações de causa e efeito e delas se valer para introduzir inovações no mundo. Assim se passa tanto em relação ao mundo natural como relativamente à própria sociedade. A Humanidade instrumentaliza as relações de causalidade, visando realizar finalidades diversas.

---

[1]   *Ser e Tempo*. 4 ed. Brasileira. Petrópolis: Vozes, 1993, dois volumes.

II.2.2 – Os objetos culturais: produção humana para realizar valores

Essas inovações produzidas pela Humanidade são orientadas à realização de valores. Têm a ver com aquelas finalidades buscadas pelos seres humanos, objeto de explicação no Capítulo I. Pode-se utilizar a expressão "objeto cultural" para indicar todos os objetos criados pelo ser humano visando a realização de um valor. Esses objetos culturais se contrapõem aos objetos naturais, que existem independentemente da intervenção humana. Mas uma parcela significativa de objetos culturais é produzida a partir de objetos naturais. De modo geral, todos os objetos culturais dotados de existência física são produzidos a partir de objetos naturais.

II.2.3 – Objetos culturais imateriais

Essa intervenção do ser humano sobre o mundo também compreende objetos culturais destituídos de existência física. O ser humano desenvolve e cria objetos imateriais, que são também instrumento para a realização de valores. Assim, por exemplo, o ser humano produz a Filosofia e o Direito, que são objetos culturais que não são dotados de existência física.

II.2.4 – A introdução de uma "causalidade artificial": a imputação

Para os fins do estudo do Direito, é relevante observar que a Humanidade institui também relações artificiais de causa e efeito, que não existem na própria Natureza, nem têm sentido fora da sociedade humana. Por exemplo, o Direito pode estabelecer que, "se alguém matar outrem deverá sofrer uma sanção". Nessa construção, "matar alguém" se configura como uma espécie de causa de um efeito, consistente em uma sanção.

Essa relação entre o crime (matar alguém) e a sanção (pena) é artificialmente criada pelos seres humanos. Portanto e, rigorosamente, não é correto aludir a uma causalidade. Um dos grandes pensadores do Direito, Hans Kelsen, afirmou que se trata de uma relação de imputação, no sentido de que o Direito imputa um efeito jurídico a uma certa causa.

II.2.5 – O Direito e sua natureza prescritiva

Diversamente da Lei Natural, a Lei Jurídica apresenta dimensão prescritiva. Não há uma simples descrição de como os eventos se passam, mas há a criação de uma solução inovadora, relacionada como as coisas "devem ser".

II.2.6 – O conceito de "dever ser"

Outro aspecto fundamental reside em que a relação de imputação, própria do Direito, não envolve o "ser", mas o "dever ser". Kelsen não explicou propriamente o conceito de "dever ser". Afirmou que o "dever ser", tal como o "ser", é um conceito intuitivo.

Ou seja, o mundo da Natureza "é". O mundo do Direito estabelece que os fenômenos "devem ser".

Kelsen afirma que, precisamente porque os fenômenos no mundo do Direito devem ser, é possível que as coisas se passem na realidade (mundo do ser) de modo diverso. O Direito estabelece que, se alguém matar outrem, deve ser submetido a uma sanção. O Direito não descreve como "é", mas prescreve como "deve ser". É possível que o homicida não seja efetivamente punido.

Isso significa que a imposição estabelecida pelo Direito (mundo do dever ser) compreende, de modo implícito e necessário, a possibilidade de que os fatos efetivos (mundo do ser) ocorram de modo diverso.

II.2.7 – O dever ser "axiológico" (em vista de valores)

A expressão "dever ser" é usualmente compreendida num sentido valorativo ou axiológico. Em nosso pensamento, a afirmativa de que algo "deve ser" costuma refletir uma distinção entre certo e errado. Nesse enfoque, o "dever ser" consiste numa imposição fundada em valores. Então, diz-se que os filhos "devem respeitar" os pais, que a pessoa "não deve mentir" e assim por diante.

II.2.8 – O dever ser "lógico": a imposição normativa

A teoria de Hans Kelsen não contempla esse "dever ser" valorativo. Trata-se de um "dever ser" puramente lógico. Por exemplo, o Direito estabelece que "aquele que matar outrem deve ser punido". Há um dever ser lógico porque foi o Direito que estabeleceu desse modo. O Direito criou uma consequência ("punição"), que é imputada a uma causa ("matar alguém").

Até é possível que esse "dever ser lógico" retrate uma avaliação sobre o que é certo e o que é errado. É claro que "matar outrem" é "ruim" ou uma "maldade".

Mas é fundamental diferenciar o dever ser lógico e o valorativo porque o entendimento sobre o conteúdo do Direito se inicia pela avaliação daquilo que é estabelecido no plano lógico.

II.2.9 – A relação de imputação

Kelsen defendeu que o Direito estabelece relações entre fatos e consequências jurídicas. Há uma sequência de eventos semelhante à causalidade. Pode-se dizer que a sanção é um "efeito" do crime. Mas essa relação entre o crime (como causa jurídica) e a sanção (como efeito jurídico) somente existe porque o Direito assim determinou. Enquanto na Natureza existem relações de causalidade, no Direito há relações de imputação.

A relação de causalidade envolve uma causa e um efeito conectados pelo verbo "ser". A relação de imputação compreende um evento antecedente e uma consequência jurídica ligados pela expressão "dever ser".

II.3 – O PRESSUPOSTO FUNDAMENTAL DO DIREITO: A "NÃO SUBMISSÃO À CAUSALIDADE"

Kelsen defendeu que as relações de imputação – que envolvem a imposição pelo Direito de uma relação entre um fato e uma consequência jurídica – apenas têm sentido e utilidade se for reconhecido que a conduta humana não é determinada de modo absoluto pelos eventos do mundo.

Se todas as condutas humanas fossem subordinadas de modo exaustivo e absoluto à causalidade, o Direito seria inútil. Por exemplo, seria um despropósito que o Direito estabelecesse "é proibido morrer". A morte é um evento natural, cuja consumação é inevitável. É regida pela causalidade. O Direito pode determinar "é proibido matar", determinação orienta a impedir o desencadeamento do processo de causa e efeito que conduz à morte de outrem.

Portanto, se fosse revelado pelo conhecimento científico o absoluto determinismo do comportamento humano, o Direito deixaria de existir. Por exemplo, suponha-se que a engenharia genética propicie o desenvolvimento de soluções que condicionem de modo absoluto a conduta dos seres humanos. Cada ação e omissão dos seres humanos passaria a ser imposta pelo código genético. Seria possível, então, programar todos os seres humanos para se absterem da conduta de "matar alguém". Logo, não haveria necessidade de o Direito estabelecer esse tipo de determinação.

II.3.1 – A pluralidade de alternativas em vista das circunstâncias

Portanto, o Direito apenas tem sentido e utilidade porque os diversos seres humanos reagem de modo distinto às circunstâncias. O Direito é um instrumento para criar incentivos e desincentivos aos indivíduos. O Direito destina-se a interferir sobre o processo decisório da conduta humana, visando a incentivar cada indivíduo a agir de modo socialmente desejável.

II.3.2 – A capacidade de escolha entre as alternativas

O Direito também não teria sentido e utilidade se a conduta dos seres humanos fosse absolutamente desvinculada de qualquer causa, configurando-se de modo aleatório. Então, os seres humanos agiriam como bem entendessem, de modo independente de qualquer regra. O Direito não teria qualquer utilidade.

Por isso, o Direito somente é aplicável aos seres humanos dotados de condição físico-intelectual de avaliar as diversas alternativas e de escolher entre uma delas. Muitos seres humanos, por razões distintas, não detêm essa capacidade. São caracterizados como "inimputáveis" e suas condutas não comportam punição, por mais graves que o sejam. A única alternativa para evitar que tais pessoas pratiquem outras violações é segregá-las da vida social.

II.4 – O DIREITO COMO UMA IMPOSIÇÃO À CONDUTA HUMANA ("LIVRE"?)

Em suma, a existência do Direito pressupõe que os seres humanos tenham uma margem de liberdade de escolha, mas que a sua decisão seja influenciável em alguma medida pela existência de determinações externas.

II.4.1 – A restrição à autonomia de escolha

O Direito destina-se a produzir restrições à autonomia de escolha do sujeito. Então, o sujeito é influenciado pelo Direito, adotando conduta diversa daquela que praticaria se o Direito não existisse.

II.4.2 – A criação de uma "causalidade artificial"

Daí a afirmativa de Kelsen de que o Direito destina-se a criar uma "causalidade artificial". A conduta do sujeito é um efeito, influenciado por uma causa que não existe na Natureza. Essa causa foi produzida pelo Direito, mas pressupõe a causalidade natural.

II.4.3 – As alternativas "impositivas"

O Direito produz a interferência sobre a conduta humana segundo três modelos específicos.

II.4.4 – A conduta proibida

Em alguns casos, o Direito estabelece que certas condutas são proibidas. Isso significa que o dever ser previsto no ordenamento jurídico consiste numa omissão. O ser humano deve abster-se de praticar uma certa conduta. Assim, por exemplo, "é proibido pisar na grama".

II.4.5 – A conduta obrigatória

Em outras hipóteses, o Direito determina que a conduta é obrigatória. Portanto, há a determinação de que o ser humano deve praticar uma ação específica. Por exemplo, "é obrigatório usar cinto de segurança em automóvel".

II.4.6 – A conduta permitida

Há situações em que o Direito prevê a conduta como facultada. O dever ser se afigura, relativamente a um sujeito, como um "poder ser". Assim, por exemplo, "os passageiros podem escolher em quais poltronas irão se sentar". Alguém poderia comentar que essa solução é inútil, mas assim não o é. Quando a norma consagra uma conduta como permitida, isso exclui a pretensão de terceiros de limitar a autonomia de escolha do sujeito.

> **RESUMO**
> - Os fenômenos naturais se produzem segundo relações não subordinadas à vontade humana.
> - As leis naturais são fundamentadas em uma causalidade necessária, própria do mundo do "ser". Descrevem relação de causa e efeito cuja ocorrência desenvolve-se de modo independente da vontade humana.
> - A relação de causalidade envolve uma causa e um efeito conectados pelo verbo "ser". A relação de imputação compreende um evento antecedente e uma consequência jurídica ligados pela expressão "dever ser".
> - Dever ser axiológico: regido pelos valores de uma sociedade.
> - Dever ser lógico: regido pelo próprio sistema do Direito.
> - A existência e a disciplina do Direito dependem de a conduta do ser humano não ser nem absolutamente determinada pelos fatores externos nem totalmente independente desses fatores. As leis jurídicas refletem uma proposta de interferir sobre a conduta dos seres humanos, criando uma "causalidade artificial".
> - O capítulo finaliza com uma discussão sobre a influência da autonomia de escolha no funcionamento do Direito e com uma diferenciação entre a conduta proibida, obrigatória e permitida.

 Caso prático

João costuma frequentar um bar. Todas as sextas-feiras, às 21h00, comparece ao estabelecimento e se senta na mesma mesa. Um dia, ao chegar ao bar, encontra Antonio sentado no "seu" lugar. João exige que Antonio se retire, afirmando que seria proibido alguém sentar-se naquele local. João tem razão?

 Questões

1) Diferencie os conceitos de causalidade e de imputação.

2) O que são objetos culturais?

3) Por que o Direito apenas apresenta utilidade se a conduta humana não for absolutamente livre?

4) Diferencie dever ser lógico e dever ser axiológico.

5) Quais são os três modelos de disciplina da conduta humana?

Capítulo III
NORMAS DE CONDUTA

O Direito se manifesta por meio de normas jurídicas, muitas das quais versam sobre a conduta humana. Mas o Direito não é o único sistema de controle da conduta humana.

III.1 – A IDEIA DE "CONTROLE DA CONDUTA HUMANA"

A afirmação da condição de ser humano envolve não apenas o surgimento da consciência e da vontade na formação da conduta humana. Também se relaciona com o desenvolvimento de mecanismos para controlar essa conduta.

III.1.1 – A redução (eliminação?) da autonomia de escolha

Como visto, o pressuposto da existência do Direito (e de qualquer sistema de controle de conduta humana) é a existência de uma margem limitada de autonomia do indivíduo. Se a conduta humana fosse absolutamente livre ou absolutamente destituída de liberdade, não haveria sentido em promover o seu controle.

Os sistemas de controle de conduta são orientados a reduzir a margem de autonomia de escolha dos indivíduos e dos grupos, de modo a diminuir as práticas indesejáveis e ampliar aquelas reputadas como proveitosas. Mas existe sempre a aspiração à absoluta eficácia normativa, o que significaria induzir todos os seres humanos a se absterem de modo absoluto das infrações.

III.1.2 – A interferência (em graus variáveis) sobre a conduta humana

Como dito, o Direito é um dos sistemas de controle da conduta humana. Mas o Direito versa sobre a conduta humana em interferência intersubjetiva. Isso significa que o Direito se preocupa exclusivamente com as condutas humanas aptas a afetar outrem.

A conduta exclusivamente individual, que não produz reflexos sobre terceiros, não é disciplinada pelo Direito. Assim, por exemplo, o Direito não proíbe que o sujeito "minta para si mesmo". Isso é um problema pessoal dele, irrelevante para o Direito, que pode determinar que, em algumas hipóteses, "é proibido mentir para outrem".

Isso não significa que toda e qualquer conduta de um sujeito, que possa afetar outrem, seria disciplinada pelo Direito. Há condutas intersubjetivas que são juridicamente irrelevantes. Assim, por exemplo, suponha-se que o sujeito resolva sentar em um banco em uma praça. Ao sentar-se, isso significa ocupar aquele lugar, o que impede que outrem o faça. O Direito não dispõe sobre essa situação.

Nos casos em que o Direito não contempla nenhuma determinação sobre uma conduta, reputa-se ter sido ela implicitamente considerada como facultada. E a sua prática se encontra protegida pelo próprio Direito. Essa é uma decorrência do chamado "princípio da legalidade" ("ninguém será obrigado a fazer ou deixar de fazer alguma coisa senão em virtude de lei", CF, art. 5º, inc. II).

O Direito se preocupa com as condutas intersubjetivas na medida em que elas sejam aptas a afetar de modo mais intenso os demais sujeitos. Quanto menor o potencial de reflexo de uma conduta sobre outrem, tanto menos relevância jurídica ela apresenta. Por exemplo, o Direito pode omitir disciplina sobre a produção de barulho por uma pessoa. Mas pode estabelecer um limite de decibéis a partir do qual a conduta será proibida. O motivo é evidente: um ruído menor não afeta a saúde e a tranquilidade alheia.

III.1.3 – O fenômeno do "poder"

Aludir à disciplina da conduta intersubjetiva envolve tratar do fenômeno do poder. Poder é a capacidade de interferir, limitar e condicionar a conduta alheia. Portanto, o Direito é um instrumento para aquisição e exercício de poder. Há uma relação indissociável entre poder, Direito e Estado. A existência do Estado envolve a organização do poder institucionalizado sobre o conjunto da sociedade, envolvendo temas políticos relevantes.

Justamente por isso, as sociedades democráticas buscam consagrar uma organização jurídica que impeça a concentração e o uso abusivo do poder. Mas essa é uma das questões mais problemáticas e difíceis da Política e do Direito Constitucional.

III.1.4 – A repressão como fundamento da Civilização (Sigmund Freud)

Freud destacou que o desenvolvimento da condição humana fundou-se num processo de repressão dos instintos animais do ser humano – especialmente daqueles relacionados com a sexualidade. Sob esse enfoque, a repressão foi indispensável ao surgimento da própria Civilização. Ao mesmo tempo, a repressão gerou um contínuo desconforto dos seres humanos, quando não traumas e problemas psicológicos mais graves.[1]

Independentemente de adesão à tese freudiana, é evidente que a existência do Direito é indispensável à vida social. Tem-se afirmado que toda e qualquer vida social implica a existência do Direito e que o Direito apenas existe na vida social. Numa expressão latina, afirmava-se "ubi societas, ibi jus". Por outro lado, o Direito compreende, de modo necessário, a limitação da autonomia individual e a repressão (simbólica ou manifesta) das práticas reputadas como indesejáveis.

Isso não implica, como é evidente, afirmar que todo Direito foi ou é justo, nem que o Direito não contemple previsões destinadas a preservar situações de privilégio.

III.2 – A CONSAGRAÇÃO DE SISTEMAS DE CONTROLE DA CONDUTA HUMANA

A evolução social produziu o surgimento de diferentes sistemas de controle da conduta humana, que não se confundem entre si e convivem de modo concomitante. Em alguns casos, esses sistemas até chegam a se contradizer. Por exemplo, o Direito pode impor a prática de certas condutas como obrigatórias, mas a Religião pode proibir a prática da mesma conduta.

III.2.1 – A variação quanto aos fins buscados

Esses diversos sistemas se diferenciam entre si principalmente em virtude dos fins buscados. Em outras palavras, trata-se de valores diversos que norteiam cada um desses sistemas. Essa distinção também pode conduzir a uma forma de classificação entre os sistemas relativamente à relevância dos valores, à gravidade das infrações e à espécie da sanção adotada.

III.2.2 – A diversa abrangência de cada sistema

A variação no tocante aos valores que norteiam cada um dos sistemas reflete-se na diversa abrangência de cada um dos sistemas. Existem sistemas que se referem à conduta puramente individual, enquanto outros se preocupam com a conduta intersubjetiva. Há aqueles que são orientados a assegurar a sobrevivência da sociedade, enquanto outros destinam-se a reduzir os desconfortos propiciados pela convivência entre os sujeitos.

---

[1]   Freud, Sigmund. *Civilization and Its Discontents* (Penguin Modern Classics). Penguin Classics. Edição do Kindle.

III.3 – REGRAS TÉCNICAS E REGRAS ÉTICAS

Os sistemas de controle de conduta podem ser agrupados em dois grandes grupos. Há aqueles que veiculam regras técnicas, enquanto há outros que produzem regras éticas.

III.4 – REGRAS TÉCNICAS: COMO ATINGIR RESULTADOS MATERIAIS

Os sistemas de regras técnicas se preocupam em determinar condutas orientadas a atingir resultados objetivos.

III.4.1 – O utilitarismo e a eficiência econômica

Trata-se de determinar soluções que propiciam o uso mais eficiente dos recursos disponíveis, visando atingir resultados úteis e necessários à realização individual ou coletiva, reduzindo o risco de efeitos nocivos.

Anote-se que, rigorosamente, esses sistemas de controle técnico da conduta também são orientados por valores. Mas são valores de cunho utilitário e econômico.

III.4.2 – A infração e o sancionamento

A infração às regras técnicas acarreta efeitos negativos individuais e, eventualmente, sanções de outra ordem. Em princípio, o descumprimento às regras técnicas acarreta a frustração do atingimento do resultado pretendido. Mas também pode gerar consequências de outra ordem, especialmente quando a infração afetar negativamente a terceiros.

Outros sistemas normativos incorporam a proteção às regras técnicas, especialmente nos casos em que o tema apresentar relevância para o conjunto da população. Assim, por exemplo, há regras técnicas para a prática da medicina. Mas o Direito pode considerar que a infração à técnica médica configure ilícito jurídico – eventualmente, como um crime.

III.5 – REGRAS DE ETIQUETA

Um sistema de controle de condutas que apresenta dimensão intermediária entre a técnica e a ética é a chamada "etiqueta". A expressão indica condutas usualmente intersubjetivas, mas que envolvem algumas hipóteses de atuação puramente individual.

III.5.1 – Padrões de conduta humana externa

As regras de etiqueta se referem a padrões de conduta puramente externa. A etiqueta não se preocupa com o aperfeiçoamento subjetivo, nem com o engrandecimento do ser humano como tal. Trata-se de adotar padrões de conduta objetiva.

III.5.2 – Questões de higiene e convivência superficial

As regras de etiqueta apresentam uma dimensão pertinente a relações de convivência de cunho superficial entre os seres humanos, envolvendo usos e tradições que permitem a identificação como um grupo diferenciado.

III.5.3 – O sancionamento: o ostracismo

A infração a regras de etiqueta implica na rejeição por parte do grupo, numa manifestação de ostracismo. Ou seja, o infrator é reputado como não merecedor de compartilhar os eventos sociais. Aquele que infringe a etiqueta do banquete não é mais convidado para eventos futuros.

III.6 – REGRAS ÉTICAS (EM SENTIDO AMPLÍSSIMO)

Já os sistemas de regras éticas se relacionam ao atingimento do Bem, entendido como a promoção do progresso individual e coletivo, em igualdade de condições para a generalidade dos sujeitos, visando inclusive a assegurar a preservação das condições de vida para todos os seres vivos e a dignidade dos sujeitos passados, presentes e futuros.

III.7 – REGRAS ÉTICAS RELIGIOSAS

A Religião é um dos sistemas de controle de conduta, compreendendo não apenas a conduta puramente individual, mas também aquela intersubjetiva.

III.7.1 – A vinculação a uma entidade transcendente (divindade)

A Religião envolve a vinculação a uma entidade transcendente (divindade). Essa divindade não é dotada de existência humana e habita uma dimensão existencial distinta.

III.7.2 – A revelação divina das normas

A divindade é a fonte direta ou indireta de determinações, inclusive no tocante a práticas materiais e padrões de comportamento de diversa natureza e abrangência. Essas regras compreendem a vida subjetiva interna do sujeito, mas também outros aspectos de seu relacionamento com terceiros.

III.7.3 – A entificação de "Bem" e "Mal" ("diabo")

Usualmente, o sistema normativo religioso reconhece autonomia própria ao Bem e ao Mal, que são entendidos como entidades autônomas. A figura da maldade é vinculada a uma figura diabólica, que estabelece relacionamento com os seres humanos.

III.7.4 – O sancionamento relacionado com a órbita religiosa (terrena e extraterrena)

A infração à ordem normativa religiosa configura o pecado, que acarreta sancionamento nas órbitas terrena e extraterrena. As sanções terrenas podem restringir-se à expulsão do infrator da convivência religiosa, mas não há impedimento a sanções mais severas – inclusive de dimensão física. Existe um conjunto de sanções relacionadas com a órbita extraterrena, peculiares a cada religião.

III.8 – REGRAS ÉTICA NÃO RELIGIOSAS "PURAS"

Há outras regras éticas, relacionadas a concepções não religiosas. Isso significa a ausência de relação com alguma divindade. A realização do Bem é reconhecida como um imperativo em si mesmo, sem referência a uma entidade não terrena. Essas regras se relacionam com a Moral e a Ética.

III.8.1 – A realização do Bem como valor autônomo

As concepções éticas e morais reconhecem que os valores positivos devem ser realizados em virtude da sua correção e da sua compatibilidade com pressupostos atinentes ao indivíduo e à coletividade.

III.8.2 – A dimensão interna da conduta e do sancionamento: remorso e redenção

As ordens éticas não religiosas se preocupam preponderantemente com a dimensão interna do sujeito. A conduta puramente subjetiva é reputada como o âmbito central da existência do indivíduo. No entanto e em virtude do reconhecimento do valor dos demais sujeitos, esses sistemas de conduta podem compreender deveres no tocante à conduta externa do sujeito.

Em caso de infração, o sancionamento é também interno. A violação aos deveres éticos acarreta sanções no âmbito individual. O sujeito experimenta a culpa e o remorso, sendo induzido a praticar condutas positivas para alcançar a sua redenção.

III.8.3 – A adesão espontânea (a autonomia)

Uma das características do sistema ético consiste na adesão espontânea. As determinações filosóficas se impõem em virtude da escolha autônoma do sujeito.

III.8.4 – A questão da "morte de deus" (Friedrich Nietzsche)

Os sistemas filosóficos não religiosos adquiriram maior relevância a partir do séc. XIX. As implicações foram apontadas numa provocativa passagem de Nietzsche (em Assim falava Zaratustra),[2] alusiva à "morte de deus", que teria sido provocada pelos próprios seres humanos. Nietzsche se referia aos efeitos do progresso científico e da afirmação da ética como causa da superação da força vinculante da religião. Até o Séc. XIX, o sistema normativo mais eficiente para disciplinar a conduta humana era a religião. A redução da eficácia da religião acarretou o aumento da relevância do Direito.

III.9 – REGRAS DE DIREITO (JURÍDICAS)

O sistema jurídico de controle de condutas é produzido por imposição externa ao indivíduo, imposto de modo compulsório aos integrantes do grupo, disciplinando a conduta externa e sendo respaldado pelo uso da força institucionalizada.

III.9.1 – A realização de valores de interesse coletivo

O Direito é orientado à realização de valores essenciais para a sobrevivência e para a realização individual e coletiva. Os valores jurídicos, que norteiam o Direito, refletem a lenta evolução da Civilização. Ao longo do tempo, o Direito se constituiu em instrumento de opressão, consagrando e protegendo os interesses dos grupos mais poderosos. Somente em épocas mais recentes, foi afirmado o vínculo entre o Direito e valores de Justiça e de igualdade – o que não significa, no entanto, que tal aspiração tenha sido plenamente realizada.

III.9.2 – A disciplina da conduta externa

O Direito se preocupa com a conduta externa do sujeito. A vontade é relevante, mas apenas na medida em que se traduza em manifestações externas. Por exemplo, suponha-se que um sujeito tenha uma vontade subjetiva de assassinar um desafeto. Esse fenômeno pode constituir uma infração religiosa e filosófica, mas não se constitui em violação ao Direito. A ordem jurídica apenas será afetada se o sujeito der início a atividade material externa, orientada a implementar o seu intento subjetivo reprovável.

III.9.3 – A disciplina da conduta intersubjetiva

Ademais, o Direito dispõe apenas sobre a conduta intersubjetiva. Como visto, é aquela que interage efetiva ou potencialmente com outros sujeitos. A

---

[2]   NIETZSCHE, Friedrich Wilhelm. *Assim falava Zaratustra,* trad. Eduardo Nunes Fonseca. São Paulo: Hemus, 1979.

conduta juridicamente relevante é aquela que coloca o sujeito em relação com outrem.

III.9.4 – A dimensão externa da infração e do sancionamento

Para o Direito, é relevante apenas a conduta externa. A infração ao Direito somente se produz mediante comportamento material, que materialize um elemento subjetivo reprovável. Em termos equivalentes, o sancionamento às infrações se desenvolve também no plano externo.

As sanções jurídicas se caracterizam por sua previsão e disciplina predeterminada, envolvendo restrições, limitações e sacrifícios no plano da vida externa do sujeito.

III.9.5 – A existência de uma organização externa para avaliação das infrações e sua punição

Uma característica marcante do Direito consiste na existência de organizações de pessoas, dotadas de recursos materiais, com a finalidade específica de avaliar a ocorrência das infrações e identificar a sua autoria, tal como a impor e a executar a punição.

RESUMO

- O capítulo trata dos diferentes mecanismos e sistemas de controle de conduta humana. A questão envolve o poder, que consiste na capacidade de interferir, limitar e condicionar a conduta alheia. Existe uma relação indissociável entre poder, Direito e Estado. A sociedade democrática pretende consagrar organização jurídica que impeça a concentração e o uso abusivo do poder.

- Segundo Sigmund Freud, a repressão dos instintos animais do ser humano se constituiu no fundamento para o surgimento da condição humana e da Civilização. Sob esse enfoque, o Direito é um instrumento para a repressão dos instintos humanos incompatíveis com a vida em sociedade. Por isso, Sociedade e Direito são fenômenos que se implicam reciprocamente.

- Há diversos sistemas de controle da conduta humana, além do Direito. Existem regras técnicas, destinadas a orientar a obtenção de resultados objetivos.

- Há as regras de etiqueta, relacionadas a questões de higiene de convivência intersubjetiva superficial. A sua infração acarreta a exclusão social.

- Há regras éticas em sentido amplo, que são orientadas à realização do Bem. Essas regras visam a promover o progresso individual e coletivo, de modo inclusive a assegurar as condições de vida para todos os seres vivos e a dignidade dos sujeitos.

- As regras éticas religiosas são vinculadas a uma entidade transcendente. A sua infração configura o pecado, punido tanto na órbita terrena como extraterrena.

- As regras éticas não religiosas "puras" são compreendidas pela Moral e a Ética, que visam à realização do Bem como um valor autônomo, escolhido voluntariamente pelo indivíduo. Essas regras preocupam-se com o posicionamento interno do indivíduo e a sua infração se relaciona com o remorso. Esse conjunto de regras adquiriu importância social e se relaciona com o processo social denominado por Friedrich Nietzsche como "morte de deus" para indicar a redução da eficácia da religião como instrumento de controle da conduta humana.

- As regras jurídicas são produzidas por imposição externa ao indivíduo, impostas do modo compulsório aos integrantes do grupo, disciplinando a conduta externa e intersubjetiva e sendo respaldado pelo uso da força institucionalizada.

 Caso prático

Pedro e Paulo decidem jogar xadrez. Pedro resolve que o peão pode ser movimentado como se fosse uma torre. Paulo discorda. Pedro argumenta que não existe lei proibindo que, num jogo de xadrez, um peão seja utilizado como se fosse uma torre. Paulo afirma que as regras de xadrez não são jurídicas. Quem tem razão?

 Questões

1) Em que consiste o Poder?

2) Explique o pensamento de Sigmund Freud no sentido de que a repressão produziu a condição humana.

3) Diferencie regras técnicas e regras éticas.

4) Qual o significado da expressão "morte de deus", cunhada por Friedrich Nietzsche?

5) Diferencie as regras éticas puras (propriamente ditas) e as regras jurídicas.

Capítulo IV
A DISTINÇÃO ENTRE DIREITO NATURAL E DIREITO POSITIVO

A compreensão mais aprofundada sobre o Direito exige a avaliação da contraposição entre Direito Natural e Direito Positivo.

IV.1 – O CONTEXTO HISTÓRICO E O SURGIMENTO DA DISTINÇÃO

A contraposição entre Direito Natural e Direito Positivo foi delineada ao longo de muitos séculos e adquiriu grande relevância durante o Séc. XIX. Deve-se ter em vista que, depois da Queda do Império Romano do Ocidente (476 d.C.), a fragmentação estatal impediu a imposição de um Direito específico. A partir de então e até a afirmação dos Estados Modernos, ao longo dos sécs. XVII e XVIII, as diversas regiões adotavam soluções jurídicas variadas.

Utiliza-se a expressão "Direito Comum" para indicar essas figuras, que conjugavam a herança do Direito Romano, práticas prevalentes nos diversos povos bárbaros e previsões oriundas do Direito Canônico.

No início da Idade Moderna, o Estado passou a impor um Direito próprio.

Especialmente no séc. XIX, surgiram as codificações promovidas pelo Estado. À época, vigoravam as concepções filosóficas e científicas do Positivismo. Nesse cenário, instalou-se uma disputa sobre um "Direito Positivo" em face de um "Direito Natural".

Nos dias atuais, essa distinção apresenta relevância histórica, ainda que seja importante para a compreensão do Direito contemporâneo.

IV.2 – A CONCEPÇÃO MONISTA (UNITÁRIA) DO MUNDO: A UNIVERSALIZAÇÃO DA NATUREZA

A referência a um "Direito Natural" reflete uma concepção unitária do mundo, que submete a vida social ao âmbito da Natureza. Trata-se de negar uma distinção radical entre a Humanidade e a Natureza, especificamente para pressupor que existiria um "Direito" dissociado da experiência humana.

IV.2.1 – A ausência de distinção entre a Natureza e o Ser Humano

Essa concepção se alicerça sob o postulado de que o ser humano, na sua condição animal, integra o mundo natural. O processo de evolução não acarreta a exclusão do ser humano em face da Natureza. Nesse contexto, admite-se que a condição humana compreenderia um Direito a ela intrínseco.

IV.2.2 – A pluralidade de concepções sobre o Direito Natural

Não existe uma concepção única sobre o Direito Natural. Podem ser indicados pelo menos duas versões fundamentais. Há o Direito Natural Religioso, que se funda no reconhecimento da origem divina das regras jurídicas. E existe o Direito Natural não-Religioso, que seria inerente à Natureza e à condição humana. Essa última concepção pode encontrar suas raízes no pensamento platônico, quando afirma a existência de um "mundo das ideias".

IV.2.3 – O reconhecimento da existência de Leis Universais (disciplinando a Natureza e a conduta humana)

De modo genérico, a concepção do Direito Natural admite a existência abrangente de Leis naturais e jurídicas, que apresentariam atributos similares. Por decorrência, o ser humano descobriria tanto as Leis Naturais como as Jurídicas, cuja existência não dependeria da vontade ou das circunstâncias da existência humana.

IV.2.4 – A eventual dificuldade em "descoberta" das Leis Jurídicas Naturais

Essa concepção envolve uma dificuldade maior quanto à descoberta das Leis Jurídicas Naturais, eis que não se traduziriam em fenômenos físico-químicos. Mas a observação quanto à "natureza humana" permitiria descobrir essas Leis.

IV.2.5 – Direito Natural e valores

Esse Direito Natural seria orientado por valores, sem que isso signifique necessariamente a prevalência das valorações prevalentes na atualidade. Por exemplo, o Direito Natural era invocado para justificar o absolutismo, a discriminação entre gêneros e outras práticas, inclusive a escravidão.

IV.2.6 – Definição

Direito Natural é um conjunto de determinações de conduta inerentes à existência humana, criadas pela própria Natureza ou por uma divindade, vinculantes de todos os seres humanos, independentemente do tempo e do espaço.

IV.3 – A CONCEPÇÃO EXISTENCIAL PLURALISTA

A adoção de uma concepção existencial pluralista propicia, dentre outros aspectos, a diferenciação entre o mundo natural e a órbita da Humanidade.

IV.3.1 – O reconhecimento da distinção entre Natureza e órbita humana

Isso significa que a Natureza preexiste ao ser humano e que as inovações produzidas pela cultura humana são subordinadas de modo limitado aos processos próprios da Natureza.

IV.3.2 – A natureza descritiva das chamadas "leis da Natureza"

Esse enfoque conduz a admitir que as "Leis" da Natureza sintetizam a observação e o conhecimento humano. Os processos físico-químicos, descritos em formulações que a Humanidade denomina "lei", não dependem da vontade humana. Ou seja, a "lei da gravidade" é uma criação dos seres humanos para descrever um fenômeno (gravidade) existente no mundo, de modo independente da vontade humana.

IV.3.3 – A natureza prescritiva e "inovadora" das normas de conduta

Já o Direito é uma criação humana, que introduz determinações visando alterar os processos instintivos próprios da condição animal (natural, portanto) do ser humano. Evidentemente, o Direito não se destina a disciplinar os processos físico-químicos, mas a dispor sobre a conduta intersubjetiva dos seres humanos.

IV.4 – O RECONHECIMENTO DA AUTONOMIA INOVADORA DO SER HUMANO

O reconhecimento da distinção qualitativa entre as Leis Naturais e as Leis Jurídicas reflete o reconhecimento da autonomia inovadora do ser humano. O Direito, como um produto criado pela Humanidade, apresenta conteúdo variável e se submete a variações decorrentes das circunstâncias políticas, sociais e econômicas. A dissociação entre o Direito e a Natureza é o fundamento para a rejeição de práticas tradicionais e do entendimento prevalente no passado.

Portanto, essa diferenciação acompanhou os movimentos de ruptura próprios do constitucionalismo e das revoluções dos sécs. XVIII e XIX.

IV.4.1 – A intervenção do ser humano sobre o mundo e seus reflexos

Tal distinção também compreende uma proposta de intervenção do ser humano sobre o mundo circundante. Assim como cria o Direito, o ser humano também interfere sobre a Natureza.

IV.4.2 – A realização dos valores e a imposição de exigências inovadoras

Essa concepção centra-se no reconhecimento da legitimidade da atuação humana para a realização dos seus propósitos e finalidades (valores). Para isso, é necessário alterar os processos sociais e econômicos e promover a exploração da Natureza.

IV.5 – A CONCEPÇÃO "POSITIVISTA" DO MUNDO (SÉC. XIX)

Dito enfoque apresentou grande relevo durante o séc. XIX, especialmente no âmbito da chamada Escola Positivista.

IV.5.1 – O positivismo e o prestígio à comprovação empírica da realidade

O Positivismo foi uma concepção filosófica dotada de amplos contornos, que alcançou grande prestígio durante o Séc. XIX. O progresso notável da ciência conduziu a revelações muito significativas, que afastaram as explicações até então prevalentes sobre mundo. Admitiu-se que o conhecimento científico era apto a explicar causalmente todos os fenômenos do mundo natural e do mundo social.

IV.5.2 – A negação da existência de objetos não comprováveis "cientificamente"

O Positivismo preconizava a rejeição a concepções e a objetos não comprováveis mediante o método científico, assim entendido o exame da realidade para descoberta das relações de causalidade.

IV.5.3 – A afirmação da existência exclusiva do "Direito Positivo"

Direito Positivo é o conjunto de determinações dirigidas à conduta humana, cuja existência é comprovável cientificamente como um fato social, cuja existência se verifica num dado momento e num dado local.

A expressão "Direito Positivo" passou a ser utilizada não apenas para indicar as normas jurídicas cuja existência era praticada de modo preciso e comprovável em certo momento e em dado local. Tratou-se de negar a possibilidade de um Direito Natural, expressão que indicava objetos de existência insuscetível de comprovação mediante o método científico das ciências da Natureza.

IV.6 – A SUPERAÇÃO DA DISTINÇÃO: A RECONDUÇÃO DO DIREITO POSITIVO A LIMITES

O desenrolar da história demonstrou a insuficiência das concepções positivistas do séc. XIX.

IV.6.1 – A constatação da insuficiência das concepções positivistas

A insuficiência das concepções positivistas evidenciou-se tanto no domínio da própria ciência como em vista dos eventos sociopolíticos.

IV.6.2 – O relativismo científico

No âmbito do conhecimento científico, as concepções positivistas foram superadas pelo relativismo. A evolução da ciência comprovou os fenômenos físico-químicos apresentam complexidade muito superior ao que era presumido pela visão positivista. Passou a se admitir que as próprias noções de tempo e espaço eram variáveis em vista das circunstâncias. Esse novo modelo científico influenciou as chamadas ciências sociais, afetando também a dimensão do Direito.

IV.6.3 – A afirmação de "direito positivo inumano": Julgamentos de Nuremberg

Por outro lado, a institucionalização formal de ordens jurídicas incompatíveis com os valores fundamentais (especialmente, mas não apenas, o Nazismo) conduziu à rejeição das concepções positivistas. A circunstância de existirem normas de conduta vigentes num certo local e num determinado espaço não autoriza a sua qualificação como "Direito". Tornou-se prevalente o entendimento de que o "direito positivo inumano" é uma excrescência e exige rejeição.

Essa orientação foi afirmada de modo explícito nos Julgamentos de Nuremberg, que se sucederam ao final da II Guerra Mundial. Houve a rejeição da argumentação de que a observância de leis formalmente aprovadas justificaria a prática de atrocidades e a violação dos direitos humanos fundamentais.

IV.7 – A ATUALIZAÇÃO DA DISTINÇÃO: CONQUISTAS CIVILIZATÓRIAS IRREDUTÍVEIS

Portanto, a concepção prevalente envolve uma certa síntese entre as propostas de um "Direito Natural" e de um "Direito Positivo".

IV.7.1 – A evolução civilizatória e a objetivação absoluta de valores

A essência da concepção reside no reconhecimento de que não existe um Direito Natural anterior à Civilização, mas que o processo civilizatório da

Humanidade produz o surgimento e a consagração de valores dotados de consistência mínima universal. Esse processo de afirmação de valores é dinâmico, o que significa a ampliação contínua do elenco dos valores fundamentais.

IV.7.2 – O núcleo dos valores fundamentais: a proteção à dignidade humana

O núcleo dos valores fundamentais se relaciona com a proteção à dignidade humana, tema que será analisado em outro capítulo.

IV.7.3 – A inviabilidade da aceitação de imposições infringentes de valores consagrados como inerentes à Civilização

Esses valores fundamentais não comportam sacrifício ou limitação e se constituem em critério de aceitabilidade da existência de um "Direito". Nenhum Estado, nenhuma sociedade e nenhuma pessoa está autorizada a negar ou infringir esse elenco de valores mínimos. Essa violação deve ser combatida e rejeitada, mesmo que seja respaldada pela força política de um Estado ou pela vontade da maioria de um grupo.

IV.7.4 – Uma certa forma de "Direito Natural evolutivo"

Não seria incorreto afirmar que prevalece um certo "Direito Natural evolutivo", que reconhece a submissão do chamado Direito Positivo ao respeito e à promoção dos valores fundamentais relacionados à dignidade humana.

IV.7.5 – Ainda a superação da distinção

A concepção adotada conduz à superação da diferenciação entre "Direito Natural" e "Direito Positivo". Assim se passa porque não se reconhece a qualidade de "Direito" às determinações infringentes da dignidade humana, mesmo que sejam respaldadas e impostas por um Estado, um grupo social ou certos indivíduos.

Isso não significa que a denominação "Direito" passe a ser dependente da aprovação subjetiva ou da opinião individual. Cada Estado e cada Sociedade adota e consagra o próprio Direito, mas as variações e escolhas não podem implicar a violação ao conjunto dos valores fundamentais, desenvolvidos em torno da dignidade humana.

Desse modo, há muitos "Direitos Positivos", mas nenhum "Direito Positivo" pode infringir os valores fundamentais produzidos pela Civilização Humana.

IV.8 – A EXIGÊNCIA DA "VEDAÇÃO AO RETROCESSO"

Uma das características marcantes do Direito contemporâneo é a vedação ao retrocesso. Isso significa reconhecer que as concepções prevalentes na história

Cap. IV · A DISTINÇÃO ENTRE DIREITO NATURAL E DIREITO POSITIVO | 35

nem sempre consagraram os valores fundamentais. Ou seja, o Direito em Roma consagrava os valores que eram reputados como fundamentais à época – mas que são muito distintos daqueles ora vigentes. No entanto, a evolução civilizatória produz a consagração irreversível de novas concepções sobre os valores fundamentais.

Basta um exemplo para compreender a questão. Na Antiguidade, de modo genérico, os povos não eram reconhecidos direitos às mulheres, apenas aos homens. A evolução histórica conduziu à consolidação da igualdade entre os sexos. Não é admissível a reintrodução de diferenciação no futuro, nem mesmo com a invocação a experiências do passado.

Essa concepção é referida como "vedação ao retrocesso", constituindo-se um postulado fundamental da experiência humana.

IV.8.1 – A adoção de postulados normativos "positivos" vedando a supressão de regras inerentes à Civilização

A concepção da vedação ao retrocesso é consagrada, usualmente, pelo Direito Positivo. Quando não existem determinações expressas, essa imposição é extraída como um imperativo consagrado de modo implícito.

IV.8.2 – A rejeição da sobreposição das circunstâncias a valores fundamentais

Uma das decorrências desse enfoque reside na rejeição à invocação das circunstâncias da realidade para sacrificar ou atenuar a relevância desses valores fundamentais. Mesmo em situações de crise, os valores fundamentais são protegidos e sua observância é compulsória.

RESUMO

- O Direito Natural indica a concepção de que o Direito consiste num conjunto de determinações de conduta inerentes à existência humana, criadas pela própria Natureza ou por uma divindade, vinculantes de todos os seres humanos, independentemente do tempo e do espaço. Essa proposta surgiu na Antiguidade, mas a sua importância se tornou muito maior depois da Queda do Império Romano do Ocidente (476 d.C.), em virtude do desaparecimento da presença do Estado.

- O Direito Positivo indica a concepção de que o Direito consiste num conjunto de determinações dirigidas à conduta humana, cuja existência é comprovável cientificamente como um fato social, cuja existência se verifica num dado momento e num dado local. Esse enfoque recebeu grande prestígio a partir do Século XIX, especialmente em virtude da prevalência da concepção positivista da ciência (que envolvia a comprovação empírica da realidade).

- Durante o Séc. XX, as concepções positivistas foram limitadas pelo reconhecimento da existência de valores insuscetíveis de sacrifício. Nos julgamentos de Nuremberg, depois do final da II Guerra Mundial, foi negada a qualidade de "Direito" para determinações que infrinjam os valores fundamentais inerentes à condição humana, ainda que vigentes numa ordem social.
- Isso produziu uma certa forma de "Direito natural evolutivo", que supera as concepções tradicionais do Direito Natural e do Direito Positivo. Há uma exigência de vedação ao retrocesso, o que significa que conquistas fundamentais para a humanidade não podem ser abandonadas.

Caso prático

Carlos compra um imóvel, no qual existe uma árvore com mais de quinhentos anos e altura de 120 metros. Carlos resolve derrubar a árvore para construir um hospital no terreno. Os vizinhos se revoltam. Carlos defende que não existe uma lei proibindo o corte da árvore (o que é verdade) e que o referido corte é indispensável para construir o hospital. Os vizinhos argumentam que a proteção da Natureza é uma exigência inerente à condição humana e que não depende de lei. E que é necessário encontrar uma solução que preserve a árvore e permita a construção do hospital. Qual a sua opinião sobre a questão?

Questões

1) Explique as circunstâncias históricas que conduziram ao prestígio da concepção do Direito Natural.

2) Explique as circunstâncias históricas que conduziram ao prestígio da concepção do Direito Positivo.

3) Explique as circunstâncias históricas que conduziram ao desprestígio da concepção do Direito Positivo.

4) Explique o fenômeno da objetivação absoluta de alguns valores.

5) Em que consiste a vedação ao retrocesso?

Capítulo V
ANÁLISE DO DIREITO SOB O PRISMA ESTRUTURAL

O Direito é dotado de características estruturais que lhe dão identidade e o diferenciam de outros fenômenos e processos sociais.

V.1 – A DISCUSSÃO SOBRE O QUE O DIREITO "É"

O exame sob o prisma estrutural visa a estudar o que o Direito "é". Ou seja, o Direito é dotado de um "ser" próprio.

Essa consideração não é incompatível com o reconhecimento de que o Direito consagra uma disciplina do mundo do "dever ser". O conteúdo do Direito é estabelecer como as condutas "devem ser". Mas isso não significa que o Direito não tenha um "ser".

V.2 – A MULTIPLICIDADE DAS CONCEPÇÕES SOBRE A NATUREZA DO DIREITO

Existem muitas correntes, teorias e concepções sobre a natureza do Direito. Essas diferentes propostas surgiram ao longo do tempo. Algumas delas tiveram grande prestígio no passado. Outras apresentam relevo mais intenso no presente. Nenhuma delas é a "verdadeira" e a maioria dos pensadores costuma adotar uma concepção mista, que conjuga os diversos enfoques expostos adiante.

V.3 – O DIREITO COMO FATO SOCIAL

Existe uma concepção de que o Direito se constitui em um fato social. Isso significa atribuir prevalência ao exame das práticas adotadas numa determinada sociedade, num dado momento. Essa concepção privilegia o enfoque positivista, já referido em capítulo anterior.

V.3.1 – Concepções sociológicas

Usualmente, essa proposta é adotada pelo pensamento de origem sociológica. Esses estudiosos se preocupam em examinar os processos e os fatos sociais, sem submeter as constatações a cogitações sobre temas abstratos.

V.3.2 – O Direito é aquilo praticado concretamente pela sociedade

Segundo esse enfoque, os indivíduos e os grupos submetem a própria conduta a certas normas e exigências. Nesse contexto, o Direito se identifica com as vivências reputadas como obrigatórias e repetidas de modo uniforme pelo grupo examinado.

V.3.3 – As concepções "realistas": os diversos realismos

Muitas dessas escolas são denominadas como "realistas". A expressão indica a proposta de revelar aquilo que existe na realidade do mundo. Esses enfoques rejeitam as explicações teóricas ou o discurso político sobre o que o Direito seria. Defendem que somente a realidade explica e demonstra o que é o Direito. Por decorrência, sustentam que a função do estudioso é avaliar como o Direito é produzido e se desenvolve na realidade dos fatos.

V.3.4 – O realismo "fático"

Algumas dessas escolas se preocupam com a avaliação da conduta das pessoas. Examinam como os indivíduos e os grupos se comportam e afirmam que o Direito não é aquilo que consta de documentos, de atos oficiais ou das manifestações estatais.

V.3.5 – O realismo "jurisprudencial"

Outra vertente do realismo defende que o Direito consta das decisões do Poder Judiciário. Segundo esse enfoque, a aplicação do Direito se produz, de modo definitivo, por meio das decisões dos juízes. Por isso, o Direito não seria aquele previsto na Constituição ou nas Leis ou na conduta das pessoas, mas seria aquilo que o Poder Judiciário estabelece.

V.3.6 – Síntese

Nesses diversos enfoques, não se nega que o Direito consiste numa disciplina sobre o "dever ser", mas se afirma que essa disciplina é produzida pelo modo como os fatos sociais são.

V.4 – O DIREITO COMO VALOR

Outras concepções afirmam que o Direito consiste num conjunto de imposições fundadas em valores, seguindo as propostas de cunho jusnaturalista.

V.4.1 – Concepções éticas

Essa proposta se funda na afirmação da preponderância dos valores, tais como a Segurança, a Justiça, a Igualdade e a Solidariedade. Alguns defendem concepções platônicas, admitindo que tais valores existem de modo absoluto e transcendente. Outras vertentes afirmam que esses valores são fornecidos por uma divindade, segundo concepções religiosas. E há os evolucionistas, que admitem que os valores são produzidos pela evolução civilizatória.

V.4.2 – O Direito é aquilo que se configura como Justo

Essas concepções afirmam que o Direito se identifica com aquilo que é Justo. Um dos problemas desse enfoque reside em que o conteúdo da Justiça não é predeterminado, nem uniforme. Por exemplo, muitos desses enfoques negam o reconhecimento da propriedade privada, sob o fundamento da violação do conteúdo de valores fundamentais.

V.4.3 – A dimensão secundária da intervenção estatal

Para essas escolas, a intervenção estatal na produção do Direito é secundária. O fundamento do Direito seria autônomo em relação ao Estado. Logo, caberia ao Estado promover a formalização do Direito Justo. Quando as decisões concretas dos órgãos estatais fossem incompatíveis com esses valores, os atos produzidos não ingressariam na dimensão do Direito.

V.4.4 – A irrelevância da "forma" (Constituição, lei, sentença...)

Essas escolas não atribuem relevância à disciplina formal relativamente ao Direito. As diferenças entre Constituição, lei, sentença e outras figuras são secundárias, eis que o fundamental reside na revelação do valor.

V.4.5 – Síntese

Esse enfoque defende que o "dever ser" é reconhecido de modo independente do universo fático. A identificação do Direito é produzida por um processo intelectual-valorativo. O sujeito pensa sobre os valores e exercita a sua capacidade de valoração para determinar aquilo que é o Direito.

V.5 – O DIREITO COMO NORMA

As concepções normativas atribuem preponderância à manifestação normativa. Isso envolve a identificação das determinações de cunho impositivo, usualmente produzidas por meio da atuação estatal.

V.5.1 – Concepções formais

As escolas normativistas costumam privilegiar enfoques formalistas. Isso significa que o Direito é reconhecido como o conjunto das determinações produzidas por vias formais, usualmente por meio da atuação do Estado (tal como a Constituição, a Lei etc.). Cabe ao estudioso examinar essas determinações que são produzidas por essas vias formais, que são identificadas como o Direito.

V.5.2 – A irrelevância da experiência social

Essas concepções não atribuem maior relevância à experiência social. As práticas individuais e da sociedade são reputadas como destituídas de importância. O Direito, tal como produzido formalmente pelo Estado, impõe-se compulsoriamente aos indivíduos e à sociedade. A discordância entre a norma e prática social não afeta a existência do Direito.

V.5.3 – A irrelevância dos valores

Para esse enfoque, os valores também são considerados como secundários. O fundamental é o conteúdo da norma, não sendo admissível opor um valor à norma. Por decorrência, o Direito é conhecido basicamente por via intelectual, eis que se trata de conhecer a norma, que consiste num objeto de existência ideal (tal como os números, por exemplo).

V.5.4 – Síntese

Esse enfoque afirma que o "dever ser" jurídico é aquele constante de uma norma jurídica, usualmente interpretada como resultado de uma decisão estatal.

V.6 – A TEORIA TRIDIMENSIONAL DO DIREITO (MIGUEL REALE)

A teoria tridimensional do Direito elaborada por Miguel Reale afirma que o Direito consiste numa manifestação da experiência humana concreta, que conjuga diversas dimensões.[1]

---

[1] Consulte-se a obra *Lições preliminares do Direito*. 27. ed. São Paulo: Saraiva, 2013.

V.6.1 – A dimensão fática do Direito

Reale defendia que o Direito apresenta uma dimensão fática, eis que os processos sociais fáticos influenciam o surgimento, a interpretação e a aplicação do Direito. Não existe Direito como algo dissociado da vida concreta de uma sociedade.

V.6.2 – A dimensão axiológica do Direito

Por outro lado, o Direito é uma manifestação do sentido atribuído à vida, aos seres humanos e ao universo circundante. Os seres humanos produzem o Direito como decorrência dos valores que experimentam e visando a sua realização.

V.6.3 – A dimensão normativa do Direito

Ainda além, o Direito somente se aperfeiçoa como uma norma. As vivências concretas da sociedade (fato) e o sentido da vida (valores) não são suficientes para produzir o Direito, que somente se torna existente mediante a produção formal de uma norma.

V.6.4 – A unidade indissociável

Uma característica fundamental da teoria tridimensional de Reale reside em que essa tridimensionalidade é concreta e indissociável. Afirmar que o Direito é composto e produzido por fatos, valores e normas não significa a existência de três elementos, distinguíveis entre si. Reale insistia em que o Direito era um produto plasmado pela conjugação indissociável e indistinguível desses três aspectos.

Em termos práticos, isso significa que o conhecimento do Direito exige a compreensão de um objeto dotado dessa tridimensionalidade concreta. É indispensável avaliar as dimensões fática, valorativa e normativa, sem dar preponderância absoluta a qualquer delas. Compreender o Direito exige conhecer e compreender essas diversas dimensões.

V.7 – O DIREITO COMO "EXPERIÊNCIA EXISTENCIAL"

Na linha do próprio Reale e dos filósofos do séc. XX, o Direito se constitui num objeto concreto, que se integra na experiência existencial do indivíduo e da Humanidade. O Direito é parte indissociável da vida individual e coletiva. É produzido como processo existencial.

V.7.1 – O Direito não se confunde com o texto da Lei

Por isso, o Direito não se confunde com a Lei. Não é um conjunto de palavras, nem o sentido das palavras escritas num documento. O Direito é um dos aspectos da existência concreta vivida pelo Estado, pela sociedade e pelos sujeitos que viveram no passado e vivem na atualidade.

V.7.2 – O Direito não se confunde com o conhecimento das condutas praticadas

O Direito não consiste no produto do conhecimento das condutas praticadas. Não é a conclusão extraída da observação da realidade. Não é um sumário daquilo que as pessoas fizeram no passado.

V.7.3 – O Direito não está nos livros

O Direito não se reduz àquilo que está escrito em livros, não se reduz à opinião ou aos comentários que os especialistas realizam. Não é um conjunto de propostas lógicas, organizadas segundo critérios abstratos.

V.7.4 – O Direito não é algo simplesmente pensado (como os números)

O Direito também não é um conjunto de ideias ou de formulações matemáticas, que comportem somatório, subtração e outras operações abstratas. Não é um objeto a ser conhecido por meio apenas da razão, sem contacto com a realidade.

V.7.5 – O Direito é uma "experiência na vida real": a existência e o Direito

O Direito é uma experiência na vida real. Para conhecer o Direito é necessário viver, experimentar, sentir e valorar. As formulações teóricas, que traduzem concepções idealizadas sobre a realidade, não capturam o Direito, nem permitem compreender os atributos positivos e negativos, as virtudes e os defeitos do Direito.

O Direito não é simplesmente "conhecido", nem apenas "pensado", nem existe como algo "ideal": faz parte da existência concreta do indivíduo e da sociedade.

RESUMO

- O Direito tem um "ser", ainda que o seu conteúdo seja a disciplina do "dever ser". Isso significa que o Direito "é" um objeto, dotado de determinadas características. Há muitas concepções sobre o que o Direito é. Essas concepções podem ser agrupadas segundo privilegiem o aspecto fático, o aspecto valorativo ou o aspecto normativo do Direito.

- A concepção fática afirma que o Direito é um fato social, que reflete práticas prevalentes numa determinada sociedade. A concepção valorativa defende que o Direito reflete os valores buscados por uma sociedade ou reputados como insuscetíveis de sacrifício. A concepção normativa sustenta que o Direito consiste em normas, que refletem as determinações de cunho impositivo, normalmente produzidas pelo Estado.

- Miguel Reale desenvolveu a teoria tridimensional do Direito, que entende o Direito como manifestação da experiência humana concreta, que conjuga de forma indissociável as dimensões fáticas, valorativa (axiológica) e normativa.
- O Direito consiste numa "experiência existencial", que se integra da vida real das pessoas. O Direito não se confunde com a lei, nem com o conhecimento sobre as condutas praticadas. O Direito não está nos livros, nem é algo simplesmente pensado. Faz parte da existência concreta do indivíduo e da sociedade.

 Caso prático

Celso afirma ter descoberto um medicamento que previne doença incurável e pretende promover a sua comercialização. O Direito estabelece que somente podem ser fabricados e comercializados medicamentos que tenham sido previamente examinados e aprovados pelo Poder Público. Se o medicamento não for aprovado pelo governo, existe direito de um indivíduo exigir a sua aquisição, sustentando que assume os riscos de eventuais efeitos nocivos?

 Questões

1) Explique a concepção do Direito como fato.

2) Explique a concepção do Direito como valor.

3) Explique a concepção do Direito como norma.

4) Explique a concepção tridimensional do Direito de Miguel Reale.

5) Explique a afirmativa de que o Direito é uma "experiência na vida real".

Capítulo VI
ANÁLISE DO DIREITO SOB O PRISMA FUNCIONAL

O Direito desempenha funções na vida social, que lhe dão identidade e diferenciação entre os processos sociais de controle da conduta humana.

VI.1 – A DISCUSSÃO SOBRE A FUNÇÃO DO DIREITO: "PARA QUE SERVE O DIREITO?"

Uma questão relevante reside em avaliar para que serve o Direito. Ou seja, o Direito tem funções na vida social, que não se restringem apenas a condicionar a conduta humana.

VI.1.1 – Qual a finalidade buscada pelo Direito

O Direito é consagrado não como um fim em si mesmo, mas como instrumento para promover a concretização de certas finalidades.

VI.1.2 – O Direito e sua relação com o poder

Certamente, o Direito apresenta relação íntima com a questão do poder. Como já visto, a expressão poder é utilizada, nesse caso, para indicar a capacidade de influenciar, restringir e impor condutas a outrem, o que se traduz num fenômeno de sobreposição de vontades. O titular do poder dispõe de condições de submeter outros sujeitos às suas imposições e desígnios.

A relação entre Direito e poder exige aprofundamento muito maior.

VI.2 – DIREITO E SOCIEDADE

Como já visto, há uma relação indissociável entre Direito e sociedade. Como já afirmado, não há possibilidade de existir Direito fora da sociedade, tal como não existe sociedade sem Direito.

VI.2.1 – A dimensão social do Ser Humano

Sob um ângulo, a questão se relaciona com a "natureza social" do ser humano. Essa afirmativa, que foi traduzida em postulado filosófico desde a Antiguidade grega, reconhece que a existência humana é impossível numa dimensão puramente individual. O ser humano é gregário por instinto, tal como se passa com a generalidade dos mamíferos. Ao longo da história, a sobrevivência da espécie dependeu da atuação conjugada e organizada. Mesmo nos atuais estágios da Civilização, a convivência física e virtual são exigências de realização individual e coletiva, tal como de estabilidade emocional.

VI.2.2 – A convivência entre seres humanos como alternativa inafastável

Por isso, a convivência entre os seres humanos se constitui em alternativa inafastável. Os seres humanos mantêm relações estáveis ou não entre si, mas produzem de modo contínuo e reiterado contato. Esse contato se desenvolve em diferentes níveis e acepções.

VI.2.3 – As relações intersubjetivas e os conflitos de interesses

A interação entre os seres humanos produz o surgimento de relações intersubjetivas. Isso gera, de modo inevitável, conflitos de interesses de diversa natureza. Numa dimensão muito simples, pode-se estimar que cada indivíduo é titular de necessidades e de conveniências e organiza a própria vida e os recursos materiais disponíveis de modo a obter resultado satisfatório. Assim se passa com a generalidade dos sujeitos e isso ocasiona contraposições, eis que a conveniência e a satisfação de cada sujeito podem comprometer e sacrificar a posição dos demais.

Esses conflitos de interesse podem apresentar intensidade e amplitude variáveis, desde um mero desconforto até situações de contraposição física.

VI.2.4 – A questão da determinação da prevalência de interesses em conflito

Em muitos casos, esses conflitos de interesses comportam solução de modo amigável e satisfatório. Há hipóteses em que um dos envolvidos se dispõe, por razões diversas, a ceder em favor de outro ou a renunciar parcialmente às próprias expectativas, atingindo um resultado harmonioso. Mas podem surgir situações de litígio, insuscetível de composição mediante concessões recíprocas.

VI.3 – DIREITO E VIOLÊNCIA

O uso da violência pode surgir como uma alternativa para produzir a composição de um conflito.

VI.3.1 – A violência (física) como forma de conjugação da existência

A violência física para compor conflitos é uma solução inerente aos instintos primitivos do ser humano. De modo genérico, a violência física se constitui em uma prática difundida no reino animal. Pode-se presumir que, ao longo da evolução em direção à humanidade, os indivíduos incorporavam a violência como prática de solução de conflitos.

Considerando a questão no plano dos instintos individuais, pode-se imaginar que a contraposição irredutível de interesses entre os seres humanos resultaria em um confronto violento, que se resolveria pela submissão física, senão pela morte.

VI.3.2 – A incompatibilidade da violência como solução para a coexistência

A violência é uma solução incompatível com a coexistência de longo prazo entre os seres humanos. Independentemente de considerações quanto ao conteúdo do litígio, a solução pela violência conduz à desagregação, à redução da capacidade de o grupo enfrentar novos desafios e eliminação da cooperação. Os grupos sociais que empregam a violência como única solução para os conflitos tendem a desaparecer e ser superados por aqueles que atuam de modo cooperativo.

VI.3.3 – O Direito como instrumento de promoção da paz social

Num enfoque simplista, o Direito se constitui em um instrumento para promover a pacificação individual e social. O Direito tem por finalidade primária a fixação de regras destinadas a prevenir e a extinguir conflitos de interesses, segundo critérios substitutivos do uso da violência física.

O Direito contempla um conjunto de critérios destinados a delimitar (prevenir) a satisfação individual e coletiva dos interesses e a solucionar os eventuais conflitos que venham a ocorrer.

O Direito não elimina o uso da violência, mas estabelece regras sobre o seu exercício. Produz a distinção entre a violência legítima e a violência ilícita.

VI.3.4 – O Direito como instrumento para alteração da realidade

O Direito se constitui em instrumento para a alteração da realidade, especialmente em vista da afirmação do Estado de Bem-Estar Social. O reconhecimento da necessidade de intervenção do Estado para promover o desenvolvimento econômico, reduzir as desigualdades e combater a pobreza produz o surgimento de outras funções para o Direito.

A disciplina do exercício da violência deixa de ser o núcleo central do Direito, que passa a compreender outros meios de interferir sobre a conduta individual e coletiva. O Direito passa a prever incentivos para obter condutas socialmente desejáveis. Disciplina a atuação dos órgãos estatais na implantação e no desenvolvimento de ações indispensáveis à realização de Direitos fundamentais.

VI.4 – DIREITO E ESTADO

A evolução da complexidade da vida social conduz ao surgimento do Estado, entendido como uma estrutura organizada e permanente de pessoas e de meios materiais, que concentra atribuições para controlar a existência coletiva e individual.

VI.4.1 – As diversas teorias sobre o surgimento do Estado

Há diversas concepções teóricas sobre o surgimento do Estado. Não cabe discutir essas teorias no âmbito da introdução ao estudo do Direito. Esse é um tema mais específico à Teoria Geral do Estado.

VI.4.2 – A absorção pelo Estado de recursos e soluções para realização de atividades de interesse coletivo

De todo modo, a existência do Estado envolve a absorção de recursos e a titularidade da decisão sobre a realização de atividades de interesse coletivo. A experiência demonstra que, em alguns casos, o Estado assume inclusive o controle sobre a existência individual.

VI.5 – AINDA DIREITO E PODER

A existência do Estado pressupõe também o Direito e propicia a conexão com a questão do poder.

VI.5.1 – O Estado moderno: a aspiração ao monopólio estatal da violência

O Estado moderno, que se afirmou a partir do séc. XVII, consagrou a aspiração ao monopólio da violência (e do próprio Direito). Isso significou que o uso da violência física foi assumido como uma atribuição privativa do Estado. De modo geral, passou a se determinar que o exercício da violência por particulares configurava uma infração ao Direito. Ou seja, o Direito passou a determinar que o exercício da violência era reservado ao Estado, como regra.

VI.5.2 – O Direito como instrumento para controlar as condutas

A absorção da violência pelo Estado eliminou a alternativa da autocomposição dos litígios, em que uma das partes em conflito sobrepujaria à outra pelo uso da força. O Estado absorveu o uso da violência e se tornou titular da atribuição de compor os conflitos de interesses entre os sujeitos. O Estado absorveu não apenas o uso da violência, mas também a produção e a aplicação do Direito.

Nesse cenário, o Direito se tornou o instrumento fundamental para o controle das condutas individuais e coletivas. Por decorrência, o Direito é o instrumento para a aquisição e o exercício do poder.

VI.5.3 – A inexistência de modelos únicos no tempo e no espaço

As considerações anteriores não implicam a afirmativa de modelos uniformes, únicos e homogêneos para a evolução dos fatos. Cada Estado e cada sociedade seguiram evolução distinta. Mas a exposição anterior sintetiza o modelo final atingido, ainda que existam muitas soluções distintas para a organização do Estado e para a modelagem do próprio Direito.

VI.6 – AS DIVERSAS CONCEPÇÕES POLÍTICAS: AMPLITUDE E FINALIDADE DO DIREITO

A amplitude e a finalidade do Direito dependem das concepções políticas prevalentes. Ou seja, há muitos modelos para a organização formal do poder e esses modelos podem ser examinados segundo a evolução das concepções produzidas ao longo da história.

VI.6.1 – A dificuldade na afirmativa de uma solução "correta"

É inviável defender alguma dessas concepções como sendo a mais correta. Cada sociedade e cada Estado adotam certos modelos, que são resultado de processos históricos e circunstâncias socioeconômicas. Cada modelo apresenta aspectos positivos e negativos e é inviável transplantar modelos organizacionais de Estado e de Direito para outros países e sociedades.

VI.6.2 – A concepção estática do Estado de Polícia do séc. XIX

Adotando um enfoque prevalente ao longo do séc. XIX, a função primordial do Estado consistia na preservação da segurança e da ordem. No modelo do chamado Estado de Polícia, o Direito era o instrumento consagrado para reprimir distúrbios e práticas indesejáveis, fornecendo soluções para o estabelecimento de relações entre os indivíduos, segundo o postulado da autonomia da vontade.

VI.6.3 – A concepção marxista

A concepção marxista, concebida na segunda metade do séc. XIX, sustenta que o Direito consiste numa superestrutura produzida pelas relações econômicas. Segundo a sua visão, a sociedade capitalista é respaldada por um Direito que se constitui em preservação dos privilégios dos titulares do capital e de legitimação da opressão sobre os proletários.

VI.6.4 – A concepção do Estado de Bem-Estar Social

Ao longo do séc. XX, surgiram concepções que reconhecem ao Estado a função de alterar a realidade socioeconômica e de prover as necessidades individuais e coletivas. Nesse contexto, o Direito se constitui em instrumento para promover o desenvolvimento econômico, a redução direta das desigualdades e o combate à pobreza.

O tema foi objeto de exame de Norberto Bobbio, que estabeleceu uma relação entre a função do Estado e as concepções quanto ao Estado.[1] Segundo Bobbio, o Estado de Polícia do Séc. XIX preocupava-se com a preservação da ordem social e política então vigentes. Por isso, o Direito apresentava um cunho essencialmente repressivo, que se traduzia na relevância do uso da violência. O Direito de um Estado de Polícia apresenta relevância como um Direito Penal, destinado a evitar que os sujeitos pratiquem condutas consideradas como reprováveis. Nesse contexto, a conduta almejada pelo Direito é a omissão dos indivíduos. Enfim, configura-se um Direito Repressivo.

Bobbio destaca que a função do Direito é alterada de modo radical num Estado de Bem-Estar Social. Não significa o afastamento das funções repressivas, mas a consagração de uma função adicional para o Direito. Surge um Direito Promocional, que se constitui em veículo para o Estado e os particulares aplicarem os seus recursos e os seus esforços em um processo de modificação socioeconômica e política. Por isso, o Direito deixa de ser um mero instrumento de repressão. Passa a contemplar uma pluralidade de instrumentos para fomentar a mudança. A simples omissão dos indivíduos não é uma conduta satisfatória.

O Direito pretende evitar e reprimir as condutas indesejáveis, mas também incentivar e fomentar aquelas necessárias à conquista das finalidades de interesse comum. Esse Direito Promocional incorpora sanções "positivas", que são prêmios e incentivos para as condutas socialmente desejadas.

VI.6.5 – A concepção neoliberal

No final do séc. XX, houve a afirmação de um enfoque neoliberal. Essa concepção defende a redução da intervenção estatal sobre as relações econômicas e a assunção pela iniciativa privada das atividades de interesse coletivo. O enfoque conduz à afirmação do Direito como instrumento de consagração de mecanismos privados para o desenvolvimento econômico sustentável e alcançar o bem-estar da generalidade dos indivíduos.

---

[1] Há uma coletânea de artigos de Bobbio sobre o tema. Confira-se *Dalla struttura alla funzione: nuovi studi di teoria del diritto*. Milano: Edizioni di Comunità, 1977.

VI.6.6 – A concepção reguladora

O enfoque neoliberal foi sucedido por uma proposta de um Estado Regulador, caracterizado pela redução da intervenção direta no domínio econômico e pela ampliação da utilização de mecanismos jurídicos. A expressão "Estado Regulador" indica a substituição da intervenção direta do Estado na sociedade e na economia e o reconhecimento de relevante produção normativa de órgãos administrativos (agências reguladoras independentes).

Isso não significa a eliminação do compromisso do Estado com valores fundamentais, mas envolve a redução da sua atuação direta nos diversos setores da realidade.

O Direito se torna o instrumento para a mudança da realidade, com a consagração de soluções repressivas (sanções negativas) e promocionais (sanções positivas) para conformar a atuação dos particulares na exploração de atividades de interesse coletivo.

O Estado Regulador mantém comprometimento com o desenvolvimento econômico sustentável e com a realização da dignidade humana. No entanto, atribui aos particulares a realização dos investimentos necessários e multiplica as soluções interventivas indiretas. Basicamente, esse modelo envolve a implantação de agências reguladoras independentes, a quem cabe disciplinar setores de atividades econômicas.

VI.7 – ALTERAÇÃO DA CONCEPÇÃO DE ESTADO E DA PARTICIPAÇÃO PRIVADA

A dinâmica histórica foi conduzindo à superação das diversas propostas, tal como acima simplisticamente expostas.

VI.7.1 – A dinâmica da realidade e os reflexos sobre o Direito

Verifica-se uma dinâmica permanente e insuscetível de paralisação no tocante aos modelos de atuação estatal, o que se reflete nas funções atribuídas ao Estado.

Ou seja, os modelos originais quanto ao Estado de Polícia, ao marxismo, ao socialismo e ao neoliberalismo parece integrar-se no âmbito de um processo dialético, em que novas concepções surgem, incorporando diferentes aspectos das concepções anteriores. Isso se reflete também no tocante ao Direito.

VI.7.2 – A contraposição entre Estado e sociedade civil

Nos tempos atuais, afirma-se uma distinção entre Estado e sociedade civil. A expectativa marxista da eliminação dessa diferença parece superada, no atual cenário. Torna-se evidente que o Estado não concentra, de modo integral e absoluto, a atribuição de organização dos recursos e das atividades necessárias à promoção do desenvolvimento, à realização dos valores fundamentais e à satisfação dos interesses coletivos e individuais.

O Direito se consagra como instrumento para limitar a autonomia dos setores não estatais, visando impor limitações às fontes de poder não estatal e a assegurar a preservação dos Direitos fundamentais assegurados à generalidade dos sujeitos.

VI.7.3 – O desenvolvimento de um terceiro setor

Nesse modelo organizacional, surge um terceiro setor. O primeiro setor é composto pelo Estado e pelo aparato estatal, abrangendo recursos públicos e a realização dos chamados interesses públicos. O segundo setor é integrado pela iniciativa privada, orientada à obtenção do lucro e à acumulação da riqueza particular. O terceiro setor envolve a atuação de sujeitos privados, visando a satisfação de interesses coletivos, mediante atuação desinteressada e não orientada à acumulação de riqueza.

VI.7.4 – A "insuficiência" do Estado e seus reflexos sobre o Direito

A admissão da insuficiência do Estado produz reflexos sobre o Direito. Se o Estado não é mais o titular monopolista de muitas atribuições, também não é concebível a sua eliminação, especialmente pelos riscos de prevalência pura e simples da "lei do mais forte". A decorrência é a ampliação das finalidades do Direito, que passa a dispor com muito maior intensidade sobre a exploração empresarial privada e a respaldar a atuação do terceiro setor.

Esses fenômenos são acompanhados da ampliação da produção normativa, de modo que o Direito adquire relevância essencial na realização de fins de interesse coletivo e na disciplina da atuação da iniciativa privada.

VI.8 – CONCLUSÃO

Não é cabível uma visão limitada e reducionista das funções do Estado. As teorizações reducionistas revelam apenas uma parte do Direito, conduzindo a concepções insuficientes.

VI.8.1 – O Direito é um instrumento de intervenção

Certamente, o Direito é um instrumento de intervenção na realidade política, social e econômica. O Direito deixou de orientar-se apenas a dispor sobre a dimensão individual de conflitos. Passou a ser o instrumento para a transformação da realidade, para a alteração dos padrões políticos e sociais até então vigentes. Tornou-se um mecanismo para promover o desenvolvimento econômico, proteger o meio ambiente e assegurar a dignidade humana.

VI.8.2 – As concepções políticas determinam a função do Direito

Mantido o modelo atual de relacionamento entre os seres humanos, manter-se-á a existência (e a necessidade) do Direito. Mas a função específica do Direito reflete as concepções políticas prevalentes num dado momento, em determinado país. Justamente por isso, é inviável formular juízos absolutos e generalizantes, reconhecendo uma função padronizada e homogênea para o Direito, sem tomar em vista que cada país e cada momento histórico apresentam características próprias.

VI.8.3 – A evolução rumo à cooperação?

A concepção que vincula Direito e violência reflete uma concepção antagônica da sociedade humana. Os conflitos de interesse, sejam verificados entre os particulares ou entre eles e o Estado, constituem-se no núcleo da preocupação do Direito e sua solução envolve potencialmente o uso da violência.

Mas a experiência da vida social evolui para uma concepção cada vez mais fundada na cooperação e na organização dos esforços e recursos individuais e comuns para atingir resultados concretos mais satisfatórios e compatíveis com a dignidade humana. Esse contexto conduz ao reconhecimento de que, embora a regulação do uso da violência seja um aspecto fundamental ao Direito, existem outras dimensões relevantes. O Direito é também um instrumento para concretizar a cooperação entre os sujeitos públicos e privados.

RESUMO

- A análise do Direito sob o prisma funcional envolve identificar a finalidade por ele buscada. O Direito tem uma relação com o poder, entendida a expressão na capacidade de influenciar, restringir e impor condutas a outrem, o que se traduz num fenômeno de sobreposição de vontades.

- O ser humano estabelece relações com outros sujeitos e isso pode gerar conflitos. Uma alternativa reside em resolver esses conflitos pela violência. Mas a violência gera efeitos negativos e desagregadores. O Direito se constitui em instrumento para promover a pacificação individual e social, por meio da fixação de regras de conduta, destinadas a substituir o uso da violência física. O Estado absorve o monopólio da violência e o Direito é o instrumento para controlar as condutas individuais e coletivas.

- A finalidade concreta do Direito depende das concepções políticas prevalentes.

- A concepção do Estado de Polícia do séc. XIX reconhecia que cabia ao Direito promover a defesa da liberdade e da propriedade, segundo o postulado da autonomia da vontade.

- A concepção marxista afirma que o Direito se constitui em uma superestrutura social, produzida pelas relações econômicas. Numa sociedade capitalista, a finalidade do Direito seria a preservação dos privilégios dos titulares do capital e da legitimação da opressão sobre os proletários.

- A concepção do Estado de Bem-Estar Social afirma que o Estado deve alterar a realidade socioeconômica e prover as necessidades individuais e coletivas. Nesse contexto, o Direito se constitui em instrumento para promover o desenvolvimento econômico, a redução direta das desigualdades e o combate à pobreza. Norberto Bobbio teorizou essa questão e apontou a existência de um Direito Promocional, ao lado do Direito Repressivo.

- A concepção neoliberal defende a redução da intervenção estatal sobre as relações econômicas, cabendo ao Direito fornecer mecanismos privados para promover o desenvolvimento econômico e alcançar o bem estar da generalidade dos indivíduos.

- A concepção do Estado Regulador preconiza a redução da exploração direta de atividades econômicas pelo Estado, a quem incumbe produzir normas para assegurar o atingimento de fins econômicos e sociais de interesse coletivo. O Direito se torna o instrumento fundamental para a realização dos fins do Estado.

- Essas diferentes visões prevalecem em contextos diversos. De modo genérico, reconhece-se que a participação do Estado é indispensável, mas é insuficiente para assegurar a realização dos valores e interesses fundamentais. Isso se traduz sobre o Direito, que é um instrumento de intervenção e de modificação da realidade. Talvez seja possível identificar uma evolução do Direito rumo à cooperação.

Caso prático

No Brasil, o fornecimento de energia elétrica costumava ser uma atividade exclusiva do Poder Público. Suponha que fosse possível cada família produzir a energia elétrica necessária às suas necessidades mediante o aproveitamento da energia solar. Seria cabível que o Estado se valesse do uso da força para proibir essa solução?

Questões

1) Qual a relação entre o Direito e o poder?

2) Em que consiste o monopólio estatal da violência?

3) Analise a relação entre a concepção política sobre o Estado e a finalidade reconhecida ao Direito.

4) Explique a concepção de um Direito Promocional, elaborada por Norberto Bobbio.

5) Explique a concepção do Estado Regulador.

Capítulo VII
AS TEORIAS SOBRE SEPARAÇÃO DE PODERES

Acesse e assista à aula explicativa sobre este assunto.
> https://uqr.to/r4hs

O Direito é um instrumento e um produto da organização do Estado e para a sua compreensão é indispensável examinar a teoria da separação dos poderes.

VII.1 – OS PRESSUPOSTOS DA TEORIA

A teoria da separação dos poderes foi concebida e desenvolvida à medida da ampliação das atribuições do Estado. A concentração do Poder Político por parte do Estado conduziu ao desenvolvimento de soluções destinadas a reduzir os potenciais desvios daí decorrentes. É fundamental ter em vista que não existe um modelo único e acabado quanto à separação de poderes, muito embora tenha sido preservada a concepção clássica da tripartição, concebida por Montesquieu.

VII.1.1 – O Estado é investido de funções de diversa natureza

A teoria da separação de poderes fundamenta-se no reconhecimento de que o Estado é investido de funções de natureza diversa. Os critérios para diferenciar essas funções são diversos. Na tradição de Montesquieu, havia a referência às funções de governar, de legislar e de julgar.

VII.1.2 – A concentração das funções propicia o abuso

Admite-se que a concentração das funções na titularidade de uma mesma pessoa ou de um mesmo órgão amplia o risco de abusos e desvios indesejáveis.

VII.1.3 – A separação de funções produz o fracionamento do poder estatal

Uma solução para prevenir os riscos consiste em distribuir essas funções entre pessoas e órgãos estatais distintos. Isso acarreta o fracionamento do poder estatal entre entidades diversas.

VII.1.4 – A vedação à acumulação de funções de natureza diversa

A partilha das funções entre órgãos estatais diversos é acompanhada da vedação à acumulação por um mesmo órgão estatal de funções de natureza distinta.

VII.1.5 – A atribuição de cada função a uma estrutura organizacional estatal diversa (poder estatal)

Isso conduz à criação de estruturas organizacionais estatais especializadas, que são denominadas de "poder". Cada uma delas é investida de uma função especializada (que também pode ser indicada pela expressão "poder"). Assim, e segundo a visão tradicional (e incompleta), o Poder Executivo exerce o poder administrativo, o Poder Legislativo é titular do poder legiferante e o Poder Judiciário desenvolve o poder jurisdicional.

VII.1.6 – Finalidade de controle: "checks and balances" (freios e contrapesos)

A finalidade da separação de poderes reside na redução da concentração do Poder estatal. A distribuição das funções entre órgãos diversos é um instrumento para neutralização do arbítrio, por meio de um mecanismo em que o poder controla o poder. Isso envolve um modelo estatal de freios e contrapesos ("checks and balances").

VII.1.7 – Finalidade de eficiência: especialização

Mas existe também uma outra finalidade para a separação de poderes. Trata-se de promover a eficiência no exercício dos poderes estatais, mediante uma solução de especialização.

A atribuição de competências privativas e específicas propicia o domínio mais aprofundado do conhecimento e o desenvolvimento de experiência sobre os diversos temas. Isso permite que cada órgão amplie a sua capacitação para exercitar de modo mais adequado as suas atribuições.

Isso permite soluções mais satisfatórias, em tempo mais reduzido e com o aproveitamento mais racional dos recursos econômicos.

VII.2 – A TEORIA TRADICIONAL E O CENÁRIO SIMPLISTA

Como dito, há várias soluções possíveis, a depender do critério utilizado para promover a diferenciação. A tripartição clássica elaborada por Montesquieu é mantida por tradição, mas foi concebida em vista de situação ultrapassada e que não corresponde mais à realidade do Estado e do Direito.

Segundo essa visão antiquada, o Poder Legislativo produzia a Lei, o Poder Executivo executava a Lei e o Poder Judiciário julgava os conflitos de acordo com a Lei. Essa concepção – se apresentou alguma pertinência no passado – não corresponde a realidade atual.

VII.3 – A DISCIPLINA DO TEMA NO BRASIL

O art. 2º da CF prevê que "São Poderes da União, independentes e harmônicos entre si, o Legislativo, o Executivo e o Judiciário".

VII.3.1 – A independência e a harmonia

Os três Poderes são independentes entre si. Isso significa que nenhum deles está subordinado hierarquicamente a outro, no desempenho de suas funções essenciais. Mas o relacionamento entre eles se faz de modo harmônico, o que implica a atuação concertada e orientada ao atingimento de resultados comuns.

VII.3.2 – A organização constitucional dos Poderes

Esses três Poderes foram instituídos na própria Constituição, que contempla as normas fundamentais e suficientes para a sua organização e o seu funcionamento. As funções nucleares atribuídas constitucionalmente a cada um dos Poderes não podem ser exercitadas por nenhum dos outros, tal como é vedada a sua extinção ou neutralização por meio de atos infraconstitucionais.

VII.3.3 – A estrutura constitucional do Poder Executivo

Segundo a Constituição, o Poder Executivo tem por chefe o Presidente de República, eleito pelo voto popular e que é assessorado por Ministros. A estrutura e a organização do Poder Executivo devem ser disciplinadas por lei, à qual incumbe inclusive a criação dos cargos públicos.

Como será mais bem estudado adiante, a complexidade das tarefas administrativas conduziu ao surgimento de uma pluralidade de órgãos administrativos, integrantes do Poder Executivo. Ademais, também houve a instituição de entidades dotadas de autonomia, que compõem a chamada Administração indireta – constituindo-se basicamente em autarquias e sociedades estatais.

VII.3.4 – A estrutura constitucional do Poder Legislativo

O Poder Legislativo da União é constituído pelo Senado Federal e pela Câmara dos Deputados, que compõem o Congresso Nacional. O Senado Federal é integrado por senadores, que representam cada Estado e o Distrito Federal. A Câmara dos Deputados é integrada por deputados federais, que representam os eleitores de cada Estado e do Distrito Federal.

VII.3.5 – A estrutura constitucional do Poder Judiciário

O Poder Judiciário apresenta uma estruturação bastante complexa. O Supremo Tribunal Federal (STF) é titular da competência para questões de natureza constitucional, ainda que indireta. Também lhe incumbem competências na área penal, em vista da qualidade do réu. O Superior Tribunal de Justiça (STJ) tem por função determinar a interpretação prevalente da legislação federal, ainda que também disponha de poderes de outra natureza. Há diversos outros tribunais superiores em áreas especializadas, tal como o Tribunal Superior Eleitoral (TSE), o Tribunal Superior do Trabalho (TST) e o Superior Tribunal Militar (STM). Existem justiças especializadas, tal como a Justiça do Trabalho e a Justiça Militar.

De modo genérico, a investidura na magistratura de primeiro grau faz-se mediante concurso público. Nos Tribunais, a investidura envolve condições de diversa ordem, mas incumbindo ao Chefe do Poder Executivo a escolha do sujeito.

VII.4 – AS FUNÇÕES PRINCIPAIS E AS FUNÇÕES ATÍPICAS

Cada um dos Poderes é investido de funções principais e típicas. Mas também é dotado de funções atípicas, que apresentam natureza distinta.

VII.4.1 – As funções do Poder Executivo

O Poder Executivo é investido de competências principais de natureza administrativa e política. Mas também lhe incumbem atribuições atípicas de natureza legislativa. Há certos temas cuja disciplina por lei somente pode ser produzida mediante projeto de iniciativa do Chefe do Poder Executivo, a quem também incumbe aprovar (sancionar) ou não (vetar) os projetos de leis votados pelo Congresso Nacional. Além disso, o Chefe do Poder Executivo é titular de competência para editar Medida Provisória, que é veículo para normas equivalentes à de uma lei, mas com vigência limitada no tempo.

No desempenho das funções administrativas, o Poder Executivo exercita atividades de julgamento muito similares àquelas típicas do Poder Judiciário. Mas essas decisões comportam revisão jurisdicional.

VII.4.2 – As funções do Poder Legislativo

A função típica do Poder Legislativo se relaciona com a produção de normas, o que abrange inclusive emendas à Constituição.

O Poder Legislativo desempenha funções administrativas diversas, especialmente relacionadas com a organização e o funcionamento de seus serviços. Assim, existem servidores do Poder Legislativo, há contratações promovidas pelo dito Poder e outros temas que apresentam natureza administrativa.

Também incumbem ao Poder Legislativo funções de natureza jurisdicional (ou similar), relacionadas ao julgamento do impedimento do Chefe do Poder Executivo de outras autoridades.

VII.4.3 – As funções do Poder Judiciário

O Poder Judiciário tem por função típica a atividade de julgamento. Isso envolve uma pluralidade de atuações, que compreende a edição de decisões para prevenir e compor conflitos concretos, tal como para aplicar as normas penais. A função jurisdicional também envolve decidir sobre a validade de atos legislativos e administrativos produzidos pelos outros Poderes.

A organização e o funcionamento dos órgãos do Poder Judiciário exigem um aparato material e de pessoas. Essas atividades apresentam natureza administrativa.

O Poder Judiciário é investido de competências legislativas (ou similares) relativamente a seus regimentos internos. Também lhe é reservada a iniciativa para projetos de lei relacionados com temas pertinentes à própria organização e funcionamento. Além disso, há hipóteses em que o Poder Judiciário edita normas necessárias para a fruição de direitos fundamentais (mandado de injunção), tal como será examinado adiante.

VII.5 – EVOLUÇÃO CIVILIZATÓRIA E ALTERAÇÕES MARCANTES

A evolução histórica conduziu à ampliação significativa da complexidade da organização estatal. A esquematização de Montesquieu não é aplicável à realidade atual.

VII.5.1 – O controle de constitucionalidade

Uma distinção fundamental se relaciona com o surgimento do controle de constitucionalidade de leis e atos normativos estatais. Esse tipo de atuação era desconhecido no passado, sofreu grande evolução com o passar do tempo e apresenta peculiaridades próprias no direito brasileiro.

O controle de constitucionalidade consiste numa função estatal de identificação da compatibilidade de leis e atos normativos relativamente à Constituição, com a edição de decisão destinada a invalidar aqueles que sejam reputados inconstitucionais. O controle de constitucionalidade, nessa acepção, é atribuído a um órgão estatal distinto daquele encarregado de produzir as leis e os atos normativos.

No modelo estadunidense (onde surgiu esse tipo de controle), cabe à Suprema Corte o seu desempenho, em face de um caso concreto. Em outros países europeus, essa função costuma ser atribuída a um tribunal específico e geralmente exercitada sobre a lei em tese. No Brasil, o controle de constitucionalidade é atribuído ao Poder Judiciário em geral, relativamente a casos concretos. Já o Supremo Tribunal Federal dispõe da atribuição privativa do controle de constitucionalidade em face da Constituição Federal quando se tratar de análise de modo abstrato (em tese), mas também dispõe da competência para editar a decisão final em casos concretos.

VII.5.2 – A ampliação das funções jurisdicionais

Por outro lado, tem ocorrido a ampliação do âmbito de abrangência da função jurisdicional. Passou a compreender não apenas os conflitos de interesses e a imposição de sanções. A jurisdição envolve também o controle de constitucionalidade por omissão. A CF previu a figura do mandado de injunção, no art. 5º, inc. LXXI, assim redigido:

> *"conceder-se-á mandado de injunção sempre que a falta de norma regulamentadora torne inviável o exercício dos direitos e liberdades constitucionais e das prerrogativas inerentes à nacionalidade, à soberania e à cidadania".*

O art. 102, § 1º, da CF também criou a arguição de descumprimento de preceito fundamental (ADPF), nos termos seguintes:

> *"A arguição de descumprimento de preceito fundamental, decorrente desta Constituição, será apreciada pelo Supremo Tribunal Federal, na forma da lei".*

A Lei Federal 9.882/1999 dispõe sobre essa ação, que permite ao STF editar provimentos sobre questões legislativas e administrativas, visando assegurar a eficácia de provisões fundamentais contidas na Constituição.

VII.5.3 – A ampliação da abrangência da jurisdição

Outro aspecto reside na ampliação da abrangência do poder jurisdicional, como decorrência da multiplicação dos direitos fundamentais. Muitos deles compreendem o dever de atuação efetiva do Estado em certas atividades. Isso conduziu à possibilidade de o Poder Judiciário emitir determinações ao Poder Executivo. Um exemplo envolve o fornecimento de medicamentos e tratamentos médicos para particulares.

VII.5.4 – A ampliação das funções administrativas

A consagração de um modelo interventivo para o Estado resultou na ampliação também das funções administrativas. O Estado desempenha atividades empresariais, em alguns casos competindo com os particulares – por exemplo, considere-se o Banco do Brasil S.A. Realiza atividades de pesquisa e desenvolvimento de inventos e tecnologia. Cabem-lhe funções essenciais no âmbito da saúde, da previdência, da educação, da proteção ao meio ambiente e de defesa do consumidor. E assim por diante.

VII.5.5 – O surgimento de estruturas estatais "independentes"

A ampliação da complexidade da organização estatal resultou também no surgimento de órgãos que não se enquadram na divisão tradicional dos poderes. Esses órgãos desempenham funções de controle (tal como o Ministério Público e os Tribunais de Contas) e de regulação setorial (agências reguladoras independentes).

Outro aspecto relevante se relaciona com o surgimento de estruturas estatais independentes, tais como o Ministério Público, os Tribunais de Contas e as agências reguladoras independentes. Essas entidades integram o Estado e são titulares de competências próprias, que não podem ser exercitadas pelos outros Poderes.

VII.5.6 – A produção de normas pela Administração Pública

A dificuldade na produção legislativa e a especialização de certos assuntos conduziu à atribuição a órgãos administrativos de poderes de natureza muito próxima à legislação. Alude-se a um processo de "deslegalização" para indicar a delegação pelo Poder Legislativo a outros órgãos estatais para a produção de normas equivalentes àquelas da Lei.

VII.5.7 – Desempenho de funções "estatais" por particulares

Há uma tendência à atribuição de poderes normativos para órgãos não estatais. Um exemplo é a Ordem dos Advogados do Brasil – OAB. Embora se trate formalmente de uma "autarquia", a OAB não integra a Administração Pública e dispõe de poderes normativos. Outro exemplo é o Conselho Nacional de Autor-regulamentação Publicitária – CONAR, que atua para impedir a publicidade enganosa ou abusiva.

Também há a difusão da arbitragem. As partes de um litígio dispõem da faculdade, em alguns casos, de submeter o conflito à decisão de um ou mais indivíduos privados, que atuarão como árbitros. A decisão adotada produzirá os mesmos efeitos de um ato do Poder Judiciário.

VII.6 – SÍNTESE

A teoria da tripartição de poderes merece grande apreço e respeito, por razões históricas. A tradição conduz a sua aparente manutenção.

62 INTRODUÇÃO AO ESTUDO DO DIREITO · Marçal Justen Filho

No entanto, cada Estado consagra uma versão própria e específica atinente à separação de poderes. Ainda que todos os diversos países aludam à tripartição de poderes, o modelo do Brasil, dos EUA, da França, da Alemanha e assim por diante são radicalmente distintos.

Por outro lado, nenhum dos Poderes do Estado exercita de modo exclusivo uma única função.

A complexidade política produziu o surgimento de novas "funções estatais" e de novos "poderes". O Poder Judiciário assumiu funções muito mais amplas do que no passado e estrutura estatais independentes foram investidas de poderes de controle e de regulação. Algumas funções, consideradas tradicionalmente como monopólio estatal (tal como a regulação de profissões e a composição jurisdicional de litígios), passaram a ser exercitadas por sujeitos não estatais. A evolução futura poderá conduzir a outras inovações significativas.

RESUMO

- Para compreender o Direito, é indispensável compreender a teoria da separação dos poderes, que foi desenvolvida por Montesquieu.

- Os diversos países adotaram teorias de separação de poderes, mas segundo concepções muito distintas.

- Não existe uma concepção única e uniforme sobre a separação dos poderes. De modo genérico, todas essas soluções estabelecem que as diferentes funções de titularidade do Estado devem ser exercitadas por sujeitos e estruturas organizacionais estatais diversas.

- Segundo a visão tradicional, o Poder Executivo exercita a função administrativa, o Poder Legislativo desempenha a função legislativa e o Poder Judiciário exerce a função jurisdicional. Essa divisão produz um sistema de freios e contrapesos, em que o poder limita o próprio poder.

- A especialização das funções amplia a eficiência da atuação estatal.

- No Brasil, a CF determina que "São Poderes da União, independentes e harmônicos entre si, o Legislativo, o Executivo e o Judiciário" (art. 2º). A Constituição disciplinando a organização e o funcionamento dos Poderes.

- Cada um dos Poderes desempenha funções principais e típicas, mas também funções atípicas. O Poder Executivo exercita a função administrativa, mas participa da atividade legislativa e o Presidente da República dispõe do poder de editar Medida Provisória. A atividade administrativa também compreende julgamentos de litígios.

- O Poder Legislativo desempenha a função legislativa, mas também lhe cabe desenvolver atividade administrativa relacionada com os seus serviços. Assim como lhe incumbem funções de julgamento, tal como se passa no caso de impedimento de autoridades.

- O Poder Judiciário exercita a função jurisdicional. Além disso, desenvolve atividade administrativa e detém poderes para editar normas similares às decorrentes de lei, inclusive no caso do mandado de injunção.

- A evolução civilizatória elevou a complexidade da separação de poderes. Surgiu o controle de constitucionalidade de leis e atos normativos. Houve a ampliação das funções jurisdicionais, o que compreende a figura do mandado de injunção (CF, art. 5º, inc. LXXI). Existem funções administrativas relacionadas com temas muito amplos. Surgiram estruturas estatais independentes. Verifica-se também o exercício por particulares de atribuições típicas do Estado.

 Caso prático

Uma indústria pretende produzir cigarros com sabor, o que aumenta o interesse dos fumantes. Não existe lei disciplinando o assunto e uma autoridade integrante do Poder Executivo edita uma proibição quanto a essa solução. É cabível afirmar que a proibição é inválida por ter infringido a separação de poderes (que reserva ao Poder Legislativo) editar normas para restringir a autonomia dos sujeitos?

 Questões

1) Diferencie e indique as funções típicas e atípicas dos três Poderes no Brasil.

2) Indique e explique uma hipótese de exercício de função legislativa pelo Poder Judiciário.

3) Indique e explique uma hipótese de exercício de função legislativa pelo Poder Executivo.

4) Em que consiste a arbitragem?

5) Indique uma competência estatal que não se enquadre na tripartição de poderes.

Capítulo VIII
NORMA JURÍDICA

Acesse e assista à aula explicativa sobre este assunto.
> https://uqr.to/r4ht

Como visto, o Direito apresenta natureza tridimensional. No entanto, um aspecto de grande relevância envolve a dimensão da norma jurídica.

VIII.1 – A EVOLUÇÃO DINÂMICA DO CONCEITO DE NORMA JURÍDICA

Não existe um conceito definitivo, estático, de norma jurídica.

VIII.1.1 – A variação no tempo e no espaço

Ao longo do tempo, a definição de norma jurídica tem variado. Por isso, os autores de trinta anos atrás apresentam formulações que não mais correspondem ao conceito contemporâneo.

Ou seja, o Direito existiu em todas as épocas e sociedades, mas o seu conteúdo e o modo de sua exteriorização variaram significativamente. A finalidade do Direito não se manteve inalterada, nem o conteúdo de suas determinações. Nem mesmo o modo como essas determinações são veiculadas.

VIII.1.2 – A identificação do Direito com outras ordens de controle de conduta

Nos tempos mais remotos, era problemático diferenciar o Direito de outros sistemas de controle de conduta. A distinção entre Direito e Religião resultou de um longo processo histórico e político. Aliás, essa identificação ainda existe em alguns países nos dias atuais.

VIII.1.3 – A variação quanto ao modo de produção do Direito

Sob outro enfoque, o modo de produção do Direito – aquilo que é denominado fonte formal, objeto de exame posterior – também sofreu variações durante a história. Nos primeiros tempos da sociedade humana, o Direito era produzido pelo costume. As práticas reiteradas e uniformes ao longo do tempo geravam a convicção da obrigatoriedade da observância dessas determinações. Somente em período mais recente é que a lei se tornou o veículo fundamental para a produção das normas jurídicas.

VIII.1.4 – Os reflexos sobre o conceito de norma jurídica

Essas variações produziram reflexos não apenas sobre o conteúdo das normas jurídicas, mas também sobre a própria identidade dessa figura. Mais precisamente, as circunstâncias das últimas décadas resultaram em inovações muito relevantes.

Um exemplo permite compreender a questão. Há alguns séculos, a lei editada pelo rei era lida na praça principal e um documento era afixado em local visível de todos. Isso exigia que as determinações fossem simples e o texto legislativo muito mais curto. O surgimento da imprensa alterou esse modelo. Na atualidade, o aumento das soluções digitais pela internet permite leis muito mais longas e com conteúdos muito variados.

VIII.1.5 – A multiplicidade e heterogeneidade de figuras

Enfim, a complexidade da vida social e política produziu o surgimento de uma pluralidade de manifestações normativas. O conceito tradicional de norma jurídica, desenvolvido durante o séc. XX, tornou-se insuficiente e incompleto.

VIII.2 – A IDENTIFICAÇÃO DA NORMA JURÍDICA EM FACE DE OUTROS CONCEITOS

Antes de definir norma jurídica, é relevante afastar alguns equívocos, apontando aquilo que a norma jurídica não é.

VIII.2.1 – Norma jurídica e lei

Norma jurídica não se confunde com lei. A lei é um ato estatal e se constitui em um veículo para a produção de norma jurídica. Não é o único meio de produzir normas jurídicas: há aquelas produzidas por tratados e convenções internacionais, pelo costume, pelas decisões jurisdicionais e pela atuação de sujeitos privados.

Isso não impede que, na linguagem cotidiana, as expressões sejam utilizadas como sinônimas. Assim, é usual afirmar que "a lei proíbe". Rigorosamente, a proibição consta de uma norma, cuja edição foi produzida por meio da lei.

VIII.2.2 – Norma jurídica, lei e texto legislativo

Mas a lei também não se confunde com o documento em que a lei estiver lançada. Por exemplo, o Congresso Nacional aprova um projeto, que é sancionado pelo Presidente da República. Surge uma lei, que consta de um texto legislativo, um conjunto de palavras e outros sinais gráficos. A lei é o sentido desse texto.

Usualmente, a lei consagra uma pluralidade de normas jurídicas. Algumas normas são produzidas por meio de uma única lei. Outras resultam da conjugação de diversas leis.

VIII.2.3 – Norma jurídica: objeto imaterial, cultural e heterônomo

A norma jurídica consiste num objeto destituído de existência física, que consagra e veicula valores, com existência autônoma em face do documento físico ou virtual em que a lei está redigida. Esse documento físico ou virtual é um suporte para acessar a norma jurídica, por meio de uma atividade de interpretação – um dos temas centrais do estudo do Direito e que é objeto de diversos capítulos deste livro.

A norma é o sentido extraído de uma lei e se constitui num objeto imaterial (sem existência física), cultural (que traduz o esforço humano para realizar valores) e heterônomo (cuja existência não depende da vontade de cada sujeito).

VIII.3 – AS NORMAS JURÍDICAS: ENFOQUE CONTEMPORÂNEO

No atual contexto da realidade, pode-se adotar a seguinte definição:

Norma jurídica é um provimento integrante de um ordenamento jurídico e objeto de tutela pelo Estado, destinado a disciplinar a conduta intersubjetiva e que apresenta cunho bilateral ou plurilateral atributivo.

VIII.3.1 – Provimento

A norma jurídica é um provimento na acepção de ser um ato formal que externa uma vontade.

VIII.3.2 – A integração em um ordenamento jurídico

É impossível identificar uma norma isolada como sendo jurídica. A norma somente se configura como jurídica quando integra um ordenamento jurídico. Tal como será mais bem explicado adiante, isso significa que a norma jurídica tem um fundamento de validade em outra norma jurídica e assim sucessivamente, até atingir a Constituição.

VIII.3.3 – A tutela estatal

Outra característica da norma jurídica consiste na tutela estatal. Na maior parte dos casos, a norma jurídica é um provimento emanado do Estado, mas nem sempre assim se passa. Há normas jurídicas produzidas pelos sujeitos privados, que podem apresentar cunho geral e abstrato, tal como se passa com as normas editadas no âmbito da autorregulação privada (CONAR, por exemplo).

No entanto, a norma jurídica é tutelada pelo Estado. Isso significa que a sua observância é respaldada pelo Estado, que fornece os meios humanos e materiais tanto. Ou seja, o Estado aplicará os seus recursos para assegurar a observância da norma jurídica, o que poderá implicar inclusive o uso da violência física.

VIII.3.4 – A disciplina da conduta intersubjetiva

Tal como exposto, a norma jurídica dispõe, de maneira direta ou indireta, sobre a conduta intersubjetiva de um ou mais sujeitos, integrantes ou não do Estado. Muitas normas tratam do modo de produção das normas de conduta ou dos pressupostos e das limitações quanto às condutas disciplinadas.

Por exemplo, o art. 13, § 5º, da Lei 8.112/1990 estabelece que "No ato da posse, o servidor apresentará declaração de bens e valores que constituem seu patrimônio e declaração quanto ao exercício ou não de outro cargo, emprego ou função pública". Essa norma disciplina de modo direto a conduta a ser observada pelo servidor público federal.

Já o art. 10 da mesma Lei fixa que "A nomeação para cargo de carreira ou cargo isolado de provimento efetivo depende de prévia habilitação em concurso público de provas ou de provas e títulos, obedecidos a ordem de classificação e o prazo de sua validade". Essa norma não dispõe de modo direto sobre a conduta de alguém, mas disciplina indiretamente as condutas dos agentes estatais. Ela determina que as autoridades competentes têm o dever de promover um concurso público e observar certas exigências para nomear alguém para cargo público de provimento efetivo. Portanto, essa norma disciplina de modo indireto a conduta das pessoas.

VIII.3.5 – O provimento bilateral ou plurilateral

A norma jurídica estabelece previsões de cunho bilateral ou plurilateral, na acepção de que a norma dispõe sempre sobre a conduta de mais de um sujeito – precisamente por se tratar de conduta intersubjetiva. Por exemplo, quando a norma determina que o credor tem direito de receber o seu crédito, ela concomitantemente impõe ao devedor a obrigação de pagar o seu débito. A conduta que a norma prevê ser proibida ou obrigatória para alguém acarreta o poder jurídico de ser exigido por outrem.

Em muitos casos, a norma jurídica dispõe sobre a conduta de uma pluralidade de sujeitos. Assim, por exemplo, há normas de conduta destinadas a proteger o meio ambiente. O dever de abster-se de poluir, que recai sobre um sujeito, constitui-se em direito em favor da generalidade da comunidade.

VIII.3.6 – Atributividade

A atributividade significa que a norma jurídica institui, de modo inovador, uma determinação, que pode apresentar conteúdos diversos, tais como direitos, deveres, limitações. Todas essas determinações são atribuídas à titularidade dos sujeitos.

VIII.4 – ALGUMAS CARACTERÍSTICAS EVENTUAIS

Muitas características que foram reputadas no passado como inerentes às normas jurídicas passaram a apresentar relevância apenas eventual ou foram superadas pela evolução do pensamento jurídico.

VIII.4.1 – Generalidade e abstração

No passado, reputava-se que a norma jurídica apenas se configurava quando o comando normativo fosse dotado de generalidade e abstração. A generalidade consiste na aplicação a um número indeterminado de pessoas, enquanto a abstração se relaciona com a disciplina para uma quantidade indeterminada de situações. Por decorrência, entendia-se que as decisões adotadas pela autoridade em casos concretos não configuravam norma jurídica. Esse entendimento foi superado. Existe norma jurídica mesmo quando o comando for aplicado apenas a uma pessoa ou a um caso concreto.

VIII.4.2 – Coercitividade ou não

Outro aspecto relevante no passado era a coercitividade. Entendia-se que somente existia norma jurídica quando comando fosse respaldado pelo uso da força estatal. A coerção estatal consiste na possibilidade de o Estado impor o comando e, em especial, a sanção pela infração por meio da força. Essa é uma característica que algumas normas jurídicas apresentam. Mas nem todas as normas jurídicas são dotadas desse cunho de coercitividade.

VIII.4.3 – A previsão de uma sanção

Também era considerada como relevante a previsão de uma sanção, ou seja, de uma consequência punitiva para a infração da determinação veiculada na norma. Essa consequência poderia consistir numa punição dirigida diretamente ao infrator (tal como uma pena) ou, pelo menos, na determinação do desfazimento do ato (como ocorre nos casos de nulidade). Mas esse entendimento também se tornou superado.

É verdade que uma parcela significativa das normas jurídicas contempla uma sanção. Mas a evolução do pensamento conduziu à afirmação da existência de sanções "positivas" (que consistem em premiação pela conduta prevista na norma). E se admite que muitas normas jurídicas não contemplam uma sanção específica e determinada.

VIII.5 – A CLASSIFICAÇÃO DAS NORMAS JURÍDICAS

Existem diversas classificações possíveis para as normas jurídicas, a depender do critério escolhido para exame.

VIII.5.1 – Ainda a heterogeneidade das normas

É um equívoco supor que todas as normas jurídicas são semelhantes entre si e que apresentam identidade qualitativa. A norma jurídica pode ser interpretada como um gênero composto por muitas espécies diversas.

VIII.5.2 – A utilidade das classificações

A atividade de classificar é relevante porque permite diferenciar objetos que não são idênticos, viabilizando inclusive a identificação do âmbito de sua utilização. Assim se passa também com as classificações quanto às normas jurídicas.

VIII.6 – A CLASSIFICAÇÃO DE KELSEN

Kelsen reputava que o Direito disciplina o exercício da violência por parte do Estado. Esse é o fundamento da diferenciação que adotou entre normas jurídicas primárias e secundárias.

VIII.6.1 – Normas primárias: dispõem sobre a sanção

Para Kelsen, as normas primárias são aquelas que preveem e disciplinam a sanção consistente no exercício da violência por parte do Estado. Segundo ele, existem duas espécies de normas primárias. Há as normas primárias penais, que dispõem sobre a pena, consistente na imposição de restrição direta pelo Estado contra o infrator – que pode compreender inclusive a pena de morte.

E há as normas primárias não penais, que disciplinam a imposição de restrição direta pelo Estado contra o patrimônio do infrator, o que consiste na execução compulsória. Nesse caso, o Estado se apropria de bens integrantes do patrimônio do sujeito para promover a satisfação de um credor ou produzir concretamente um certo resultado.[1]

---

[1] A execução compulsória pode versar sobre a entrega ao credor de um bem ou de uma importância em dinheiro. Mas também pode compreender outras formas de satisfação (tal como a

VIII.6.2 – Normas secundárias: dispõem sobre outros temas

Para Kelsen, seria suficiente que o Direito contemplasse apenas as normas primárias. As demais normas são secundárias, sob o prisma lógico. O conteúdo dessas normas poderia ser inferido a partir das determinações das normas primárias.

Por exemplo, há uma norma penal estabelecendo "Matar alguém. Pena de seis a vinte anos de reclusão". Essa é uma norma primária. Segundo Kelsen, não há necessidade de uma norma jurídica determinar "É proibido matar outrem". Essa outra norma pode ser pressuposta logicamente.

Ou seja, Kelsen afirma que as normas jurídicas que dispõem sobre as condutas lícitas são secundárias (sob o prisma lógico).

VIII.7 – A CLASSIFICAÇÃO DE HERBERT L. A. HART

Hart adota outro conteúdo para a mesma terminologia. Alude a normas primárias e secundárias, mas numa acepção distinta.[2]

VIII.7.1 – Normas primárias: dispõem sobre a conduta intersubjetiva

Para Hart, as normas primárias são aquelas que disciplinam a conduta humana intersubjetiva. Nessa classificação, são normas primárias tanto aquelas que dispõem sobre as condutas ilícitas e como as que versam sobre as sanções. Então, são normas primárias tanto aquela que estabelece "Matar alguém. Pena de seis a vinte anos" como a que determina "É proibido matar".

VIII.7.2 – Normas secundárias: dispõem sobre as normas primárias

Já as normas secundárias têm por objeto as próprias normas primárias. Hart reconhece ser impossível existir um ordenamento jurídico composto apenas por normas de conduta. Para Hart, diversamente da concepção kelseniana, a terminologia "primária-secundária" não traduz uma ordem de importância entre as normas.

A existência do Direito exige normas que disponham não apenas sobre a conduta humana. Há outras questões que necessitam ser disciplinadas pelo Direito. Segundo Hart, existiriam três espécies de normas secundárias.

VIII.7.3 – Normas de reconhecimento

Algumas normas secundárias fornecem o critério para identificar se as normas são jurídicas ou não. Mais precisamente, essas normas disciplinam os requisitos de validade das normas jurídicas.

---

demolição de uma edificação). Em todos esses casos, o Estado impõe compulsoriamente um resultado, que traduz o exercício da violência institucionalizada.

[2] Sobre o assunto, confira-se a obra *O conceito de direito*, trad. A. Ribeiro Mendes. Lisboa: Fundação Calouste Gulbenkian, 1986.

Por exemplo, a Constituição estabelece a competência e o procedimento para a produção de leis (que são um veículo do surgimento de normas). O art. 64 da CF estabelece que "A discussão e votação dos projetos de lei de iniciativa do Presidente da República, do Supremo Tribunal Federal e dos Tribunais Superiores terão início na Câmara dos Deputados". Se essa previsão constitucional for descumprida, haverá um defeito que impedirá o surgimento de uma lei válida.

VIII.7.4 – Normas de atribuição de competência jurisdicional

Outras normas secundárias dispõem sobre a competência jurisdicional. Preveem os órgãos jurisdicionais, tal como as condições para o desempenho da atividade de aplicação do Direito. Isso envolve inclusive a condenação pela prática de infrações penais.

Isso corresponderia ao previsto, por exemplo, no seguinte artigo da CF.

> "Art. 102. Compete ao Supremo Tribunal Federal, precipuamente, a guarda da Constituição, cabendo-lhe: I – processar e julgar, originariamente: ... c) nas infrações penais comuns e nos crimes de responsabilidade, os Ministros de Estado e os Comandantes da Marinha, do Exército e da Aeronáutica, ressalvado o disposto no art. 52, I, os membros dos Tribunais Superiores, os do Tribunal de Contas da União e os chefes de missão diplomática de caráter permanente".

VIII.7.5 – Normas de câmbio normativo

Outra categoria de normas secundárias envolve aquelas que disciplinam a substituição das normas jurídicas vigentes. A extinção das normas e a sua substituição por outras é indispensável para existência do Direito. No Direito brasileiro, o tema é objeto da disciplina geral do art. 2º, § 1º, do Decreto-lei 4.657/1942 (LINDB), que estabelece que *"A lei posterior revoga a anterior quando expressamente o declare, quando seja com ela incompatível ou quando regule inteiramente a matéria de que tratava a lei anterior"*.

VIII.8 – AS NORMAS JURÍDICAS DE ESTRUTURA E DE CONDUTA

Essas propostas teóricas evidenciam que nem todas as normas jurídicas versam diretamente sobre a conduta intersubjetiva propriamente dita.

Existem normas jurídicas que dispõem sobre a "estrutura" do Direito. Tais normas dispõem sobre a organização e o funcionamento do Estado, sobre o relacionamento entre as normas e as atribuições das autoridades e sobre outros temas similares. A complexidade do Estado e a sofisticação do Direito conduzem à multiplicação dessa espécie de normas.

VIII.9 – AS NORMAS DE ESTRUTURA

As normas de estrutura constituem um sistema jurídico – ou, para utilizar uma expressão que será mais bem explicada adiante – o ordenamento jurídico. Elas não determinam como que as pessoas devem conduzir-se. Não preveem que certas condutas são obrigatórias, proibidas ou facultadas. Há um grande número de normas de estrutura, precisamente em vista da complexidade da organização estatal.

VIII.9.1 – Organização do Estado

Essas normas de estrutura dispõem sobre a organização do Estado. Isso significa dispor sobre a forma do Estado, o regime de governo, os poderes estatais, as autoridades, os cargos e as funções públicas e assim por diante.

VIII.9.2 – Instituição e disciplina de competências estatais

Outras normas de conduta versam sobre a instituição e a disciplina de competências estatais. A expressão competência indica uma parcela do poder estatal, atribuída a um ente, órgão ou sujeito para produzir em nome do Estado normas abstratas e (ou) decisões concretas.

VIII.9.3 – Instituição e disciplina da competência para aplicar normas e sanções

Outras normas jurídicas versam sobre a competência para avaliar a ocorrência de ilicitudes, determinar a sua autoria e, se for o caso, impor sanções. Para tanto, é necessário organizar os órgãos de controle (jurisdicionais e não jurisdicionais).

VIII.9.4 – Outros temas

Há muitos outros temas objeto da disciplina pelas normas de estrutura. Assim, por exemplo, há normas que dispõem os conflitos de leis no espaço, abrangidas no chamado Direito Internacional Privado. Assim, por exemplo, suponha-se um brasileiro, que contrai matrimônio em outro país, tem filhos nascidos em outro local e que dispõe de bens no Brasil. Em caso de falecimento, é necessário determinar a lei aplicável aos diversos temas, o que é fundamental em virtude da diversidade da disciplina jurídica adotada em cada país.

VIII.10 – A DISTINÇÃO ENTRE PRINCÍPIOS E REGRAS

Uma outra classificação diferencia os princípios e as regras. Essa distinção apresenta importância fundamental e será objeto de exposição específica no capítulo seguinte.

RESUMO

- O Direito exterioriza-se principalmente como norma jurídica. A definição de norma jurídica variou ao longo do tempo. A evolução da complexidade da vida social e política refletiu-se sobre o próprio conceito de norma jurídica.

- Norma jurídica não se confunde com lei, que é um ato estatal, usualmente formalizado em um documento escrito. A lei é um dos modos de produção de normas jurídicas. A norma é o sentido extraído de uma lei e se constitui num objeto imaterial (sem existência física), cultural (que traduz o esforço humano para realizar valores) e heterônomo (cuja existência não depende da vontade de cada sujeito).

- A norma jurídica pode ser definida como um provimento integrante de um ordenamento jurídico e objeto de tutela pelo Estado, destinado a disciplinar a conduta intersubjetiva e que apresenta cunho bilateral ou plurilateral atributivo.

- Há características que algumas normas apresentam, mas que não se encontram em todos os casos. Assim se passa com a generalidade e abstração, com a coercitividade e com a previsão de uma sanção.

- A norma jurídica é um gênero, que comporta diversas espécies. Nem todas as normas jurídicas são idênticas. Existem várias classificações.

- Segundo Kelsen, devem ser diferenciadas as normas primárias e as secundárias. As primárias disciplinam o uso da violência pelo Estado e contemplam uma sanção. Para esse enfoque, todas as demais normas são secundárias e poderiam ser inferidas a partir das normas primárias.

- Para Hart, as normas primárias são aquelas que disciplinam as condutas intersubjetivas. As normas secundárias são as que dispõem sobre as próprias normas primárias. O autor diferencia três espécies de normas secundárias, que são aquelas que determinam os critérios de reconhecimento das normas jurídicas, as que dispõem sobre o cumprimento compulsório das normas primárias e as que disciplinam a modificação normativa.

- Adota-se a distinção entre normas de estrutura e de conduta. As normas de estrutura dispõem sobre o sistema normativo, disciplinando a organização e o funcionamento dos órgãos estatais e todos os demais temas necessários à existência do Direito. Já as normas de conduta disciplinam relações intersubjetivas entre sujeitos, integrantes ou não do Estado, estabelecendo limitações quanto às condutas ou regulando as normas que as regem.

 Caso prático

A União edita um ato prevendo que a fabricação de navios consiste numa prioridade nacional. Em decorrência, diversas empresas privadas realizam investimentos para fabricação de peças e equipamentos necessários. Depois de dois anos, a União desiste de fabricar navios no Brasil. As empresas privadas se insurgem contra o argumento de que o ato editado pela União não previa nenhuma sanção para o caso de descumprimento e que não apresentava eficácia vinculante. Quem tem razão, a União ou as empresas privadas?

Questões

1) Diferencie lei e norma jurídica.

2) Explique a definição de norma jurídica.

3) Diferencie normas primárias e secundárias segundo Kelsen.

4) Diferencie normas primárias e secundárias segundo Hart.

5) O que são normas de estrutura?

Capítulo IX
ESPÉCIES DE NORMAS JURÍDICAS: PRINCÍPIOS E REGRAS

A doutrina mais recente reconhece que as Constituições contemplam normas jurídicas de espécies diversas, que não são enquadráveis nas categorias anteriormente referidas. A relevância da questão exige um tratamento mais aprofundado.

IX.1 – O NÍVEL DE ABSTRAÇÃO E GENERALIDADE DAS NORMAS CONSTITUCIONAIS

De modo genérico, as normas constitucionais consagram determinações dotadas de abstração e generalidade.

IX.1.1 – A abstração e a generalidade e o mundo real

A abstração significa que a norma dispõe sobre um conjunto indeterminado de situações e a generalidade que a norma versa sobre a conduta de sujeitos indeterminados.

Em muitos casos, não é viável extrair da norma constitucional uma solução única e determinada a ser aplicada na vida real. Por exemplo, considere-se o disposto no art. 206, inc. III, da CF, assim redigido:

> "*O ensino será ministrado com base nos seguintes princípios:*
>
> *...*
>
> *III – pluralismo de ideias e de concepções pedagógicas, e coexistência de instituições públicas e privadas de ensino; ...*".

É muito problemático extrair desse dispositivo uma solução para uma disputa que surja na realidade. Imagine-se que um professor resolva defender uma tese contrária ao regime democrático. A garantia constitucional do "pluralismo de ideias" respalda essa solução?

IX.1.2 – As normas infraconstitucionais menos abstratas e gerais

Uma solução consiste na edição de normas jurídicas menos abstratas e gerais, por meio de leis infraconstitucionais. Então, a norma legal estabeleceria solução específica e fixaria os limites dos direitos e obrigações das pessoas.

IX.1.3 – A questão da eficácia vinculante da Constituição

O risco dessa concepção é negar eficácia vinculante à Constituição. Alguém poderia defender que as normas gerais e abstratas da Constituição seriam destituídas de relevância, porque não seria possível delas extrair uma disciplina precisa e exata para os casos concretos. Essa concepção é incompatível com a própria organização hierárquica do ordenamento jurídico e transforma a Constituição em um simples documento "semântico".

IX.1.4 – A diferenciação entre "princípios" e "regras"

O reconhecimento da eficácia vinculante da Constituição traduziu-se na diferenciação entre duas categorias de normas jurídicas. Admite-se a existência de "princípios", que não se confundem com as "regras". Mas tanto princípios como regras são dotados de eficácia normativa. A Constituição contempla uma pluralidade de princípios, que devem necessariamente ser observados e respeitados. A peculiaridade reside em que a densidade normativa dos princípios é distinta daquela das chamadas regras.

IX.2 – OS PRINCÍPIOS

Os princípios são normas jurídicas que consagram valores de modo genérico e abstrato, estabelecendo direitos e obrigações numa primeira aproximação, mas cuja definição depende de um processo de sopesamento quanto às circunstâncias do caso concreto.

Por exemplo, considere-se o princípio da soberania popular, que está consagrado no art. 1º, parágrafo único, da CF:

> "Todo o poder emana do povo, que o exerce por meio de representantes eleitos ou diretamente, nos termos desta Constituição".

IX.2.1 – A baixa densidade normativa

O princípio é uma norma dotada de baixa densidade normativa. Isso significa que o princípio não consagra, de modo preciso e completo, a disciplina a ser observada no tocante às condutas disciplinadas. O princípio prevê determinação que comporta diferentes soluções.

Por exemplo, um indivíduo poderia invocar o princípio da soberania popular para comparecer perante o Presidente da República e exigir que a sua opinião fosse tomada em consideração? Intuitivamente, a resposta seria negativa. Mas isso conduz a indagar sobre o conteúdo normativo desse princípio, o qual pode ser aplicado para diferentes resultados e soluções.

IX.2.2 – A elevada densidade axiológica

Por outro lado, o princípio é dotado de elevada carga axiológica. O princípio não se confunde com o valor. Todas as normas são informadas e consagram valores. Mas os princípios contemplam os valores fundamentais.

Por isso, o princípio da soberania popular apresenta enorme relevância jurídica, eis que produz reflexos sobre a generalidade do relacionamento entre o Estado e a Nação brasileira.

IX.2.3 – A pluralidade de princípios e a sua contraposição

Indo avante, existe uma grande quantidade de princípios no âmbito constitucional. Basta consultar o art. 5º da CF, que consagra dezenas de princípios. Tome-se em vista o caput do dispositivo:

> *"Todos são iguais perante a lei, sem distinção de qualquer natureza, garantindo-se aos brasileiros e aos estrangeiros residentes no País a inviolabilidade do direito à vida, à liberdade, à igualdade, à segurança e à propriedade, ...".*

Essa previsão constitucional poderia ser invocada em uma quantidade expressiva de casos concretos.

Justamente por sua amplitude, os princípios comportam potencial contraposição entre si. Por exemplo, há uma polêmica clássica sobre o direito à privacidade das autoridades públicas. O tema envolve dois princípios distintos, ambos consagrados no art. 5º da CF, nos termos seguintes:

> *"X – são invioláveis a intimidade, a vida privada, a honra e a imagem das pessoas, assegurado o direito a indenização pelo dano material ou moral decorrente de sua violação;"*

e

"XXXIII – todos têm direito a receber dos órgãos públicos informações de seu interesse particular, ou de interesse coletivo ou geral, que serão prestadas no prazo da lei, sob pena de responsabilidade, ressalvadas aquelas cujo sigilo seja imprescindível à segurança da sociedade e do Estado;".

O inc. X do art. 5º protege a privacidade das pessoas em geral, enquanto o inc. XXXIII assegura o acesso a informações pertinentes inclusive aos sujeitos investidos em cargos e funções públicas. Por decorrência: um jornal tem direito de exigir que o Presidente da República divulgue exames clínicos relacionados com certa moléstia?

IX.2.4 – A conflituosidade inerente entre os princípios e a sua validade

A amplitude dos princípios propicia o risco de conflitos entre eles, sem que isso configure uma contradição normativa. Esses conflitos, que se verificam em face de situações concretas, não acarretam a invalidade de qualquer dos princípios. Como se extrai, a questão deve ser resolvida no processo de aplicação dos princípios ao caso concreto.

IX.2.5 – A exigência de conjugação entre os princípios

A aplicação dos princípios a um caso concreto envolve a sua conjugação e a sua compatibilização. A força vinculante dos princípios impõe a sua observância, mas tal deve ser promovido de modo equivalente relativamente a todos eles. Isso significa que nenhum princípio deve merecer uma tutela absoluta. No processo de sua aplicação, cabe promover a solução que permita a máxima realização possível de todos os princípios considerados.

IX.2.6 – A produção de efeitos jurídicos diretos, ainda que provisórios

O princípio produz efeitos jurídicos diretos, inclusive para o efeito de produzir direitos e deveres para os sujeitos. No entanto, a existência e a extensão de tais direitos poderão ser alteradas e restringidas por ocasião da aplicação de tais princípios.

IX.2.7 – A aplicação do princípio: o sopesamento

A aplicação dos princípios envolve uma ponderação quanto às circunstâncias valorativas, às determinações jurídicas e às condições do mundo real. Isso envolve um processo de sopesamento, em que o aplicador do Direito tomará em vista uma pluralidade de variáveis para atingir a solução mais compatível com o Ordenamento.

IX.2.8 – A técnica da proporcionalidade

A aplicação dos princípios obedece, usualmente, a técnica da proporcionalidade. Esse é um tema que será analisado com mais detalhe em capítulo adiante.

IX.3 - AS REGRAS

As regras são normas jurídicas que veiculam disciplina determinada sobre as condutas a serem adotadas, qualificando-as como obrigatórias, proibidas ou permitidas e prevendo de modo mais preciso os efeitos jurídicos para uma situação concreta e contemplando, usualmente, uma sanção para a hipótese de infração.

IX.3.1 - A elevada densidade normativa

As regras são normas dotadas de elevada densidade normativa. Preveem as condições necessárias para a sua aplicação e contemplam a disciplina normativa a ser adotada no caso concreto. Usualmente, as normas de Direito Penal são o exemplo mais adequado quanto a regras. Uma das características do Direito Penal consiste no estabelecimento de soluções que reduzem a indeterminação da disciplina prevista.

Considere-se o tipo penal de roubo, previsto no art. 157 do Código Penal:

> *"Subtrair coisa móvel alheia, para si ou para outrem, mediante grave ameaça ou violência a pessoa, ou depois de havê-la, por qualquer meio, reduzido à impossibilidade de resistência:*
>
> *Pena – reclusão, de quatro a dez anos, e multa".*

A consumação do crime de roubo depende da verificação, na realidade dos fatos, de uma situação que seja precisa e exatamente compatível com a previsão normativa. Por exemplo, não existe crime de roubo quando houver apossamento de um imóvel, ainda que tal se faça mediante grave ameaça ou violência. A regra sobre o roubo se aplica apenas às coisas móveis (que comportam deslocamento espacial sem a sua desnaturação).

IX.3.2 - A densidade axiológica mais reduzida

A regra é dotada de densidade axiológica mais reduzida. Não significa a irrelevância da questão valorativa. Volte-se ao exemplo do art. 157 do Código Penal. A pena deve ser fixada entre quatro e dez anos. A decisão do juiz deverá tomar em vista a dimensão axiológica da conduta criminosa. Quanto mais reprovável a conduta do infrator, tanto maior será a sua punição. Mas a própria norma consagra e delimita a relevância do aspecto valorativo.

Cabe um destaque relativamente à influência dos valores contemplados nos princípios no tocante à interpretação e aplicação das regras. Esse tema será objeto de um exame específico adiante.

IX.3.3 - A pluralidade de regras e a sua harmonia

Por outro lado, as regras contemplam previsões definidas e determinadas, em condições de ausência de contradição. Se duas regras se contradisserem, uma delas será inválida. A solução mais simples adotada pelo Ordenamento consiste em que a norma mais recente prevalece sobre a mais antiga, acarretando a sua revogação.

IX.3.4 – A produção de efeitos imediatos e tendencialmente definitivos

A regra contempla uma solução (mais) precisa e delimitada, que implica o surgimento de direitos e deveres para as partes. Tais direitos e deveres são potencialmente definitivos. Assim se passa pela própria natureza da regra. É evidente que sempre podem surgir controvérsias no tocante à interpretação da regra, tal como é viável a discussão relativa ao modo como os fatos ocorreram. Mas a disciplina normativa produzida pela regra é dotada de uma carga de certeza muito mais intensa.

IX.3.5 – A aplicação: a subsunção

A aplicação da regra produz-se mediante um processo de subsunção. A expressão indica a avaliação dos fatos verificados na realidade e o seu cotejo à previsão constante da regra. Volte-se ao exemplo do crime de roubo. Cabe verificar se, no caso concreto, existia uma coisa móvel, se essa coisa móvel foi subtraída por alguém, se esse alguém se valeu de violência, grave ameaça ou tornou impossível a resistência do possuidor. Se tais eventos se verificaram e se podem ser enquadrados (subsumidos) à previsão normativa, ocorreu o crime de roubo. Logo, incide de modo automático o mandamento normativo e cabe impor ao infrator uma pena nas condições previstas no art. 157 do Código Penal.

IX.4 – A CONJUGAÇÃO ENTRE PRINCÍPIOS E REGRAS

A estrutura do Direito é orientada a promover a conjugação entre princípios e regras para a disciplina das situações da realidade.

IX.4.1 – A ausência de hierarquia intrínseca

É indispensável assinalar que não existe uma hierarquia inerente entre princípios e regras. Ou seja, não é correto afirmar que os princípios são mais importantes de que as regras. Ambas as figuras são igualmente importantes para o Direito. Apresentam funções e características diversos e se prestam a finalidades distintas.

IX.4.2 – A dimensão constitucional do princípio

Ocorre que, usualmente, o princípio encontra-se previsto na Constituição, enquanto a regra costuma ser produzida por meio de lei. Logo, existe uma distinção hierárquica decorrente da posição constitucional e infraconstitucional. Pode-se afirmar que a validade de uma regra infraconstitucional depende de sua compatibilidade com as normas constitucionais – o que abrange os princípios.

IX.4.3 – A existência de regras constitucionais

No entanto, não há impedimento à existência de regras constitucionais. Assim, o art. 5º, inc. XX, estabelece que "ninguém poderá ser compelido a associar-se ou a permanecer associado". Trata-se de uma regra que está na Constituição.

IX.4.4 – A existência de princípios infraconstitucionais

E podem existir princípios consagrados em nível legislativo. Assim, por exemplo, a Lei 13.874/2010 estabelece que "art. 2º São princípios que norteiam o disposto nesta Lei: ... IV – o reconhecimento da vulnerabilidade do particular perante o Estado". Dito princípio não consta da Constituição, mas isso não implica a sua invalidade.

IX.4.5 – A interpretação da norma infraconstitucional e a Constituição

Em muitos casos, a solução para o caso concreto é produzida pela aplicação exclusiva de normas constitucionais. Mas, na maior parte dos casos, a disciplina aplicável resulta da conjugação de normas constitucionais e infraconstitucionais, sejam elas princípios e (ou) regras.

Há uma exigência de que a interpretação da norma constitucional promova a realização mais adequada e satisfatória da Constituição. Por decorrência, é indispensável interpretar a regra infraconstitucional em vista do princípio (ou da regra) constitucional.

Não é defensável afastar o princípio constitucional e tomar em vista exclusivamente a regra. Nem seria cabível argumentar que o princípio (constitucional) apresenta dimensão muito abstrata e genérica para defender a aplicação de modo isolado de uma regra legal. Essa solução corresponderia a negar a natureza normativa do princípio.

IX.4.6 – A provocação de Carlos Ari Sundfeld

Carlos Ari Sundfeld escreveu uma série de artigos sobre a força normativa dos princípios e a sua utilização na prática. Apontou que, em muitos casos, o princípio é invocado em decisões administrativas e judiciais, sem maior aprofundamento. Isso conduziu Carlos Ari a questionar se, no fundo, a utilização do princípio não se constitui simplesmente numa manifestação de preguiça do encarregado de decidir.[1]

---

[1] A esse respeito, consulte-se a obra *Direito Administrativo para Céticos*, 2. ed., São Paulo: Malheiros, 2014.

INTRODUÇÃO AO ESTUDO DO DIREITO • *Marçal Justen Filho*

Por exemplo, suponha-se que alguém requeira uma informação perante a Administração Pública, invocando a garantia constitucional da publicidade dos atos administrativos. Considere-se que a autoridade rejeite o pedido e a questão seja levada ao Poder Judiciário. Admita-se que o magistrado decida a favor da autoridade e invoque simplesmente o "princípio da supremacia do interesse público"[2] como fundamento para isso. É uma solução fácil e rápida, que evitar a necessidade de examinar com profundidade os fatos e as normas constitucionais e infraconstitucionais aplicáveis.

IX.4.7 – A exigência de avaliação concreta dos princípios

A exigência de consideração aos efeitos concretos dos princípios foi imposta pelo art. 20 do Decreto-lei 4.657/1942 (LINDB), cuja redação é a seguinte:

> *"Art. 20. Nas esferas administrativa, controladora e judicial, não se decidirá com base em valores jurídicos abstratos sem que sejam consideradas as consequências práticas da decisão".*

IX.5 – AS DEMAIS ESPÉCIES NORMATIVAS

O Direito é integrado também por outras espécies normativas, tal como as diretrizes e as orientações.

IX.5.1 – A diretriz

A diretriz consiste num provimento que estabelece orientações para nortear a formulação de políticas e de atividades de interesse coletivo, especialmente nas situações que envolvam atuação estatal de longo prazo.

A CF refere-se em diversas passagens à figura da diretriz, especificamente para atribuir à União competência para conceber, discriminar e consagrar soluções a serem obrigatoriamente observadas nos diversos âmbitos da Federação brasileira. Assim, o art. 21, inc. XX, da CF determina que:

> *"Compete à União:*
>
> *...*
>
> *XX – instituir diretrizes para o desenvolvimento urbano, inclusive habitação, saneamento básico e transportes urbanos;".*

---

[2]   Para um aprofundamento do tema, consulte-se: JUSTEN FILHO, Marçal. Conceito de Interesse Público e a "Personalização" do Direito Administrativo. *Revista Trimestral de Direito Público*. São Paulo: Malheiros, n. 26, p. 115-136, 1999.

Essas diretrizes não eliminam a atuação de outros entes da Federação, mas estabelecem parâmetros para tal. Por exemplo, a Lei Federal 9.394/1996 (Lei de Diretrizes e Bases da Educação Nacional) estabelece o seguinte, no art. 4º:

> *"O dever do Estado com educação escolar pública será efetivado mediante a garantia de:*
>
> *I – educação básica obrigatória e gratuita dos 4 (quatro) aos 17 (dezessete) anos de idade, organizada da seguinte forma:*
>
> *a) pré-escola;*
>
> *b) ensino fundamental;*
>
> *c) ensino médio; ...".*

O *caput* e o inc. I repetem o texto do art. 208 e seu inc. I da CF. Mas a previsão da existência de pré-escola, ensino fundamental e ensino médio se constituem em "diretrizes" consagradas pela União e vinculantes para as demais órbitas federativas. Cabe aos Estados e aos Municípios implementarem os sistemas da educação básica, mas a sua estruturação deverá obedecer a determinação contemplada na diretriz consagrada pela União.

IX.5.2 – A orientação

As orientações são provimentos contendo uma preferência quanto a práticas a serem adotadas, sem que isso implique a obrigatoriedade de observância por determinados destinatários.

Isso não significa a irrelevância jurídica da orientação. Se não for vinculante para o destinatário, sê-lo-á para o sujeito que a emitir. Ou seja, a conduta adotada pelo particular, compatível e conforme com uma orientação, será considerada como lícita e assegurará aos destinatários a obtenção dos resultados previstos.

Por exemplo, suponha-se que um órgão público estabeleça que aquele que necessitar de esclarecimento poderá dirigir-se a uma determinada repartição. Essa orientação não acarreta dever de alguém deslocar-se até aquele local. Não se trata de uma conduta obrigatória para o interessado. No entanto, todos os que se dirigirem à repartição terão direito de obter as informações. Não é cabível que o Estado emita orientações e não se vincule ao seu conteúdo.

No entanto, há o risco de, num caso concreto, uma regra ser denominada de orientação. É necessário examinar a situação para identificar a natureza da norma em questão.

IX.6 – A DISTINÇÃO ENTRE "HARD LAW" E "SOFT LAW"

Tem sido difundida uma distinção entre "hard law" e "soft law" para indicar a variação de modelagem da disciplina jurídica. A expressão "hard law" refere-se a normas jurídicas que contemplam deveres e direitos para os interessados, respaldados pelo uso da violência estatal nas hipóteses de infração. Já a "soft law" consiste em provimentos que contemplam sugestões e orientações para os particulares, inclusive com o apelo à sua colaboração, sem a veiculação de ameaça de punição. Assim, por exemplo, considere-se um provimento formal em que a autoridade pública conclama a população a manter distanciamento social, evitando aglomerações e mantendo-se reclusa na medida do possível. Essa é uma regra de "soft law", que compõe o ordenamento jurídico. É evidente que solução pressupõe a adesão espontânea dos cidadãos, o que nem sempre se verifica.

RESUMO

- As normas constitucionais geralmente apresentam um elevado grau de abstração e de generalidade. A abstração significa a indeterminação quanto às situações disciplinadas, enquanto a generalidade indica a indeterminação quanto às pessoas cuja conduta é disciplinada. Isso torna necessária a produção de normas dotadas de maior concretude. Não significa que as normas constitucionais sejam destituídas de efeitos vinculantes, mas quer dizer que nem todas as normas são idênticas.

- Há os princípios e existem as regras.

- Os princípios são normas jurídicas que consagram valores de modo genérico e abstrato, estabelecendo direitos e obrigações numa primeira aproximação, mas cuja definição depende de um processo de sopesamento quanto às circunstâncias do caso concreto.

- Os princípios são normas jurídicas de baixa densidade normativa e elevada densidade axiológica. Os princípios são muito amplos e podem gerar soluções conflitantes. A aplicação do princípio envolve um processo de sopesamento da situação e a compatibilização com outros princípios.

- As regras são normas jurídicas que veiculam disciplina determinada sobre as condutas a serem adotadas, qualificando-as como obrigatórias, proibidas ou permitidas e prevendo de modo mais preciso os efeitos jurídicos para uma situação concreta e contemplando, usualmente, uma sanção para a hipótese de infração.

- As regras são normas jurídicas de elevada densidade normativa e densidade axiológica não tão intensa. Não se admite o conflito entre as regras. Se houver contradição, uma das regras é inválida. A aplicação da regra envolve um processo de subsunção entre os fatos e a previsão normativa.

- A aplicação do Direito exige a conjugação entre princípios e regras. Não existe hierarquia intrínseca entre essas normas. Normalmente, o princípio prevalece ser estar previsto na Constituição. Mas há princípios previstos em lei. A maior parte das regras consta das leis, mas há regras constitucionais.

- Carlos Ari Sundfeld formulou uma ponderação sobre o risco de que a invocação ao princípio decorra da preguiça na busca de uma solução mais aprofundada.

- Existem outras espécies de normativas no Direito, tais como diretrizes e orientações:

- A diretriz consiste num provimento que estabelece orientações para nortear a formulação de políticas e de atividades de interesse coletivo, especialmente nas situações que envolvam atuação estatal de longo prazo.

- A orientação é provimento contemplando uma preferência quanto a práticas a serem adotadas, sem que isso implique a obrigatoriedade de observância por determinados destinatários.

- Alude-se a "hard law" para indicar normas que contêm previsão determinada de condutas, respaldadas por sanções específicas. "Soft law" são normas jurídicas que fornecem orientações, pedidos e sugestões de conduta.

Caso prático

É realizada uma licitação para aquisição de medicamentos. O agente responsável verifica que o preço obtido na licitação é superior em 50% ao praticado no mercado. O princípio da eficiência nos gastos públicos dá respaldo à aquisição do produto pelo menor preço. O princípio da legalidade exige que a compra seja precedida de licitação. Qual a solução a ser adotada?

Questões

1) Os princípios constitucionais têm eficácia normativa vinculante?

2) Em que consiste o sopesamento dos princípios?

3) A regra apresenta eficácia vinculante mais intensa do que um princípio?

4) Em que sentido resolver um problema mediante a aplicação do princípio envolve a preguiça do aplicador?

5) Encontre na Constituição dois exemplos de "diretriz".

Capítulo X
FONTES DO DIREITO (UMA QUESTÃO ARCAICA?)

Acesse e assista à aula explicativa sobre este assunto.
> https://uqr.to/r4hx

Um dos temas clássicos da introdução ao Direito se relaciona com as fontes do Direito. A expressão indica a origem do Direito. Mais precisamente, refere-se à transformação formal de fatos e valores em Direito. Essa preocupação apresentava relevância mais significativa no passado, especificamente em virtude da dificuldade de identificar aquilo que seria Direito (positivo?) e aquilo que cada indivíduo poderia reputar, de modo subjetivo, como tal.

X.1 – A DISTINÇÃO ENTRE FONTES "MATERIAIS" E "FORMAIS": CONCEPÇÃO TRADICIONAL

Considera-se como Direito aquele que for assim qualificado pela própria ordem jurídica. Ou seja, o Direito disciplina a sua própria produção. O Direito é composto inclusive por normas jurídicas que estabelecem o modo do surgimento das normas jurídicas.

Isso não afasta a relevância dos processos sociais, históricos e valorativos que influenciam e conduzem à produção do Direito.

Daí a distinção entre fonte formal e fonte material.

X.1.1 – Fontes materiais

A expressão fonte material do direito indica os elementos e as circunstâncias, de diversa natureza, que condicionam, influenciam e afetam o surgimento do Direito. Isso envolve a tradição, os costumes, as necessidades ocorridas num certo momento. Por exemplo, a ocorrência da pandemia da COVID-19 é uma "fonte material" do Direito, no sentido de que influenciou o surgimento de normas jurídicas.

X.1.2 – Fontes formais

As fontes formais se constituem no processo específico que produz o surgimento e a extinção do Direito, e que são por ele próprio disciplinadas. Na tradição, somente se configuram como fonte formal aqueles processos sociais que produzam normas gerais e abstratas. Por exemplo, a lei é uma fonte formal do Direito.

No entanto, o Direito brasileiro é composto não apenas por normas gerais e abstratas.

X.2 – AS VARIAÇÕES CIVILIZATÓRIAS

A identificação das fontes formais envolve variações civilizatórias. Ao longo da história da humanidade prevaleceram soluções distintas.

X.2.1 – As circunstâncias de cada Nação

Cada Nação desenvolveu solução própria e diferenciada. Não é possível estabelecer soluções uniformes aplicáveis para todos os povos e países.

X.2.2 – As variações ao longo do tempo

Mesmo no âmbito de cada país, as soluções não se mantiveram imutáveis. Existem processos históricos que se desenvolvem de modo permanente e afetam inclusive a disciplina quanto ao modelo de produção formal do Direito. Por exemplo, as decisões do Imperador, durante o período do Império, configuravam uma fonte formal do Direito.

X.2.3 – Alguns modelos fundamentais

É interessante um trabalho comparativo entre os diversos países, o que nos permite compreender melhor as soluções adotadas no Brasil.

X.3 – O MODELO "ANGLO-SAXÃO"

Alude-se a um modelo anglo-saxão, o que exige cautela. A experiência da Grã-Bretanha é significativamente distinta da dos EUA. Mas há alguns aspectos que aproximam esses dois ordenamentos jurídicos.

X.3.1 – O prestígio ao precedente

Um aspecto fundamental do modelo anglo-saxão reside na grande relevância atribuída ao precedente jurisprudencial. As decisões proferidas pelo Poder Judiciário são respeitadas como dotadas de efeito vinculante. Isso significa que os casos concretos posteriores devem ser decididos de modo conforme com as decisões proferidas no passado.

X.3.2 – O direito costumeiro e a lenta evolução do direito legislado

Outro aspecto marcante reside na importância do costume, entendido como uma prática uniforme e reiterada, adotada em virtude da concepção generalizada quanto à sua obrigatoriedade.

Especialmente na Grã-Bretanha, a produção legislativa apresentou importância secundária no passado. Somente em períodos mais recentes é que a lei se tornou uma fonte formal relevante.

X.4 – O MODELO "CONTINENTAL"

Também é problemático aludir a um modelo continental. Os diversos países europeus apresentam diferenças bastantes significativas em suas concepções quanto à fonte formal do Direito. Também nesse caso, há uma simplificação, que se baseia em certos aspectos fundamentais em comum.

X.4.1 – A proeminência da fonte legislativa

Um aspecto comum consiste na proeminência da fonte legislativa. Deve-se destacar que a generalidade dos países europeus adota a forma parlamentar de governo. Isso afeta a produção normativa. Muitas competências são reconhecidas ao Primeiro-ministro, que não se configura propriamente como um órgão integrante do Poder Executivo.

X.4.2 – A tendência à ampliação da relevância do precedente

Em todos esses países, o precedente vem recebendo uma função cada vez mais significativa, ainda que, em grande parte, não seja reconhecido como uma fonte formal do Direito.

X.5 – A CONCEPÇÃO TRADICIONAL NO BRASIL

Essa breve exposição inicial permite compreender a situação no Brasil. Deve--se ter em vista que o Estado e o Direito brasileiros sofreram influências tanto europeias como dos EUA. A isso se somou a evolução produzida pela experiência nacional. Em síntese, o modelo brasileiro não se identifica perfeitamente nem com o anglo-saxão, nem com o continental europeu.

X.5.1 – A distinção entre "fonte material" e "fonte formal"

Adota-se no Brasil a distinção entre fonte material e fonte formal. É relevante destacar que essa concepção vai sendo superada pela realidade, mas a tradição conduz à preservação dessa diferença.

X.5.2 – As fontes formais: o "costume" e a "lei"

Nessa visão tradicional, as fontes formais do Direito se constituem no costume e na lei. Mas essa concepção se tornou superada. A fonte formal mais importante é a lei, ainda que a evolução produza o surgimento de outras figuras.

X.6 – O ENFOQUE TRADICIONAL SOBRE AS FONTES MATERIAIS NO BRASIL

As fontes materiais compreendem todos os processos e fatores políticos, sociais e econômicos que afetam o surgimento, o desenvolvimento e a extinção do Direito. Há duas manifestações que merecem maior destaque, que são a doutrina e a jurisprudência.

X.6.1 – A doutrina

A expressão é utilizada para indicar a atividade desenvolvida pelos estudiosos do Direito, visando revelar a vontade e o sentido das normas jurídicas, com objetivo de formular uma solução para questões jurídicas.

Não existe um modelo único e formal de atividade que corresponda a "doutrina". Há uma grande quantidade de atividades qualitativamente distintas entre si que estão enquadradas nesse conceito. De modo pacífico, livros, artigos, trabalhos de pós-graduação são manifestações mais evidentes da atividade doutrinária. Usualmente, alude-se a doutrina para indicar produções escritas. Assim, uma aula ou uma conferência não costumam ser enquadradas no conceito de doutrina.

A doutrina se revela como um entendimento sobre a existência e o conteúdo do Direito e contempla a opinião de um ou mais indivíduos. Essa manifestação não apresenta cunho vinculante, nem se confunde com o Direito vigente no país.

No entanto, é costumeiro que a doutrina seja tomada em consideração na produção formal das leis e na sua aplicação pela Administração e pelo Poder Judiciário. A relevância da doutrina é proporcional à qualificação técnica, à autoridade e ao respeito que o doutrinador merece da comunidade jurídica. A influência da doutrina será analisada com maior profundidade em capítulo avante.

X.6.2 – A jurisprudência

Alude-se a jurisprudência para indicar a orientação uniforme e reiterada sobre temas jurídicos, tal como praticada pelo Poder Judiciário. Isso significa uma decisão isolada não costuma ser reconhecida como jurisprudência. No entanto e na linguagem vulgar, é comum as pessoas dizerem "encontrei uma jurisprudência", querendo indicar que localizaram um julgado em determinado sentido.

Formalmente, a jurisprudência não se constitui em fonte formal de Direito no Brasil. Assim se passa por duas razões. Por um lado, há um preconceito no sentido de que a atividade jurisdicional consiste numa atuação mecânica de aplicação do Direito, sem nenhum cunho inovador. Por outro lado, entende-se que o Direito somente é composto por normas gerais e abstratas, cuja produção não incumbe ao Poder Judiciário.

Essas duas objeções devem ser reputadas como superadas, quando menos pela circunstância de que o Direito é integrado também por normas de abrangência individual, produzidas por uma decisão judicial. Voltar-se-á ao tema logo adiante.

X.7 – O COSTUME COMO FONTE FORMAL DO DIREITO NO BRASIL

O costume apresentou relevância como fonte formal no passado. Presentemente, até se pode negar a condição de fonte formal para ele.

X.7.1 – A estrutura complexa do costume

Deve-se insistir em que o costume não consiste simplesmente numa prática reiterada e uniforme de condutas ao longo do tempo. Esse é um elemento externo, reputado como necessário, mas não suficiente para o surgimento do costume.

É indispensável existir um elemento interno, compartilhado pela generalidade da população. Trata-se da convicção da obrigatoriedade da conduta externa, que é praticada de modo uniforme durante longos períodos.

X.7.2 – A indefinição temporal

Lembre-se que não existe uma determinação precisa e exata, aritmética, quanto ao tempo mínimo necessário ao surgimento de um costume. Na tradição, o costume sempre era reconhecido como existente.

X.7.3 – O costume e o passado

Uma das objeções à admissão do costume como fonte formal reside na sua dimensão conservadora. O costume implica a submissão das condutas presentes e futuras a modelos consagrados no passado. Portanto, o costume envolve a preservação da tradição – o que muitos reputam como uma solução não desejável para a disciplina das condutas individuais e coletivas.

X.7.4 – O costume e os valores fundamentais

Outro argumento que é oposto à prevalência dos costumes se refere à ausência de incorporação de valores fundamentais, que tenham sido afirmados em virtude de novas conquistas sociais. Em muitos casos, o costume reflete valores incompatíveis com direitos fundamentais consagrados num momento mais recente.

X.7.5 – O costume e a participação democrática

Outra objeção se relaciona com a ausência de participação democrática na produção do costume. Essa é uma questão peculiar. Afinal, o costume é produzido pela prática reiterada e costumeira de condutas pela generalidade das pessoas. No entanto, é impossível estabelecer um vínculo definido entre a produção da norma costumeira e a participação específica de um ou mais indivíduos.

X.7.6 – A dinâmica civilizatória e a irrelevância do costume

Independentemente da tutela constitucional ao princípio da legalidade, a dinâmica civilizatória conduziu à superação do costume como fonte de Direito. Uma pluralidade de fatores produziu esse resultado. A multiplicação de eventos, a influência dos meios de comunicação e o individualismo crescente tornaram até mesmo inviável o surgimento de padrões uniformes de conduta, praticados por longos períodos.

Por outro lado, as inovações radicais da vida contemporânea exigem disciplina imediata por parte do Direito. É inviável aguardar o decurso do tempo para incorporar normas jurídicas costumeiras destinadas a disciplinar situações que não encontravam precedentes no passado.

X.7.7 – A incorporação do costume por determinação legal

Até é possível que o costume apresente relevância na produção do Direito, desde que tal esteja previsto em uma lei. Por exemplo, o Código Civil prevê no art. 432 o seguinte:

> *"Se o negócio for daqueles em que não seja costume a aceitação expressa, ou o proponente a tiver dispensado, reputar-se-á concluído o contrato, não chegando a tempo a recusa".*

Essa regra estabelece que a disciplina da conduta das partes subordinar-se-á ao costume. No entanto, a relevância do costume decorre da previsão legislativa.

X.8 – A LEI

A relevância jurídica do costume foi superada e afastada pela consagração constitucional do princípio da legalidade. Rigorosamente, o costume não se constitui em fonte formal do Direito brasileiro.

X.8.1 – O princípio da legalidade

Tal como referido em várias oportunidades, o inc. II do art. 5º da CF estabelece o seguinte: *"ninguém é obrigado a fazer ou deixar de fazer algo senão em virtude de lei"*.

O princípio da legalidade determina que a ausência de lei acarreta a inexistência de limitação à conduta individual. Portanto, considera-se como facultada, legítima e lícita a conduta que não estiver disciplinada em lei.

X.8.2 – A pluralidade figuras abrangidas

A expressão "lei" abrange uma pluralidade de figuras diversas. Todas elas se caracterizam pela atuação dos representantes do povo, eleitos para desempenhar a função específica de legislar.

Compreende a própria Constituição (usualmente referida como "a Lei das leis"). Além disso, a Constituição alude a Emendas Constitucionais, Leis Complementares, Leis Ordinárias e a outras figuras, que serão estudadas adiante.

X.8.3 – A crise da função legislativa

A concepção acima exposta funda-se no pressuposto de que a produção do Direito faz-se predominantemente por meio do Estado e especificamente por via da lei. No entanto, essa concepção encontra-se em situação de colapso.

X.8.4 – A paralisia do Legislativo: o Estado Pluriclasse (Massimo Severo Giannini)

A solução legislativa também não é satisfatória. O tema pode ser compreendido por meio de uma construção muito interessante desenvolvida por M. S. Giannini.[1] O grande administrativista italiano observou que, até o início do séc. XX, os Parlamentos eram compostos por extratos homogêneos da população, em virtude da ausência de sufrágio universal. Somente as camadas mais privilegiadas e os homens tinham direito de votar. Havia divergências entre os membros do Parlamento, mas a significativa identidade cultural, política e de interesses conduzia à produção legislativa uniforme. Giannini denominou essa situação de Estado Monoclasse.

Com a afirmação da democracia e o reconhecimento do direito de sufrágio à generalidade da população, surgiu um Estado Pluriclasse. As diversas classes

---

[1] Confira-se CASSESE, Sabino. Lo "Stato pluriclasse" in Massimo Severo Giannini. In: CASSESE, Sabino; CARCATERRA, Gaetano; D'ALBERTI, Marco; BIXIO, Andrea (Coord.). *L'Unità del Diritto* – Massimo Severo Giannini e la teoria giuridica. Bologna: Il Mulino, 1994.

sociais e os múltiplos interesses passaram a ser representados no Parlamento. Isso conduziu a um fenômeno não antevisto. A aprovação de medidas legislativas tornou-se extremamente difícil, eis que é muito complexa a obtenção de maiorias parlamentares. Essas maiorias são passageiras e limitadas. Logo, somente são aprovadas leis irrelevantes ou tão genéricas e abstratas que alcançam aprovação pela maioria do Parlamento.

X.9 – O DIREITO ABRANGE NORMAS JURÍDICAS DE ORIGEM NÃO LEGISLATIVA

Nos tempos atuais, reconhece-se que o Direito compreende normas jurídicas que não foram produzidas por meio de lei, ainda que devam guardar compatibilidade com as leis.

X.9.1 – Tratados e Convenções Internacionais

Os Tratados e Convenções internacionais somente são incorporados ao Direito brasileiro se cumpridas algumas formalidades. Mas é adequado reconhecer que esses Tratados e Convenções geram normas jurídicas de observância obrigatória no Brasil.

X.9.2 – Os regulamentos administrativos do Poder Executivo

Muitas normas jurídicas são produzidas pelos órgãos do Poder Executivo. A expressão "regulamento" indica um ato estatal, não produzido pelo Poder Legislativo, que veicula normas gerais e abstratas.

No Direito brasileiro, exige-se que o regulamento tenha sido autorizado por uma lei e que o seu conteúdo seja compatível com as normas legais. Segundo o entendimento tradicional, o regulamento complementa a disciplina contida na lei. Os elementos básicos estão previstos na lei e o regulamento estabelece as previsões complementares. O fundamento da existência do regulamento se encontra no art. 84 da CF:

> *"Compete privativamente ao Presidente da República:*
>
> *...*
>
> *IV – sancionar, promulgar e fazer publicar as leis, bem como expedir decretos e regulamentos para sua fiel execução;".*

X.9.3 – Os atos regulatórios das agências reguladoras independentes

Existem outros órgãos administrativos que também produzem regulamentos, desde que autorizados por lei. As agências editam regulamentos para dispor de modo amplo sobre os setores regulados.

Essa questão foi objeto de diversos julgamentos do STF. Em um dos casos, houve a seguinte decisão:

"1. Ao instituir o Sistema Nacional de Vigilância Sanitária, a Lei nº 9.782/1999 delineia o regime jurídico e dimensiona as competências da Agência Nacional de Vigilância Sanitária – ANVISA, autarquia especial. 2. A função normativa das agências reguladoras não se confunde com a função regulamentadora da Administração (art. 84, IV, da Lei Maior), tampouco com a figura do regulamento autônomo (arts. 84, VI, 103-B, § 4º, I, e 237 da CF). 3. A competência para editar atos normativos visando à organização e à fiscalização das atividades reguladas insere-se no poder geral de polícia da Administração sanitária. Qualifica-se, a competência normativa da ANVISA, pela edição, no exercício da regulação setorial sanitária, de atos: (i) gerais e abstratos, (ii) de caráter técnico, (iii) necessários à implementação da política nacional de vigilância sanitária e (iv) subordinados à observância dos parâmetros fixados na ordem constitucional e na legislação setorial..." (ADI 4.874, Pleno, rel. Min. Rosa Weber, j. 1.2.2018, *DJe* 31.1.2019).

X.9.4 – As decisões do Poder Judiciário

Sob outro enfoque, a ampla garantia de acesso ao Poder Judiciário propicia a intervenção crescente na disciplina das condutas e na organização do Estado. O Poder Judiciário passa a ser provocado pelos indivíduos e pelas associações, assumindo um protagonismo decisório sem precedentes. É problemático afirmar que o Poder Judiciário exercitaria uma função restrita à "aplicação" do Direito. Ao menos, o conceito de "aplicação" do Direito foi ampliado de modo a abranger inclusive a edição de provimentos de cunho inovador, abstrato e geral, muito semelhantes às leis.

Além disso, o Poder Judiciário é titular de competência para declarar a inconstitucionalidade de normas e atos normativos. Também dispõe de competência para assegurar a fruição de direitos fundamentais (mandado de injunção).

X.9.5 – A autorregulação privada

Outro aspecto inovador é a autorregulação privada. Em muitas atividades, a disciplina normativa é assumida por entidades privadas, que congregam os exercentes de uma atividade e que detêm de modo incomparável as condições para produzir e alterar as normas jurídicas pertinentes.

X.10 – UM NOVO MODELO?

Essa situação vai conduzindo ao surgimento de nova configuração relativamente às fontes formais do Direito. Ainda que se mantenha a concepção de que o Direito disciplina a sua própria produção e mesmo que se admita que a intervenção estatal é relevante para a configuração do Direito, a figura da lei se torna cada vez menos abrangente.

X.10.1 A multiplicação das modalidades e fontes normativas

Há uma multiplicação das modalidades e das fontes normativas. Surgem soluções provenientes de órgãos administrativos e de acordos entre o Estado e os particulares. Há imposições produzidas por agências reguladoras independentes. E o Poder Judiciário interfere amplamente na disciplina das condutas públicas e privadas.

X.10.2 – Norma jurídica administrativa

De modo cada vez mais intenso, as leis transferem à Administração Pública as competências normativas. A lei restringe-se a fixar algumas normas básicas e essenciais. A disciplina efetiva e ampla das condutas resulta de decisões administrativas.

X.10.3 – Norma jurídica judicial

O sistema brasileiro vem reconhecendo importância cada vez mais intensa à atuação normativa do Poder Judiciário. Um dos exemplos se encontra no inc. LXXI do art. 5° da CF, assim redigido:

> *"conceder-se-á mandado de injunção sempre que a falta de norma regulamentadora torne inviável o exercício dos direitos e liberdades constitucionais e das prerrogativas inerentes à nacionalidade, à soberania e à cidadania".*

No bojo de um mandado de injunção, o Poder Judiciário dispõe da competência inclusive para editar normas destinadas a assegurar as finalidades constitucionais referidas.

X.10.4 – A consensualidade entre Estado e iniciativa privada

Sob outro prisma, tem ocorrido uma crescente tendência ao consensualismo no relacionamento entre o Estado e a sociedade. Há mecanismos para que Administração e Estado promovam a consagração de normas de conduta relativamente a temas relevantes. Um dos exemplos se encontra nos Acordos de Leniência. O art. 26 do Dec.-lei 4.657/1942 (LINDB) determina o seguinte:

> *"Para eliminar irregularidade, incerteza jurídica ou situação contenciosa na aplicação do direito público, inclusive no caso de expedição de licença, a autoridade administrativa poderá, após oitiva do órgão jurídico e, quando for o caso, após realização de consulta pública, e presentes razões de relevante interesse geral, celebrar compromisso com os interessados, observada a legislação aplicável, o qual só produzirá efeitos a partir de sua publicação oficial".*

Cap. X · FONTES DO DIREITO (UMA QUESTÃO ARCAICA?) | 99

Desse modo, admite-se que as obrigações e os direitos da Administração e de particular sejam objeto de uma pactuação por via de acordo.

RESUMO

- A expressão fonte material do direito indica os elementos e as circunstâncias, de diversa natureza, que condicionam, influenciam e afetam o surgimento do Direito. Isso envolve a tradição, os costumes, as necessidades ocorridas num certo momento.

- As fontes formais se constituem no processo específico que produz o surgimento e a extinção do Direito, e que são por ele próprio disciplinadas. Tradicionalmente, a expressão "fonte formal" era utilizada apenas para a produção de normas gerais e abstratas. Por exemplo, a lei é uma fonte formal do Direito.

- Cada país adota as suas próprias soluções para determinar as fontes formais. O modelo anglo-saxão se caracteriza pelo prestígio ao precedente jurisprudencial, a prevalência do direito costumeiro e a lenta evolução do direito legislado.

- O modelo continental europeu dá proeminência à fonte legislativa, ainda que exista uma tendência à ampliação da relevância do precedente.

- No Brasil, afirmava-se tradicionalmente que as fontes formais seriam o costume e a lei. Mas a lei passou a ser a fonte formal fundamental.

- Costuma-se referir que as fontes materiais mais importantes, no Brasil, são a doutrina e a jurisprudência. A doutrina é resultado da atuação especializada dos estudiosos do Direito.

- A jurisprudência é a orientação prevalente e uniforme adotada pelo Poder Judiciário. Anteriormente, negava-se a qualidade de fonte formal para a jurisprudência. No entanto, essa situação vem sendo alterada e a jurisprudência apresenta importância cada vez maior para a definição do Direito no Brasil.

- O costume perdeu a sua relevância, inclusive por circunstâncias sociais e em virtude da rapidez da dinâmica social. O tempo necessário ao surgimento do costume é incompatível com a exigência de soluções imediatas. No entanto, há casos em que a própria lei determina que a questão será resolvida de acordo com o costume.

- A Constituição reconhece a prevalência da lei e consagra que "ninguém é obrigado a fazer ou deixar de fazer algo senão em virtude de lei". A expressão "lei" abrange uma pluralidade de figuras, inclusive a própria Constituição. Todas essas figuras compreendem a atuação dos representantes do povo, eleitos especificamente para a função de legislar.

- Existe um problema para a produção da lei, relacionada com o "Estado Pluriclasse", expressão cunhada por Giannini. A representação popular e ampla no Parlamento gera impasses, porque não é possível obter maioria. Isso tem conduzido à ampliação da produção de normas por parte do Poder Legislativo.

- Os Tratados e Convenções internacionais, quando incorporados ao Direito brasileiro, são fonte formal de Direito. Há normas regulamentares produzidas pelo Poder Executivo. Também há atos regulatórios provenientes das agências reguladoras independentes. O Poder Judiciário emite decisões que produzem normas não apenas individuais, mas também gerais. Há a autorregulação privada. Em síntese, há um novo modelo de Direito, que é mais abrangente e heterogêneo do que admitido no passado.

 Caso prático

Um projeto de lei limitando as competências do Presidente da República é rejeitado pelo Congresso Nacional. Um partido político promove medida perante o Supremo Tribunal Federal, afirmando que a disciplina prevista no projeto rejeitado poderia ser extraída da Constituição. Seria cabível que o STF adotasse entendimento no sentido de que, embora o projeto tivesse sido rejeitado pelo Congresso, as previsões nele contidas seriam vinculantes por efeito da Constituição?

 Questões

1) Diferencie fonte formal e fonte material do Direito.

2) Qual a abrangência da expressão "lei", prevista no art. 5º, II, da CF?

3) Em que consiste o "Estado Pluriclasse", referido por Massimo Severo Giannini?

4) Qual a fonte formal mais importante para a produção de normas jurídicas no Brasil?

5) O Poder Judiciário dispõe de competência para editar norma jurídica?

Capítulo XI
MODELOS ORGANIZATÓRIOS DO ESTADO E DO DIREITO

Algumas das considerações desenvolvidas no capítulo anterior serão examinadas com maior profundidade.

XI.1 – A INFLUÊNCIA DO PASSADO

A configuração do Direito nos diversos países do Ocidente é influenciada, em maior ou menor medida, pelo Direito Romano.

XI.1.1 – A genialidade do "Direito Romano"

A expressão "Direito Romano" indica o conjunto de leis, decisões jurisprudenciais e estudos doutrinários praticadas durante muitos séculos pelo Império Romano. As leis, muitas decisões e muitos trabalhos doutrinários produzidos durante esse período foram preservados por muitos séculos. Essas soluções eram dotadas de grande sofisticação, constituindo-se em uma das produções mais geniais do Império Romano.

XI.1.2 – As variações históricas dos diversos países ocidentais

Depois da Queda do Império Romano do Ocidente (476 d.C.) verificou-se a fragmentação política da Europa. Durante um período longo, sucederam-se invasões dos chamados povos bárbaros, que impunham os seus costumes aos povos dominados.

102 | INTRODUÇÃO AO ESTUDO DO DIREITO • *Marçal Justen Filho*

Ao longo da Idade Média, houve a lenta afirmação dos diversos Estados europeus. Passou a se aludir a um "Direito Comum" para indicar um conjunto complexo e variável de costumes e tradições, que conjugavam reminiscências do Direito Romano, costumes dos povos bárbaros e locais e regras provenientes do Direito Canônico.

A Idade Moderna conduziu à estabilização quanto à existência de grande parte do Estados europeus. Cada um deles incorporou as influências do Direito Romano com intensidade variável. Na sequência, foram sendo produzidas ordens jurídicas relativamente autônomas entre si – até a implantação do Direito Comunitário europeu, a partir da segunda metade do séc. XX.

Tal como já exposto, é cabível aludir a diversos modelos jurídicos em termos e comparação.

XI.2 – O MODELO ANGLO-SAXÃO (RESSALVAS)

Como dito, o modelo anglo-saxão compreende o Direito do Reino Unido e dos EUA, que apresentam pontos em comum e grandes divergências.

XI.2.1 – O diferente modelo de separação de poderes

Especialmente no âmbito do Reino Unido, o modelo de separação de poderes é peculiar, especialmente em vista da ausência de uma constituição escrita. A afirmação de uma monarquia parlamentar conduziu à figura da "Rainha que reina, mas não governa", e a um Parlamento muito atuante. Isso não elimina a predominância do Direito costumeiro, e de um Poder Judiciário cuja estrutura era norteada pela tradição da aristocracia. Assim, por exemplo, até há poucos anos a Câmara dos Lordes desempenhava funções de tribunal superior.

Já o modelo de separação de poderes nos EUA é muito mais próximo àquele praticado no Brasil.

XI.2.2 – A ausência de distinção entre Direito Público e Direito Privado

Um aspecto característico do modelo anglo-saxão reside na ausência de distinção entre Direito público e Direito privado. Essa questão será examinada com maior profundidade no próximo ponto.

XI.2.3 – A simplicidade da "common law"

De modo geral, a disciplina das condutas encontra-se na "common law", que é um conjunto de preceitos influenciados pelo costume. O Direito da "common law" é bastante simples e se alicerça na instituição do júri. O Direito da "common law" se preocupa essencialmente com a imposição de sanção penal e na condenação a indenizações.

XI.2.4 – A prevalência do Poder Judiciário (uno)

O Poder Judiciário é estruturado de modo unitário, diversamente do que se passa no Direito continental. As decisões judiciais merecem grande prestígio e são dotadas de efeito vinculante. Por decorrência, essas decisões são mantidas ao longo muito tempo.

XI.2.5 – A introdução do controle de constitucionalidade

No âmbito específico dos EUA, houve a introdução da figura do controle de constitucionalidade das leis. Como é notório, essa solução foi plasmada no julgamento da causa Marbury vs. Madison (1803). Nesse caso, a Suprema Corte dos EUA reconheceu que o Poder Judiciário detinha competência para invalidar leis que infringissem a Constituição.

XI.2.6 – A exigência de soluções mais complexas

A ampliação das complexidades econômicas, sociais e políticas conduziu ao surgimento de diversas soluções peculiares, especialmente no âmbito dos EUA. Assim, por exemplo, houve o desenvolvimento da figura da agência reguladora independente.

XI.3 – O MODELO CONTINENTAL EUROPEU E SUAS VARIAÇÕES

No continente europeu, existem pontos em comum relativamente ao Direito dos diversos países. Tomam-se em vista especificamente a situação da França, Itália, Espanha, Portugal e Alemanha.

XI.3.1 – A afirmação da separação de poderes

Nesses países, existem mecanismos de separação de poderes. Todos esses países adotam regime parlamentarista. A posição do Presidente da República (ou do Rei, no caso da Espanha) não é investida de poderes uniformes nos diversos países. Por exemplo, a França apresenta uma organização em que o Presidente é dotado de poderes muito mais amplos do que na Alemanha.

XI.3.2 – A distinção entre Direito Público e Direito Privado

De modo genérico, prevalece a distinção entre Direito público e Direito privado. Essa distinção é muito notável e compartilhada, em grande medida, nos diversos países – com exceção da Alemanha, que segue uma linha distinta.

XI.3.3 – A limitação dos poderes do Poder Judiciário

O Poder Judiciário é usualmente destituído de competências tão relevantes e amplas. Esses países negam ao Poder Judiciário a competência para avaliar a constitucionalidade das leis. Essa atividade é reservada a um "Conselho" ou "Comissão Constitucional", que rigorosamente não integra o Poder Judiciário.

XI.3.4 – A existência do "contencioso administrativo"

Por outro lado, a função jurisdicional é distribuída entre o Poder Judiciário e o Contencioso Administrativo. Aquele decide as controvérsias entre sujeitos privados, enquanto as questões relacionadas com a função administrativa estatal são atribuídas a uma organização que compõe a Administração Pública.

XI.3.5 – A importância das normas de origem legislativa

Há uma importância significativa das normas de origem legislativa. Isso não significa, de modo necessário, que todas as normas sejam produzidas por meio de lei, eis que se admite que o Conselho de Ministros produza normas jurídicas. Lembre-se que, em um regime parlamentar, o Conselho de Ministros configura uma manifestação do Poder Legislativo.

XI.4 – MODELO COMUNITÁRIO EUROPEU

É relevante aludir ao modelo comunitário europeu, que apresenta grande importância na vida política europeia.

XI.4.1 – Um novo paradigma "estatal"

A União Europeia é identificada como um novo paradigma estatal, que não pretende ser assemelhado a qualquer outra solução praticada até então pelos diversos países do mundo.

XI.4.2 – A construção progressiva

Uma das características da União Europeia é a sua construção progressiva. Isso significa a ausência de uma organização predeterminada. Nem há uma concepção definitiva. Ao longo dos últimos setenta anos, foram sendo introduzidas inovações e alterações, concebidas em face das necessidades imediatas e das exigências políticas identificadas.

Essa construção foi sendo promovida por meio de sucessivos Tratados, que foram introduzindo inovações de modo progressivo.

XI.4.3 – A origem econômica: As "Comunidades Econômicas Europeias"

A proposta da União Europeia alicerça-se sobre concepções econômicas. Partiu-se do pressuposto de que a integração econômica seria o primeiro passo para o surgimento de um corpo político. Durante a década de 1950, houve a pactuação de diversos tratados que vincularam especialmente a França e a Alemanha, relativamente a diversas questões econômicas.

A União Europeia foi consagrada com fundamento em quatro "liberdades", que são a livre movimentação de produtos e mercadorias, a livre movimentação de serviços, a livre movimentação de pessoas e trabalhadores e o livre movimento de capitais.

XI.4.4 – A criação de estruturas crescentemente complexas

A partir das Comunidades Econômicas, houve a criação de estruturas crescentemente complexas. Podem ser referidas basicamente a Comissão Europeia, o Conselho Europeu, o Parlamento Europeu e o Tribunal de Justiça Europeu. Mas há uma grande quantidade de outros órgãos, inclusive agências reguladoras independentes.

XI.4.5 – Novas concepções sobre separação de poderes

É fundamental assinalar que as concepções tradicionais sobre separação de poderes não são aplicáveis de modo exato no âmbito da União Europeia. Por exemplo, durante muito tempo as competências legislativas eram de titularidade principal da Comissão, enquanto o Parlamento não era o titular preponderante da função legislativa.

XI.4.6 – A coexistência entre a União e os Estados-Nacionais

Outra característica marcante é a coexistência entre a União e os Estados-Nacionais. Isso significa a existência de um Direito europeu, que se sobrepõe e prepondera sobre o Direito nacional de cada um dos 27 países. Em tese, esse Direito europeu versa apenas sobre os temas de interesse supranacional. Mas o Tribunal de Justiça Europeu dispõe de competência para pronunciar a invalidade das leis e outros atos nacionais que infrinjam os Tratados.

XI.5 – O DIREITO BRASILEIRO E SUAS PECULIARIDADES

O Direito brasileiro se peculiariza pela conjugação de experiências de diversa natureza.

XI.5.1 – A conjugação de influências continentais e estadunidenses

O Direito brasileiro é fortemente influenciado tanto pelo Direito continental europeu como pelo Direito dos EUA. Isso produz muitos dos impasses com que convivemos.

XI.5.2 – A importância das normas de origem legislativa

As normas de origem legislativa apresentam grande relevância. Em termos teóricos, a lei se constitui na fonte formal do Direito por excelência.

XI.5.3 – A diferenciação entre Direito Público e Direito Privado

Um aspecto muito relevante consiste na adoção da distinção entre Direito público e Direito privado. Isso significa, em termos essenciais, que o Direito aplicável às relações entre sujeitos privados é distinto daquele que disciplina as relações de que participa o Estado.

XI.5.4 – A amplitude do Poder Judiciário (uno)

Existe um Poder Judiciário uno. Não há contencioso administrativo no Brasil. Todas as controvérsias são decididas pelo Poder Judiciário, ainda que existam Justiças especializadas. Mais ainda, o Poder Judiciário brasileiro é investido de competências muito amplas, que ultrapassam largamente as concepções vigentes em outros países.

XI.5.5 – A difusão do controle de constitucionalidade

O controle de constitucionalidade no Brasil apresenta uma amplitude sem equivalente em outros países. Por um lado, qualquer órgão do Poder Judiciário é titular da competência para avaliar a constitucionalidade de lei ou ato normativo, em face de um litígio concreto. A decisão final sobre a constitucionalidade cabe ao Supremo Tribunal Federal, o qual dispõe de competência não apenas para decidir em face de caso concreto, mas também de modo abstrato (independentemente de uma controvérsia específica).

XI.5.6 – As agências reguladoras independentes

A partir dos anos 1990, houve a introdução no Brasil das agências reguladoras independentes. As primeiras foram a Agência Nacional de Energia Elétrica – ANEEL, a Agência Nacional de Telecomunicações – ANATEL e a atualmente denominada Agência Natural do Petróleo, Gás Natural e Biocombustíveis – ANP. Existem mais de dez agências reguladoras no âmbito federal e muitas outras nos Estados e Municípios.

Tal como referido em pontos anteriores, essas agências são órgão integrantes do Poder Executivo, mas dotadas de autonomia em face das influências políticas e investidas de competência para disciplinar campos específicos de atividades de interesse coletivo.

XI.5.7 – A figura dos Tribunais de Contas

O Direito brasileiro comporta a figura dos Tribunais de Contas, que são órgãos independentes, que desempenham funções auxiliares ao Poder Legislativo. Os seus membros são dotados de posição jurídica equivalente à de magistrados. O Tribunal de Contas é investido de competências para fiscalizar não apenas a legalidade de atos administrativos, mas também a sua legitimidade e economicidade. Ao longo dos últimos anos, os Tribunais de Contas adquiriram grande importância, especialmente em vista da titularidade para impor severas punições aos infratores.

XI.6 – CONCLUSÃO

Existem diversos modelos de organização do Direito nos vários países do mundo, refletindo a evolução civilizatória local.

XI.6.1 – A globalização e seus efeitos

No entanto, a globalização produziu efeitos muito intensos, em vista das experiências que transcendem os limites locais. Os interesses econômicos e políticos afetam a autonomia local. Cada país começa a adequar as suas instituições para a convivência transnacional – ao menos, assim se passava até o surgimento da Pandemia do Covid-19.

XI.6.2 – A tendência à uniformização do Direito: Tratados e outros documentos

Nesse contexto, ocorre uma tendência à uniformização do Direito. Os diversos países se comprometem a adotar normas de conteúdo uniforme, visando facilitar as atividades empresariais e a incentivar os investimentos estrangeiros.

XI.6.3 – A comunicação ("contaminação"?) dos institutos alienígenas

A intensificação do relacionamento entre os diversos países vai produzindo o aproveitamento de institutos e experiências desenvolvidos no estrangeiro. Contudo, esse deslocamento sociocultural do instituto acaba gerando a sua reconfiguração. Produz-se uma espécie de "tropicalização" (expressão utilizada na indústria automobilística para a adaptação de veículos importados às condições brasileiras) do Direito alienígena. Isso propicia o descolamento entre as concepções existentes na origem do instituto e as soluções praticadas no Brasil.

RESUMO

- Cada país adota modelo próprio para o Estado e o Direito. No Ocidente, todos os países sofreram, em diversa medida, a influência do Direito Romano.

- O modelo anglo-saxão caracteriza-se por um modelo próprio de separação de poderes. Não existe distinção entre Direito Público e Direito Privado. O Direito da "Common Law" é bastante simples e há previsão de um Poder Judiciário uno. Nos EUA, houve a introdução do controle de constitucionalidade das leis (1803). A exigência de soluções mais complexas conduziu ao surgimento da figura da agência reguladora independente.

- O modelo continental europeu apresenta muitas variáveis, especialmente no tocante à separação de poderes. Adota-se a distinção entre Direito Público e Direito Privado. O Poder Judiciário convive com o Contencioso Administrativo (competente para decidir as questões que envolvem a Administração Pública). As normas de origem legislativa apresentam grande relevância.

- Há um modelo comunitário europeu, que foi criado de modo artificial a partir dos anos 1950. O modelo se fundamenta na criação de estruturas crescentemente complexas, em que existe a coexistência entre o Direito Comunitário e o Direito Nacional.

- O Direito brasileiro conjuga a influência estadunidense e continental. A lei é a fonte formal primordial. Adota-se a distinção entre Direito Público e Direito Privado. Prevalece a concepção do Poder Judiciário uno. Há a difusão do controle de constitucionalidade e existem muitas agências reguladoras independentes. Existe a figura dos Tribunais de Contas, que são órgãos independentes e desempenham função auxiliar do Poder Legislativo.

- Existe uma tendência à comunicação dos institutos dos diversos países, inclusive em virtude do processo de globalização. Mas esses institutos são adaptados às características de cada país.

Caso prático

A figura da "agência reguladora independente" desenvolveu-se nos Estados Unidos da América. Foi introduzida no Brasil. É cabível utilizar no Brasil as soluções previstas no direito dos EUA para controlar a atuação das agências estadunidenses?

Questões

1) O que significa "Direito Comum"?

2) Apresente e comente três distinções entre o modelo anglo-saxão, continental europeu e comunitário europeu.

3) Comente a diferença do controle de constitucionalidade das leis nos EUA e no Brasil.

4) Por que as agências reguladoras independentes foram introduzidas no Brasil?

5) O TCU integra o Poder Judiciário?

Capítulo XII
VALIDADE E EFICÁCIA DO DIREITO

A compreensão dos diversos aspectos do Direito exige diferenciar os vários ângulos sob os quais é possível examinar a norma jurídica. É importante distinguir os atributos da validade e da eficácia do Direito. No próximo capítulo, haverá a análise da efetividade e da legitimidade.

XII.1 – A VALIDADE

A validade consiste no preenchimento dos requisitos exigidos para a existência e a produção de efeitos como norma jurídica.

XII.1.1 – Existência e validade

Rigorosamente, uma norma inválida é destituída de existência sob o ponto de vista jurídico. Portanto, não faria sentido diferenciar existência e validade de uma norma jurídica. Ocorre que a decisão sobre a validade da norma é de titularidade privativa do Estado, usualmente ao Poder Judiciário. Enquanto não for proferida a decisão decretando a invalidade de uma norma, ela é presumida como válida e a sua observância é obrigatória.

Por isso, existe a possibilidade de uma norma ser reconhecida como inválida apenas em momento posterior ao seu surgimento e que, até então, produza efeitos tal como se fosse uma norma jurídica válida.

É útil diferenciar os conceitos de "existência" e de "validade". A existência indica uma situação fática, relacionada com eventos do mundo do ser relacionados com a produção da norma. Já a validade é a compatibilidade entre esse conjunto de eventos e outras normas jurídicas.

Por exemplo e como será mais examinado em pontos subsequentes, a Constituição Federal pode ter o seu conteúdo alterado por meio de Emenda Constitucional. A CF estabelece o procedimento necessário a tanto.

A Emenda Constitucional 19/1998 introduziu diversas alterações na CF. Previu a modificação do art. 37, para eliminar a previsão de que todos os servidores públicos deveriam subordinar-se a um único e mesmo regime jurídico. A EC 19/1998 foi concluída e passou a vigorar. Ela tinha "existência". Mas, em 2007, o Supremo Tribunal Federal decidiu que essa alteração específica do art. 37, relativa ao regime único, não tinha atendido aos requisitos exigidos. Determinou que a alteração não era "válida". No entanto, durante muitos anos, o dispositivo tinha sido aplicado tal como se fosse válido.

Assim se passou porque toda norma existente – ou seja, que atenda de um modo mínimo aos requisitos previstos para a validade de uma norma jurídica – é presumida como válida. A decisão sobre a validade não cabe ao cidadão comum, nem ao estudioso, nem mesmo aos agentes públicos em geral. Na generalidade dos casos, essa decisão é reservada ao Poder Judiciário.

XII.1.2 – A compatibilidade com outras normas

Tal como já exposto, é impossível identificar uma norma jurídica de modo isolado. Assim se passa porque a validade de uma norma jurídica decorre não apenas de uma série de eventos do mundo do ser, tal como a aprovação de uma lei pelo Poder Legislativo. A validade consiste na compatibilidade de uma norma com outras normas jurídicas, que estabelecem os requisitos necessários para a norma ser reconhecida como jurídica.

XII.1.3 – A relação de supra e infraordenação

Isso permite afirmar a existência de relações de hierarquia entre as normas. Algumas são hierarquicamente superiores a outras. Essa relação se verifica quando uma norma se constitui em fundamento de validade da outra.

Uma norma se constitui em fundamento de validade ao determinar a competência (ou o poder) e o procedimento para a sua produção e ao delimitar o seu conteúdo.

Existem requisitos de validade formal, relacionados à produção da norma jurídica (competência e procedimento), e requisitos de validade material (conteúdo).

	Determinação da competência
Norma Superior	Determinação do procedimento
	Delimitação do conteúdo

XII.1.4 – A competência

A competência é a parcela de poder jurídico de titularidade estatal, atribuída e delimitada por lei (em sentido amplo) a órgão público determinado, tendo por conteúdo a previsão da edição obrigatória ou facultativa de norma jurídica (abstrata ou concreta) ou da adoção de atos para a sua aplicação.

A competência é instituída e delimitada pelo próprio Direito e pode versar sobre diferentes temas, entre os quais se encontra a produção de normas. Por exemplo, o art. 48 da CF determina que:

> *"Cabe ao Congresso Nacional, com a sanção do Presidente da República, não exigida esta para o especificado nos arts. 49, 51 e 52, dispor sobre todas as matérias de competência da União, especialmente sobre:*
>
> *I – sistema tributário, arrecadação e distribuição de rendas; ...".*

A expressão "competência" é reservada especificamente ao poder para produzir atos atribuídos ao Estado. Mas também existem atos que são produzidos no âmbito privado e objeto de tutela estatal. Nesses casos, utiliza-se apenas a expressão "poder jurídico". Por exemplo, o administrador de uma sociedade tem o poder para representá-la perante terceiros, inclusive pactuando contratos que a vinculem.

A competência compreende uma pluralidade de aspectos, inclusive alguns relacionados à condição pessoal do sujeito.

Se o sujeito não estiver investido de competência (ou poder) para produzir o ato, ele não produzirá os efeitos de norma jurídica. Em muitos casos, essa questão independe da consciência e da vontade do sujeito.

Um exemplo é a produção de ato por agente público que incorreu na aposentadoria compulsória. Os magistrados são compulsória e automaticamente aposentados ao completarem a idade de 75 anos. Isso significa que o magistrado que atingir essa idade deixará de ser investido na competência para produzir decisões judiciais. O ato praticado pelo sujeito que alcança a idade limite é considerado como juridicamente inexistente, independentemente de qualquer outra formalidade.

XII.1.5 – A determinação do procedimento

A criação de uma norma jurídica depende da observância de um procedimento – ou seja, de uma sucessão preordenada de atos, que se desenvolvem de modo sucessivo no tempo e que se vinculam entre si por uma relação de coerência.

O procedimento para produzir uma norma encontra-se previsto em outra norma. O nível de detalhamento previsto em uma norma quanto ao procedimento para criação de outra norma é variado. Assim, a CF dispõe sobre o procedimento para a aprovação de leis pelo Congresso Nacional. O art. 65 estabelece o seguinte:

"O projeto de lei aprovado por uma Casa será revisto pela outra, em um só turno de discussão e votação, e enviado à sanção ou promulgação, se a Casa revisora o aprovar, ou arquivado, se o rejeitar.

Parágrafo único. Sendo o projeto emendado, voltará à Casa iniciadora".

A ausência de observância do procedimento previsto na norma superior acarreta a invalidade da inferior.

XII.1.6 – A compatibilidade com o conteúdo das normas superiores

A norma superior delimita o conteúdo da norma inferior. Mas não teria sentido que o conteúdo da norma inferior fosse exatamente idêntico ao da norma superior. As normas hierarquicamente superiores são dotadas de maior abstração e generalidade. Isso implica a ausência de definição precisa e exata da disciplina a ser adotada relativamente ao tema versado.

Por isso, a norma superior fixa uma moldura, na acepção de estabelecer os limites a serem observados no tocante ao conteúdo adotado para a norma inferior.

No entanto, a competência para pronunciar a incompatibilidade entre normas é atribuída a órgãos estatais específicos. A contradição somente é configurada quando for reconhecida por decisão que não comporte recurso, proferida pelo tribunal de mais elevada hierarquia. A opinião dos demais é juridicamente irrelevante.

XII.1.7 – A competência da autoridade jurisdicional

O reconhecimento da invalidade de uma norma, por incompatibilidade com aquela que lhe forneceu o fundamento de validade, integra-se na competência do Poder Judiciário – ou de outros órgãos, a depender da organização jurídica consagrada.

Essa autoridade é investida não apenas da competência para reconhecer e pronunciar a invalidade, mas também para determinar os efeitos daí derivados.

Na concepção kelseniana, a vício de invalidade implicava a ausência de surgimento de uma norma jurídica. Por isso, a decisão que examinasse o assunto teria eficácia retroativa e acarretaria o automático desfazimento de todos os efeitos que tivessem sido produzidos no mundo real. Essa questão se relaciona com o aspecto acima apontado da "existência" e da "validade".

Esse entendimento gera problemas concretos muito graves nas hipóteses de declaração de inconstitucionalidade de uma lei. Por isso, o art. 27 da Lei 9.868/1999 autorizou a modulação dos efeitos da declaração de inconstitucionalidade, nos termos seguintes:

> *"Ao declarar a inconstitucionalidade de lei ou ato normativo, e tendo em vista razões de segurança jurídica ou de excepcional interesse social, poderá o Supremo Tribunal Federal, por maioria de dois terços de seus membros, restringir os efeitos daquela declaração ou decidir que ela só tenha eficácia a partir de seu trânsito em julgado ou de outro momento que venha a ser fixado".*

Essa solução foi adotada pelo STF na ADI 2.240, que reconheceu que um Município no Estado da Bahia tinha sido criado por lei inconstitucional. Mas o Município tinha "existido" durante muitos meses. Foi adotado o seguinte raciocínio:

> *"Ao declarar a inconstitucionalidade de lei ou ato normativo, e tendo em vista razões de segurança jurídica ou de excepcional interesse social, poderá o Supremo Tribunal Federal, por maioria de dois terços de seus membros, restringir os efeitos daquela declaração ou decidir que ela só tenha eficácia a partir de seu trânsito em julgado ou de outro momento que venha a ser fixado"* (ADI 2.240, Pleno, rel. Min. Eros Grau, j. 9.5.2007, *DJ* 2.8.2007).

XII.2 – A EFICÁCIA

A eficácia é a aptidão de uma norma para produzir os efeitos jurídicos pretendidos, em virtude de sua estrutura dispor dos elementos necessários para tanto tal (eficácia normativa) como em vista da existência de condições fáticas (eficácia fática).

XII.3 – OS ATRIBUTOS JURÍDICOS DA LEI

A norma jurídica é produzida usualmente por lei (o que abrange inclusive a Constituição). Uma norma jurídica pode existir e ser válida, mas a sua eficácia depende da previsão de todos os elementos normativos necessários à sua aplicação.

XII.3.1 – A "incompletude" da lei

Existem leis que não são "completas", na acepção da insuficiência da disciplina para a sua aplicabilidade, sem que isso acarrete a sua inexistência ou invalidade.

Um exemplo facilita a compreensão. Imagine-se uma lei prevendo que *"cabe à autoridade determinar o fechamento das atividades comerciais em situação de emergência"*. A questão é qual "autoridade"? É necessária outra norma para definir essa questão. Em alguns casos, essa determinação consta de outras normas, mas nem sempre assim se passará.

Nesse caso, a lei forneceu elementos suficientes para a existência e a validade da norma, mas sem que isso permita a sua aplicação.

XII.3.2 – A "incompletude" intencional das leis

Em muitos casos, essa incompletude é um defeito, cuja gravidade pode acarretar até mesmo a inexistência da norma jurídica. Assim, por exemplo, suponha-se uma lei prevendo que "Cabe à autoridade determinar". Essa disposição não produz norma jurídica alguma, em vista da ausência de identidade quanto ao sujeito e de definição quanto ao conteúdo de seus poderes.

Porém, em muitos casos a incompletude é intencional, refletindo a inconveniência ou a inviabilidade de uma norma geral e abstrata contemplar todas as minúcias para a aplicação efetiva da disciplina. Nesse sentido, imagine-se se a Constituição contivesse todos os dispositivos e previsões necessários à aplicação de todas as suas disposições. A elaboração da Constituição levaria dezenas de anos e essas minúcias tornariam muito difícil a sua adaptação à evolução dos fatos.

Em muitas situações, ocorre a edição de lei que contempla uma norma cuja eficácia depende da complementação por outros atos normativos. Nesses casos, afirma-se que a lei (o que abrange inclusive a Constituição) precisa ser regulamentada para que as suas normas sejam aplicadas. A regulamentação consiste na edição de outras normas, contemplando os elementos normativos inexistentes na norma a ser regulamentada.

XII.3.3 – A distinção básica entre normas suficientes e não suficientes

A completude e a incompletude permitem afirmar que existem normas suficientes em si mesmas para serem aplicadas e outras que não o são. Costuma-se aludir, então, a:

a) normas bastantes em si

b) normas não bastantes em si

XII.3.4 – A "complementação normativa"

Em muitos casos, o ordenamento prevê as soluções para permitir a aplicação da norma. Isso significa que ela é bastante em si, não porque ela própria contém todos os elementos para a sua aplicação, mas porque o aplicador do Direito localiza no conjunto do ordenamento jurídico os elementos normativos necessários.

Mas há outros casos em que nem a lei dotou a norma dos elementos normativos necessários à sua aplicação, nem o conjunto do Direito contém tais elementos. Em tais casos, a eficácia daquela norma depende da edição de outras normas, que permitam a sua aplicação. Trata-se da questão da regulamentação, acima referida.

XII.3.5 – O posicionamento tradicional

A incompletude normativa, especialmente de normas da Constituição, foi interpretada no passado como um obstáculo absoluto à eficácia. Costumava-se afirmar que uma norma não-autoaplicável não produziria efeitos jurídicos. Constituir-se-ia numa aparência de norma, sem qualquer utilidade.

Esse entendimento era adotado especialmente em vista de algumas normas constitucionais.

XII.3.6 – A classificação de José Afonso da Silva para a Constituição

Esse posicionamento foi combatido por José Afonso da Silva, em uma obra sobre a eficácia das normas constitucionais – que pode ser generalizado para as demais normas.[1]

O autor afirmou que toda norma jurídica válida é dotada de um mínimo de eficácia, consistente em condicionar a validade das normas jurídicas inferiores e a orientar as decisões a serem adotadas. Esse posicionamento foi combatido por José Afonso da Silva, em uma obra sobre a eficácia das normas constitucionais – que pode ser generalizado para as demais normas a saber:

a) Normas de eficácia plena e aplicabilidade imediata

b) Normas de eficácia contida e aplicabilidade imediata

c) Normas de eficácia limitada e aplicabilidade mediata

XII.3.7 – Normas de eficácia plena (aplicabilidade imediata)

As normas constitucionais de eficácia plena são aquelas que contemplam todas as condições necessárias à sua eficácia, o que permite a sua aplicabilidade imediata, sem a necessidade da edição de normas de regulamentação.

Por exemplo, considere-se a seguinte previsão constitucional do art. 5º, inc. XXXV, assim redigida: *"a lei não excluirá da apreciação do Poder Judiciário lesão ou ameaça a direito"*.[2]

XII.3.8 – Normas de eficácia contida (aplicabilidade imediata, mas contível)

As normas de eficácia contida são aquelas que preveem todos os elementos necessários à sua eficácia, mas que contemplam autorização para a redução de seu âmbito de aplicação em virtude de ato normativo de hierarquia inferior. Portanto, podem ser aplicadas imediatamente, o que não exclui o cabimento da redução de sua eficácia em momento posterior.

---

[1] *Aplicabilidade das normas constitucionais.* 6. ed. São Paulo: Malheiros, 2002.

[2] Esse é o exemplo fornecido pelo próprio José Afonso da Silva. Lembre-se que o autor elaborou o seu pensamento antes da edição da CF/1988. Mas a garantia de acesso ao Poder Judiciário constava também da CF/1969, então vigente.

Por exemplo, a CF estabelece no art. 170, parágrafo único, o seguinte:

"É assegurado a todos o livre exercício de qualquer atividade econômica, independentemente de autorização de órgãos públicos, salvo nos casos previstos em lei".

Em decorrência, toda atividade econômica pode ser exercitada por qualquer sujeito **enquanto** não houver uma disposição legal restringindo essa liberdade.

Rigorosamente, a terminologia mais adequada não é "eficácia contida", mas "eficácia contível". Enquanto não houver a edição da norma inferior restringindo a sua eficácia, a norma constitucional tem eficácia integral.

XII.3.9 – Normas de eficácia limitada (aplicabilidade mediata)

As normas constitucionais podem ser dotadas de eficácia limitada, nas hipóteses em que a sua aplicação dependa da edição de outras normas.

Por exemplo, a CF prevê o seguinte no art. 215:

"O Estado garantirá a todos o pleno exercício dos direitos culturais e acesso às fontes da cultura nacional, e apoiará e incentivará a valorização e a difusão das manifestações culturais".

A aplicabilidade do dispositivo depende da produção de outras normas. Mas isso não significa que a norma constitucional não seja dotada de eficácia. Há uma eficácia mínima, consistente na vedação a soluções incompatíveis com a previsão constitucional.

XII.3.10 – A crítica de Virgílio Afonso da Silva

A concepção de José Afonso foi rebatida por seu filho, Virgílio Afonso da Silva.[3]

XII.3.11 – A eficácia não é uma questão puramente normativa

O principal argumento consistiu em afirmar que a eficácia de uma norma não consiste em uma questão exclusivamente normativa. Depende também de circunstâncias fáticas. Mais precisamente, a ausência de elementos normativos consiste, muitas vezes, na inexistência de condições materiais para dar aplicação à norma.

Por exemplo, o art. 6º da CF estabelece o seguinte:

"São direitos sociais a educação, a saúde, a alimentação, o trabalho, a moradia, o transporte, o lazer, a segurança, a previdência social, a proteção à maternidade e à infância, a assistência aos desamparados, na forma desta Constituição".

---

[3]   SILVA, Virgílio Afonso. O conteúdo essencial dos direitos fundamentais e a eficácia das normas constitucionais, *Revista de Direito do Estado,* n. 4, pp. 23-51, 2006.

Em princípio, essa é uma norma de eficácia limitada. Não existe aplicabilidade imediata das suas disposições. No tocante à educação, o art. 205 da CF prevê que:

> *"A educação, direito de todos e dever do Estado e da família, será promovida e incentivada com a colaboração da sociedade, visando ao pleno desenvolvimento da pessoa, seu preparo para o exercício da cidadania e sua qualificação para o trabalho".*

Mas essa determinação não é suficiente para assegurar que todos tenham acesso à educação no Brasil.

Virgílio Afonso observa que a causa da ausência de eficácia desse direito social não é a insuficiência da disciplina normativa. O aspecto fundamental se relaciona com questões fáticas, pertinentes à existência de infraestrutura física e de pessoal para oferecer educação pública e condições econômicas e sociais para que todos em idade escolar tenham possibilidade de frequentar a escola.

XII.3.12 – A eficácia "plena": a insuficiência de qualquer norma constitucional

Como decorrência, Virgílio Afonso defende que toda e qualquer norma constitucional não contém os elementos necessários à sua plena eficácia. E isso porque a eficácia da norma jurídica depende não apenas da sua "completude", mas de outras circunstâncias da realidade.

XII.3.13 – A eficácia "contida": a possibilidade de "limitação" de toda e qualquer norma constitucional

Mais ainda, ele defende que sempre existe a possibilidade de conter e limitar a aplicação das normas constitucionais. A edição de normas infraconstitucionais produz a restrição a direitos e a deveres previstos de modo ilimitado e amplo na Constituição.

Ele toma como exemplo a questão do acesso ao Poder Judiciário, previsto no art. 5º, inc. XXXV, que tinha sido apontada como hipótese de norma de eficácia plena. Afirma que a lei processual estabelece as condições para a atuação do Poder Judiciário. Assim, admite-se a exigência legal da representação por advogado e a fixação de condições e requisitos indispensáveis à apreciação pelo Poder Judiciário de uma lesão ou ameaça a direito.

XII.3.14 – A eficácia "limitada": a questão de grau e de realidade

A configuração da eficácia limitada não depende apenas da norma em si mesmo considerada, mas das condições da realidade. Existem graus diversos de eficácia jurídica e condições não uniformes quanto às condições fáticas. Assim,

118 | INTRODUÇÃO AO ESTUDO DO DIREITO · *Marçal Justen Filho*

por exemplo, a norma constitucional que garante o acesso de todos à educação pode apresentar eficácia plena e aplicabilidade imediata em alguns Municípios do Brasil, diferentemente de outros.

XII.3.15 – A incompletude da norma e o suprimento pelo Poder Judiciário

Lembre-se que a CF previu soluções para assegurar a edição dos atos destinados a assegurar a eficácia das normas constitucionais que prevejam direitos e garantias.

Por um lado, o art. 5º, § 1º, fixou que:

> *"As normas definidoras dos direitos e garantias fundamentais têm aplicação imediata".*

Por outro, o mesmo art. 5º, inc. LXXI, previu a seguinte solução:

> *"conceder-se-á mandado de injunção sempre que a falta de norma regulamentadora torne inviável o exercício dos direitos e liberdades constitucionais e das prerrogativas inerentes à nacionalidade, à soberania e à cidadania;".*

O STF reconheceu que o mandado de injunção autoriza a edição de normas gerais e abstratas pelo Poder Judiciário. Um exemplo se encontra no Mandado de Injunção 670 (Pleno, rel. Maurício Corrêa, rel. p. ac. Min. Gilmar Mendes, j. 25.10.2007, *DJ* 30.10.2008).

XII.3.16 – A "reserva do possível"

A multiplicação dos direitos e garantias em nível constitucional encontra limitações nas condições concretas da realidade. Isso conduziu ao desenvolvimento da teoria da "reserva do possível". Significa que a eficácia de certas normas constitucionais é legitimamente restringida quanto não existirem condições materiais para a sua implementação. Assim se passa especialmente no caso da ausência de recursos financeiros para o Estado.

RESUMO

- A validade consiste no preenchimento dos requisitos exigidos para a existência e a produção de efeitos como norma jurídica. A existência indica uma situação fática, relacionada com eventos do mundo do ser relacionados com a produção da norma.

- Uma norma se constitui em fundamento de validade de outra ao determinar a competência (ou o poder) e o procedimento para a sua produção e ao delimitar o seu conteúdo.

- A competência é a parcela de poder jurídico de titularidade estatal, atribuída e delimitada por lei (em sentido amplo) a órgão público determinado, tendo por conteúdo a previsão da edição obrigatória ou facultativa de norma jurídica (abstrata ou concreta) ou da adoção de atos para a sua aplicação.

- A eficácia é a aptidão de uma norma para produzir os efeitos jurídicos pretendidos, em virtude de sua estrutura dispor dos elementos necessários para tanto tal (eficácia normativa) como em vista da existência de condições fáticas para tanto (eficácia fática).

- José Afonso da Silva afirmou que toda norma jurídica válida é dotada de um mínimo de eficácia, consistente em condicionar a validade das normas jurídicas inferiores e a orientar as decisões a serem adotadas:
  a) Normas de eficácia plena: aquelas que contemplam todas as condições necessárias à sua eficácia, o que permite a sua aplicabilidade imediata, sem a necessidade da edição de normas de regulamentação. P. ex., art. 5º, inc. XXXV, CF.
  b) Normas de eficácia contida: aquelas que preveem todos os elementos necessários à sua eficácia, mas que contemplam autorização para a redução de seu âmbito de aplicação em virtude de ato normativo de hierarquia inferior. Por exemplo, art. 170, parágrafo único, da CF.
  c) Normas constitucionais de eficácia limitada: quando a sua aplicação dependa da edição de outras normas.

- Virgílio Afonso da Silva afirmou que a eficácia não é uma questão puramente normativa. Defendeu que toda norma constitucional, em si mesma, é insuficiente para aplicação na realidade e comporta limitação.

- O art. 5º, § 1º, da CF estabeleceu que "As normas definidoras dos direitos e garantias fundamentais têm aplicação imediata". E o mesmo art. 5º, inc. LXXI, previu a seguinte solução:

    "conceder-se-á mandado de injunção sempre que a falta de norma regulamentadora torne inviável o exercício dos direitos e liberdades constitucionais e das prerrogativas inerentes à nacionalidade, à soberania e à cidadania;".

- A reserva do possível significa que a eficácia de certas normas constitucionais é legitimamente restringida quando não existirem condições materiais para a sua implementação.

Caso prático

O art. 37 da Constituição Federal de 1988 dispõe sobre a atividade administrativa estatal. No inc. VII, determina que "o direito de greve será exercido nos termos e nos limites definidos em lei específica". Indaga-se:

   a) Considerando a classificação de José Afonso da Silva, qual é o enquadramento desse dispositivo?
   b) Existe alguma solução jurídica para assegurar ao servidor público o efetivo exercício do direito de greve?
   c) Qual a relação entre esse tema e a disciplina da separação de poderes no Brasil?

 Questões

1) Diferencie existência de validade do Direito.

2) Quais são os aspectos que a norma superior determina relativamente à norma inferior?

3) Explique, em suas próprias palavras, o conceito de "competência".

4) A contradição lógica entre a norma inferior e a superior é suficiente para acarretar a sua invalidade?

5) Em que consiste a eficácia da norma jurídica?

Capítulo XIII
EFETIVIDADE E LEGITIMIDADE DO DIREITO

Outros temas jurídicos fundamentais se relacionam com a efetividade e a legitimidade do Direito.

XIII.1 – EFETIVIDADE

A efetividade consiste na concretização da previsão normativa no mundo dos fatos.

XIII.2 – A VERIFICAÇÃO DA REALIDADE DOS FATOS

A norma é orientada a influenciar a conduta das pessoas. Nem sempre a norma atinge os resultados pretendidos. A efetividade indica a consumação dos eventos fáticos tal como previstos na disciplina normativa.

XIII.2.1 – A chamada "falácia naturalista"

A "falácia naturalista" significa que "não é porque algo é que significa que deva ser". As ocorrências fáticas na sociedade não são suficientes para produzir o surgimento de uma norma jurídica.

Também por isso "não é porque algo não é que não deva ser". A ausência de cumprimento de uma norma não implica a sua invalidade nem a eliminação de sua força vinculante.

Esse entendimento destina-se a evitar a concepção de que a efetividade é o critério de avaliação da existência e da validade do Direito.

XIII.2.2 – A advertência kelseniana

No entanto, o próprio Kelsen – o maior defensor da distinção entre os mundos do "ser" e do "dever ser" – admitia que a "validade" da norma jurídica depende de um mínimo de efetividade do Direito (em seu conjunto).

XIII.2.3 – A ausência de efetividade e a tendência à perda da validade

Também é reconhecido que a ausência absoluta de efetividade tende à redução da eficácia da norma e da perda de sua validade. Mas essa é uma questão muito problemática, especialmente quanto envolve práticas reprováveis e a frustração da realização de direitos fundamentais.

XIII.2.4 – A versão difundida no Brasil: leis que "pegam" e leis que "não pegam"

Há uma versão difundida no Brasil, no sentido de que nem todas as leis merecem idêntica adesão por parte da sociedade. Tal como se houvesse um processo causado por fatores invisíveis, existiriam leis que "pegam" e outras que "não pegam". Essa formulação apresenta cunho jornalístico, antes do que jurídico. E reflete tanto o grau mais reduzido de adesão espontânea da sociedade brasileira quanto aos atos estatais como a ausência de capacidade de as autoridades implementarem soluções aptas a conquistarem a adesão dos cidadãos.

Essa temática se relaciona com a questão da legitimidade do Direito.

XIII.3 – LEGITIMIDADE: RELAÇÃO ENTRE PODER E DIREITO

A legitimidade envolve o exame dos fundamentos do Poder. Como o Direito é um mecanismo de institucionalização do Poder, é relevante avaliar a legitimidade do próprio Direito.

XIII.3.1 – A legitimidade indica o fundamento do Poder

Em termos simplistas, o Poder consiste na capacidade de influenciar a conduta alheia, atingindo inclusive o potencial para determinar o seu conteúdo. A legitimidade se relaciona com a existência de um fundamento que conduz à concordância das partes (controlador e controlado) quanto a essa situação.

XIII.3.2 – A legitimidade do Direito

A legitimidade do Direito indica o fundamento que torna justificável a sua existência e a sua eficácia vinculante, no âmbito de um determinado grupo. Para os fins da presente análise, serão examinadas de modo conjunto as questões da legitimidade do Poder e do Direito.

XIII.3.3 – A legitimidade do Direito como uma questão do mundo do ser

A legitimidade do Direito constitui-se em um atributo do mundo do ser. Não é uma questão pertinente à dimensão do dever ser. É inviável determinar a legitimidade do Direito pela análise isolada das normas jurídicas. A legitimidade envolve uma relação entre o Direito e a realidade circundante.

XIII.3.4 – A imposição do Direito pela simples violência

Em tese, pode-se imaginar que a imposição do Direito funde-se exclusivamente na violência. Nesse caso, um conjunto de indivíduos concentra recursos suficientes para subordinarem física e materialmente os demais, constrangendo-os por meio da violência e da ameaça à observância de um conjunto de determinações reconhecidas como jurídicas.

XIII.3.5 – A inviabilidade da preservação permanente da violência (?)

Na experiência prática, é inviável manter a observância do Direito mediante a utilização exclusiva da violência (efetiva ou potencial). Essa situação apenas pode manter-se por um certo tempo – o qual pode ser bastante longo, em certos casos. Mas essa situação não é sustentável para sempre.

A exacerbação da violência pode conduzir à revolta popular. Em outros casos, o decurso do tempo reduz a capacidade de os controladores exercerem de modo efetivo a violência. Enfim, o desgaste causado pela alocação dos recursos para promover a violência conduz a uma situação generalizada de insatisfação.

É verdade que a evolução tecnológica pode afetar esse cenário. Soluções automatizadas podem conduzir à superação dos parâmetros vigentes até o presente. Não é impossível excluir a existência futura de organizações sociais altamente autoritárias, alicerçadas exclusivamente sobre a violência, produzida e implementada por meio de recursos tecnológicos sofisticados.

XIII.3.6 – O "mínimo de Direito Natural" (Hart)

Todo Direito sempre consagrará um "mínimo de Direito Natural", tal como exposto por Hart.[1] A expressão indica a inviabilidade de implantação da violência sem o apoio de um conjunto de colaboradores, ainda que se trate de um grupo relativamente reduzido. Nenhum ditador governa de modo isolado, sem o apoio de indivíduos que auxiliem ao exercício da violência.

---

[1] Confira-se *O conceito de direito*, ob. cit.

Mesmo a conquista da cooperação para a imposição da violência não pode fazer-se pela mera violência. Somente será viável manter a ditadura por meio da violência quando essa violência for utilizada apenas contra uma parcela (ainda que majoritária) do grupo. É inviável um ditador exercitar, de modo individual, a violência contra a totalidade do grupo.

Por isso, a única alternativa reside em o ditador reconhecer direitos subjetivos e a limitação do próprio poder relativamente ao grupo de seus colaboradores. Isso lhe permite obter o suporte necessário para manter-se no poder. E os sujeitos partidários do ditador, que têm reconhecidos seus "direitos naturais", reconhecem o Direito vigente como legítimo.

XIII.3.7 – Os processos de legitimação do Direito

Pode-se aludir a processos de legitimação do Direito para indicar as alternativas disponíveis para dispensar o uso da violência como fundamento para a titularidade do Poder.

XIII.4 – A DISTINÇÃO ENTRE LEGITIMIDADE PELA ORIGEM E PELO EXERCÍCIO

É relevante destacar que a questão da legitimidade pode ser examinada em face de duas circunstâncias distintas, que são a investidura e o exercício do Poder.

XIII.4.1 – A investidura no Poder

A aquisição da posição de Poder faz-se por diversas vias. Algumas delas se traduzem na pura e simples violência. O sujeito obtém a posição de comando em vista de sua capacidade de impor-se aos demais e de eliminar os possíveis competidores. Em outros casos, existe um processo de escolha do titular do Poder. Esse processo de escolha pode ser fundado nos mais diversos critérios.

XIII.4.2 – O exercício do Poder

A legitimidade no tocante à investidura não se confunde com a legitimidade relativamente ao exercício do Poder. A questão da investidura se dissocia daquela da legitimidade em virtude do exercício. Em muitos casos, a violência se verifica tanto na ocasião da investidura como relativamente ao exercício do Poder.

Contudo, é possível que o sujeito, tendo conquistado o Poder por meio da violência, obtenha a adesão do grupo em virtude do modo como exercita a sua dominação. Isso conduz à legitimação pelo exercício do Poder.

A situação inversa também é concebível. Alguém pode ser escolhido pelo consenso para exercer o Poder e, ao desenvolver a sua atuação, perder o apoio em face do grupo.

XIII.5 – A EXPERIÊNCIA HISTÓRICA

Ao longo da evolução histórica, pode-se reputar que o exercício do Poder e a imposição de normas de conduta tenha originalmente surgido por meio da violência. Mas também se reconheceu, mesmo na Antiguidade Clássica, a legitimidade em virtude da experiência e do conhecimento. Essa hipótese envolvia a autoridade pessoal, conferida especialmente em favor dos mais idosos.

No passado, o critério religioso também era fundamental para a legitimação do Poder e do Direito. O indivíduo era investido e mantido no Poder em virtude da decisão de uma divindade. Essa solução continuou a ser praticada por muitos séculos.

Somente em momento muito mais recente, surgiram concepções democráticas, em que a escolha do titular do Poder e a produção do Direito foram vinculados ao escrutínio popular em geral.[2]

XIII.6 – O PENSAMENTO DE MAX WEBER

Max Weber produziu uma sistematização clássica quanto à legitimidade do Poder, identificação três situações distintas.[3]

XIII.6.1 – A legitimação tradicional

Weber aludiu à legitimação tradicional para indicar as hipóteses em que a legitimidade decorre da identificação do ocupante do Poder com as soluções costumeiras praticadas de modo reiterado. Isso pode envolver questões hereditárias, em que a legitimidade do exercício do Poder deriva de laços de sangue.

XIII.6.2 – A legitimação carismática

A legitimação carismática se verifica quando o titular do Poder é dotado de atributos pessoais que fundamentam uma posição de liderança. Verifica-se a capacidade de o sujeito obter a aprovação dos demais integrantes do grupo. Esse fenômeno se alicerça na personalidade e em atos individuais praticados.

XIII.6.3 – A legitimação racional (burocrática)

A legitimação racional (burocrática) é aquela produzida pela observância de soluções predeterminadas e objetivas. A titularidade do Poder resulta do

---

[2]   Não se olvidem experiências democráticas no passado, tal como ocorreu em certos períodos em Atenas. Lembre-se que essas ocorrências eram excepcionais e inconfundíveis com os modelos consagrados em épocas mais recentes.

[3]   Sobre o pensamento de Weber, consulte-se WEBER, Max. Política como Vocação. In: *Política e Ciência*: Duas vocações. São Paulo: Martin Claret, 2015.

INTRODUÇÃO AO ESTUDO DO DIREITO • *Marçal Justen Filho*

preenchimento por um ou mais sujeitos dos requisitos e pressupostos objetivamente estabelecidos, fixados em regras abstratas e impessoais.

XIII.6.4 – A rejeição a uma interpretação simplista

A exposição acima não deve ser interpretada numa acepção de grau crescente de aperfeiçoamento, nem traduz uma concepção valorativa mais favorável à dita legitimação burocrática. Essa construção reflete um exame das experiências da humanidade ao longo do tempo. Cada uma dessas soluções apresenta aspectos positivos e outros negativos.

XIII.7 – O ESTADO CONTEMPORÂNEO E A LEGITIMIDADE

O Estado contemporâneo se caracteriza, na generalidade dos países, por uma concepção democrática quanto à legitimidade. A análise sobre essa questão apresenta importância para a avaliação da legitimidade do próprio Direito.

XIII.7.1 – A legitimidade democrática é uma ilusão?

No Brasil, tem sido usual a afirmação formal da legitimação democrática para o Estado, com a declaração da soberania popular. Essa previsão consta expressamente da seguinte disposição constitucional: *"Todo o poder emana do povo, que o exerce por meio de representantes eleitos ou diretamente, nos termos desta Constituição"* (CF, art. 1º., parágrafo único).

Essa construção deve ser examinada com cautela, para evitar formulações literais que nem sempre traduzem a realidade. Deve-se lembrar que as Constituições brasileiras sempre contemplaram determinação similar, inclusive em períodos ditatoriais.[4]

XIII.7.2 – A sistemática da eleição

A legitimidade democrática do Poder se vincula ao modo de escolha dos seus exercentes. Uma parcela significativa deles é escolhida por meio do sufrágio universal.

No entanto, nem sempre essa solução produziu os resultados pretendidos. Durante largos períodos, os defeitos no processo eleitoral davam oportunidade a práticas de fraude.

---

[4] Por exemplo, a EC 1/1969 determinava que *"Todo o poder emana do povo e em seu nome é exercido"* (art. 1º, § 1º). A Constituição de 1937 previa, no art. 1º, que *"O poder político emana do povo e é exercido em nome dele e no interesse do seu bem-estar, da sua honra, da sua independência e da sua prosperidade"*.

Por outro lado, grande parte da população não era dotada de condições efetivas para avaliar os candidatos. Segundo alguns, esse problema é agravado pelas práticas de "fake news", com a difusão de informações falsas e distorcidas visando afetar o processo eleitoral.

Outro problema relevante é o absenteísmo eleitoral. Parcela relevante dos eleitores deixa de participar da votação.

XIII.7.3 – O fenômeno do "Estado Pluriclasse" (Massimo Severo Giannini)

Mas há a questão do impasse no parlamento, já anteriormente exposta e relacionada à figura do Estado Pluriclasse. Tal como exposto por Giannini, a multiplicidade de interesses e posições, que são representadas no Parlamento, acarreta a inviabilidade da obtenção de consensos e, mesmo, de maiorias.

Isso conduz à inviabilidade de decisões parlamentares sobre temas significativos e relevantes.

XIII.7.4 – O exercício do Poder e a deslegitimização

Sob outro ângulo, há uma experiência no sentido de que o exercício do Poder produz a perda da legitimidade do seu exercente. Assim se passa especialmente em vista da atribuição ao Estado e ao Direito de funções de transformação radical da realidade. Essas modificações não são viáveis, o que acarreta a frustração da população.

Essa questão é agravada pelas demandas contraditórias e conflitantes apresentadas aos governantes. Em alguns casos, é impossível satisfazer a um grupo sem promover a insatisfação de outro.

Ademais, existe a questão da reserva do possível. A expressão indica a limitação imposta pelas circunstâncias da realidade, especialmente no tocante à restrição de recursos financeiros, que impede o Estado de atender a todos os pleitos contra ele dirigidos.

Uma outra faceta do problema se relaciona com a burocratização do aparato administrativo estatal. Há o enrijecimento da operação dos agentes estatais, o que torna impossível a implementação de inovações e modificações.

XIII.8 – A CRISE DE LEGITIMIDADE DO PODER E SEUS REFLEXOS SOBRE O DIREITO

Como acima exposto, a legitimidade do Direito é avaliada em vista do mundo do ser. A previsão constante de uma norma jurídica, consagrando um modelo teoricamente compatível com a legitimidade, não implica a efetiva legitimidade do Direito. A perda da legitimidade do Poder político produz reflexos sobre o Direito.

XIII.8.1 – A redução do "sentimento" de vinculação ao Direito

A erosão da legitimidade do Poder político conduz à redução do sentimento de vinculação ao Direito. As normas jurídicas e o funcionamento dos mecanismos jurídicos vão merecendo menor carga de cumprimento espontâneo pelos indivíduos. Torna-se cada vez mais necessário o uso da força, por parte dos diversos mecanismos estatais, para assegurar a compatibilidade entre as previsões do mundo do ser e do dever ser.

XIII.8.2 – A redução da relevância da "lei"

Isso também se traduz na redução da relevância da Lei. A população não reconhece a legitimidade da atuação dos membros do Parlamento, o que se reflete sobre os atos por ele produzidos. O efeito prático reside numa visão de desconfiança e de ceticismo quanto ao Direito.

XIII.8.3 – A ampliação da intervenção judicial

A reação popular conduz à intervenção judicial crescente. Os cidadãos, diante da ausência de identificação com os representantes eleitos, passam a recorrer diretamente ao Poder Judiciário. A satisfação das demandas populares deixa de ser postulada perante o Poder Legislativo ou o Poder Executivo. Os particulares desencadeiam as suas postulações em face dos juízes.

XIII.8.4 – A ampliação da litigiosidade

A redução do cumprimento espontâneo da ordem jurídica acarreta também a multiplicação dos litígios. No âmbito penal, há uma grande quantidade de processos para sancionamento de infratores. Na dimensão não penal, surgem controvérsias sobre os mais diversos aspectos.

XIII.8.5 – A questão da "legitimidade técnica"

Essas circunstâncias conduzem à redução da legitimidade pela investidura, passando a ser relevante aquela decorrente do exercício do Poder. Ou seja, há uma crise da democracia representativa, eis que os representantes eleitos são reputados como destituídos de legitimidade em virtude de sua incapacidade de atender aos pleitos populares.

Por outro lado, os agentes públicos não eleitos – tal como os magistrados e outros técnicos (inclusive de agências reguladoras independentes) – passam a ser identificados como capazes de produzir soluções práticas e de enfrentar os problemas concretos. Isso gera a aceitação de sua atuação e a ampliação de sua legitimidade.

XIII.8.6 – Os reflexos sobre o Direito

Esse cenário repercute sobre o Direito. Há uma desordem institucional, que acarreta a redução da adesão às normas jurídicas e a ampliação do ativismo do Poder Judiciário.

XIII.9 – CONCLUSÃO

Em conclusão, as dificuldades quanto à legitimidade dos ocupantes do Poder político geram um cenário de insegurança e de redução da eficácia do Direito.

XIII.9.1 – A incerteza quanto ao futuro da democracia

Isso compreende inclusive a incerteza quanto ao futuro da democracia. Em diversos países, tem ocorrido a eleição de governantes com propostas orientadas à redução de garantias democráticas e à ampliação de soluções autoritárias.

XIII.9.2 – A tentação dos regimes autoritários (fascismo)

Surge a tentação do apoio a regimes autoritários, muitos deles com feição fascista. O fascismo se constitui num modelo político que propõe a prevalência absoluta da maioria, o combate à divergência, a negação de direitos a minorias e a realização de grandes projetos fundados na união nacional.

Deve-se ter em vista que a democracia não se constitui simplesmente no governo da maioria. A configuração da democracia pressupõe o reconhecimento da existência e dos direitos também da minoria. Uma democracia incorpora mecanismos contramajoritários, orientados a neutralizar a realização, de modo absoluto e ilimitado, dos interesses da maioria.

XIII.9.3 – Os desafios à sociedade e ao indivíduo

As dificuldades expostas constituem-se em desafio à sociedade e ao indivíduo. Uma das conquistas da Civilização consiste no reconhecimento da dimensão idêntica e equivalente da dignidade de todos os seres humanos. O Direito é um instrumento para a realização conjunta, na máxima medida possível, da dignidade de todos os seres humanos. Os mecanismos democráticos são essenciais para tanto. A legitimidade do Direito é uma decorrência da sua aptidão a atingir esses resultados.

RESUMO

- A efetividade consiste na concretização da previsão normativa no mundo dos fatos. A "falácia naturalista" significa que "não é porque algo é que significa que deva ser". A efetividade não é o critério da existência e da validade do Direito.

- A legitimidade do Direito indica o fundamento que justifica sua existência e eficácia vinculante. A legitimidade envolve uma relação entre o Direito e a realidade circundante (mundo do ser).
- É inviável manter a observância do Direito mediante a utilização exclusiva da violência (efetiva ou potencial). A evolução tecnológica pode afetar esse cenário.
- "Mínimo de Direito Natural" (Hart): é inviável um ditador exercitar, de modo individual, a violência contra a totalidade do grupo.
- Max Weber diferenciou três situações distintas:
  a) A legitimação tradicional indica as hipóteses em que a legitimidade decorre da identificação do ocupante do Poder com as soluções costumeiras praticadas de modo reiterado.
  b) A legitimação carismática se verifica quando o titular do Poder é dotado de atributos pessoais que fundamentam uma posição de liderança.
  c) A legitimação burocrática é aquela produzida pela observância de soluções predeterminadas e objetivas.
- O Estado contemporâneo se caracteriza por uma concepção democrática quanto à legitimidade. "Todo o poder emana do povo, que o exerce por meio de representantes eleitos ou diretamente, nos termos desta Constituição" (CF, art. 1º., parágrafo único).
- Dificuldades quanto à legitimação democrática:
  a) Sistemática da eleição, que pode envolver problemas como fraudes, desconhecimento sobre a realidade e absenteísmo eleitoral.
  b) Dificuldade de funcionamento do Parlamento, devido à contraposição de interesses (Estado Pluriclasse).
  c) Deslegitimização decorrente da ausência de cumprimento de promessas eleitorais.
- A crise de legitimidade acarreta a redução do sentimento de vinculação ao Direito. Isso reduz a relevância da lei, gera a ampliação da intervenção judicial e da litigiosidade.
- Legitimação técnica para indicar o reconhecimento da capacidade técnica para resolver problemas, independentemente da eleição popular.
- Incerteza quanto ao futuro da democracia, a tentação de regimes autoritários e surgem desafios à sociedade e ao indivíduo.

 Caso prático

Suponha uma situação hipotética ocorrida num país imaginário. Vigora uma monarquia, o rei Parte XXV falece. O seu filho Ésquilo pretende ser coroado como novo rei. Há uma revolta e um líder popular, Estúlio, toma o poder com amplo apoio da população. Adota um regime democrático, mas as pessoas se frustram porque o Parlamento, composto por representantes eleitos por sufrágio universal, não produz medidas concretas. Ésquilo organiza um pequeno grupo, assassina Estúlio e se torna ditador. Ele adota medidas muito sábias, de modo que a população passa a aceitá-lo. Depois de uma ditadura de quarenta anos, promulga uma Constituição, prevendo que o seu sucessor será escolhido mediante eleição popular. Examine as diversas situações sob o prisma da questão da legitimidade.

 Questões

1) A efetividade é o fundamento de validade de uma norma jurídica?

2) Em que consiste o Poder?

3) Diferencie a legitimidade pela investidura da legitimidade pelo exercício do Poder.

4) Diferencie as concepções de legitimidade adotadas por Max Weber.

5) Indique e explique duas causas da crise da democracia nos tempos contemporâneos.

Capítulo XIV
A TEORIA DO ORDENAMENTO JURÍDICO

A expressão "ordenamento jurídico" indica o conjunto das normas jurídicas, de diversa natureza, que se organizam como um sistema.

XIV.1 – A PLURALIDADE DE NORMAS

O Direito é composto por uma pluralidade de normas.

XIV.1.1 – A inviabilidade de uma norma única ("obedece ao senhor")

Hipoteticamente, seria imaginável estabelecer um Direito integrado por uma única norma geral e abstrata, que seria destituída de um conteúdo específico. Essa norma estabeleceria a obrigatoriedade da observância da vontade de um governante. Essa é uma solução insuportável, eis que atribuiria uma margem de autonomia para a formulação pelo governante das decisões em casos concretos.

XIV.1.2 – A pluralidade de normas de cunho heterogêneo

A complexidade da sociedade e a multiplicação de atribuições para o Estado produziu a ampliação do rol de normas jurídicas. Ademais, surgiram espécies normativas diferenciadas, tal como exposto em Capítulo anterior.

XIV.1.3 – A identificação do "Direito" como um conjunto normativo

O Direito é um conjunto integrado por uma multiplicidade significativa de normas, de diversa natureza. A expressão "Direito" permite a simplificação da comunicação, tornando desnecessário indicar a grande quantidade das normas existentes. Assim, por exemplo, pode-se afirmar que "O Direito brasileiro proíbe a discriminação entre as pessoas fundadas em critérios raciais". Essa afirmativa poderia ser desdobrada para indicar normas constitucionais e infraconstitucionais, de natureza diversa, que impõem de modo conjunto uma determinada disciplina.

XIV.1.4 – A inviabilidade de identificação da norma isolada como jurídica

Também por isso, é impossível identificar uma norma, tomada de modo isolado, como integrante do ordenamento jurídico. Por exemplo, suponha alguém transitando por uma rua, que se depara com um indivíduo portando uma arma de fogo e que lhe diz "Pare". Esse é um comando jurídico ou não? É impossível responder essa indagação sem examinar se tal comando está integrado no ordenamento jurídico. Essa argumentação pressupõe que o Direito é dotado de mecanismos para a produção de normas jurídicas e para a sua qualificação como tal. Essa questão será examinada a seguir.

XIV.2 – O ORDENAMENTO COMO UM SISTEMA

A concepção do ordenamento jurídico significa o reconhecimento da existência de um sistema de normas.

XIV.2.1 – A concepção de um sistema

O sistema consiste num conjunto de elementos organizados entre si segundo relações estruturais, que produzem uma organização. Portanto, todo sistema compreende duas ordens de aspectos. Há o repertório (conjunto de elementos componentes) e há a estrutura (organização na relação entre os elementos que compõem o repertório).

XIV.2.2 – A multiplicidade de normas jurídicas como um sistema

A concepção do Direito como um sistema implica, portanto, a existência de um repertório e de uma estrutura organizacional.

XIV.2.3 – As normas de conduta propriamente ditas

Em princípio, o repertório do ordenamento jurídico é composto pelas normas jurídicas.

XIV.2.4 – As normas de estrutura

Ademais, existem normas que promovem a estruturação organizacional das normas de conduta, dispondo sobre o modo de relacionamento entre as diversas normas.

Mas todas as normas jurídicas integram o repertório desse sistema. Portanto, o repertório do ordenamento jurídico é composto não apenas pelas normas de conduta, mas também pelas normas de estrutura.

Note-se que essa concepção se encontra na raiz da diferenciação promovida por Hart entre normas primárias e normas secundárias.

XIV.3 – O CONJUNTO RACIONAL E COMPLETO

O ordenamento jurídico é reputado como um sistema, dotado de racionalidade e completude.

XIV.3.1 – Ausência de lacunas

Isso significa que o ordenamento jurídico não contempla lacunas. Todas as condutas e todas as situações encontram-se disciplinadas pelo Direito. Isso não significa a existência de normas jurídicas expressas, prevendo uma solução aplicável para toda e qualquer hipótese. A disciplina jurídica faz-se também de modo implícito e indireto.

Por exemplo, considere-se a questão das "fake news", divulgadas na Internet. Imagine-se que não exista nenhuma norma jurídica tratando especificamente da prática. Isso não significa que não exista uma solução jurídica para o assunto, eis que é cabível aplicar as normas existentes que dispõem sobre condutas similares.

XIV.3.2 – Ausência de contradições

Não existem contradições no ordenamento jurídico. Pode ocorrer contradição aparente, em virtude de contradição entre as previsões de leis distintas. Se não for possível compatibilizar tais previsões, o Direito determina que uma delas não é válida. Os critérios jurídicos para compatibilização entre as disposições serão estudados em ponto específico.

XIV.4 – PRINCÍPIO DA HIERARQUIA: A NORMA SUPERIOR PREVALECE SOBRE A INFERIOR

O princípio da hierarquia estabelece que a norma superior prevalece sobre a inferior. Existindo contradição entre normas de distinta hierarquia, a superior acarretará a invalidade da inferior. Identifica-se como superior a norma que se constitua em fundamento de validade (direto ou indireto) de outra. Portanto, o poder jurídico para editar uma norma é criado por outra norma. Daí a relação hierárquica entre elas.

A questão da validade em vista da relação hierárquica entre as normas foi examinada anteriormente.

XIV.5 – PRINCÍPIO DA HORIZONTALIDADE

Normas que se encontrem no mesmo patamar hierárquico não se contradizem entre si. Esse é um postulado respaldado por diversas previsões, que se encontram consagradas em princípios específicos, contemplados no Decreto-lei 4.657/1942 – Lei de Introdução às Normas do Direito Brasileiro – LINDB).

XIV.6 – PRINCÍPIO DA TEMPORALIDADE

O princípio da temporalidade está previsto no art. 2º, § 1º, da LINDB, assim redigido:

> *"A lei posterior revoga a anterior quando expressamente o declare, quando seja com ela incompatível ou quando regule inteiramente a matéria de que tratava a lei anterior".*

XIV.6.1 – Revogação expressa

Usualmente, a lei posterior indica de modo expresso aquelas que são por ela revogadas, o que reduz dúvidas e se constitui na solução tecnicamente mais recomendável.

Em outros casos, existe um dispositivo genérico, estabelecendo "revogam--se as disposições em contrário". Essa solução propicia dúvidas, eis que existe a necessidade de identificar as disposições que estariam em conflito com a lei nova.

XIV.6.2 – Revogação implícita

Desse modo, a revogação da lei anterior se produz mesmo que assim não tenha sido expressamente previsto no seu texto.

Essa revogação decorrerá da simples contradição entre dispositivos legais. Reconhecida a contradição, prevalecerá a lei mais recente.

Mas a revogação implícita também deriva da disciplina exaustiva por uma lei posterior dos temas disciplinados por lei anterior. Assim, o Código de Processo Civil atual foi aprovado pela Lei 13.105/2015. O Código de Processo Civil anterior, que tinha sido aprovado pela Lei 5.869/1973, foi revogado.

XIV.7 – PRINCÍPIO DA ESPECIALIDADE

Não se configura contradição entre duas leis de mesma hierarquia quando, embora contemplem dispositivos entre si conflitantes, tiverem âmbito de abrangência distinto. Essa é a determinação constante do § 2º do art. 2º, da LINDB:

"A lei nova, que estabeleça disposições gerais ou especiais a par das já existentes, não revoga nem modifica a lei anterior".

O âmbito distinto de aplicação significa a ausência de contradição entre as normas, eis que dispõem sobre temas diversos.

XIV.8 – A COMPLETUDE DO ORDENAMENTO JURÍDICO

O ordenamento jurídico se caracteriza também por sua completude. Isso significa a ausência de lacunas ou omissões. O Direito contempla normas sobre todas as condutas intersubjetivas possíveis. Esse resultado é produzido por dois princípios.

XIV.9 – O PRINCÍPIO DA LIBERDADE

O princípio da liberdade decorre da previsão da legalidade. Tal como previsto no art. 5º, inc. II, da CF, "ninguém será obrigado a fazer ou deixar de fazer alguma coisa senão em virtude de lei".

Logo, todas as condutas que não forem qualificadas como proibidas ou obrigatórias por meio de uma lei são consideradas como facultadas e permitidas (lícitas).

XIV.10 – PRINCÍPIO DA COMPLETUDE

A ausência de expressa previsão legislativa não afasta o dever de o Estado resolver conflitos. Como determina o art. 4º da LINDB:

"Quando a lei for omissa, o juiz decidirá o caso de acordo com a analogia, os costumes e os princípios gerais de direito".

Esse tema também é objeto da previsão do art. 140 do Código de Processo Civil – CPC (Lei 13.105/2015), assim redigido:

"O juiz não se exime de decidir sob a alegação de lacuna ou obscuridade do ordenamento jurídico".

O exame mais aprofundado da disciplina do art. 4º da LINDB será realizado no ponto relativo à aplicação do Direito.

XIV.11 – A PRODUÇÃO DO SISTEMA PELA DINÂMICA EXISTENCIAL

O sistema jurídico é produzido pela sua dinâmica existencial. A experiência da realidade conduz à identificação de insuficiências, defeitos e incompatibilidades. Algumas delas são superadas por meio de reforma legislativa. Mas uma parcela muito mais significativa de problemas é eliminada por meio das atividades relacionadas à interpretação e à aplicação do Direito.

XIV.11.1 – As dimensões estática e dinâmica do Direito

Não é incorreto diferenciar a dimensão dinâmica do Direito em face de uma abordagem estática.

O Direito pode ser examinado em um enfoque abstrato e teórico, segundo considerações lógicas. Nesse caso, alguém examina o art. 3º da CF, assim redigido:

> *"Constituem objetivos fundamentais da República Federativa do Brasil:*
>
> *I – construir uma sociedade livre, justa e solidária;*
>
> *II – garantir o desenvolvimento nacional;*
>
> *III – erradicar a pobreza e a marginalização e reduzir as desigualdades sociais e regionais;*
>
> *IV – promover o bem de todos, sem preconceitos de origem, raça, sexo, cor, idade e quaisquer outras formas de discriminação".*

Em um enfoque estático, o sujeito pode cogitar sobre o sentido das palavras, examinar o que significa "objetivos fundamentais", em que consiste uma "sociedade livre, justa e solidária", o que é "desenvolvimento nacional" e assim por diante. O resultado será um conjunto de ponderações dissociadas da realidade.

Numa aproximação dinâmica, a questão se relaciona com uma situação concreta. Trata-se de determinar uma política de governo ou de examinar controvérsias da realidade. Assim, suponha-se uma discussão sobre políticas sociais afirmativas, que assegurem certos benefícios a extratos mais vulneráveis da sociedade. Essa discussão envolverá, de modo inafastável, considerar o art. 3º da CF. Caberá verificar, no plano da existência concreta da sociedade brasileira, o significado do compromisso com a justiça e a solidariedade, com a erradicação da pobreza e da marginalização e assim por diante.

XIV.12 – A ESTRUTURA HIERÁRQUICA DO ORDENAMENTO (KELSEN)

A tese do Direito como um ordenamento jurídico dotado de natureza de sistema tem respaldo especialmente no pensamento de Hans Kelsen, que adotou a proposta da teoria piramidal do ordenamento jurídico.

XIV.12.1 – As normas não se encontram no mesmo plano hierárquico

A teoria piramidal se fundamenta no postulado de que as normas não estão no mesmo plano hierárquico. Ou seja, existem graus diversos de enquadramento das normas, de modo que algumas se encontram num degrau superior às outras.

Assim, há a Constituição, as leis ordinárias, os regulamentos administrativos. Esse conjunto de normas jurídicas não se encontram num mesmo patamar. A Constituição apresenta a hierarquia mais elevada. Abaixo dela, encontram-se as leis. Depois, há os regulamentos administrativos. Essa exposição é uma simplificação e o tema será aprofundado em ponto seguinte.

XIV.12.2 – Toda norma encontra seu fundamento de validade em outra (dever ser)

Reiterando a exposição anterior, toda norma jurídica tem um fundamento de validade outra norma (segundo Kelsen). Esse é o fundamento lógico para a existência de uma organização hierárquica e se constitui no critério para identificar a posição da norma. A norma jurídica que se constitui no fundamento de validade de outra configura-se como superior a ela.

XIV.12.3 – A norma constitucional

Nessa concepção, há um processo de organização entre as normas jurídicas. A norma de menor hierarquia tem fundamento de validade em uma norma de hierarquia mais elevada. Essa, por seu turno, encontra o seu fundamento de validade em norma mais elevada. E assim sucessivamente, até chegar na Constituição – que seria a norma de hierarquia mais elevada.

XIV.12.4 – A norma fundamental ("obedece ao constituinte originário")

No entanto, qual é o fundamento de validade da própria Constituição? Kelsen defendeu que existiria uma norma fundamental, que forneceria validade à Constituição. Essa norma determinaria "obedece ao constituinte originário" e não seria uma norma posta no mundo, mas seria pressuposta. A norma fundamental é uma exigência lógica, indispensável para a validade da Constituição.

XIV.12.5 – A condição de possibilidade da norma fundamental é o mínimo de efetividade da ordem jurídica (ser)

Essa explicação sempre despertou grande controvérsia. Mas, ainda assim, surgia o questionamento sobre o fundamento de validade dessa própria norma fundamental. Kelsen defendia que essa norma fundamental não tinha propriamente um fundamento de validade. Ela dependia de uma condição de possibilidade, consistente num mínimo de eficácia da ordem jurídica em seu conjunto.

Essa explicação é muito interessante. Kelsen negava que o fundamento de validade de alguma norma residisse no mundo do ser. Ele defendia que nenhuma norma é válida simplesmente por ser "eficaz", por ser adotada no mundo do ser. Segundo ele, uma imposição do mundo do dever ser somente pode ser válida em virtude de outra imposição do mundo do dever ser. No entanto, não existe viabilidade de negar que, em algum momento, as imposições do mundo do dever ser dependem da realidade dos fatos.

Um exemplo da atualidade permite compreender essa questão. Recentemente, estabeleceu-se uma disputa na Venezuela envolvendo as pessoas de Nicolás Maduro e Juan Guaidó. Ambos se intitulam Presidente da República da Venezuela. Ambos emitem decisões e atos tal como se ocupassem a condição de Presidente. Essa questão se resolve por uma solução fática: qual deles se encontra em condições de impor e fazer prevalecer as suas determinações? Ou seja, a disputa se resolve pelo mínimo de eficácia. Anote-se que, em muitos casos, essa disputa se transforma numa guerra civil, em que a solução será imposta pela violência.

Kelsen não afirmava que a validade da norma jurídica individualmente considerada dependesse de um mínimo de eficácia. Ele se referia ao mínimo de eficácia da ordem jurídica em seu conjunto. Segundo ele, uma certa norma pode ser totalmente destituída de eficácia, mas isso não significa a sua invalidade – desde que essa norma encontre fundamento de validade em outra norma e assim sucessivamente até atingir a Constituição. Mas essa Constituição somente será válida se a ordem jurídica em seu conjunto apresentar um mínimo de eficácia.

O referido autor não explicou o significado de "mínimo" de eficácia. Indicava que era necessário que, de modo geral, a ordem jurídica fosse objeto de cumprimento pela generalidade da população.

Para completar, Kelsen negava que essa concepção traduzisse a submissão do mundo do dever ser ao mundo do ser. O mínimo de eficácia seria uma "condição de possibilidade", não um fundamento de validade. A expressão "condição de possibilidade" remetia ao pensamento kantiano, que defendia certos pressupostos transcendentais para o conhecimento.

XIV.12.6 – A "aplicação" de uma norma significa a produção de outra norma, de hierarquia inferior, ressalvado o ato de pura execução da sanção

Para Kelsen, a aplicação do Direito corresponde à produção de outra norma jurídica (de hierarquia inferior), ressalvando-se apenas o ato de pura execução de uma sanção – que é a manifestação nuclear da existência do Direito. Ou seja, a aplicação do Direito não ocorria quando um sujeito privado praticasse conduta compatível com o previsto nas normas jurídicas.

XIV.13 – A ESTRUTURA PIRAMIDAL DO ORDENAMENTO JURÍDICO (KELSEN)

A representação visual dessa concepção conduzia a uma figura de formato piramidal.

XIV.13.1 – Existe um número mais reduzido de normas de hierarquia superior, que apresentam grau mais intenso de abstração e generalidade

Há um número mais reduzido de normas jurídicas de hierarquia superior, as quais são dotadas de grau mais intenso de abstração e generalidade. Ou seja, essas normas superiores dispõem de modo muito amplo, sobre uma grande quantidade de pessoas e de condutas. Até por isso, há um número menor de normas de hierarquia superior.

XIV.13.2 – Os níveis hierárquicos inferiores compreendem normas dotadas de maior concretude e especificidade (grande número de normas)

Por outro lado, as normas de hierarquia inferior, produzidas para explicar aquelas de hierarquia mais elevada, apresentam um grau crescente de concretude e especificidade. Essas normas inferiores dispõem sobre situações mais delimitadas do que as normas superiores. Por isso, inclusive há um número mais elevado de normas inferiores. No grau menos elevado dessa pirâmide se encontram as normas de pura execução, tal como as sentenças judiciais. Como regra, cada sentença é aplicável especificamente a uma determinada situação.

XIV.14 – A "PRODUÇÃO" DO SISTEMA PELOS MECANISMOS DE APLICAÇÃO

Essas características não são inerentes ao próprio ordenamento jurídico, nem esses mecanismos são aplicados apenas no momento da produção das leis.

XIV.14.1 – A aplicação do direito na vida real

Essas ponderações não implicam negar a validade ou a correção da abordagem estática. Aliás, essa abordagem estática se constitui em pressuposto necessário para um enfoque dinâmico. Mas se trata de reconhecer a necessidade de considerar a disciplina jurídica em face da realidade existencial da vida.

É necessário insistir de modo reiterado que o Direito integra a existência humana e nunca pode ser compreendido fora desse contexto.

XIV.14.2 – O trabalho doutrinário

O trabalho doutrinário, entendido como o estudo desenvolvido por sujeitos privados em uma abordagem predominantemente estática, permite identificar os principais problemas do ordenamento jurídico. Essa atuação fornece propostas de solução, inclusive pela identificação de defeitos a serem superados por meio da alteração legislativa.

XIV.14.3 – A evolução jurisprudencial

Incumbe aos exercentes de função jurisdicional promover ainda mais intensamente as soluções de preenchimento das lacunas e de superação das contradições. A atividade jurisdicional é influenciada pelas circunstâncias da realidade. Ainda quando incorporam as propostas contempladas pela doutrina, as decisões jurisdicionais promovem a integração entre a dimensão estática e o enfoque dinâmico do Direito.

XIV.14.4 – A transformação do caos em organização

O sistema jurídico não surge por si só. A multiplicidade de leis, regulamentos e outros atos, veiculando normas e decisões, não é dotada de coerência necessária, nem traduz uma ordem satisfatória. O sistema jurídico é produzido pela conjugação da atuação de uma pluralidade de sujeitos, que desenvolvem atividades nos planos estático e dinâmico. A sistematicidade e a completude do Direito são produzidas a partir do seu estudo e de sua aplicação.

XIV.14.5 – Síntese

A condição do Direito como um sistema é produzida especialmente pelos mecanismos de aplicação e por via dos esforços da Ciência do Direito. Os operadores do Direito – tal como os agentes públicos – e os doutrinadores examinam e estudam as leis e outros atos, tal como as normas existentes. É desenvolvido um trabalho de compatibilização, baseado em determinados métodos (que serão examinados mais adiante). O resultado é a identificação de possíveis contradições e lacunas e a formulação de propostas para assegurar a completude e a harmonia entre essa grande quantidade de normas.

RESUMO

- O ordenamento jurídico é reputado como um sistema, dotado de racionalidade e completude. Todo sistema compreende duas ordens de aspectos. Há o repertório (conjunto de elementos componentes) e há a estrutura (organização na relação entre os elementos que compõem o repertório).

- O ordenamento jurídico não contempla lacunas. Todas as condutas e todas as situações encontram-se disciplinadas pelo Direito. Desnecessidade de normas jurídicas expressas.

- Não existem contradições no Ordenamento Jurídico. Se não for possível compatibilizar as normas, uma delas não é válida.

- O princípio da hierarquia estabelece que a norma superior prevalece sobre a inferior.

- Normas que se encontrem no mesmo patamar hierárquico:

- O princípio da temporalidade: art. 2º, § 1º, da LINDB ("A lei posterior revoga a anterior quando expressamente o declare, quando seja com ela incompatível ou quando regule inteiramente a matéria de que tratava a lei anterior").

- O princípio da especialidade: art. 2º, § 2º, da LINDB ("A lei nova, que estabeleça disposições gerais ou especiais a par das já existentes, não revoga nem modifica a lei anterior").
- Princípio da liberdade: completude do ordenamento. Art. 5º, inc. II, da CF ("ninguém será obrigado a fazer ou deixar de fazer alguma coisa senão em virtude de lei"). Todas as condutas que não forem qualificadas como proibidas ou obrigatórias por meio de uma lei são consideradas como facultadas e permitidas (lícitas).
- Dever de o Estado resolver conflitos: art. 4º da LINDB ("Quando a lei for omissa, o juiz decidirá o caso de acordo com a analogia, os costumes e os princípios gerais de direito").
- A teoria piramidal do ordenamento (Kelsen). A norma de menor hierarquia tem fundamento de validade em uma norma de hierarquia mais elevada. E assim sucessivamente, até chegar na Constituição. O fundamento de validade da Constituição é a norma fundamental ("obedece ao constituinte originário"), norma pressuposta e cuja condição de possibilidade é o mínimo de eficácia da ordem jurídica em seu conjunto.
- A representação gráfica do ordenamento tem forma piramidal. No ápice, há uma norma fundamental e na base existem milhões de normas.
- O sistema jurídico é produzido pela conjugação da atuação de uma pluralidade de sujeitos, que desenvolvem atividades nos planos estático e dinâmico. A sistematicidade e a completude do Direito são produzidas a partir do seu estudo e de sua aplicação.

 Caso prático

Santuário é o nome de um país, em que é praticado o culto ao fogo. A população adota o entendimento de que alguém apagar o fogo sagrado é uma infração muito grave, punível com a morte. Pode-se afirmar que existe, no referido país, uma norma jurídica proibindo que o fogo sagrado seja apagado?

 Questões

1) É possível identificar uma norma, isoladamente considerada, como jurídica? Por quê?

2) Diferencie normas de estrutura e normas de conduta.

3) Qual o fundamento para o entendimento de que o Direito não contém lacunas?

4) Qual o fundamento para o entendimento de que o Direito não contém contradições?

5) Qual o fundamento de validade da Constituição?

Capítulo XV
ORDENAMENTO JURÍDICO E FEDERAÇÃO

A compreensão do Direito brasileiro exige uma breve (e superficial) avaliação sobre a Federação, tal como concebida no Brasil.

XV.1 – A ORGANIZAÇÃO DO PODER POLÍTICO

Existem várias formas de Estado praticadas nos diversos países do mundo. A Federação é uma delas. Embora não haja um modelo único e uniforme de Federação, há alguns pontos em comum que dão identidade à figura.

XV.1.1 – Modelo unitário: concentração do poder política em um único ente

A forma unitária de Estado foi largamente praticada no passado e se constituía na solução usual das Monarquias da Idade Moderna. A concepção funda-se na concentração do poder político em um ente único, muitas vezes identificado com a figura da Coroa. A expressão "Estado" indica um corpo político que exercita o poder sobre a totalidade do território do país. Esse modelo era adotado no Brasil-Império e ainda vigora em muitos países europeus.

Nessa modelagem, até podem existir entidades locais, mas que são destituídas de poderes políticos e atuam com margem de autonomia relativa. Num Estado unitário, as autoridades locais dispõem de poderes muito reduzidos de gestão e se encontram, usualmente, subordinadas às determinações do governo central.

É indispensável assinalar que muitos Estados unitários europeus passam por processos de fortalecimento das organizações locais. Por exemplo, assim se passa na Espanha. A Itália também vem implantando reformas que têm assegurado tamanha autonomia regional que se tornou questionável aludir a um Estado unitário.

XV.1.2 – Modelos plurais: pluralidade de entes políticos

Há outros modelos que preveem a existência de corpos políticos dotados de autonomia variável, envolvendo um único e mesmo território. Há várias hipóteses e as duas mais conhecidas são a Confederação e a Federação.

XV.1.3 – Federação: ente estatal central e entes estatais locais

A Federação é caracterizada pela coexistência, no âmbito de um único Estado, de uma pluralidade de entes diversos, entre si autônomos, dotados de atribuições políticas próprias. Cada Federação adota uma concepção específica para determinar a relação entre os diversos entes federados. Assim, por exemplo, a Federação alemã não se confunde com a estadunidense. A federação brasileira também é dotada de peculiaridades inconfundíveis.

XV.1.4 – A questão dos limites dos poderes estatais

Um dos problemas inerentes ao modelo federativo reside nos limites dos poderes de cada ente federado.

XV.2 – A FEDERAÇÃO DOS EUA E DO BRASIL: DIMENSÃO HISTÓRICA

A compreensão da Federação brasileira é facilitada por uma comparação com aquela dos EUA.

XV.2.1 – Modelo teórico estadunidense: a "União" produzida pela conjugação dos Estados-membros (solução centrípeta)

A Federação nos EUA foi produzida pela associação de entes políticos investidos de autonomia própria. Originalmente, os EUA foram produzidos pela união das treze colônias. Isso conduziu a um processo de natureza centrípeta, em que um ente central foi produzido pela apropriação de poderes e atribuições anteriormente de titularidade dos entes locais.

XV.2.2 – Modelo brasileiro: a fragmentação do Estado em virtude da República (solução centrífuga)

No Brasil, a Federação resultou de um processo distinto. Até a proclamação da República, o Brasil era um Estado unitário. Com a aprovação da Constituição de 1891, foi decretada a existência de uma Federação. Isso significou um processo de descentralização (solução centrífuga), em que houve o deslocamento para os entes locais de atribuições anteriormente titularizadas pelo governo central.

XV.3 – A FEDERAÇÃO BRASILEIRA

A federação brasileira apresenta características próprias, que necessitam ser destacadas para compreender o Direito brasileiro. Ao longo do tempo, tem-se verificado um processo contínuo de concentração e de desconcentração do Poder no Brasil. Há um processo político dinâmico, que tanto amplia as competências locais como incentiva a concentração de outras competências.

XV.3.1 – A existência de três órbitas: União, Estados e Municípios

Tal como se passa em todas as federações, o Brasil apresenta diversas órbitas políticas sobre o seu território. Mas a peculiaridade reside na previsão de três órbitas federativas diversas – diferentemente do que se passa na generalidade das federações (que compreendem apenas duas órbitas). Há a União, que é a órbita central. Existem os Estados-membros e há também os Municípios. O art. 1º da CF determina:

> "A República Federativa do Brasil, formada pela união indissolúvel dos Estados e Municípios e do Distrito Federal, constitui-se em Estado Democrático de Direito...".

E o art. 18 da CF fixa que:

> "A organização político-administrativa da República Federativa do Brasil compreende a União, os Estados, o Distrito Federal e os Municípios, todos autônomos, nos termos desta Constituição".

XV.3.2 – A participação do Distrito Federal

Além disso, o Distrito Federal integra a Federação e é dotado de uma posição jurídica própria. Em princípio, o Distrito Federal se constitui no espaço físico em que se sediam as repartições representativas da União e onde se desenvolvem os processos políticos pertinentes a ela. A criação do Distrito Federal destinava-se a reduzir o risco de que competências típicas de um Estado-membro ou Município afetassem o desenvolvimento normal das competências políticas da União.

No Brasil, o Distrito Federal é investido de posição jurídica de Estado-membro e de Município. É titular das competências atribuídas constitucionalmente tanto para os Estados como para os Municípios.

Apesar disso, há um relacionamento diferenciado entre a União e o Distrito Federal. Assim, por exemplo, o art. 21 da CF determina que compete à União:

> "XIII – organizar e manter o Poder Judiciário, o Ministério Público do Distrito Federal e dos Territórios e a Defensoria Pública dos Territórios;

> *XIV – organizar e manter a polícia civil, a polícia penal, a polícia militar e o corpo de bombeiros militar do Distrito Federal, bem como prestar assistência financeira ao Distrito Federal para a execução de serviços públicos, por meio de fundo próprio;".*

A União não é dotada de atribuições idênticas relativamente aos demais entes da Federação.

XV.3.3 – A ausência de equivalência de funções e poderes

A coexistência de três órbitas federativas não significa a atribuição de competências homogêneas e equivalentes. Cada órbita federativa é investida de atribuições de qualidade diversa, não sendo cabível uma generalização fundada exclusivamente no critério geográfico. Ou seja, é insuficiente afirmar que a União é titular das atribuições relacionadas com interesses e questões que ultrapassam os limites territoriais de cada Estado e que o mesmo se passaria relativamente ao Estado em face dos Municípios.

Esse critério geográfico apresenta relevância, mas a fixação das competências apresenta disciplina muito mais complexa.

XV.3.4 – A União e a concentração dos poderes mais relevantes: três poderes

A União é investida de competências e atribuições mais relevantes e que não apresentam equivalência no âmbito dos demais entes federativos. No âmbito da União, estão previstos três poderes (Executivo, Legislativo e Judiciário). Em muitos casos, as atribuições a eles reconhecidas são excludentes da competência das outras órbitas federativas. Assim, por exemplo, a União é investida da competência para tributar a renda, não sendo reconhecida atribuição similar para Estados, Distrito Federal e Municípios. A União é titular da generalidade das competências legislativas.

XV.3.5 – Os Estados e os poderes privativos: três poderes

Os Estados também detêm competências privativas e sua organização compreende os três poderes. Mas as competências do Poder Executivo (Governador) e do Poder Legislativo (Assembleia Legislativa) são menos amplas e versam sobre temas menos relevantes do que aquelas reservadas à União.

No entanto e no âmbito de suas competências privativas, é descabida a interferência de outros entes federados.

XV.3.6 – Os Municípios e os poderes privativos: dois poderes (ausência de Judiciário)

Os Municípios são titulares de certas competências privativas, cuja relevância é muito menos ampla e significativa do que aquelas atribuídas às demais órbitas federativas. Os Municípios são dotados de Poder Executivo (Prefeito Municipal) e de Poder Legislativo (Câmara de Vereadores), mas não de um Poder Judiciário.

XV.3.7 – Ainda a ausência de hierarquia federativa

Não existe uma organização hierárquica entre as diversas órbitas federativas. Ou seja, a União não "manda" nos Estados, nem os Estados "mandam" nos Municípios. Cada órbita federativa é dotada de competências próprias. No então, o modelo federativo brasileiro atribui a certas órbitas (especialmente a União) competências que restringem e delimitam a atuação dos entes locais.

XV.4 – A FEDERAÇÃO BRASILEIRA E O DIREITO BRASILEIRO

A CF disciplina as competências dos diversos entes da federação. Interessa examinar as competências para edição de leis. Em algumas matérias, a questão apresenta complicações.

XV.4.1 – Competências privativas da União: CF, art. 22

No art. 22, a CF prevê, em vinte e nove incisos, o elenco das competências legislativas privativas para União. Para ter uma ideia, o inc. I estabelece que competência privativa abrange "direito civil, comercial, penal, processual, eleitoral, agrário, marítimo, aeronáutico, espacial e do trabalho".

XV.4.2 – Competências legislativas concorrentes: CF, art. 24

O art. 24 da CF trata das competências legislativas concorrentes da União e dos Estados e Distrito Federal. Assim, o inc. I refere-se à legislação sobre "direito tributário, financeiro, penitenciário, econômico e urbanístico".

XV.4.3 – Competências legislativas privativas dos entes locais

Os Estados, Distrito Federal e Municípios dispõem de competências legislativas privativas. São identificadas por exclusão, tomando em vista o disposto nos arts. 22 e 24, antes referidos. Depois, a sua determinação se faz em vista da pertinência com o interesse próprio. Por exemplo, os Estados, Distrito Federal e Municípios são titulares de competência legislativa para dispor sobre os próprios funcionários, os próprios bens, o funcionamento dos próprios serviços.

XV.5 – A DIFICULDADE FUNDAMENTAL DA FEDERAÇÃO (E DO DIREITO) BRASILEIRO

Além das circunstâncias expostas, há outros fatores que tornam ainda mais complexa a organização do direito brasileiro.

XV.5.1 – O critério de discriminação de competência

Em alguns casos, o critério de discriminação de competência não é preciso e exato. Por exemplo, o art. 24, inc. I, da CF/1988 estabelece que a União, os Estados e o Distrito Federal são titulares de competência para legislar concorrentemente sobre "direito econômico". Mas o art. 22, inc. I, determina que a União é titular da competência privativa para legislar sobre "direito comercial". Existem certos temas que abrangem tanto o direito comercial como o direito econômico.

XV.5.2 – A existência de questões de interesse cumulativo

Por outro lado, há temas de interesse privativo que não comportam atendimento de modo isolado por um único ente federativo. Os exemplos mais evidentes se referem às grandes metrópoles. Por exemplo, o Município de São Paulo é titular da competência para disciplinar os serviços públicos de transporte e de saneamento básico. Mas é impossível tratar do assunto sem considerar os interesses dos demais Municípios. Isso conduz ao surgimento de "regiões metropolitanas", que são instituídas de modo compulsório pelo Estado:

> *"Os Estados poderão, mediante lei complementar, instituir regiões metropolitanas, aglomerações urbanas e microrregiões, constituídas por agrupamentos de municípios limítrofes, para integrar a organização, o planejamento e a execução de funções públicas de interesse comum"* (CF, art. 25, § 3º).

XV.6 – ALGUMAS DECORRÊNCIAS DA DISTRIBUIÇÃO DE COMPETÊNCIAS LEGISLATIVAS

O modelo exposto acima produz decorrências marcantes para a situação jurídica das competências legislativas dos entes federados no Brasil.

XV.6.1 – A situação peculiar da União: leis nacionais e leis federais

Num sentido amplo, as leis editadas pela União são chamadas de federais. Mas algumas delas são nacionais, enquanto outras são federais (em sentido próprio).

As leis nacionais são aquelas de competência privativa da União, mas que vinculam a todos os entes da federação. Por exemplo, o Código Civil (Lei Federal 10.406/2002).

Já as leis federais são aquelas da competência privativa da União, que se aplicam apenas na sua própria órbita. Por exemplo, a Lei Federal 8.112/1990, que dispõe sobre o funcionalismo público federal.

Ou seja, existe um Código Civil, um Código Penal, um Código de Processo Civil (e assim por diante) que são únicos no Brasil inteiro. Não existe um Código Civil nem um Código Penal em cada Estado.

Cap. XV • ORDENAMENTO JURÍDICO E FEDERAÇÃO | 151

A distinção entre lei nacional e lei federal é relevante porque se relaciona com as competências legislativas privativas para cada órbita federativa.

É necessário destacar que essa terminologia não consta da Constituição Federal e que uma mesma lei federal pode ser o veículo para a União exercitar competência tanto nacional como puramente federal. Por exemplo, a Lei 8.666/1993 veiculou normas sobre licitação e contratação pública de cunho nacional. Mas previu, no art. 17, inc. I, "b", que os bens públicos poderiam ser doados apenas para outros entes estatais. O STF determinou que a restrição prevista naquele dispositivo da Lei 8.666/1993 *"somente tem aplicação no âmbito do governo central, vale dizer, no âmbito da União Federal"* (ADI 927-MC, Pleno, rel. Min. Carlos Velloso, j. 3.11.1993, *DJ* 11.11.1994).

XV.6.2 – Os Estados: competência normativa estadual

Os Estados (e o Distrito Federal) estão subordinados às leis nacionais, sempre que a CF estabelecer a competência legislativa abrangente para a União.

Mas os Estados e o Distrito Federal dispõem de algumas competências legislativas próprias e privativas. Entre elas, encontra-se a competência para editar uma Constituição Estadual (Distrital). Quanto a esses temas, os Estados se subordinam apenas à Constituição Federal (o que abrange inclusive as Emendas Constitucionais).

XV.6.3 – Os Municípios: competência normativa puramente local

A posição dos Municípios é semelhante à dos Estados. Mas o art. 29 da CF determina o seguinte:

> *"O Município reger-se-á por lei orgânica, votada em dois turnos, com o interstício mínimo de dez dias, e aprovada por dois terços dos membros da Câmara Municipal, que a promulgará, atendidos os princípios estabelecidos nesta Constituição, na Constituição do respectivo Estado e..."* (original sem negrito).

Por isso, o Município está subordinado a observar a Constituição Federal e as leis nacionais. Mas também sujeita-se ao disposto na Constituição Estadual.

XV.7 – IMPLICAÇÕES: A PLURALIDADE DE "PIRÂMIDES NORMATIVAS"

Essas longas explicações são indispensáveis para compreender a teoria do ordenamento jurídico no Brasil.

XV.7.1 – A concepção kelseniana: Estado unitário

A formulação de Kelsen tomou em vista a situação dos Estados europeus, de configuração unitária. Isso permitia reconhecer, de modo mais simples, a existência de uma pirâmide. Mas a situação no Brasil é muito mais complexa.

XV.7.2 – O Brasil e a pluralidade de pirâmides

No Brasil, é impossível afirmar a existência de uma única pirâmide, pois há diversas estruturações existindo concomitantemente.

XV.7.3 – A Constituição Federal (e as Emendas Constitucionais)

A Constituição Federal (abrangendo inclusive as Emendas Constitucionais) constitui-se em ápice de todas essas pirâmides. As normas constitucionais são o fundamento de validade de todas as normas jurídicas produzidas no Brasil, pelos diversos entes federados.

XV.7.4 – A pirâmide normativa do direito nacional

Existe uma pirâmide que compreende o direito nacional, abrangendo as normas produzidas pela União e que se aplicam também aos Estados, Distrito Federal e Municípios.

XV.7.5 – A pirâmide normativa do direito federal

Ademais, há outra pirâmide normativa composta pelas normas aplicáveis apenas no âmbito da União.

XV.7.6 – As pirâmides normativas dos direitos estaduais

Uma parcela das normas editadas pelos Estados e Distrito Federal se subordinam às normas nacionais. No entanto, as normas pertinentes às competências próprias dos Estados são vinculadas exclusivamente à Constituição Federal (incluindo as Emendas Constitucionais).

XV.7.7 – As pirâmides normativas dos direitos municipais

Algo semelhante se passa com as normas municipais. Algumas delas se vinculam à pirâmide das normas nacionais. As demais, relativas às competências próprias dos Municípios, podem ou não se encontrar subordinadas às Constituições estaduais.

XV.7.8 – A formação em "cata-vento"

Essas considerações não significam afirmar a existência de uma multiplicidade de ordenamentos jurídicos no Brasil. Há um único Direito brasileiro, precisamente porque todas as normas jurídicas têm por fundamento de validade a Constituição Federal.

Mas a situação brasileira não pode ser bem representada pela figura da pirâmide. Pode ser melhor compreendida pela imagem de um cata-vento (a ideia é de Monica Spezia Justen). A construção é duplamente útil.

Por um lado, permite compreender a existência de um núcleo comum (a Constituição Federal) e a existência de estruturas coexistindo entre si.

Mas a figura é também interessante porque expressa a dificuldade de identificar e diferenciar cada "pá" desse cata-vento.

Na dinâmica da vida real, compreender e aplicar o direito no Brasil não é uma tarefa simples.

RESUMO

- Existem várias formas de Estado. A Federação é uma delas. A forma unitária de Estado funda-se na concentração do poder político em um ente único. A expressão "Estado" indica um corpo político que exercita o poder sobre a totalidade do território do país. A Federação é caracterizada pela coexistência, no âmbito de um único Estado, de uma pluralidade de entes diversos, entre si autônomos, dotados de atribuições políticas próprias. Cada Federação adota uma concepção específica para determinar a relação entre os diversos entes federados.

- Nos EUA, a "União" produzida pela conjugação dos Estados-membros (solução centrípeta).

- No Brasil, houve a fragmentação do Estado em virtude da República (solução centrífuga).

- A Federação brasileira é composta pela União, Estados e Municípios, além do Distrito Federal. Existem três órbitas, sendo que o Distrito Federal é titular de competências tanto do Estado-membro como do Município. Cada órbita federativa é investida de atribuições de qualidade diversa, não sendo cabível uma generalização fundada exclusivamente no critério geográfico.

- A União possui competências e atribuições mais relevantes. No âmbito da União, estão previstos três poderes (Executivo, Legislativo e Judiciário).

- Os Estados também detêm competências privativas e sua organização compreende os três poderes. Os Municípios são dotados de Poder Executivo (Prefeito Municipal) e de Poder Legislativo (Câmara de Vereadores), mas não de um Poder Judiciário.

- Não existe uma organização hierárquica entre as diversas órbitas federativas. Ou seja, a União não "manda" nos Estados, nem os Estados "mandam" nos Municípios. Uma dificuldade se relaciona com a delimitação das competências. A União é titular da quase totalidade das competências legislativas, a ela atribuídas de modo privativo (CF, art. 22). Há algumas competências legislativas concorrentes entre União, Estados e Distrito Federal (CF, art. 24).

- Existem competências legislativas privativas de Estados, Distrito Federal e Municípios, identificadas por exclusão e tomando em vista o interesse local. Por exemplo, cada ente federativo local legisla sobre seus funcionários, bens e serviços.

- A União edita leis nacionais ou federais. As leis nacionais são aquelas de competência privativa da União, mas que vinculam a todos os entes da federação. Por exemplo, o Código Civil. Já as leis federais são aquelas da competência privativa da União, que se aplicam apenas na sua própria órbita. Por exemplo, a Lei Federal 8.112/1990, que dispõe sobre o funcionalismo público federal.

- Os Estados, o Distrito Federal e os Municípios estão subordinados às leis nacionais, mas dispõem de competências para dispor sobre determinados assuntos. Cada Estado aprova uma Constituição Estadual e o Município, uma lei orgânica.

- No Brasil, há uma pluralidade de pirâmides normativas. A formulação de Kelsen tomou em vista a situação dos Estados europeus, de configuração unitária. No Brasil, é impossível afirmar a existência de uma única pirâmide, pois existem diversas estruturações existindo de modo concomitante. Há as pirâmides normativas do direito nacional, do direito federal, dos direitos estaduais e do Distrito Federal e dos direitos municipais. Existe, portanto, uma formação em "cata-vento".

Caso prático

A União edita uma lei que garante certos direitos aos servidores públicos federais. Um servidor público de um Estado dispõe do direito de invocar a lei federal para usufruir de um direito não previsto na legislação estadual?

Questões

1) Diferencie forma unitária e forma federativa de Estado.

2) Diferencie os processos de formação da Federação nos EUA e no Brasil.

3) Existe ordem hierárquica entre os entes da Federação brasileira?

4) Diferencie lei nacional e lei federal.

5) Por que se afirma que a representação gráfica do ordenamento jurídico brasileiro seria um cata-vento?

Capítulo XVI
AS PIRÂMIDES NORMATIVAS NO BRASIL

A exposição do ponto anterior permite fornecer um esboço do ordenamento jurídico brasileiro.

XVI.1 – AS PIRÂMIDES NORMATIVAS DOS DIREITOS NA FEDERAÇÃO BRASILEIRA

Há uma multiplicidade de órbitas federativas no Brasil, distinguindo-se a União, os Estados e o Distrito Federal e os Municípios.

XVI.1.1 – A problemática da pluralidade de ordens políticas

A coexistência de uma pluralidade de ordens políticas é agravada pela complexidade nos critérios de discriminação das competências atribuídas a cada qual.

XVI.1.2 – A submissão dos Estados ao Direito nacional

Por outro lado, os Estados e o Distrito Federal encontram-se submetidos às normas editadas pela União no exercício de sua competência legislativa nacional.

XVI.1.3 – A submissão dos Municípios ao Direito nacional e estadual

Enfim, os Municípios estão subordinados não apenas ao Direito nacional produzido pela União, mas também às normas contempladas na Constituição estadual.

XVI.2 – AS FIGURAS CONTEMPLADAS NO PROCESSO LEGISLATIVO

A exposição sobre a estruturação hierárquica do Direito brasileiro exige tomar em vista a previsão constitucional sobre as figuras legislativas admitidas.

XVI.2.1 – O art. 59 da CF

O referido dispositivo contempla o elenco das figuras legislativas, tal como adiante reproduzido:

> "O processo legislativo compreende a elaboração de:
>
> I – emendas à Constituição;
>
> II – leis complementares;
>
> III – leis ordinárias;
>
> IV – leis delegadas;
>
> V – medidas provisórias;
>
> VI – decretos legislativos;
>
> VII – resoluções".

XVI.2.2 – Emendas Constitucionais

A CF admite alterações em seu texto, que se produzem por meio de emendas constitucionais, aprovadas pelo Congresso Nacional. Tal como previsto no art. 60, há restrições ao modo de propositura das emendas (iniciativa) e à sua aprovação, que depende do voto favorável de três quintos dos membros do Congresso Nacional (49 senadores e 308 deputados).

Certas matérias constitucionais não comportam alteração. São as chamadas "cláusulas pétreas", que estão previstas no § 4º do art. 60:

> "Não será objeto de deliberação a proposta de emenda tendente a abolir:
>
> I – a forma federativa de Estado;
>
> II – o voto direto, secreto, universal e periódico;
>
> III – a separação dos Poderes;
>
> IV – os direitos e garantias individuais".

Por outro lado, a Emenda Constitucional pode ter a sua inconstitucionalidade reconhecida. Isso ocorreu com uma alteração prevista na EC 19/1998, que havia alterado a redação do art. 39 da redação original da CF. Foi eliminada a determinação do regime único para o funcionalismo público. O STF reconheceu defeito na Emenda Constitucional e suspendeu a sua aplicação (ADI 2.135-MC, Pleno, rel. Min. Neri da Silveira, rel. para o ac. Min. Ellen Gracie, j. 2.8.2007, *DJe* 7.3.2008).

XVI.2.3 – Leis Complementares

A CF contempla a existência de leis complementares, destinadas a disciplinar certos temas reputados constitucionalmente como merecedores de um tratamento mais seguro e estável. Os requisitos para a lei complementar são a previsão expressa na Constituição e a aprovação por maioria absoluta. Quando se tratar de lei complementar editada pela União, isso exigirá pelo menos 257 votos na Câmara e 41 no Senado Federal.

Por exemplo, a chamada Lei de Responsabilidade Fiscal (Lei Complementar 101/2000) foi prevista no art. 163 da CF. Trata, dentre outros, de assuntos como finanças públicas, dívida pública, concessão de garantias pelas entidades públicas.

A Lei de Responsabilidade Fiscal é uma lei complementar nacional, aplicável a todas as órbitas federativas. Mas há leis complementares federais, que dispõem de temas apenas para a União. Por exemplo, o art. 40, § 4º-A, da CF/1998 determina o seguinte:

> *"Poderão ser estabelecidos por lei complementar do respectivo ente federativo idade e tempo de contribuição diferenciados para aposentadoria de servidores com deficiência, previamente submetidos a avaliação biopsicossocial realizada por equipe multiprofissional e interdisciplinar".*

Logo, cada ente federado poderá editar lei complementar, que se aplicará exclusivamente à própria órbita.

XVI.2.4 – Leis em geral

Há várias figuras em um mesmo patamar, compreendendo as leis ordinárias, leis delegadas, medidas provisórias, decretos legislativos e resoluções.

XVI.2.5 – Leis ordinárias

As leis ordinárias são o veículo comum para o exercício da competência legislativa. Em princípio, a sua aprovação se faz por maioria simples dos membros do Poder Legislativo. No entanto, estão previstas certas restrições no tocante ao poder para a propositura de um projeto de lei (poder de *iniciativa), que variam em vista da matéria versada.*

XVI.2.6 – Leis delegadas

Segundo o art. 68 da CF, *"As leis delegadas serão elaboradas pelo Presidente da República, que deverá solicitar a delegação ao Congresso Nacional".* Essa é uma solução muito rara, que foi pouco utilizada mesmo no passado. Por exemplo, existiu a Lei Delegada 4/1962, dispondo sobre providências para assegurar o abastecimento de produtos no mercado e que foi revogada pela Lei 13.874/2019.

XVI.2.7 – Medidas Provisórias

O art. 62 da CF fixa que, *"Em caso de relevância e urgência, o Presidente da República poderá adotar medidas provisórias, com força de lei, devendo submetê-las de imediato ao Congresso Nacional".*

Há temas sobre os quais não é cabível a edição de Medida Provisória, tais como o Direito penal, o Direito processual penal e o Direito processual civil. A Medida Provisória poderá ser convertida em lei (ordinária), se for aprovada pelo Poder Legislativo em prazo de até cento e vinte dias. Se não houver apreciação nesse prazo, a Medida Provisória perderá a vigência. Outra alternativa é a sua rejeição.

Durante o período de sua vigência, a Medida Provisória é dotada de eficácia equivalente à de lei. Se não vier a ser convertida em lei, caberá ao Poder Legislativo deliberar sobre as relações jurídicas instauradas durante a vigência dela. Se o Poder Legislativo não promover essa disciplina no prazo de sessenta dias (depois do encerramento da vigência da Medida Provisória), as relações constituídas durante a sua vigência continuarão a ser por ela regidas.

XVI.2.8 – Decretos Legislativos

Decretos legislativos são atos do Poder Legislativo que formalizam o exercício de competência privativa, especialmente nas hipóteses de produção de efeitos externos. Por exemplo, a delegação ao Presidente da República, para editar lei delegada, é formalizada por um decreto legislativo. Esse também é o instrumento para disciplinar as relações jurídicas surgidas durante a vigência de Medida Provisória não convertida em lei.

Um exemplo é o Decreto Legislativo 6/2020 do Congresso Nacional, que reconheceu a existência de estado de calamidade pública em virtude da pandemia da COVID-19 para afastar a obrigatoriedade da observância de limites de gastos públicos.

XVI.2.9 – Resoluções do Poder Legislativo

Resoluções são atos do Poder Legislativo para disciplinar temas pertinentes ao seu âmbito interno. Usualmente, essas resoluções não apresentam propriamente natureza legislativa, mas são um instrumento para decisões administrativas. Por exemplo, os Regimentos Internos do Congresso Nacional, do Senado e da Câmara foram aprovados pela Resolução 1/1970 – Congresso Nacional.

No entanto, lembre-se que a expressão também é utilizada para referir-se a decisões colegiadas no âmbito do Poder Executivo e do próprio Poder Judiciário. Assim, muitos órgãos integrantes do Poder Executivo se valem do vocábulo para designar os atos normativos que produzem. Por exemplo, há Resoluções do Conselho Nacional de Trânsito – CONTRAN. E o Conselho Nacional de Justiça – CNJ, que integra o Poder Judiciário, também emite resoluções no exercício de suas competências.

XVI.3 – AS FIGURAS CONTEMPLADAS NA ATIVIDADE ADMINISTRATIVA

Existem normas de natureza administrativa, que são produzidas usualmente pelas autoridades integrantes do Poder Executivo.

XVI.3.1 – A competência normativa externa ao Poder Legislativo

A CF estabelece que *"ninguém será obrigado a fazer ou deixar de fazer alguma coisa senão em virtude de lei"* (art. 5º, inc. II) – entendida a expressão lei em acepção ampla (para indicar inclusive a própria Constituição). Mas isso não significa que a disciplina da conduta humana e a organização do Estado sejam produzidas somente por meio de lei.

Há uma pluralidade de questões cuja disciplina é inviável por meio de lei, inclusive no tocante à determinação dos detalhes e minúcias. Em outros casos, as normas apresentam conteúdo técnico-científico e sua elaboração é atribuída a órgãos administrativos especializados.

Essas normas administrativas devem ter fundamento em uma lei, à qual se destinam a complementar. Somente em hipóteses excepcionais é que se admite a edição de norma administrativa fundada diretamente na Constituição.

XVI.3.2 – Os decretos do Chefe do Poder Executivo

O Chefe do Poder Executivo formaliza seus atos por meio de decretos. A expressão é utilizada de modo abrangente, para produzir tanto atos de cunho normativo como decisões concretas. Assim, por exemplo, o decreto é utilizado para o provimento em cargos públicos. O art. 84 da CF tem a seguinte previsão:

> *"Compete privativamente ao Presidente da República:*
>
> *...*
>
> *IV – sancionar, promulgar e fazer publicar as leis, bem como expedir decretos e regulamentos para sua fiel execução; ...".*

XVI.3.3 – Os regulamentos

A expressão "regulamento" é utilizada para indicar um conjunto de normas de natureza administrativa, usualmente dotadas de cunho de generalidade e abstração. As normas regulamentares compreendem uma grande variedade de assuntos.

Os regulamentos podem ser editados pelo Chefe do Poder Executivo. Nesse caso, a sua veiculação se faz por meio de Decreto. Há outras autoridades administrativas investidas por lei da competência regulamentar. Assim se passa com as agências reguladoras independentes.

XVI.3.4 – Atos normativos de autoridades administrativas subordinadas

Em nível inferior, há os atos de cunho normativo de autoridades administrativas subordinadas, que dispõem sobre questões burocráticas. A denominação desses veículos é variável. A CF aludiu especificamente a instruções, no art. 87, parágrafo único, inc. II, assim redigido:

> *"Compete ao Ministro de Estado, além de outras atribuições estabelecidas nesta Constituição e na lei:*
>
> *...*
>
> *II – expedir instruções para a execução das leis, decretos e regulamentos;".*

Mas o título adotado não é relevante. Alude-se a portaria, resolução, nota técnica e outras expressões similares. O ponto comum é que todas essas figuras encontram-se subordinadas a atos administrativos superiores, os quais encontram fundamento nas normas legislativas.

XVI.4 – ATOS DO PODER JUDICIÁRIO

É necessário diferenciar as decisões do Poder Judiciário conforme tenham natureza jurisdicional ou administrativa.

Como visto, o Poder Judiciário exercita funções administrativas, que podem ser formalizadas em decretos judiciários, resoluções etc.

Mas a função principal desse Poder é jurisdicional, que envolve a edição basicamente de acórdãos e sentenças. Em princípio, essas decisões jurisdicionais são vinculadas e subordinadas às normas legais e (eventualmente) administrativas. No entanto e como já exposto, é problemático afirmar que uma decisão judicial constitui-se em uma mera aplicação das normas constitucionais, legais e administrativas. A definição da posição da decisão judicial no ordenamento jurídico depende das relações políticas existentes num determinado momento.

XVI.5 – NEGÓCIOS JURÍDICOS PÚBLICOS E PRIVADOS

Enfim, os negócios jurídicos públicos e privados produzem normas jurídicas cuja validade depende da sua compatibilidade com o conjunto das outras normas antes referidas.

XVI.6 – A PIRÂMIDE NORMATIVA DO DIREITO FEDERAL

Tomando em vista as considerações anteriores, é possível formular sumariamente a seguinte descrição para a pirâmide jurídica atinente ao Direito federal (não nacional):

- Constituição Federal
- Emenda Constitucional
- Lei Complementar (se for o caso)
- Leis federais
- Decretos e Regulamentos federais
- Atos administrativos subordinados
- Decisões judiciais (?)
- Negócios jurídicos públicos e privados

XVI.7 – A PIRÂMIDE NORMATIVA DO DIREITO NACIONAL PRIVATIVO

A previsão de leis nacionais de competência privativa da União acarreta a submissão não apenas da União, mas também dos demais entes federados e impede a disciplina inovadora por lei local. Um exemplo permite compreender a questão. Suponha-se que um Estado resolva criar uma sociedade estatal na área de saneamento, tal como a Sabesp (São Paulo), a Cedae (Rio de Janeiro), a Copasa (Minas Gerais) ou a Caesb (Distrito Federal). Essas sociedades são pessoas jurídicas disciplinadas pelo Direito Empresarial. Por isso, a sua organização e funcionamento são disciplinadas por leis federais (tal como a Lei 6.404/1976 – Lei das Sociedades Anônimas – e a Lei 13.303/2016 – Lei das Sociedades Estatais Empresárias). A criação da sociedade estatal no âmbito estadual, distrital e municipal depende de autorização legislativa própria. Mas a sociedade criada observará as normas das leis nacionais.

XVI.8 – A PIRÂMIDE NORMATIVA DO DIREITO ESTADUAL PRIVATIVO

Quando existir competência legislativa privativa do Estado e do Distrito Federal, a configuração da pirâmide será essa:
- Constituição Federal
- Emenda Constitucional
- Constituição Estadual (eventual)
- Emenda Constitucional Estadual (eventual)
- Lei Complementar estadual (eventual)
- Leis estaduais
- Decretos e Regulamentos estaduais
- Atos administrativos subordinados
- Decisões judiciais (?)
- Negócios jurídicos públicos e privados

XVI.9 – A PIRÂMIDE NORMATIVA DO DIREITO MUNICIPAL PRIVATIVO

Quando existir competência legislativa privativa do Município, haverá a seguinte configuração para a pirâmide:

- Constituição Federal
- Emenda Constitucional
- Constituição Estadual (eventual)
- Emenda Constitucional Estadual (eventual)
- Lei Orgânica do Município (eventual)
- Leis municipais
- Decretos e Regulamentos municipais
- Atos administrativos subordinados
- Decisões judiciais (?)
- Negócios jurídicos públicos e privados

Nem sempre a matéria pertinente ao Município será objeto de disciplina na Constituição Estadual ou na Lei Orgânica do Município.

XVI.10 – A PIRÂMIDE NORMATIVA DO DIREITO NACIONAL NÃO PRIVATIVO E ESTADUAL

Mas haverá casos em que a legislação editada pela União não excluirá a competência legislativa de Estados. Nesse caso, a pirâmide terá a seguinte configuração:

- Constituição Federal
- Emenda Constitucional
- Lei Complementar (se for o caso)
- Leis federais
- Decretos e Regulamentos federais
- Constituição Estadual (eventualmente)
- Emenda Constitucional Estadual (eventualmente)
- Leis estaduais
- Decretos e Regulamentos estaduais
- Decisões judiciais (?)
- Negócios jurídicos públicos e privados

XVI.11 – DECORRÊNCIAS E CONCLUSÕES

As variações acima demonstram a grande complexidade que as questões jurídicas podem apresentar. Elas evidenciam que o exercício de atividades jurídicas, especialmente no âmbito de Estados, Distrito Federal e Municípios, demandam grande esforço e conhecimento especializado. A conjugação entre as normas editadas pela União, pelos Estados e o Distrito Federal e os Municípios pressupõe o desenvolvimento de habilidades diferenciadas pelo sujeito. Em muitos casos, conduz a um elevado grau de especialização, que não pode ser obtido senão pela dedicação durante longos anos.

RESUMO

- O art. 59 da CF contempla o elenco das figuras legislativas.

- Emendas Constitucionais: alteração do texto da CF aprovada pelo Congresso Nacional. O art. 60 da CF impõe restrições à propositura das emendas (iniciativa) e à sua aprovação, que depende do voto favorável de três quintos dos membros do Congresso Nacional (49 senadores e 308 deputados). Certas matérias constitucionais não comportam alteração. São as chamadas "cláusulas pétreas", que estão previstas no § 4º do art. 60 da CF.

- Leis complementares destinam-se a disciplinar temas reputados constitucionalmente como merecedores de um tratamento mais seguro e estável. Os requisitos para a lei complementar são a previsão expressa na Constituição e a aprovação por maioria absoluta. Há leis complementares nacionais ou federais, estaduais e municipais.

- Leis ordinárias são o veículo comum para o exercício da competência legislativa. Em princípio, a sua aprovação se faz por maioria simples dos membros do Poder Legislativo.

- Leis delegadas são elaboradas pelo Presidente da República, que deverá solicitar a delegação ao Congresso Nacional (art. 68 da CF).

- Medidas Provisórias são medidas com força de lei, adotadas pelo Presidente da República em caso de relevância e urgência. Se não for convertida em lei pelo Congresso Nacional no prazo máximo de 120 dias, perde a sua vigência.

- Decretos Legislativos são atos do Poder Legislativo que formalizam o exercício de competência privativa, especialmente nas hipóteses de produção de efeitos externos.

- Resoluções são atos do Poder Legislativo para disciplinar temas pertinentes ao seu âmbito interno. A expressão "resolução" também é utilizada para atos administrativos praticados por órgãos colegiados.

- Existem normas de natureza administrativa, que são produzidas usualmente pelas autoridades integrantes do Poder Executivo. Há uma pluralidade de questões cuja disciplina é inviável por meio de lei, inclusive no tocante à determinação dos detalhes e minúcias. Em outros casos, as normas apresentam conteúdo técnico-científico e sua elaboração é atribuída a órgãos administrativos especializados.

- O Chefe do Poder Executivo formaliza seus atos por meio de decretos. A expressão "regulamento" é utilizada para indicar um conjunto de normas de natureza administrativa, usualmente dotadas de cunho de generalidade e abstração. As normas regulamentares compreendem uma grande variedade de assunto.

- Em nível inferior, há os atos de cunho normativo de autoridades administrativas subordinadas, que dispõem sobre questões burocráticas. A denominação desses veículos é variável (instruções, portarias, resoluções, notas técnicas etc.).

- É necessário diferenciar as decisões do Poder Judiciário conforme tenham natureza jurisdicional ou administrativa.

- Como visto, o Poder Judiciário exercita funções administrativas, que podem ser formalizadas em decretos judiciários, resoluções etc.
- Os negócios jurídicos públicos e privados produzem normas jurídicas cuja validade depende da sua compatibilidade com o conjunto das outras normas antes referidas.
- Por isso, há várias pirâmides normativas no Direito brasileiro. Há a pirâmide normativa do Direito federal, do Direito nacional privativo, dos Direitos estaduais privativos, dos Direitos Municipais privativos e dos Direitos nacional não privativo e estaduais.
- A conjugação entre as normas editadas pela União, pelos Estados e o Distrito Federal e os Municípios pressupõe o desenvolvimento de habilidades diferenciadas pelo sujeito. Em muitos casos, conduz a um elevado grau de especialização, que não pode ser obtido senão pela dedicação durante longos anos.

Caso prático

Suponha que o Senado Federal edite a Resolução 1.000, dispondo sobre crimes e sua punição e determinando a sua aplicabilidade no território brasileiro. No entanto, o Prefeito do Município "Vapor do Sal" edita o Decreto B12, versando sob o mesmo tema (crimes), contendo regras conflitantes com a Resolução 1.000. O Senado afirma que as normas da Resolução são normas "nacionais" e o Decreto B12 é inconstitucional. O Prefeito afirma que a autonomia municipal assegura disciplinar assuntos de peculiar interesse do Município. Qual a solução jurídica a ser adotada?

Questões

1) Por que se afirma que existem várias pirâmides normativas no Brasil?

2) Diferencie lei complementar e lei ordinária.

3) Indique três espécies de normas jurídicas produzidas por agentes estatais que não integram o Poder Legislativo.

4) Diferencie Resolução do Senado Federal de autoridade administrativa.

5) Diferencie Decreto Legislativo e Decreto Presidencial.

Capítulo XVII
DIREITO PÚBLICO E DIREITO PRIVADO

A distinção entre Direito Público e Direito Privado surgiu ao longo da história e reflete o reconhecimento de que o relacionamento entre os particulares não é disciplinado pelas mesmas normas aplicáveis à atuação estatal.

XVII.1 – A CONCEPÇÃO EM ROMA

A referência ao Direito Público já existia no Direito Romano. Era uma situação peculiar, especialmente porque o pensamento romano rejeitava concepções abstratas, tal como "Estado".

O Direito Público, em Roma, referia-se às normas relacionadas à comunidade e à condução das questões de interesse comum (ausência de conceito abstrato de Estado).

A estrutura principal do Direito Romano era o Direito Privado, que versava sobre as questões entre os sujeitos particulares.

XVII.2 – A EVOLUÇÃO HISTÓRICA E A SITUAÇÃO ATUAL

Ao longo da história, a distinção foi incorporada pela maioria dos Estados europeus continentais. Existe uma concepção básica sobre o tema do Direito Público e do Direito Privado. No entanto, cada Estado consagra o seu próprio modelo relativo à questão.

XVII.3 – A SITUAÇÃO NO DIREITO ANGLO-SAXÃO

O Direito anglo-saxão não recepcionou a distinção e existe um tratamento unitário e uniforme para as relações estabelecidas.

XVII.3.1 – "The King can do no wrong": a imunidade do Poder Executivo ao Judiciário

Um dos motivos da rejeição à diferenciação residia na prevalência do entendimento da ausência de submissão do Rei às normas jurídicas. Aplicava-se o postulado de que "The King can do no wrong". Isso significava que a conduta do Rei não se submetia à disciplina do Direito.

XVII.3.2 – A tendência à submissão do Estado às normas do setor privado

Por outro lado, as manifestações estatais que estabeleciam relacionamento com os particulares submetiam-se ao regime jurídico correspondente.

XVII.3.3 – A limitada intervenção estatal nos EUA

Outro fator relevante se relaciona com a limitação da intervenção estatal nos EUA. No modelo estadunidense, a generalidade das necessidades coletivas é satisfeita por meio da atuação da iniciativa privada. Não existe o instituto do serviço público, embora se conheça a figura da "public utilities". Essa expressão indica serviços destinados a satisfazer necessidades coletivas, sujeitos a regras similares àquelas previstas para a atividade empresarial em geral. Geralmente, as "public utilities" são exploradas pela iniciativa privada, segundo as regras de mercado.

XVII.3.4 – A submissão dos agentes do Estado a controle individual

No Direito estadunidense, o controle das condutas dos agentes públicos é usualmente realizado segundo um enfoque privado. Aplicam-se as mesmas normas que dispõem sobre a conduta dos particulares em geral.

A criação de instrumentos de proteção do indivíduo relativamente ao exercício do poder estatal (tal como o "writ of mandamus") não é considerada como uma medida contra o Estado. A questão é enfocada como um desvio individual do exercente de uma função estatal.

XVII.3.5 – As normas relacionadas à segurança nacional

Mas existe uma distinção relacionada com os temas de segurança nacional. Assim, por exemplo, os contratos do setor militar sujeitam-se a normas diferenciadas daquelas prevalentes no âmbito dos particulares.

XVII.3.6 – Existência (limitada) de normas distintas para setor público e privado

A difusão de regras relacionadas com o setor militar do governo dos EUA produziu alguma influência no sentido de gerar uma distinção relativamente às normas em geral. No entanto, isso não é suficiente para o reconhecimento de uma divisão ampla entre Direito Público e Direito Privado.

XVII.4 – A SITUAÇÃO NO DIREITO BRASILEIRO

No Direito brasileiro, a distinção apresenta grande relevância. É fundamental tomar em vista que não existem definições precisas e exatas para o Direito Público e o Direito Privado, nem há critérios exatos para diferenciar esses dois setores do ordenamento jurídico. Não há um "Código de Direito Público", nem um "Código de Direito Privado".

A diferenciação é reconhecida pela doutrina e pelos operadores do Direito. Encontra-se incorporada em previsões específicas de normas jurídicas.

XVII.4.1 – Direito Público

O Direito Público compreende normas que consagram disciplina orientada à proteção de interesses não disponíveis, usualmente atribuídos à titularidade do Estado.

As normas de Direito Público contemplam soluções para proteger interesses cuja realização é reconhecida como necessária e impositiva e que não comportam renúncia. Ou seja, são interesses indisponíveis. Esses interesses, na generalidade dos casos, são atribuídos ao Estado, ainda que isso nem sempre ocorra.

Por exemplo, o Direito Público prevê a figura da desapropriação, que consiste na extinção compulsória da propriedade privada sobre um bem ou direito e a sua integração no domínio público, mediante o pagamento de indenização justa. A desapropriação somente é admissível quando o bem ou o direito for necessário para satisfação de necessidades coletivas.

A regra geral reside em que todas as relações em que há a participação do Estado se subordinam ao Direito Público. Por exemplo, as normas que dispõem sobre processo legislativo, sobre a atuação do Poder Executivo, sobre as atividades do Poder Judiciário integram o Direito Público.

Mas há normas de Direito Público que regulam relações de que o Estado não participa diretamente. Assim se passa na proteção ao meio ambiente.

As normas de Direito Público preveem um tratamento jurídico diferenciado daquele constante no Direito Privado. Esse tratamento diferenciado se configura, em alguns casos, como mais benéfico. Em outros, é muito mais severo. De modo genérico, as normas de Direito Público restringem a autonomia da atuação dos sujeitos, para evitar o sacrifício dos interesses indisponíveis protegidos.

Por exemplo, as compras realizadas pela Administração são subordinadas usualmente a um procedimento de licitação predeterminado em lei, destinado à obtenção das condições mais vantajosas possíveis.

XVII.4.2 – Direito Privado

As normas de Direito Privado destinam-se à tutela de interesses disponíveis, usualmente de titularidade dos particulares.

O Direito Privado compreende as normas relacionadas com interesses cuja realização não é compulsória, mas que depende das escolhas dos seus titulares. Na generalidade dos casos, esses interesses são de titularidade de sujeitos privados. Há o pressuposto de que os sujeitos dispõem de condições de avaliar e executar as soluções adequadas e satisfatórias à realização dos próprios interesses. Por isso, as normas de Direito Privado reconhecem a autonomia dos sujeitos para a escolha das soluções concretas a serem adotadas.

Por exemplo, as pessoas são livres no âmbito privado para escolherem o procedimento para realização de suas compras. Cabe-lhes o poder de escolher fazer uma licitação ou de pagar o preço que lhes aprouver.

XVII.5 – O REGIME DE DIREITO PÚBLICO

A expressão "regime de Direito Público" indica o conjunto de normas, aplicável usualmente à atuação do Estado e que consagram um modelo de disciplina com as características adiante expostas.

XVII.5.1 – A influência do Direito francês

O regime de Direito Público adotado no Brasil foi fortemente influenciado pelas experiências do início do séc. XX na França.

XVII.5.2 – A indisponibilidade de certos interesses e direitos

Essas concepções se fundam no reconhecimento de que existem interesses e necessidades cuja satisfação é indispensável para a realização do chamado Bem Comum. Alude-se a "indisponibilidade" desses direitos e interesses no sentido de que não se admite o seu sacrifício, nem mesmo pela ausência de providências necessárias à sua defesa e realização. Em alguns casos, toda a comunidade se encontra em posição idêntica e semelhante. Por exemplo, assim se passa com o abastecimento de água e a coleta de esgotos.

Em outras hipóteses, é necessário proteger pessoas vulneráveis e hipossuficientes. Há a exigência de tutela ao meio ambiente.

Esses são alguns exemplos. Há muitos outros, que dependem das circunstâncias. Em todos esses casos, o Direito prevê soluções para reduzir o risco de que a necessidade deixe de ser atendida ou de que o interesse seja comprometido. Isso se faz, usualmente, pela imposição de um dever de atuação do agente e de uma limitação quanto às suas escolhas. Por exemplo, o art. 15 da Lei Complementar

101/2000 fixa que *"Serão consideradas não autorizadas, irregulares e lesivas ao patrimônio público a geração de despesa ou assunção de obrigação que não atendam o disposto nos arts. 16 e 17".*

Essa norma restringe a autonomia do agente público ao realizar as escolhas que possam ampliar o endividamento estatal e preveem consequências severas em caso de infringência. Esse é o modelo típico do Direito Público.

XVII.5.3 – A distinta relevância atribuída à vontade

O regime de Direito Público restringe a autonomia de vontade individual, vedando escolhas que não sejam adequadas à satisfação das necessidades essenciais e à realização dos interesses protegidos.

Por exemplo, a Lei 8.429/1992 configura como improbidade administrativa ato praticado por agente público orientado à obtenção de benefícios patrimoniais indevidos, tal como adiante reproduzido:

> *"Art. 9º Constitui ato de improbidade administrativa importando enriquecimento ilícito auferir qualquer tipo de vantagem patrimonial indevida em razão do exercício de cargo, mandato, função, emprego ou atividade nas entidades mencionadas no art. 1º desta lei, e notadamente:*
>
> *I – receber, para si ou para outrem, dinheiro, bem móvel ou imóvel, ou qualquer outra vantagem econômica, direta ou indireta, a título de comissão, percentagem, gratificação ou presente de quem tenha interesse, direto ou indireto, que possa ser atingido ou amparado por ação ou omissão decorrente das atribuições do agente público; ...".*

XVII.5.4 – A vedação à aplicação de normas previstas para o setor privado

Em muitos casos, as normas que dispõem para o setor privado não são aplicáveis para o âmbito público. Por exemplo, o instituto da usucapião estabelece que o sujeito que mantiver posse mansa e pacífica sobre um bem durante um determinado período adquire a sua propriedade. Mas o art. 102 do Código Civil prevê que "Os bens públicos não estão sujeitos a usucapião". Essa norma elimina o risco de que o Estado perca a propriedade de seus bens por omitir-se no exercício de seus direitos.

XVII.5.5 – A atribuição de prerrogativas distintas daquelas asseguradas aos particulares

O Direito Público se caracteriza também pela atribuição de poderes jurídicos diferenciados para os agentes públicos promoverem os interesses e as necessidades coletivas. Por exemplo, o art. 3º da Lei 13.979/2020 determina o seguinte:

"Para enfrentamento da emergência de saúde pública de importância interna-cional de que trata esta Lei, as autoridades poderão adotar, no âmbito de suas competências, entre outras, as seguintes medidas:

I – isolamento;

II – quarentena;

III – determinação de realização compulsória de:

a) exames médicos;

b) testes laboratoriais;

c) coleta de amostras clínicas;

d) vacinação e outras medidas profiláticas;

e) tratamentos médicos específicos;

III-A – uso obrigatório de máscaras de proteção individual;

..."

XVII.5.6 – O rigor formal

As normas de Direito Público usualmente estabelecem exigências quanto ao modo da prática (forma) dos atos juridicamente relevantes. Nesses casos, a exis-tência e a validade dos atos dependem da observância da forma prevista na norma.

Por exemplo, o Código de Processo Civil (Lei 13.105/2015) estabelece no art. 11 que:

"Todos os julgamentos dos órgãos do Poder Judiciário serão públicos, e fundamen-tadas todas as decisões, sob pena de nulidade".

XVII.6 – O REGIME DE DIREITO PRIVADO

O regime de Direito Privado indica um conjunto de normas que consagram um modelo de disciplina caracterizado pela autonomia para os interessados rea-lizarem as escolhas e adotarem as soluções que lhes parecerem mais satisfatórias, mesmo quando isso acarretar o sacrifício dos próprios interesses.

XVII.6.1 – A preponderância da autonomia da vontade

A característica do Direito Privado é a autonomia da vontade. Os sujeitos são investidos do poder jurídico para formular escolhas e para lhes dar execução. Por exemplo, o art. 113, § 2º, do Código Civil prevê o seguinte:

"As partes poderão livremente pactuar regras de interpretação, de preenchimento de lacunas e de integração dos negócios jurídicos diversas daquelas previstas em lei".

XVII.6.2 – A disponibilidade dos interesses e direitos

O Direito Privado não restringe a disponibilidade dos interesses e direitos. Por exemplo, o proprietário pode renunciar aos seus bens e direitos, tal como previsto no art. 1.275, inc. II, do Código Civil: *"Além das causas consideradas neste Código, perde-se a propriedade: ... II – pela renúncia; ..."*.

XVII.6.3 – A ausência de formalismo

De modo geral, a vontade pode ser manifestada por qualquer modo, no âmbito do Direito Privado. Essa determinação consta do art. 107 do Código Civil: *"A validade da declaração de vontade não dependerá de forma especial, senão quando a lei expressamente a exigir"*.

XVII.7 – A PUBLICIZAÇÃO CONTÍNUA

Verifica-se uma tendência permanente e contínua no sentido da publicização do Direito.

XVII.7.1 – A ampla intervenção do Estado brasileiro nos diversos setores

Isso decorre, em primeiro lugar, da ampla intervenção do Estado brasileiro nos mais diversos setores da atividade. A CF prevê o serviço público, que é uma atividade para satisfação de interesses coletivos essenciais, insuscetíveis de atendimento por meio dos mecanismos de mercado, que é atribuída à titularidade do Estado e prestada sob regime de Direito Público. Por exemplo, o fornecimento de água tratada e a captação de esgotos.

O Direito amplia a proteção para os sujeitos hipossuficientes e para os portadores de limitações. Fixa regras para defesa dos consumidores. Atua no sentido da universalização dos serviços públicos. Assegura a proteção ao meio ambiente. O resultado é a ampliação do âmbito de abrangência do Direito Público.

XVII.7.2 – A atuação estatal em atividades econômicas: o surgimento de regime híbrido

Sob outro prisma, o Estado aplica os seus recursos em atividades econômicas, tal como facultado pelo art. 173 da CF, cuja redação é a seguinte:

> "Ressalvados os casos previstos nesta Constituição, a exploração direta de atividade econômica pelo Estado só será permitida quando necessária aos imperativos da segurança nacional ou a relevante interesse coletivo, conforme definidos em lei".

Surgem sociedades estatais, com personalidade de direito privado e que se encontram subordinadas a um regime jurídico híbrido – parte de Direito Público e parte de Direito Privado.

XVII.7.3 – A contínua funcionalização dos direitos: "função social"

Por outro lado, há o reconhecimento de que o exercício dos direitos privados não pode fazer-se de modo desvinculado da satisfação dos interesses coletivos. Isso envolve a chamada "funcionalização" dos direitos. O art. 5º, inc. XXIII, da CF fixa que: *"a propriedade atenderá a sua função social"*.

A funcionalização vem sendo reconhecida relativamente a todos os demais direitos subjetivos privados, com intensidade crescente.

XVII.8 – A PRIVATIZAÇÃO CONTÍNUA

Ao mesmo tempo, verifica-se um processo de privatização contínua, com a submissão ao Direito Privado de uma pluralidade de atividades e situações anteriormente subordinadas ao Direito Público.

XVII.8.1 – As limitações do regime de Direito Público

Em muitos casos, o problema decorre do próprio regime de Direito Público. O atendimento às necessidades exige, em muitos casos, a adoção de soluções flexíveis, que permitam rapidez no tocante ao tempo e adequação quanto ao conteúdo. O regime de Direito Público amplia o nível de burocracia e nem sempre produz resultados satisfatórios.

XVII.8.2 – A insolvência do Estado e a dependência dos recursos privados

Por outro lado, os recursos financeiros do Estado vão se exaurindo, especialmente em vista do contínuo endividamento. Essa situação impõe a captação de recursos dos particulares e a implementação de práticas próprias da iniciativa privada.

XVII.8.3 – A ampliação dos mecanismos empresariais privados

O Estado também se esforça por incorporar soluções próprias do setor privado, visando ampliar a sua capacidade de gerir adequadamente os próprios bens e recursos.

XVII.8.4 – A exigência de eficiência na exploração dos recursos econômicos

Em suma, a carência de recursos materiais e de pessoal impõe a observância das soluções economicamente mais eficientes. Essas exigências nem sempre são atendidas por meio do regime de Direito Público.

XVII.9 – CONCLUSÃO

A contraposição entre Direito Público e Direito Privado envolve uma pluralidade de discussões, que ultrapassam os limites do estudo do Direito.

XVII.9.1 – As disputas de cunho político

A adoção de um dos dois regimes reflete opções de cunho político. A ampliação da abrangência do Direito Público implica o aumento da participação do Estado e a limitação do campo de atuação reservado aos particulares. A recíproca também se aplica. Portanto, as concepções políticas de esquerda tendem a destacar a relevância do Direito Público, enquanto aquelas de direita se inclinam pelo Direito Privado.

XVII.9.2 – As peculiaridades do "Estado pós-moderno"

Mas as complexidades do estágio atual da evolução sociopolítica geram situações de aparente contradição. Isso envolve o chamado "Estado pós-moderno". A expressão foi cunhada especialmente para indicar o modelo europeu comunitário, mas pode ser aplicada mesmo à situação brasileira atual.

O Estado pós-moderno reflete a situação da pós-modernidade, que se configurou pela superação das aspirações de influência ilimitada do ser humano sobre o mundo circundante. O Estado pós-moderno incorpora contradições e tendências diversas e incompatíveis entre si.[1]

XVII.9.3 – A conjugação dos regimes de Direito Público e de Direito Privado

O efeito prático dessas tendências consiste na conjugação dos regimes de Direito Público e de Direito Privado. Não significa o desaparecimento de cada qual, mas a sua coexistência mais próxima. A atuação do Estado submete-se preponderantemente ao Direito Público, mas com a incidência crescente de normas de Direito Privado. As atividades privadas, embora sujeitas ao Direito Privado, subordinam-se a limitações e imposições compulsórias produzidas por normas específicas de Direito Público.

RESUMO

- A distinção entre Direito Público e Direito Privado surgiu ao longo da história e reflete o reconhecimento de que o relacionamento entre os particulares não é disciplinado pelas mesmas normas aplicáveis à atuação estatal.

- O Direito anglo-saxão não recepcionou a distinção e existe um tratamento unitário e uniforme para as relações estabelecidas:
  a) "The King can do no wrong": a imunidade do Poder Executivo ao Judiciário.
  b) A tendência à submissão do Estado às normas do setor privado.
  c) A limitada intervenção estatal nos EUA.
  d) A submissão dos agentes do Estado a controle individual.
  e) As normas relacionadas à segurança nacional.
  f) Existência (limitada) de normas distintas para setor público e privado.

---

[1] Para um exame da teorização sobre o tema, confira-se CHEVALLIER, Jacques. *O Estado pós moderno*, trad. Marçal Justen Filho. Belo Horizonte: Fórum, 2009.

- A situação no direito brasileiro.
- O Direito Público compreende normas que consagram disciplina orientada à proteção de interesses não disponíveis, usualmente atribuídos à titularidade do Estado.
- As normas de Direito Privado destinam-se à tutela de interesses disponíveis, usualmente de titularidade dos particulares.
- A expressão "regime de Direito Público" indica o conjunto de normas, aplicável usualmente à atuação do Estado e que consagram um modelo de disciplina com as características adiante expostas:
  a) A influência do Direito francês.
  b) A indisponibilidade de certos interesses e direitos.
  c) A distinta relevância atribuída à vontade.
  d) A vedação à aplicação de normas previstas para o setor privado.
  e) A atribuição de prerrogativas distintas daquelas asseguradas aos particulares.
  f) O rigor formal
- O regime de Direito Privado; caracteriza-se pela autonomia para os interessados realizarem as escolhas e adotarem as soluções que lhes parecer mais satisfatória, mesmo quando isso acarretar o sacrifício dos próprios interesses.
  a) A preponderância da autonomia da vontade.
  b) A disponibilidade dos interesses e direitos.
  c) A ausência de formalismo.
- A publicização contínua:
  a) A ampla intervenção do Estado brasileiro nos diversos setores.
  b) A atuação estatal em atividades econômicas: o surgimento de regime híbrido.
  c) A contínua funcionalização dos direitos: "função social".
- A privatização contínua:
  a) As limitações do regime de Direito Público.
  b) A insolvência do Estado e a dependência dos recursos privados.
  c) A ampliação dos mecanismos empresariais privados.
  d) A exigência de eficiência na exploração dos recursos econômicos.
- A contraposição entre Direito Público e Direito Privado envolve uma pluralidade de discussões, que ultrapassam os limites do estudo do Direito:
  a) As disputas de cunho político.
  b) As peculiaridades do "Estado pós-moderno".
  c) A conjugação dos regimes de Direito Público e de Direito Privado.

 Caso prático

Uma Prefeitura Municipal cede um imóvel público para uma empresa privada, com a previsão do pagamento de um valor mensal de cem mil reais. Depois de algum tempo, a empresa pleiteia ao Prefeito que dispense o pagamento mensal, sob o argumento de que gera milhares de empregos e recolhe valores muito elevados aos cofres públicos a título de tributos. É facultado ao Prefeito deferir o requerimento da empresa, reconhecendo a sua contribuição para o progresso municipal?

 Questões

1) Diferencie o Direito Público e o Direito privado relativamente à importância da vontade.

2) Diferencie o Direito Público e o Direito privado relativamente à importância rigor formal.

3) Em que consiste a indisponibilidade de interesses e direitos?

4) Explique a tendência à publicização contínua do Direito.

5) Explique a tendência à privatização contínua do Direito.

Capítulo XVIII
RAMOS DO DIREITO

O Direito é um conjunto de normas, que se apresenta de modo unitário, tomando em vista um fundamento último de validade que se encontra na Constituição.

XVIII.1 – A DIVISÃO DO DIREITO EM "RAMOS"

Para fins didáticos e para facilitar o trabalho de aplicação, o Direito é dividido em ramos.

XVIII.1.1 – Os "ramos do Direito"

Os "ramos do Direito" são conjuntos de normas e institutos jurídicos, assemelhados por critérios próprios, que apresentam aspectos homogêneos, de modo a tornar necessário o seu tratamento conjunto e diferenciado em face das demais normas.

O conceito de "ramo do Direito" reflete um processo de especialização no estudo e na aplicação do Direito. Por exemplo, o Direito Empresarial disciplina basicamente a atividade econômica organizada. É muito problemático um único sujeito dominar as complexidades do Direito Empresarial e do Direito do Trabalho, de modo conjunto. Porém, é inquestionável que a solução dos problemas trabalhistas de uma empresa exige o conhecimento também da disciplina sobre o Direito Empresarial.

XVIII.1.2 – Os institutos jurídicos

A expressão "instituto jurídico" indica um conjunto de normas e conceitos jurídicos, versando sobre um tema determinado, cuja compreensão exige um tratamento integrado. Por exemplo, são institutos o casamento, a empresa, o tributo, o crime, o devido processo legal.

Não existe uma norma jurídica classificando e individualizando os institutos jurídicos. A identificação de um instituto é produzida pela doutrina, mas se exterioriza no próprio tratamento constante das leis. Usualmente, as diversas leis veiculam normas sobre temas próximos, para adotar um tratamento amplo, exaustivo e sistêmico. Daí também se extrai a existência de um instituto jurídico.

Assim, por exemplo, o Código Civil prevê diversas regras sobre as formalidades necessárias à formalização do casamento, os efeitos jurídicos produzidos, o regime de bens para o casal e assim por diante. A existência desse subconjunto de normas, relacionados com um tema específico e determinado, conduz ao reconhecimento do instituto.

Há outro aspecto relevante. Esse subconjunto de normas reflete certos valores e uma racionalidade que é comum às diversas normas. O estudo e a aplicação conjugada desses valores e dessa racionalidade permitem compreender de modo mais aprofundado a disciplina adotada pelo Direito.

XVIII.1.3 – Ramos do Direito e institutos jurídicos

Os conceitos de ramos do Direito e de instituto jurídico não se confundem. O ramo do Direito abrange as normas isoladas e os institutos jurídicos. Ademais, cada ramo do Direito compreende uma pluralidade de institutos jurídicos.

Muitas vezes, no entanto, um instituto jurídico que integrava um ramo do Direito vai adquirindo tamanha complexidade e amplitude que exige o seu tratamento em um ramo específico.

Por exemplo, as relações entre empregadores e empregados eram disciplinadas antigamente por normas existentes no Direito Civil. A evolução conduziu à ampliação drástica das normas relativas ao tema, tal como à consagração de valores próprios e específicos. O resultado foi o surgimento de um novo ramo, o Direito do Trabalho – que, presentemente, não apresenta maior identificação com o Direito Civil.

XVIII.2 – RAMOS DO DIREITO PÚBLICO E DO DIREITO PRIVADO

Os diversos ramos do Direito são organizados em dois grandes conjuntos, que são o Direito Público e o Direito Privado – objeto de exame em ponto anterior.

XVIII.2.1 – Ainda o problema da distinção

Reproduzindo o entendimento já exposto, o Direito Público compreende normas e institutos que consagram disciplina orientada à proteção de interesses não disponíveis, usualmente atribuídos à titularidade do Estado.

Já o Direito Privado abrange normas e institutos orientados à tutela de interesses disponíveis, usualmente de titularidade dos particulares.

XVIII.2.2 – A evolução social e o surgimento de ramos "híbridos"

A evolução social conduziu ao surgimento de ramos que podem ser ditos "híbridos", no sentido de que tanto dispõem sobre interesses disponíveis e egoísticos como também sobre interesses indisponíveis.

Nessa categoria podem ser enquadrados o Direito do Trabalho, o Direito do Consumidor e o Direito Ambiental. O hibridismo desses ramos configura-se porque muitas normas consagram disciplina de Direito Público, enquanto outras preveem normas de Direito Privado. A diferenciação entre elas nem sempre é simples.

XVIII.3 – AS SOLUÇÕES NORMATIVAS DIFERENCIADAS

As normas integrantes do Direito Público e aquelas do Direito Privado refletem valores diversos, são orientadas a fins distintos e consagram soluções não homogêneas para questões aparentemente similares.

XVIII.3.1 – Regime de Direito Público

O regime de Direito Público caracteriza-se pela vinculação à realização de interesses supraindividuais, comportando tratamento diferenciado entre os sujeitos. Há limitação à atuação orientada à satisfação egoística da conveniência privada. Admite-se a adoção de tratamento mais vantajoso para certas categorias de pessoas ou de situações, sem que isso configure violação à exigência de isonomia.

XVIII.3.2 – Regime de Direito Privado

O regime de Direito Privado se refere à realização de interesses de sujeitos privados, com a prevalência da autonomia da vontade, orientada a promover interesses egoísticos. A realização do próprio interesse e a obtenção de lucro – inclusive em virtude do prejuízo alheio – são admitidos como legítimos, desde que não se verifiquem atuações abusivas e práticas de má-fé.

XVIII.4 – RAMOS DO DIREITO PÚBLICO: PARTICIPAÇÃO ESTATAL

Os ramos do Direito Público são aqueles que conjugam normas preponderantemente de Direito Público. As normas relacionadas à atuação do Estado, no desempenho dos poderes estatais, estão compreendidas no âmbito do Direito Público.

XVIII.4.1 – Direito Constitucional

O Direito Constitucional compreende as normas e institutos de mais elevada hierarquia no ordenamento jurídico e que estão consagrados basicamente em um diploma único (que é a Constituição). Mas podem existir normas de hierarquia constitucional previstas especificamente em outros documentos. Assim, por exemplo, existe uma espécie de anexo à Constituição brasileira, denominado "Ato das Disposições Constitucionais Transitórias – ADCT". Por outro lado, uma série de alterações constitucionais consta apenas do texto de Emenda Constitucional, não tendo sido integrado no próprio corpo da Constituição.

Por exemplo, a EC 106/2020 instituiu um regime extraordinário para atuação estatal relativamente à calamidade pública produzida pela pandemia. Essa Emenda contempla diversos dispositivos que não foram integrados ao texto da CF. Por exemplo, o art. 2º estabelece o seguinte:

> *"Com o propósito exclusivo de enfrentamento do contexto da calamidade e de seus efeitos sociais e econômicos, no seu período de duração, o Poder Executivo federal, no âmbito de suas competências, poderá adotar processos simplificados de contratação de pessoal, em caráter temporário e emergencial, e de obras, serviços e compras que assegurem, quando possível, competição e igualdade de condições a todos os concorrentes, dispensada a observância do § 1º do art. 169 da Constituição Federal na contratação de que trata o inciso IX do caput do art. 37 da Constituição Federal, limitada a dispensa às situações de que trata o referido inciso, sem prejuízo da tutela dos órgãos de controle.*
>
> *Parágrafo único. Nas hipóteses de distribuição de equipamentos e insumos de saúde imprescindíveis ao enfrentamento da calamidade, a União adotará critérios objetivos, devidamente publicados, para a respectiva destinação a Estados e a Municípios".*

O Direito Constitucional compreende as normas e os institutos relacionados com temas reconhecidos como essenciais pela Nação. Isso compreende a consagração e a disciplina dos Direitos Fundamentais e da organização do Estado. No entanto, não existe um elenco predeterminado nem exaustivo dos temas abrangidos no Direito Constitucional.

Cada país determina o âmbito de abrangência do seu próprio Direito Constitucional. Mais precisamente, o Direito Constitucional compreende as matérias objeto de disciplina em sua Constituição.

As primeiras Constituições, promulgadas no séc. XVIII, dispunham sobre temas muito limitados. Assim se passou com a Constituição dos EUA de 1787. Com o passar do tempo, muitas outras matérias passaram a ser incluídas no Direito Constitucional.

O Brasil caracteriza-se por uma abrangência muito ampla do Direito Constitucional. A Constituição brasileira trata dos mais diversos temas. Por isso, apresenta extensão significativa e uma grande quantidade de dispositivos. Mais ainda, encontra-se sujeita a um processo contínuo de alterações, em virtude do reconhecimento pela sociedade da superação e da eventual inadequação das soluções adotadas.

Muitos dispositivos da CF foram objeto de diversas alterações desde a sua edição em 1988.

XVIII.4.2 – Direito Penal

O Direito Penal abrange as normas e institutos relacionados à definição das infrações penais (basicamente, o crime) e de seu sancionamento (pena). O crime consiste numa conduta dotada de elevado grau de reprovabilidade, que é sancionada por via das punições mais severas admitidas pelo sistema jurídico. Esse ramo encontra-se disciplinado no Código Penal (Decreto-lei 2.848/1940, com muitas alterações) e por lei penais especiais. Uma das mais conhecidas é a Lei 11.340/2006, conhecida como Lei Maria da Penha, que versa sobre crimes de violência doméstica e familiar contra a mulher.

A competência legislativa para o Direito Penal é privativa da União.

XVIII.4.3 – Direito Administrativo

O Direito Administrativo compreende as normas e institutos relativos à organização e à atividade administrativa do Estado e dos sujeitos encarregados de seu desempenho.

Não existe um diploma único e abrangente de todas as normas compreendidos no Direito Administrativo. A multiplicidade dos temas versados é tão ampla que seria impossível conjugar todas essas normas numa única lei. Existem milhares de leis que tratam de Direito Administrativo, algumas delas muito antigas.

Certos temas de Direito Administrativo são disciplinados por lei nacional. Outros são objeto de leis aplicáveis nos limites de cada ente federado. Isso também explica a grande quantidade de normas de Direito Administrativo.

Os principais temas relacionados com o Direito Administrativo são a organização do Poder Executivo, os servidores públicos, o processo administrativo, o serviço público, o poder de polícia, o fomento econômico, a regulação econômico-social.

A maior parte desses temas é objeto de disciplina, ainda que indireta, da CF. Por decorrência, o estudo e a aplicação do Direito Administrativo envolvem temas de Direito Constitucional.

XVIII.4.4 – Direito Econômico

O Direito Econômico refere-se à atuação do Estado no domínio das relações econômicas. O Estado de Bem-Estar Social desenvolve atividades no cenário econômico, visando a promover o desenvolvimento nacional e a satisfazer os Direitos fundamentais de todos.

Em algumas hipóteses, o Estado assume a exploração de atividades econômicas. Isso acarreta o surgimento das sociedades estatais, tal como o Banco do Brasil S.A., a Caixa Econômica Federal etc.

De modo mais amplo, o Estado exercita competências regulatórias, estabelecendo os requisitos, limites e outras exigências para os particulares desempenharem atividades econômicas. O Direito Econômico compreende uma grande quantidade de temas, tais como a condução da política financeira (Banco Central) a defesa da concorrência (Conselho Administrativo da Defesa da Concorrência – CADE), a regulação do mercado de valores mobiliários (Comissão de Valores Mobiliários – CVM) e muitos outros temas, compreendendo inclusive as agências reguladoras independentes.

O Direito Econômico é um ramo do Direito mais recente. Compreende normas e institutos que integravam outros ramos do Direito. Anteriormente, esses temas eram tratados especialmente no âmbito do Direito Administrativo e do Direito Empresarial.

A CF prevê que a competência concorrente de União, Estados e Distrito Federal para legislar sobre Direito Econômico (art. 24, inc. I).

XVIII.4.5 – Direito Tributário

O Direito Tributário versa sobre a disciplina da apropriação compulsória pelo Estado da riqueza privada (tributo). O tributo é a fonte primordial de recursos necessários à manutenção do Estado e das atividades estatais, tal como se constitui em instrumento para promover a redistribuição da riqueza e promover atividades socialmente desejáveis.

Os diversos entes federativos são titulares de competências tributárias próprias. Há tributos privativos da União, dos Estados, dos Municípios e do Distrito Federal. De modo genérico, cada tributo é disciplinado por uma ou mais leis específicas.

Há certos temas que se submetem à disciplina de lei nacional, editada pela União. Várias questões do Direito Tributário são subordinadas à lei complementar. Por exemplo, o art. 146 da CF fixa o seguinte:

> *"Cabe à lei complementar:*
>
> *I – dispor sobre conflitos de competência, em matéria tributária, entre a União, os Estados, o Distrito Federal e os Municípios;*
>
> *II – regular as limitações constitucionais ao poder de tributar;*
>
> *III – estabelecer normas gerais em matéria de legislação tributária, especialmente sobre: ...".*

XVIII.4.6 – Direito Previdenciário

O Direito Previdenciário contempla as normas relativas à previdência social, destinadas a assegurar a tutela aos indivíduos em situação de carência ou hipossuficiência em virtude da idade ou de outras vulnerabilidades. O art. 201 da CF estabelece o seguinte:

> *"A previdência social será organizada sob a forma do Regime Geral de Previdência Social, de caráter contributivo e de filiação obrigatória, observados critérios que preservem o equilíbrio financeiro e atuarial, e atenderá, na forma da lei, a:*
>
> *I – cobertura dos eventos de incapacidade temporária ou permanente para o trabalho e idade avançada;*
>
> *II – proteção à maternidade, especialmente à gestante;*
>
> *III – proteção ao trabalhador em situação de desemprego involuntário;*
>
> *IV – salário-família e auxílio-reclusão para os dependentes dos segurados de baixa renda;*
>
> *V – pensão por morte do segurado, homem ou mulher, ao cônjuge ou companheiro e dependentes, observado o disposto no § 2º".*

O Direito Previdenciário compreende normas relacionadas com a obtenção dos recursos – que apresentam configuração semelhante à dos tributos, dos quais se diferenciam pela destinação específica – e com o pagamento de benefícios e outras medidas para atendimento aos beneficiários.

Há uma multiplicidade de leis tratando do tema. Algumas delas são nacionais, mas outras estão delimitadas no âmbito de cada ente federado.

XVIII.4.7 – Direito Processual Civil

O Direito Processual Civil disciplina da atividade jurisdicional do Estado relativa a litígios de natureza não penal. A competência legislativa para o Direito Processual Civil é privativa da União.

Existem normas gerais de Direito Processual Civil veiculadas por um Código de Processo Civil (Lei 13.105/2015). Mas também há leis especiais, que tratam de temas específicos. Por exemplo, há a Lei do Mandado de Segurança (Lei 12.016/2009).

Os principais institutos desse ramo do Direito são a jurisdição, a competência, Direito de ação e o processo.

XVIII.4.8 – Direito Processual Penal

O Direito Processual Penal disciplina a atividade jurisdicional do Estado relativa a litígios de natureza penal. Também nesse caso, a competência legislativa privativa é da União.

Existe um Código de Processo Penal (Decreto-lei 3.689/1941), que foi alterado por muitas leis durante o tempo. As normas sobre o processo penal para crimes comuns atribuídos ao Presidente da República constam da própria CF.

XVIII.4.9 – Direito Internacional Público

O Direito Internacional Público disciplina os sujeitos reconhecidos como titulares de Direitos e obrigações no concerto das nações e as relações entre eles estabelecidas. Os Estados soberanos são sujeitos de Direito Internacional Público, mas há também organizações que são assim reconhecidas. Por exemplo, a Organização das Nações Unidas é um sujeito de Direito Internacional Público. A competência legislativa é privativa da União.

Cada País consagra as suas próprias regras de Direito Internacional Público. No entanto, há normas não nacionais sobre o tema. Essas normas constam de tratados e convenções internacionais, muitas delas tratando de temas como a guerra. De modo genérico, esses temas relacionados à guerra estão tratados em diversas Convenções de Genebra.

XVIII.4.10 – Direito Internacional Privado

O Direito Internacional Privado disciplina as soluções para as situações que envolvam a incidência do Direito de mais de um Estado soberano. Como é usualmente afirmado, trata-se de um ramo que veicula normas que nem são de Direito Internacional, nem são de Direito Privado. A competência legislativa é privativa da União.

As normas de Direito Internacional Privado versam sobre os critérios para determinação do Direito aplicável em determinado país, relativamente a situações cujo aperfeiçoamento e desenvolvimento se verificou no território de mais de um país. Assim, por exemplo, suponha-se um sujeito nascido na China, que contrai matrimônio na Albânia, tem filhos nascidos na Grã-Bretanha e nos EUA, é titular de bens no Brasil e falece no Uruguai. É muito possível que o Direito de cada um desses países adote soluções distintas para as questões envolvidas. As normas de Direito Internacional determinam não a solução para os conflitos, mas determinam o país cujo Direito será aplicado.

As normas de Direito Internacional Privado mais relevantes no Brasil se encontram no Dec.-lei 4.657/1942 (LINDB).

Há muitos tratados e convenções internacionais destinados a promover a uniformização das normas sobre temas específicos. Por exemplo, a Convenção das Nações Unidas sobre Contratos de Compra e Venda Internacional de Mercadorias – UNCITRAL, foi firmada em 1980 em Viena e promulgada no Brasil por meio do Decreto 8.327/2014.

XVIII.5 – RAMOS DO DIREITO PRIVADO

Os ramos do Direito Privado contemplam a disciplina basicamente da situação e das relações que envolvem sujeitos privados (ou do Estado, quando atua como se privado o fosse), para atendimento de seus interesses próprios (usualmente disponíveis).

XVIII.5.1 – Direito Civil

O Direito Civil disciplina sobre os sujeitos, considerados como particulares, e o seu relacionamento para satisfação de suas necessidades. Em termos simplistas, pode-se afirmar que o Direito Civil disciplina a pessoas e as obrigações, os Direitos reais (tal como a propriedade), o Direito de família e o Direito de sucessões.

A competência legislativa é privativa da União.

Existe um Código Civil (Lei 10.406/2002), mas a abrangência dos temas tratados conduz à existência de um número significativo de leis especiais. Assim, por exemplo, o aluguel (locação) de imóveis é disciplinado pela Lei 8.245/1991.

XVIII.5.2 – Direito Empresarial

O Direito Empresarial dispõe sobre o exercício profissional das atividades econômicas organizadas, tal como as atividades abrangidas e suas implicações. A abrangência do Direito Empresarial é muito ampla. Em uma economia capitalista, a disciplina das operações de mercado faz-se basicamente por meio do Direito Empresarial.

Não existe presentemente um "Código de Direito Empresarial". Uma parcela significativa dos temas é objeto do Código Civil. Mas há uma quantidade enorme de leis especiais. Por exemplo, a Lei 6.404/1976 dispõe sobre as sociedades anônimas.

Um tema específico se relaciona com as sociedades estatais, que são constituídas pelo Estado para exploração de atividades econômicas, nas hipóteses permitidas constitucionalmente. Essas sociedades e suas atividades são disciplinadas, em grande parte, pelo Direito Empresarial.

A competência legislativa é privativa da União.

XVIII.6 – RAMOS "HÍBRIDOS"

Como dito, há ramos do Direito que são híbridos, porque disciplinam relações de que não participa de modo necessário o Estado, mas que envolvem Direitos e interesses que, em certos casos, são indisponíveis. Mas há aspectos em que as normas seguem o modelo do Direito Privado, reconhecendo a existência de Direitos e interesses tipicamente privados, que comportam disponibilidade.

XVIII.6.1 – Direito do Trabalho

O Direito do Trabalho disciplina das relações de trabalho, desde que exercitadas de modo contínuo, mediante remuneração e sob vínculo hierárquico. Existe uma Consolidação das Leis do Trabalho – CLT produzida pelo Decreto-lei 5.452/1943, que sofreu uma grande quantidade de alterações.

As normas trabalhistas tratam dos Direitos e obrigações de empregadores e trabalhadores, visando a proteção dos interesses desses últimos. Lembre-se que existe uma Justiça do Trabalho especializada, que é titular da competência para conhecer e decidir os litígios trabalhistas.

A competência legislativa é privativa da União (CF, art. 22, inc. I).

XVIII.6.2 – Direito do Consumidor: disciplina das relações de que participa um consumidor

O Direito do Consumidor dispõe sobre relações jurídicas, especialmente de cunho comercial, que envolvam um "consumidor".

O art. 24, inc. VIII, da CF estabelece ser da competência legislativa concorrente da União e dos Estados e Distrito Federal legislar sobre responsabilidade sobre dano ao consumidor. Mas o art. 48 do Ato das Disposições Constitucionais Transitórias – ACDT determinou que:

> "O Congresso Nacional, dentro de cento e vinte dias da promulgação da Constituição, elaborará código de defesa do consumidor".

A União editou a Lei 8.078/1990, conhecida como Código de Defesa do Consumidor, que contemplas normas fundamentais sobre o tema. No seu art. 2º, estabelece a seguinte previsão: *Consumidor é toda pessoa física ou jurídica que adquire ou utiliza produto ou serviço como destinatário final*".

XVIII.6.3 – Direito Ambiental

O Direito Ambiental consagra normas de proteção ao meio ambiente, visando proteger a Natureza, promover o desenvolvimento nacional sustentável e reprimir práticas infringentes desses bens.

Existe uma grande quantidade de leis relacionadas com a defesa do meio ambiente. Muitas delas tratam de temas específicos. Há o chamado Código Florestal (Lei 12.651/2012), além de leis específicas sobre atividades danosas ao meio ambiente.

O Direito Ambiental é um "Direito Transversal". A expressão indica a inter-relação entre a proteção do meio ambiente e a generalidade de outros temas. Todas as atividades economicamente relevantes envolvem, de algum modo, riscos ao meio ambiente. Portanto, podem ser encontradas normas de Direito Ambiental no bojo de leis cuja finalidade principal é dispor sobre outros assuntos.

O art. 24 da CF determina, nos incs. VI, VII e VIII, a competência concorrente da União e dos Estados e Distrito Federal legislar sobre temas de natureza ambiental. A redação desses dispositivos é a seguinte:

> *"Compete à União, aos Estados e ao Distrito Federal legislar concorrentemente sobre:*
>
> *...*
>
> *VI – florestas, caça, pesca, fauna, conservação da natureza, defesa do solo e dos recursos naturais, proteção do meio ambiente e controle da poluição;*
>
> *VII – proteção ao patrimônio histórico, cultural, artístico, turístico e paisagístico;*
>
> *VIII – responsabilidade por dano ao meio ambiente, ao consumidor, a bens e direitos de valor artístico, estético, histórico, turístico e paisagístico;".*

XVIII.7 – CONCLUSÃO

Existe uma dinâmica dos processos sociais (econômicos etc.) que acarreta o surgimento de modo contínuo de novos "ramos" do Direito. Há o Direito Econômico, o Direito Eleitoral, o Direito Agrário, o Direito da Propriedade Industrial (patentes e marcas), o Direito da Energia, o Direito das Telecomunicações e assim por diante. A exposição sobre todos esses temas é inviável.

Existe uma inter-relação entre os diversos ramos do Direito, cuja conjugação envolve a vinculação comum à raiz constitucional. Mas essa concatenação também deriva da exigência de integração para assegurar o atingimento harmônico das diversas finalidades buscadas.

No tocante aos operadores do Direito, a multiplicidade exposta implica uma exigência de especialização. Não é humanamente possível dominar todos esses ramos do Direito. Isso conduz ao estudo focado em certos temas, o que permite o domínio mais perfeito quanto aos problemas e suas soluções jurídicas. Mas é sempre indispensável tomar em vista a necessidade de conhecimento sobre os institutos jurídicos fundamentais, que se constituem no pressuposto e no alicerce das concepções específicas prevalentes em cada ramo do Direito.

RESUMO

- Os "ramos do Direito" são conjuntos de normas e institutos jurídicos, assemelhados por critérios próprios, que apresentam aspectos homogêneos, de modo a tornar necessário o seu tratamento conjunto e diferenciado em face das demais normas.

- A expressão "instituto jurídico" indica um conjunto de normas e conceitos jurídicos, versando sobre um tema determinado, cuja compreensão exige um tratamento integrado. Por exemplo, são institutos o casamento, a empresa, o tributo, o crime, o devido processo legal.

- Os ramos do Direito Público são aqueles que conjugam normas preponderantemente de Direito Público. As normas relacionadas à atuação do Estado, no desempenho dos poderes estatais, estão compreendidas no âmbito do Direito Público.

- O Direito Constitucional compreende as normas e institutos de mais elevada hierarquia no ordenamento jurídico e que estão consagrados basicamente em um diploma único (que é a Constituição). O Brasil caracteriza-se por uma abrangência muito ampla do Direito Constitucional

- O Direito Penal abrange as normas e institutos relacionados à definição das infrações penais (basicamente, o crime) e de seu sancionamento (pena). O crime consiste numa conduta dotada de elevado grau de reprovabilidade, que é sancionada por via das punições mais severas admitidas pelo sistema jurídico.

- O Direito Administrativo compreende as normas e institutos relativos à organização, à atividade administrativa do Estado e aos sujeitos encarregados de seu desempenho.

- O Direito Econômico refere-se à atuação do Estado no domínio das relações econômicas. O Estado de Bem-Estar Social desenvolve atividades no cenário econômico, visando a promover o desenvolvimento nacional e a satisfazer os Direitos fundamentais de todos.

- O Direito Tributário versa sobre a disciplina da apropriação compulsória pelo Estado da riqueza privada (tributo). O tributo é a fonte primordial de recursos necessários à manutenção do Estado e das atividades estatais, tal como se constitui em instrumento para promover a redistribuição da riqueza e promover atividades socialmente desejáveis.

- O Direito Processual Civil disciplina da atividade jurisdicional do Estado relativa a litígios de natureza não penal. A competência legislativa para o Direito Processual Civil é privativa da União.

- O Direito Processual Penal disciplina da atividade jurisdicional do Estado relativa a litígios de natureza penal. Também nesse caso, a competência legislativa privativa é da União.

- O Direito Internacional Público disciplina os sujeitos reconhecidos como titulares de Direitos e obrigações no concerto das nações e as relações entre eles estabelecidas.

- O Direito Internacional Privado disciplina as soluções para as situações que envolvam a incidência do Direito de mais de um Estado soberano. Essas normas nem são de Direito Internacional, nem de Direito Privado.

- Os ramos do Direito Privado contemplam a disciplina da situação e das relações que envolvem sujeitos privados (ou do Estado, quando atua como privado), para atendimento de seus interesses próprios (usualmente disponíveis).

- O Direito Civil disciplina sobre os sujeitos, considerados como particulares, e o seu relacionamento para satisfação de suas necessidades. Dispõe sobre as pessoas, as obrigações, os Direitos reais (tal como a propriedade), o Direito de família e o Direito de sucessões.

- O Direito Empresarial dispõe sobre o exercício profissional das atividades econômicas organizadas. Em uma economia capitalista, a disciplina das operações de mercado faz-se basicamente por meio do Direito Empresarial.

- Há ramos do Direito que são híbridos, porque disciplinam relações de que não participa de modo necessário o Estado, mas que envolvem Direitos e interesses que, em certos casos, são indisponíveis. E há Direitos e interesses privados, que comportam disponibilidade.

- O Direito do Trabalho disciplina das relações de trabalho, desde que exercitadas de modo contínuo, mediante remuneração e sob vínculo hierárquico.

- O Direito do Consumidor dispõe sobre relações jurídicas, especialmente de cunho comercial, que envolvam um "consumidor".

- O Direito Ambiental consagra normas de proteção ao meio ambiente, visando proteger a Natureza, promover o desenvolvimento nacional sustentável e reprimir práticas infringentes desses bens.

 Questões

1) O que são institutos jurídicos? Dê dois exemplos.

2) Diferencie o Direito Penal do Direito Administrativo.

3) Explique em suas palavras o objeto do Direito Econômico.

4) Diferencie Direito Internacional Público de Direito Internacional Privado.

5) Em qual sentido se aludiu a ramos "híbridos" do Direito?

Capítulo XIX

SUJEITO DE DIREITO – A PESSOA NATURAL (OU FÍSICA)

Sujeito de direito é um conceito jurídico fundamental.

XIX.1 – O CONCEITO JURÍDICO DE "PESSOA"

O sujeito de direito é a pessoa, conceito jurídico que não se confundiu, ao longo da história, à figura do ser humano.

XIX.1.1 – Definição de pessoa

Pessoa é o sujeito das relações jurídicas, de que decorre a aptidão para tornar-se titular de direitos e deveres.

XIX.1.2 – A concepção vigente

Na atualidade, ocorre a atribuição uniforme e homogênea da personalidade jurídica (capacidade de ser pessoa) a todos os seres humanos. Todo ser humano, simplesmente por essa qualidade, é uma pessoa.

XIX.1.3 – A evolução histórica

No entanto e ao longo do tempo, prevaleceram concepções diferentes de tratamento entre os seres humanos para fins jurídicos. Nem todos os seres humanos eram considerados como pessoa.

XIX.2 – ALGUMAS CONSIDERAÇÕES HISTÓRICAS

A compreensão do conceito de pessoa é facilitada por uma breve incursão de cunho histórico.

XIX.2.1 – A origem da expressão "pessoa"

O vocábulo "pessoa" teve origem na expressão "per sonare", que indicava uma máscara usada pelos atores no teatro clássico, destinada a ampliar o som da voz e permitir ser ouvido.

Essa origem permite compreender que o conceito de pessoa envolvia, na sua origem, uma qualificação atribuída a um ser humano, mas que não era compartilhada por todos. A dimensão simbólica de uma "máscara" é muito evidente, eis que se trata de uma forma de intermediação entre o indivíduo e o restante da sociedade.

Mais simbólico ainda é que a máscara destinava-se a permitir que o indivíduo fosse ouvido pelos demais integrantes da comunidade.

XIX.2.2 – Pessoa como um "atributo" distinto da condição de ser humano

O conceito de pessoa surgiu, portanto, como um atributo não confundível com a condição de ser humano. Envolvia uma condição diferenciada, reservada para alguns sujeitos e que os tornava "atores" no cenário jurídico.

Sob esse enfoque, a condição de pessoa se constituía em uma qualidade prevista pelo Direito e não atribuível automaticamente a qualquer ser humano.

Ao longo da história, a distinção era muito clara, eis que muitos seres humanos foram tratados pelo Direito como não-pessoas. Assim se passou com os escravos, as mulheres e os estrangeiros.

XIX.2.3 – A conquista democrática

Somente com a afirmação da democracia é que a condição de pessoa foi assegurada a todos os seres humanos, de tal modo a que, na própria linguagem cotidiana, as expressões "pessoa" e "ser humano" costumam ser utilizadas de modo equivalente.

No entanto, é até possível que, em algum momento futuro, haja modificações no conceito de pessoa.

XIX.3 – A PESSOA NATURAL OU FÍSICA

O sujeito de direito por excelência, a quem é atribuída a condição de pessoa na sua acepção intrínseca, é o ser humano. Alude-se, então à figura da pessoa natural ou física.

XIX.3.1 – A dignidade do ser humano

O Estado e o Direito brasileiro se alicerçam sobre determinados postulados fundamentais. Dentre eles, encontra-se a dignidade do ser humano.

A dignidade da pessoa humana, que será objeto de análise mais aprofundada em ponto subsequente, consiste na vedação à instrumentalização do ser humano. O ser humano é sempre um sujeito, dotado de atributos irredutíveis. Todos os seres humanos são dotados igualmente de dignidade.

XIX.3.2 – Os fundamentos constitucionais

A CF impõe consagra a dignidade humana como um dos alicerces da República brasileira, tal como se lê no art. 1º, nos termos adiante reproduzidos:

> *"A República Federativa do Brasil, formada pela união indissolúvel dos Estados e Municípios e do Distrito Federal, constitui-se em Estado Democrático de Direito e tem como fundamentos:*
>
> *I – a soberania;*
>
> *II – a cidadania*
>
> *III – a dignidade da pessoa humana;*
>
> *IV – os valores sociais do trabalho e da livre iniciativa;*
>
> *V – o pluralismo político".*

O art. 5º da CF estabelece que "Todos são iguais perante a lei", o que implica o reconhecimento da dignidade equivalente para todos os seres humanos. Em diversas outras passagens, o texto constitucional reitera essa determinação.

XIX.3.3 – A previsão específica do Código Civil

O Código Civil reconhece a condição de pessoa para a generalidade dos seres humanos. O art. 1º prevê o seguinte:

> *"Toda pessoa é capaz de direitos e deveres na ordem civil".*

XIX.3.4 – A personalidade ou capacidade jurídica

O Código Civil se refere à "capacidade" de ser titular de direitos e deveres. Essa capacidade consiste na titularidade da condição de pessoa. As expressões capacidade jurídica e personalidade jurídica são equivalentes no Direito.

XIX.4 – A PROBLEMÁTICA DO INÍCIO DA PERSONALIDADE DA PESSOA FÍSICA

Um dos temas mais problemáticos do Direito – e da Filosofia e da Ciência – consiste na determinação do momento inicial da personalidade jurídica.

XIX.4.1 – A disputa sobre o aborto

A determinação do momento inicial da aquisição da personalidade jurídica (o surgimento da pessoa) envolve uma tomada de posição relativamente à questão do aborto. Admitindo que a pessoa existe a partir do momento da concepção, a extinção voluntária e intencional da gravidez configuraria uma conduta reprovável, enquadrando-se num conceito amplo de homicídio.

Já o entendimento de que a personalidade da pessoa natural se inicia apenas como nascimento conduziria ao reconhecimento de que o aborto não importa lesão a direitos de um sujeito.

XIX.4.2 – As outras implicações jurídicas

A determinação do momento de início da personalidade jurídica da pessoa natural apresenta relevância para outros fins jurídicos. Por exemplo, suponha-se que sobrevenha o falecimento do pai, durante o período de gestação. Esse nascituro teria direito ao recebimento da herança ou não?

XIX.4.3 – A solução legislativa formal

O Código Civil adota uma disciplina peculiar, no seu art. 2º:

> *"A personalidade civil da pessoa começa do nascimento com vida; mas a lei põe a salvo, desde a concepção, os direitos do nascituro".*

Isso significa negar que a pessoa exista em momento anterior ao nascimento com vida, mas assegurar os "direitos" do nascituro – fórmula que, rigorosamente, apresenta uma contradição em termos. Afinal, se a personalidade apenas se inicia com o nascimento com vida, o nascituro não teria "direitos".

Até por isso, o art. 1.798 do Código Civil estabelece o seguinte:

> *"Legitimam-se a suceder as pessoas nascidas ou já concebidas no momento da abertura da sucessão".*

Não existe invalidade em uma lei estabelecer uma solução que consagre uma discordância lógica.

XIX.4.4 – A natureza "declaratória" do Registro Civil

O Estado mantém um sistema de documentação sobre a existência e a condição jurídica das pessoas físicas, que se encontra a cargo do Registro Civil de Pessoas Naturais, que é disciplinado pela Lei 6.015/1973.

O Registro Civil é um serviço de natureza pública, desempenhado por *"serventuários privativos nomeados de acordo com o estabelecido na Lei de Organização*

Administrativa e Judiciária do Distrito Federal e dos Territórios e nas Resoluções sobre a Divisão e Organização Judiciária dos Estados" (Lei 6.015/1973, art. 2º).

A condição de pessoa física independe da inscrição do indivíduo no Registro Civil. Relativamente às pessoas físicas, o registro civil tem apenas eficácia declaratória. Assim, por exemplo, o art. 1.603 do Código Civil determina que:

> *"A filiação prova-se pela certidão do termo de nascimento registrada no Registro Civil".*

XIX.5 – A EXTINÇÃO DA PERSONALIDADE JURÍDICA DO SER HUMANO

A personalidade jurídica do ser humano se extingue com a morte. O art. 6º do Código Civil estabelece:

> *"A existência da pessoa natural termina com a morte; presume-se esta, quanto aos ausentes, nos casos em que a lei autoriza a abertura de sucessão definitiva".*

XIX.5.1 – A morte efetiva

A morte efetiva se verifica nas hipóteses em que tal é constatável por meio dos recursos científicos, em exame fático.

XIX.5.2 – Morte presumida

Há situações em que é impossível a constatação fática da morte do ser humano, mas estão presentes indícios da sua ocorrência. Isso autoriza uma presunção – que consiste numa inferência lógica sobre a ocorrência de um determinado evento em virtude da comprovação de fatos que costumeira ou necessariamente precedem, acompanham ou sucedem a sua consumação.

O art. 7º do Código Civil determina que:

> *"Pode ser declarada a morte presumida, sem decretação de ausência:*
>
> *I – se for extremamente provável a morte de quem estava em perigo de vida;*
>
> *II – se alguém, desaparecido em campanha ou feito prisioneiro, não for encontrado até dois anos após o término da guerra.*
>
> *Parágrafo único. A declaração da morte presumida, nesses casos, somente poderá ser requerida depois de esgotadas as buscas e averiguações, devendo a sentença fixar a data provável do falecimento".*

XIX.5.3 – Ausência

Uma outra hipótese relaciona-se com a ausência, cuja definição se encontra no art. 22 do Código Civil:

"Desaparecendo uma pessoa do seu domicílio sem dela haver notícia, se não houver deixado representante ou procurador a quem caiba administrar-lhe os bens, o juiz, a requerimento de qualquer interessado ou do Ministério Público, declarará a ausência, e nomear-lhe-á curador".

A manutenção da situação de ausência autoriza a adoção de providências jurídicas semelhantes àquela decorrentes da morte. O Código Civil trata do tema como "sucessão provisória". A continuidade dessa situação autoriza a "sucessão definitiva", que é uma decorrência da extinção da existência da pessoa física.

XIX.6 – PERSONALIDADE JURÍDICA (CAPACIDADE DE DIREITO) E CAPACIDADE DE FATO

Há duas questões distintas e inconfundíveis, relacionadas às pessoas físicas. A personalidade (capacidade) jurídica é a "capacidade" de ser sujeito de direitos e obrigações.

Já a capacidade de fato é a "capacidade" de exercitar individual e diretamente os direitos e obrigações de que o sujeito é titular.

XIX.6.1 – Incapacidade absoluta (decorrente da idade)

Até os 16 anos, a pessoa é absolutamente incapaz e o exercício dos direitos e obrigações é executado por meio do titular do poder familiar (pai e mãe ou tutor):

"São absolutamente incapazes de exercer pessoalmente os atos da vida civil os menores de 16 (dezesseis) anos" (art. 3º do Código Civil).

XIX.6.2 – Incapacidade relativa a certos atos ou ao modo de exercício

O art. 4º do Código Civil dispõe sobre a incapacidade relativa:

"São incapazes, relativamente a certos atos ou à maneira de os exercer:

I – os maiores de dezesseis e menores de dezoito anos;

II – os ébrios habituais e os viciados em tóxico;

III – aqueles que, por causa transitória ou permanente, não puderem exprimir sua vontade;

IV – os pródigos.

Parágrafo único. A capacidade dos indígenas será regulada por legislação especial".

Os relativamente incapazes são assistidos pelo titular do poder familiar (pai e mãe ou tutor) ou por um curador.

XIX.6.3 – Cessação da incapacidade relativa dos menores

A incapacidade relativa dos menores cessa aos dezoito anos, mas pode ser encerrada em momento anterior.

> "A menoridade cessa aos dezoito anos completos, quando a pessoa fica habilitada à prática de todos os atos da vida civil.
>
> Parágrafo único. Cessará, para os menores, a incapacidade:
>
> I – pela concessão dos pais, ou de um deles na falta do outro, mediante instrumento público, independentemente de homologação judicial, ou por sentença do juiz, ouvido o tutor, se o menor tiver dezesseis anos completos;
>
> II – pelo casamento;
>
> III – pelo exercício de emprego público efetivo;
>
> IV – pela colação de grau em curso de ensino superior;
>
> V – pelo estabelecimento civil ou comercial, ou pela existência de relação de emprego, desde que, em função deles, o menor com dezesseis anos completos tenha economia própria" (art. 5º do Código Civil).

XIX.7 – O TRATAMENTO DIFERENCIADO AO SER HUMANO

Há uma crescente controvérsia sobre a atribuição da condição de pessoa física apenas ao ser humano. Alguns contestam esse enfoque.

XIX.7.1 – A questão dos animais: coisas ou sujeitos de direito?

Um dos temas se refere aos animais. Há muitas correntes sustentando a titularidade pelos animais de direitos próprios e autônomos. Esse enfoque propugna ou pela condição dos animais como "pessoas" ou, pelo menos, a admissão de uma categoria diferenciada entre os animais e as coisas inanimadas. Seguindo essa linha, tem-se negado a possibilidade de um animal ser objeto de propriedade. Tem-se referido, inclusive, à posição do ser humano como um "curador" de animais.

XIX.7.2 – A questão do meio ambiente

Uma outra visão preconiza que a limitação da atuação humana relativamente ao meio ambiente decorre da subjetividade dos elementos da Natureza. Portanto, a Natureza seria titular própria e autônoma de direitos.

XIX.7.3 – Sujeitos de direito ou meros reflexos?

Segundo o Direito vigente, o ser humano é pessoa física. Os animais e a Natureza são protegidos pelo Direito como uma manifestação reflexa da condição humana. Assim, existem condutas que são configuradas como crime contra o meio ambiente, tal como há crimes de crueldade contra animais. Essa proteção não decorre da personificação jurídica de animais e meio ambiente, mas do reconhecimento – ao menos, até o presente – da relevância axiológica dos animais e do meio ambiente para a humanidade.

XIX.8 – O PROBLEMA DA EVOLUÇÃO TECNOLÓGICA E OS DESAFIOS FUTUROS

A evolução tecnológica propicia desafios significativos quanto ao tema da personalidade jurídica.

XIX.8.1 – As máquinas e a perspectiva de aquisição de autonomia

O conhecimento científico permite a criação de equipamentos dotados de atributos até então reputados como presentes apenas nos seres humanos. A capacidade de processamento de informações e o desenvolvimento da inteligência artificial propiciam o surgimento de criações similares aos seres humanos, sob diversos ângulos.

Essa questão vem sendo objeto de contínuo desenvolvimento em obras de ficção científica, propiciando debates sobre os limites da condição humana.

Essa questão foi examinada por um dos mais eminentes juristas alemães, Robert Alexy.[1] A obra foi desenvolvida a propósito de um episódio de uma série de ficção científica (Star Trek – Jornada nas Estrelas). Surgiu uma controvérsia sobre a possibilidade de uma das personagens, denominada Data – um androide –, ser sujeito de direito ou um objeto. Alexy examinou a questão sob o prisma jurídico, afirmando que a condição de pessoa não pode ser reservada apenas para os seres humanos.

XIX.8.2 – A aquisição de identidade própria pelos "equipamentos"

A perspectiva de aquisição de identidade própria e da capacidade de discernimento autônomo por equipamentos criados pelo ser humano pode propiciar a ampliação das soluções tradicionais acerca da personalidade jurídica. O tema encontra-se em aberto para o futuro.

---

[1] Data y los derechos humanos: mente positrónica y concepto dobletriádico de persona. In: ALEXY, Robert; GARCÍA FIGUEROA, Alfonso. *Star Trek y los derechos humanos*. Valencia: Tirant lo Blanch, 2007.

RESUMO

- Pessoa é o sujeito das relações jurídicas, de que decorre a aptidão para tornar-se titular de direitos e deveres. Todo ser humano, simplesmente por essa qualidade, é uma pessoa natural ou física. Todos os seres humanos são dotados igualmente de dignidade.

- O vocábulo "pessoa" teve origem na expressão *"per sonare"*, que indicava uma máscara usada pelos atores no teatro clássico, destinada a ampliar o som da voz e permitir ser ouvido.

- Segundo o art. 2º do Código Civil, *"A personalidade civil da pessoa começa do nascimento com vida; mas a lei põe a salvo, desde a concepção, os direitos do nascituro"*. Isso significa negar que a pessoa exista em momento anterior ao nascimento com vida, mas assegurar os "direitos" do nascituro – fórmula que, rigorosamente, apresenta uma contradição em termos.

- A condição de pessoa física independe da inscrição do indivíduo no Registro Civil. Relativamente às pessoas físicas, o registro civil tem apenas eficácia declaratória.

- A personalidade jurídica do ser humano se extingue com a morte. Admite-se a morte presumida quando for impossível a constatação fática da morte, existindo indícios consistentes da sua ocorrência.

- Personalidade ou capacidade de direito não se confundem com capacidade de fato, que é a "capacidade" de exercitar individual e diretamente os direitos e obrigações de que o sujeito é titular.

- "São absolutamente incapazes de exercer pessoalmente os atos da vida civil os menores de 16 (dezesseis) anos" (Art. 3º do Código Civil). O art. 4º do Código Civil prevê os casos de incapacidade relativa.

- Existem controvérsias sobre a personalidade jurídica da Natureza e de animais. Até o presente, prevalece o entendimento de que não se configuram como pessoas.

- O progresso tecnológico poderá produzir máquinas e equipamentos que tenham reconhecida a sua condição de pessoas.

Caso prático

Afirma-se que um cachorro da raça "Border Collie" pode aprender o sentido de centenas de palavras. Admitindo-se que isso seria verdade, é possível qualificar a morte intencional de um cão dessa raça como homicídio (Código Penal, art. 121. "Matar alguém: Pena – reclusão, de seis a vinte anos.")? Por quê?

Questões

1) É possível diferenciar os conceitos de "pessoa" e de "ser humano"? Explique.

2) Quando se inicia a personalidade jurídica da pessoa física?

3) Diferencie capacidade, personalidade jurídica e capacidade de fato.

4) Um androide pode ser considerado como uma pessoa?

5) Quando se encerra a personalidade jurídica da pessoa física?

Capítulo XX
SUJEITO DE DIREITO – AS PESSOAS JURÍDICAS

As pessoas jurídicas são consideradas como sujeitos de direito, ainda que não sejam um equivalente idêntico às pessoas físicas. Reputar que pessoa é um gênero composto por pessoas físicas e pessoas jurídicas produz a indevida extensão a essas últimas de tratamento jurídico reservado exclusivamente àquelas.

XX.1 – DEFINIÇÃO E CONSIDERAÇÕES GERAIS

Pessoa jurídica é uma entidade reconhecida pelo Direito, de cunho associativo ou não, a quem é reconhecida a possibilidade de ser titular de direitos e deveres.

XX.1.1 – A evolução política: o Estado como "pessoa"

A atribuição de direitos e deveres para figuras distintas do ser humano surgiu no Direito Público e envolveu as diversas manifestações do Estado. Num momento histórico anterior, o Estado não se submetia ao Direito. Logo, não era considerado como uma "pessoa", inclusive porque isso implicaria o seu enquadramento nas categorias jurídicas.

A criação na Idade Média de entes estatais locais, tais como os Municípios, produziu o reconhecimento da titularidade de direitos e obrigações. Isso conduziu ao entendimento de que a condição de pessoas não seria reservada a (à época, apenas alguns dos) seres humanos.

Com a afirmação do Estado de Direito, ao longo do séc. XIX, houve o enquadramento dos sujeitos estatais nas categorias básicas do Direito. Isso conduziu ao reconhecimento de que o Estado é investido de personalidade jurídica. Constitui-se em uma pessoa para fins jurídicos – logo, uma pessoa jurídica (de direito público).

XX.1.2 – A evolução econômica: as empresas como "pessoas"

A questão das pessoas jurídicas também envolveu as organizações empresariais. A aplicação dos recursos econômicos para a exploração de atividades, com cunho de permanência, produziu o surgimento de grupos que se diferenciavam dos seus associados. Especialmente a partir do final da Idade Média, surgiram organizações muito poderosas, que contavam inclusive com capitais estatais. Assim, pode ser lembrada a Companhia das Índias Ocidentais, criada em 1621.

A afirmação do capitalismo, ao longo do séc. XIX, conduziu à generalização do fenômeno da personificação das sociedades privadas. Passaram a ser reconhecidas como pessoas jurídicas (de direito privado).

XX.1.3 – A evolução social: as fundações como "pessoas"

A personificação jurídica também passou a incluir organizações criadas como soluções para a manutenção e realização de interesses não individuais, destituídos de cunho econômico. Admitiu-se a personificação jurídica de organizações destituídas de sócios, em que um conjunto de bens é vinculado à realização de fins não econômicos. Essas figuras são denominadas fundação e podem ser apresentar tanto personalidade jurídica de direito público como de direito privado.

XX.2 – DISCIPLINA E CLASSIFICAÇÃO

As pessoas jurídicas podem ser classificadas como de direito público e de direito privado. Aquelas de direito público são disciplinadas pela CF e por leis editadas pelos diversos entes federados. Já as de direito privado são regidas por leis nacionais de competência privativa da União.

O art. 40 do Código Civil estabelece a seguinte previsão:

> *"As pessoas jurídicas são de direito público, interno ou externo, e de direito privado".*

XX.2.1 – Pessoas jurídicas de direito público externo

As pessoas jurídicas de direito público externo são aquelas que participam do relacionamento entre os Estados soberanos. O art. 42 do Código Civil prevê que:

> *"São pessoas jurídicas de direito público externo os Estados estrangeiros e todas as pessoas que forem regidas pelo direito internacional público".*

XX.2.2 – Pessoas jurídicas de direito público interno

Já as pessoas jurídicas de direito público interno estão previstas no art. 41 do Código Civil:

"São pessoas jurídicas de direito público interno:

I – a União;

II – os Estados, o Distrito Federal e os Territórios;

III – os Municípios;

IV – as autarquias, inclusive as associações públicas;

V – as demais entidades de caráter público criadas por lei".

As autarquias se constituem num mecanismo de descentralização das atribuições administrativas de um ente federado. A multiplicação de atribuições administrativas tornou desaconselhável o seu desempenho no âmbito interno dos entes federados. Isso conduziu ao surgimento da chamada Administração indireta, que é composta por entidades descentralizadas da União, Estados, Distrito Federal e Municípios. A Administração indireta é composta por pessoas de direito público (basicamente, as autarquias e uma categoria de fundações) e por pessoas de direito privado (empresas públicas, sociedades de economia mista e subsidiárias).

As autarquias são pessoas jurídicas de direito público, criadas por lei, dotadas de autonomia para desenvolver funções próprias da Administração Pública. Essas autarquias recebem poderes típicos do Estado, que abrangem inclusive competências de cunho normativo.

Existem autarquias federais, estaduais, distritais e municipais. Por exemplo, o Departamento de Estradas de Rodagem do Distrito Federal – DER/DF é uma autarquia distrital (criada pela Lei Distrital 4.545/1964). As agências reguladoras independentes, tal como Anatel, Aneel etc., são autarquias federais sujeitas a regime diferenciado. As autarquias somente podem ser instituídas por lei, que lhe atribui uma parcela de competência do ente federativo que a institui, a estrutura organizacional, a margem de autonomia etc.

Há outras pessoas de direito público, tal como fundações instituídas e mantidas com recursos públicos. As fundações de direito público são muito similares a uma autarquia, mas usualmente são instrumento para desenvolvimento de atividades relacionadas com pesquisa, artes, educação, meio ambiente. Por exemplo, a Fundação Nacional de Artes – Funarte é uma fundação instituída pela União. A Universidade de Brasília – UNB é uma fundação federal (instituída pela Lei 3.998/1961).

Admite-se a criação de outras pessoas jurídicas de direito público de cunho associativo, tal como os consórcios públicos, instituídos pela Lei 11.107/2005. Os consórcios públicos não se confundem com os consórcios privados, que tiveram prestígio no passado e que se constituíam em instrumento para captação da poupança para aquisição de automóveis, eletrodomésticos, residências etc.

Os consórcios públicos resultam da associação entre entes federados para conjugação de esforços no atendimento de questões de interesse comum. Têm sido utilizados para que Municípios vizinhos enfrentem a questão de coleta e destinação de lixo, por exemplo. Existe um Consórcio Público de Manejo de Resíduos Sólidos e das Águas Pluviais da Região Integrada do Distrito Federal e Goiás – CORSAP-DF/GO, criado em 2013.

XX.2.3 – Pessoas jurídicas de direito privado

As pessoas jurídicas de direito privado são referidas no art. 44 do Código Civil, nos termos adiante reproduzidos:

> *"São pessoas jurídicas de direito privado:*
>
> *I – as associações;*
>
> *II – as sociedades;*
>
> *III – as fundações.*
>
> *IV – as organizações religiosas;*
>
> *V – os partidos políticos.*
>
> *VI – as empresas individuais de responsabilidade limitada".*

As associações são pessoas jurídicas constituídas pela conjugação de esforços e recursos de pessoas (físicas ou jurídicas), caracterizada pela ausência de fins econômicos.

As sociedades são pessoas jurídicas resultantes da conjugação de pessoas (físicas ou jurídicas), visando um fim econômico. O Código Civil diferencia as sociedades simples e as empresárias.

Essas últimas são caracterizadas pela organização profissional dos fatores econômicos para a produção e circulação de bens e serviços. A generalidade das entidades do setor industrial, comercial e de serviços se configuram como sociedades empresárias.

As sociedades simples não atuam segundo a lógica do setor empresarial. Compreendem as sociedades compostas por profissionais liberais, tais como médicos, dentistas etc.

Existem sociedades estatais, dotadas de personalidade jurídica de direito privado, cuja constituição depende de prévia autorização legislativa, são constituídas mediante recursos públicos e contam com pessoas estatais como seus sócios. A Lei Federal 13.303/2016 disciplina essas sociedades estatais.

Uma das figuras previstas é a empresa pública, que se caracteriza por ter um único ou mais sócios integrantes da Administração Pública. Por exemplo, a Caixa Econômica Federal é uma empresa pública.

A sociedade de economia mista é outra figura admitida no Direito brasileiro. É uma sociedade por ações, cujo controle se encontra na titularidade de um ente federativo. O Banco do Brasil S.A. é um exemplo de sociedade de economia mista.

Admite-se que a empresa pública e a sociedade de economia mista constituam subsidiárias, que são sociedades que se encontram sob o seu controle e que atuam em setores específicos. Por exemplo, o Banco do Brasil detém o controle da BB Seguridade (que é uma empresa de seguros).

As fundações são pessoas jurídicas instituídas por decisão de uma ou mais pessoas, que vinculam um conjunto de bens ao desenvolvimento de atividades de cunho não econômico. O parágrafo único do art. 62 do Código Civil estabelece o seguinte:

> "A *fundação somente poderá constituir-se para fins de:*
>
> *I – assistência social;*
>
> *II – cultura, defesa e conservação do patrimônio histórico e artístico;*
>
> *III – educação;*
>
> *IV – saúde;*
>
> *V – segurança alimentar e nutricional;*
>
> *VI – defesa, preservação e conservação do meio ambiente e promoção do desen-volvimento sustentável;*
>
> *VII – pesquisa científica, desenvolvimento de tecnologias alternativas, moderniza-ção de sistemas de gestão, produção e divulgação de informações e conhecimentos técnicos e científicos;*
>
> *VIII – promoção da ética, da cidadania, da democracia e dos direitos humanos;*
>
> *IX – atividades religiosas; e*
>
> *X – (VETADO)".*

Os partidos políticos são entidades peculiares, que se destinam a congregar esforços e recursos para a difusão de propostas de natureza político-institucional. Apresentam alguma semelhança com as associações, mas delas se diferenciam pelo comprometimento com atuações exclusivamente políticas.

As empresas individuais de responsabilidade limitada se constituem em uma solução destinada a incentivar a exploração econômica individual (seja por pessoa física, seja por pessoa jurídica – ainda que essa última alternativa tenha gerado controvérsias). A figura foi introduzida no Direito brasileiro pela Lei 12.441/2011.

XX.3 – AS DIVERSAS TEORIAS SOBRE AS PESSOAS JURÍDICAS

Existem várias teorias jurídicas quanto à natureza das pessoas jurídicas, especialmente daquelas de direito privado.

XX.3.1 – Teoria da realidade

Essa teoria afirma que as pessoas jurídicas são dotadas de realidade própria, similar à das pessoas físicas. Em muitos casos, existe uma concepção de cunho antropomórfico, que assemelha a pessoa jurídica a uma espécie de "super ser humano".

Esse entendimento pressupõe, no entanto, uma existência social real para as pessoas jurídicas. Em outras palavras, seria indispensável uma organização dotada de autonomia, que se desenvolvesse de modo independente das próprias pessoas físicas. Essa concepção encontra algum respaldo no âmbito do Direito Público.

XX.3.2 – Teoria da realidade mitigada

Uma outra concepção admite que as pessoas jurídicas são dotadas de realidade, que implica a sua existência autônoma, mas que não acarreta a sua identidade com as pessoas físicas. Há uma distinção fundamental, consistente na dignidade humana inerente à condição humana, que não se encontra presente nas pessoas jurídicas.

XX.3.3 – Teoria da ficção

A teoria da ficção afirma que as pessoas jurídicas são criações da lei e não implicam a necessidade de uma realidade específica. São uma espécie de um mecanismo criado pelo Direito, que disciplina as finalidades, criação, existência e extinção da pessoa jurídica. Segundo essa concepção, a personalidade jurídica atribuída à pessoa jurídica não depende da existência de uma organização autônoma. O Direito atribui personalidade jurídica a figuras diversas, de acordo com uma avaliação de conveniência.

Essa é a teoria preferida por este autor.

XX.4 – O DESCABIMENTO DA IDENTIFICAÇÃO ENTRE AS PESSOAS FÍSICAS E JURÍDICAS

Existe um equívoco em conceber "pessoa" como um gênero, com duas espécies. As pessoas físicas são dotadas de existência real e autônoma e titulares de dignidade insuprimível. Já as pessoas jurídicas são produzidas pelas circunstâncias da vida social e traduzem soluções para agrupamento de recursos. Sob um certo ângulo, as pessoas jurídicas de direito privado são um instrumento para fomentar certas atividades reputadas como socialmente desejáveis. Por meio da pessoa jurídica, há a dissociação entre o desempenho de uma atividade e os seres humanos que a ela se dedicam. Isso permite reduzir os riscos e reduzir eventuais reações contra as condutas praticadas.

XX.5 – INÍCIO E TÉRMINO DA EXISTÊNCIA DA PESSOA JURÍDICA

O início e o término da personalidade jurídica de uma pessoa jurídica dependem da observância dos requisitos previstos pelo Direito. Há soluções variáveis conforme a espécie de pessoa jurídica considerada.

XX.5.1 – Pessoas jurídicas de direito público externo

As pessoas jurídicas de direito público externo subordinam-se às regras de Direito Internacional Público, constantes da Constituição e de Tratados e Convenções internacionais.

XX.5.2 – Pessoas jurídicas de direito público interno

Essas questões são disciplinadas pela Constituição e por leis, usualmente da órbita de cada ente federado.

XX.5.3 – Pessoas jurídicas de direito privado

Já as pessoas jurídicas de direito privado têm existência subordinada à inscrição no Registro Público próprio. Há o Registro Público de Empresas Mercantis (Junta Comercial) e o Registro Civil das Pessoas Jurídicas. Esse último é encarregado dos atos relacionados a sociedades simples e a fundações.

Mas há algumas situações diferenciadas. Por exemplo, as sociedades de advogados são pessoas jurídicas de direito privado e a sua criação é produzida perante a Ordem dos Advogados do Brasil – OAB.

De modo genérico, o Código Civil e a Lei das Sociedades Anônimas (Lei 6.404/1976) dispõem sobre os requisitos para a criação da pessoa jurídica de direito privado. Há certos requisitos a serem atendidos, que apresentam complexidade variável. É muito mais simples a criação de uma sociedade simples do que de uma sociedade anônima (também denominada como companhia).

Os requisitos encontram-se previstos em lei e em atos administrativos regulamentares. O interessado deve apresentar essa documentação perante o Registro competente, a quem incumbe examinar o preenchimento dos requisitos. Estando regular a documentação, o Registro produz o "arquivamento" do ato constitutivo, o que acarreta o nascimento da pessoa jurídica. Em alguns casos, exige-se que o ato constitutivo devidamente arquivado seja levado à publicação para dar conhecimento dos fatos a terceiros.

Criada a pessoa jurídica, ela se torna titular de um patrimônio e poderá receber a titularidade de bens e direitos.

A extinção da pessoa jurídica de direito privado segue disciplina similar. A pessoa jurídica não comporta simples desaparecimento de fato. Essa é uma situação irregular, que pode acarretar a responsabilização dos sujeitos encarregados de conduzir a pessoa jurídica. Há vários requisitos exigidos para a extinção da sociedade. Esses requisitos compreendem inclusive a comprovação da inexistência de débitos com o Fisco, com a Previdência e com empregados. Antes da extinção, haverá a liquidação do patrimônio. O interessado deve apresentar essa documentação perante o Registro, que examinará a sua regularidade. Se for o caso, será arquivada a documentação e extinta a pessoa jurídica. E, quando previsto em lei, caberá publicar na imprensa a notícia do evento.

XX.6 – A GESTÃO DAS PESSOAS JURÍDICAS

A gestão das pessoas jurídicas – ou seja, a formação e a exteriorização da sua vontade – é realizada por meio de seres humanos.

XX.6.1 – A teoria do órgão: antropomorfismo

Vigora entre nós a chamada "teoria do órgão", que é um resquício de uma teoria antropomorfista da pessoa jurídica. Essa teoria afirma que a pessoa jurídica é dotada de órgãos para a formação e a exteriorização da sua vontade. Os órgãos das pessoas jurídicas são os seres humanos.

Ou seja, a pessoas física está para a pessoa jurídica como os "órgãos" estão para a pessoa física.

XX.6.2 – As implicações da teoria do órgão

A teoria do órgão é adotada por apresentar vantagens sobre a teoria da representação. Quando se afirma (tal como ocorre vulgarmente) que o diretor de uma sociedade comercial é o seu representante, surge um impasse jurídico insolúvel. Assim se passa porque a representação pressupõe dois polos de vontade. Há a vontade do representante e existe aquela do representado. Se o diretor da sociedade for considerado como "representante", seria necessário reconhecer a existência da vontade do representado. Mas é impossível dissociar a vontade da sociedade e a vontade do seu diretor.

A teoria do órgão afirma a existência de um único sujeito de direito. Logo, existe uma única vontade. Sendo assim, é impossível aludir a um "representante". Como afirmou Pontes de Miranda, o indivíduo que é órgão da pessoa jurídica não a "representa", mas a "presenta" – ou seja, promove a sua presença.[1]

---

[1]   Sobre o tema, consulte-se: *Comentários ao Código de Processo Civil*, T. I (arts. 1.º a 45). Rio de Janeiro: Forense, 1974.

XX.7 – A FUNÇÃO DAS PESSOAS JURÍDICAS DE DIREITO PRIVADO

As pessoas jurídicas de direito privado desempenham uma função econômica e social muito relevante. A compreensão desse tema é relevante para conhecer adequadamente o instituto.

XX.7.1 – A diferenciação entre sujeitos de direito

A pessoa jurídica é dotada de personalidade jurídica própria. Logo, é titular de direitos e deveres em nome próprio. Isso permite que a pessoa jurídica atue no mundo como um sujeito autônomo, diverso da pessoa dos seus sócios e de outros interessados.

Logo, eventuais reações a ações e omissões imputadas à pessoa jurídica não se confundem com a conduta dos sócios e de terceiros. Isso reduz o risco de soluções polêmicas, que não seriam adotadas individualmente pelos sócios. Essa circunstância é ainda mais relevante nas hipóteses em que a identidade dos sócios nem é conhecida da generalidade das pessoas.

XX.7.2 – A captação de recursos em grande escala

Por outro lado, o modelo de pessoas jurídicas permite a captação de recursos em grande escala, sem os custos financeiros inerentes a um empréstimo bancário. Essa solução se verifica no âmbito do chamado mercado aberto, que envolve as bolsas de valores. Há a possibilidade da obtenção de grandes quantidades de capital perante uma multiplicidade de investidores.

XX.7.3 – A despersonalização na gestão do empreendimento

Outro aspecto relevante é a despersonalização na gestão do empreendimento. Há a crescente exigência de regras sobre a chamada "governança corporativa", expressão que indica a vedação a influências subjetivas personalíssimas na condução dos negócios societários. As pessoas jurídicas – especialmente as de grande porte – devem adotar mecanismos internos de identificação, fiscalização e repressão de práticas abusivas, inclusive relativamente ao sócio titular da maioria das participações societárias (sócio controlador).

XX.7.4 – A questão da responsabilidade patrimonial

A simples existência de uma pessoa jurídica de direito privado implica a ausência da comunicação de créditos e débitos para os sócios. Em algumas espécies societárias, os sócios são responsáveis pelas dívidas da sociedade. Mas há sociedades em que a responsabilidade do sócio é limitada.

Nas pessoas jurídicas em que a responsabilidade do sócio é limitada, existe uma limitação do risco no tocante à participação em um empreendimento. Se a pessoa jurídica não tiver sucesso e incorrer em insolvência, os sócios somente serão responsabilizados até o limite predeterminado. Desse modo, o sócio estabelece, ao ingressar no empreendimento, o limite do risco que assumirá.

Essa solução é reputada como um incentivo econômico indispensável à realização de novos investimentos, necessários ao crescimento econômico. Se inexistisse mecanismo para a limitação da responsabilidade, a realização de empreendimentos econômicos envolveria riscos ilimitados.

Isso não significa dar proteção a fraudes e abusos. Em alguns casos, a limitação da responsabilidade não existe. Por exemplo, todos os administradores de sociedades que operam no setor financeiro respondem de modo pessoal e ilimitado com todo o seu patrimônio. Igualmente, os sócios envolvidos na gestão de uma sociedade respondem pessoalmente por dívidas trabalhistas.

A limitação da responsabilidade se aplica no âmbito empresarial e incumbe a cada empreendedor verificar a solvência e as condições de confiabilidade dos agentes econômicos com quem negociarão.

Ainda assim, poderá ocorrer a chamada "desconsideração da personalidade jurídica" nos casos de fraude e abusos. Essa solução está prevista no art. 50 do Código Civil, nos termos seguintes:

> *"Em caso de abuso da personalidade jurídica, caracterizado pelo desvio de finalidade ou pela confusão patrimonial, pode o juiz, a requerimento da parte, ou do Ministério Público quando lhe couber intervir no processo, desconsiderá-la para que os efeitos de certas e determinadas relações de obrigações sejam estendidos aos bens particulares de administradores ou de sócios da pessoa jurídica beneficiados direta ou indiretamente pelo abuso".*

RESUMO

- Pessoa jurídica é uma entidade reconhecida pelo Direito, de cunho associativo ou não, a quem é reconhecida a possibilidade de ser titular de direitos e deveres.

- As pessoas jurídicas podem ser classificadas como de direito público, interno ou externo, e de direito privado.

- As pessoas jurídicas de direito público externo são aquelas que participam do relacionamento entre os Estados soberanos (CC, art. 42).

- As pessoas jurídicas de direito público interno estão previstas no art. 41 do Código Civil:
  a) São os entes políticos, as autarquias e outras entidades.
  b) As autarquias são pessoas jurídicas de direito público, criadas por lei, dotadas de autonomia para desenvolver funções próprias da Administração Pública.
  c) As fundações de direito público são muito similares a uma autarquia, mas usualmente são instrumento para desenvolvimento de atividades relacionadas com pesquisa, artes, educação, meio ambiente.
  d) Os consórcios públicos resultam da associação entre entes federados para conjugação de esforços no atendimento de questões de interesse comum.

Cap. XX • SUJEITO DE DIREITO – AS PESSOAS JURÍDICAS | 211

- As pessoas jurídicas de direito privado são referidas no art. 44 do Código Civil:
  a) As associações são pessoas jurídicas constituídas pela conjugação de esforços e recursos de pessoas (físicas ou jurídicas), caracterizada pela ausência de fins econômicos.
  b) As sociedades são pessoas jurídicas resultantes da conjugação de pessoas (físicas ou jurídicas), visando um fim econômico.
  c) As sociedades empresárias são caracterizadas pela organização profissional dos fatores econômicos para a produção e circulação de bens e serviços.
  d) As sociedades simples não atuam segundo a lógica do setor empresarial.
  e) As fundações são pessoas jurídicas instituídas por decisão de uma ou mais pessoas, que vinculam um conjunto de bens ao desenvolvimento de atividades de cunho não econômico.
  f) Os partidos políticos se destinam a congregar esforços e recursos para a difusão de propostas de natureza político-institucional.
  g) As empresas individuais de responsabilidade limitada se constituem em uma solução destinada a incentivar a exploração econômica individual.

- Existem várias teorias jurídicas quanto à natureza das pessoas jurídicas, especialmente daquelas de direito privado.
  a) Teoria da realidade: afirma que as pessoas jurídicas são dotadas de realidade própria, similar à das pessoas físicas.
  b) Teoria da realidade mitigada: são dotadas de realidade, mas que não acarreta a sua identidade com as pessoas físicas.
  c) Teoria da ficção: as pessoas jurídicas são criações da lei e não implicam a necessidade de uma realidade específica.

- Início e término da existência da pessoa jurídica
  a) As pessoas jurídicas de direito público externo: regras de Direito Internacional Público, constantes da Constituição e de Tratados e Convenções internacionais.
  b) Pessoas jurídicas de direito público interno: disciplinadas pela Constituição e por leis, usualmente da órbita de cada ente federado.
  c) Pessoas jurídicas de direito privado: existência subordinada à inscrição no Registro Público próprio. Há o Registro Público de Empresas Mercantis (Junta Comercial) e o Registro Civil das Pessoas Jurídicas.

- A gestão das pessoas jurídicas: a formação e a exteriorização da sua vontade são realizadas por meio de seres humanos.

- Teoria do órgão: a pessoa jurídica é dotada de órgãos para a formação e a exteriorização da sua vontade. Os órgãos das pessoas jurídicas são os seres humanos. O sujeito que atua como órgão não é "representante" da pessoa jurídica, tese que conduziria à existência de vontades diversas.

- A função das pessoas jurídicas de direito privado:
  a) eventuais reações a ações e omissões imputadas à pessoa jurídica não se confundem com a conduta dos sócios e de terceiros.
  b) o modelo de pessoas jurídicas permite a captação de recursos em grande escala, sem os custos financeiros inerentes a um empréstimo bancário.
  c) despersonalização na gestão do empreendimento. Há a crescente exigência de regras sobre a chamada "governança corporativa".

- A existência de uma pessoa jurídica de direito privado implica a ausência da comunicação de créditos e débitos para os sócios. Em algumas espécies societárias, os sócios são responsáveis pelas dívidas da sociedade. Mas há sociedades em que a responsabilidade do sócio é limitada.

- Admite-se a "desconsideração da personalidade jurídica" nos casos de fraude e abusos.

 Caso prático

Os irmãos João e Maria unem os seus esforços como pessoas físicas para criar o "Restaurante da Praça". Trabalham durante vinte anos. Com a pandemia causada pelo vírus Covid-19, não conseguem pagar as suas dívidas. Os credores pretendem cobrar os seus créditos às custas de bens pessoais de João e Maria. Os dois irmãos invocam que o Restaurante seria uma pessoa jurídica (não registrada em Cartório) e que somente os bens da sociedade respondem por suas dívidas. Qual a solução jurídica a ser adotada?

 Questões

1) Dê três exemplos de pessoas jurídicas de direito público externo, de direito público interno e de direito privado.

2) Qual a distinção entre pessoas físicas e jurídicas?

3) Por que se afirma que a inscrição no Registro de Pessoas Jurídicas tem natureza constitutiva?

4) Explique a teoria do órgão.

5) Por que a pessoa jurídica de direito privado pode ser considerada como uma modalidade de incentivo à atividade econômica?

Capítulo XXI
FATOS JURÍDICOS

A expressão "fato jurídico" se refere a eventos da realidade que apresentam relevância jurídica. Trata-se de um gênero que compreende diversas espécies.

XXI.1 – FATO JURÍDICO (EM SENTIDO AMPLO)

Em uma acepção ampla, fato jurídico é o evento do mundo real que corresponde a uma previsão contida em uma norma jurídica, cuja consumação produz efeitos previstos pelo Direito.

XXI.1.1 – Ainda a estrutura dúplice das normas de conduta

Para compreender adequadamente o conceito de fato jurídico, é necessário tomar em vista que as normas jurídicas (de conduta) apresentam estrutura dúplice. Há uma hipótese e um mandamento.

A hipótese é a descrição hipotética de uma situação real, enquanto o mandamento contém previsão sobre o efeito jurídico a ser imputado como consequência.

Essa estrutura pode ser descrita assim:

"Dado FT deve ser P", onde

FT significa "fato temporal descrito de modo hipotético na norma" e

P significa "prestação"

A expressão "fato jurídico" indica a situação real, acontecida no mundo dos fatos, que corresponde à descrição contida na hipótese normativa. Uma vez ocorrido esse fato, desencadeia-se o efeito jurídico contido no mandamento.

INTRODUÇÃO AO ESTUDO DO DIREITO • *Marçal Justen Filho*

Esse mandamento estabelece usualmente o nascimento, a modificação ou a extinção de Direitos e deveres.

Assim, suponha-se uma norma jurídica determinando o seguinte:

> *"Atingida a idade de 75 anos do magistrado deve ser a extinção automática da titularidade do cargo público".*

O decurso do tempo é uma situação fática. A consumação do aniversário de 75 anos de qualquer magistrado é um evento previsto de modo teórico numa norma. Quando, no mundo real, ocorrer uma situação que corresponda à dita previsão teórica, haverá a incidência da norma e se produz o efeito jurídico contido no mandamento.

A situação fática que corresponde à previsão teórica prevista na norma é o "fato jurídico".

Um outro exemplo envolve o art. 1.784 do Código Civil, assim redigido:

> *"Aberta a sucessão, a herança transmite-se, desde logo, aos herdeiros legítimos e testamentários".*

Isso pode ser traduzido nos seguintes termos:

> *"Dado o fato da morte de uma pessoa física produz-se a transmissão imediata da herança aos herdeiros".*

Em outras palavras, a Lei prevê a ocorrência de um evento fático (morte da pessoa física), cuja ocorrência desencadeia certos efeitos jurídicos predeterminados.

XXI.1.2 – A natureza pretensamente "descritiva" da hipótese

Esse enfoque induz à concepção de que a hipótese normativa teria uma natureza descritiva, ainda que consagrada de modo abstrato. Mas nem sempre é assim. Efetivamente, há casos em que a norma apenas descreve um evento. Por exemplo, "Matar alguém". Em outros casos, a Lei estabelece que um certo evento se reputa ocorrido em condições diversas daquelas verificadas na realidade.

Assim, considere-se o art. 500 do Código Civil:

> *"Se, na venda de um imóvel, se estipular o preço por medida de extensão, ou se determinar a respectiva área, e esta não corresponder, em qualquer dos casos, às dimensões dadas, o comprador terá o direito de exigir o complemento da área, e, não sendo isso possível, o de reclamar a resolução do contrato ou abatimento proporcional ao preço.*

§ 1º Presume-se que a referência às dimensões foi simplesmente enunciativa, quando a diferença encontrada não exceder de um vigésimo da área total enunciada, ressalvado ao comprador o direito de provar que, em tais circunstâncias, não teria realizado o negócio".

Essa regra pode ser reescrita do seguinte modo:

"Se o preço de um imóvel for fixado por área e se for comprovado que a área real do bem é inferior à prevista, o comprador terá direito de exigir o complemento, desde que a diferença não exceda um vigésimo do total, ressalvados...".

Para os fins do exemplo, não interessa examinar as ressalvas. É relevante destacar que, nesse exemplo, o fato jurídico em sentido amplo consiste na compra de um imóvel realizada entre duas pessoas e a constatação de que a área efetivamente transferida é inferior àquela prevista na escritura. A lei reconstrói a realidade, para estabelecer que uma diferença inferior a 5% da área reputa-se compreendida na vontade das partes. Nesse caso e em muitos outros, a lei não se restringe a meramente descrever situações fáticas tal como elas venham a ocorrer na realidade. É muito comum que a norma introduza inovações, alterações, restrições àquilo que se verifica na realidade.

Portanto, o fato jurídico não se constitui simplesmente num evento fático que corresponde à descrição normativa. Trata-se de uma situação fática que muitas vezes é incorporada ao mundo do Direito com inovações e alterações em face daquilo que ocorre no mundo real.

XXI.2 – FATO JURÍDICO EM SENTIDO AMPLO

Alude-se a fato jurídico em sentido amplo para indicar todo e qualquer evento ocorrido no mundo real, que corresponde a uma hipótese normativa. Mas a consistência desse evento nem sempre é idêntica e o tratamento jurídico adotado é distinto.

Existem três espécies de fatos jurídicos em sentido amplo, que são o ato jurídico, o fato jurídico em sentido restrito e o ato ilícito.

XXI.3 – ATO JURÍDICO

O ato jurídico é um evento do mundo real, decorrente de atuação voluntária de um sujeito, previsto em uma norma jurídica e cuja consumação produz efeitos previstos em uma ou mais normas jurídicas.

Por exemplo, considere-se o art. 854 do Código Civil:

"Aquele que, por anúncios públicos, se comprometer a recompensar, ou gratificar, a quem preencha certa condição, ou desempenhe certo serviço, contrai obrigação de cumprir o prometido".

Suponha-se que o cachorro de alguém desaparece da residência. Admita-se que o sujeito divulgue publicamente que pagará uma recompensa de cinco mil reais a quem restituir o animal. Isso significa o surgimento de uma norma de conduta assim sintetizada:

"Se alguém restituir-me o animal, em perfeitas condições de saúde, comprometo-me a pagar uma recompensa de cinco mil reais".

Uma pessoa encontra o animal e o entrega ao dono. Trata-se de um ato jurídico praticado de modo voluntário, cuja consumação acarreta um efeito jurídico. Esse efeito jurídico é o dever de o dono pagar a recompensa.

XXI.3.1 – A terminologia do Código Civil de 2002

O Código Civil de 2002 adotou a expressão "negócio jurídico" em substituição a ato jurídico. No entanto e na generalidade dos demais ramos do Direito, permanece sendo utilizada a expressão "ato jurídico". Rigorosamente, trata-se de uma questão meramente terminológica.

XXI.3.2 – O conteúdo específico da hipótese: a conduta

No caso do ato jurídico, o conteúdo específico da hipótese é a descrição de uma conduta ou de um estado de fato que traduza uma vontade, exteriorizada no mundo. Em muitos casos, essa vontade é intuída e não constitui em algo consciente. Não se exige, para o aperfeiçoamento do ato jurídico, que o sujeito tenha consciência e vontade de desencadear o efeito jurídico imputado ao ato.

Voltando ao exemplo, existe ato jurídico ainda que o terceiro que restitui o animal não tenha atuado visando obter a recompensa. Haverá ato jurídico mesmo que ele não tenha tido conhecimento da oferta de uma premiação.

Alude-se a um ato voluntário na acepção de o sujeito ter atuado de modo voluntário para produzir o evento constante da hipótese. No exemplo, há um ato voluntário porque o sujeito teve vontade de restituir o animal e materializou essa vontade numa ação concreta.

XXI.3.3 – A ausência de configuração de ato jurídico sem a vontade

Não se configura o ato jurídico sem a participação da vontade de um sujeito. Assim, por exemplo, suponha-se que eu formule uma proposta de compra de um bem a um sujeito e acrescente: "vou considerar aceita a minha proposta se você não responder em cinco minutos". Imagine-se que a oferta não chegue ao conhecimento do seu destinatário. Concretiza-se uma situação fática de ausência de resposta, mas tal não decorre da vontade de concordar. Trata-se de ausência de vontade e o silencio não se configura, nesse exemplo, como um ato jurídico.

XXI.3.4 – Atos jurídicos unilaterais, bilaterais e plurilaterais

Os atos jurídicos podem ser praticados por uma única parte ou podem ser produzidos mediante a atuação de várias partes.

Existe ato jurídico unilateral quando a atuação ocorrida no mundo é produzida por um ou mais sujeitos, que são considerados pelo Direito como uma única parte. Voltar-se-á à análise dessa questão a propósito de atos individuais e coletivos, adiante.

Um exemplo de ato unilateral é a decisão de uma assembleia de condomínio. Considere-se a decisão de realizar uma obra num edifício. Há uma assembleia geral e se decide pela maioria. Essa decisão é um ato jurídico unilateral, porque reflete a vontade de uma única parte – no caso, o Condomínio.

Há ato jurídico bilateral quando o ato jurídico se aperfeiçoa mediante a conjugação da vontade de duas partes distintas. O exemplo mais evidente é o contrato. Se, depois da decisão da assembleia geral, o Condomínio (por meio do síndico) firma um contrato com uma construtora, há um ato jurídico bilateral. O contrato somente se aperfeiçoa quando se verifica o consenso entre as duas partes. Existem vontades distintas e diferenciadas, oriundas de partes diversas, que se somam e conjugam para produzir um único ato jurídico – que é dito bilateral.

Há ato jurídico plurilateral nas hipóteses em que existe a conjugação da vontade de mais de duas partes. Assim, suponha-se um contrato de sociedade entre cinco sujeitos, que se dispõem a conjugar os seus esforços e recursos para um empreendimento comum. Existe um contrato, que é aperfeiçoado por meio da conjugação de vontades de muitos sujeitos.

Observe-se que a doutrina reconheceu que os contratos plurilaterais geralmente envolvem outras peculiaridades, além da simples questão do número de partes. Assim, um contrato de sociedade apresenta natureza organizacional e disciplina a atuação conjunta das partes durante a existência da sociedade. Sob esse prisma, deve-se admitir que existiria contrato plurilateral mesmo se a sociedade fosse pactuada apenas por duas partes.

XXI.3.5 – Atos jurídicos unilaterais: individuais, coletivos e complexos

Os atos jurídicos unilaterais são aqueles produzidos pela vontade de uma única parte. A expressão "parte" não é sinônima de "pessoa". A parte é um núcleo de interesses e Direitos, que podem ser atribuídos a uma ou mais pessoas.

Retorne-se ao exemplo da recompensa pela restituição de animal extraviado. Pode ocorrer de duas pessoas resolverem se associar para buscar o animal, estabelecendo entre si que dividirão a recompensa. Uma delas encontra o animal e as duas comparecem perante o dono. Existe uma única "parte", na acepção de que a restituição do animal é considerada como uma conduta comum e unitária, ainda que materialmente produzida por mais de um sujeito.

Todos os atos jurídicos unilaterais são produzidos pela vontade de uma única parte. No entanto, essa parte nem sempre é composta por um único sujeito.

Ato jurídico unilateral individual é aquele em que a parte é composta por um único sujeito.

Ato unilateral coletivo é aquele em que a parte é composta por mais de um sujeito, mas todos atuando de modo homogêneo. É o caso de decisão assemblear adotada por maioria de votos.

Ato unilateral complexo é aquele em que a parte é composta por mais de um sujeito, cada desenvolvendo uma atuação qualitativamente distinta da outra.

Suponha-se que o estatuto de uma sociedade anônima estabeleça que um determinado ato será adotado pela assembleia geral extraordinária, a partir de uma proposta de iniciativa do diretor presidente e ouvido o conselho fiscal. A deliberação final, que vier a ser adotada, configura um ato unilateral da sociedade anônima. Mas o seu aperfeiçoamento se verifica mediante a atuação de diversos sujeitos, cada qual exercendo atividades e vontades qualitativamente distintas. Há a proposta do diretor presidente. Depois, existe a manifestação do conselho fiscal. No fim, a votação da assembleia geral. Aprovada a deliberação, surge um ato jurídico unilateral complexo.

A distinção não é inútil, porque a disciplina jurídica para cada uma das hipóteses apresenta diferenças. Por exemplo, quando o ato jurídico unilateral for individual, qualquer defeito na formação da vontade do sujeito afeta a sua validade.

Já quando o ato for coletivo, o defeito na vontade das diversas pessoas integrantes da parte apenas acarretará o defeito do ato quando for suficientemente relevante. Volte-se ao exemplo da assembleia de condomínio. Suponha-se que existam trinta condôminos votando e o presidente da assembleia coloque a deliberação em votação e diga "aqueles que concordarem com a realização da obra permaneçam sentados". Imagine-se que um sujeito, que pretendia discordar da decisão, permanece sentado. Verifica-se que todos os trinta presentes ficaram sentados. É juridicamente inviável o sujeito impugnar a decisão adotada sob o argumento de ter-se enganado. Ainda que ele tivesse votado contra, a deliberação teria sido aprovada por vinte e nove votos contra um.

A questão pode envolver tratamento diverso quando se tratar de um ato unilateral complexo. No exemplo da decisão assemblear, imagine-se que a assembleia geral aprove a deliberação sem existir uma proposta do presidente da companhia e sem a manifestação do conselho fiscal. Mesmo que a maioria dos participantes da assembleia tenha votado a favor, a decisão pode ser impugnada por ausência de requisito necessário à sua validade, relacionado com a atuação de outros sujeitos.

XXI.4 – FATO JURÍDICO EM SENTIDO RESTRITO

O fato jurídico em sentido restrito é um evento do mundo real, não consistente em uma manifestação de vontade, previsto em uma norma jurídica e cuja consumação produz efeitos contidos em uma ou mais normas jurídicas.

Por exemplo, suponha-se que uma árvore caia sobre um veículo, acarretando a sua destruição. Esse é um evento que se consuma sem a participação da vontade humana e que pode produzir efeitos jurídicos. Suponha-se que o veículo estivesse segurado. A sua destruição configura o evento previsto no seguro e impõe à seguradora indenizar o dano.

XXI.4.1 – O conteúdo da hipótese: a relevância à externalidade do evento

No caso de fato jurídico em sentido restrito, o conteúdo da hipótese consiste numa ocorrência considerada na sua simples materialidade física. A hipótese contempla a descrição de uma ocorrência, tal como vier a se passar no mundo real.

Nesse caso, a vontade humana é juridicamente irrelevante, na acepção de que a hipótese contempla a descrição de um evento na sua dimensão "natural" – ou seja, como um fenômeno do mundo externo.

XXI.4.2 – A irrelevância da vontade na hipótese normativa

Em muitos casos, o ato jurídico em sentido restrito pode ter sido causado pela vontade humana, mas é previsto na hipótese normativa na sua dimensão externa.

Por exemplo, suponha-se um homicídio ("Matar alguém"). Esse é um ato ilícito, em que a vontade do agente é juridicamente relevante para o aperfeiçoamento da hipótese normativa (crime). Portanto, não se trata de um fato jurídico em sentido restrito. No entanto, a morte da vítima pode corresponder à hipótese de outras normas. Considerada a morte em si mesma, trata-se de um fato jurídico.

Assim, para fins do Direito Civil, a morte de um ser humano acarreta a abertura da sucessão. Produz-se a transferência da herança para os sucessores. Para fins de Direito Tributário, a sucessão corresponde à hipótese do imposto de transmissão. Se existisse um seguro de vida, estaria consumado o chamado "sinistro" (expressão utilizada para indicar o fato jurídico que desencadeia o dever de pagar o seguro). Sob essas três dimensões, existiria um fato jurídico em sentido restrito.

Portanto, um evento ocorrido no mundo pode corresponder a hipóteses normativas diversas, produzindo a incidência de mandamentos normativos de distinta natureza jurídica.

XXI.5 – ATO ILÍCITO

O ato ilícito é um evento do mundo real, decorrente de atuação voluntária de um sujeito, previsto como reprovável em uma norma jurídica, cuja consumação produz a incidência de uma sanção (punição).

XXI.5.1 – A conduta distinta da prestação

A ilicitude consiste na prática de conduta distinta daquela que outra norma jurídica previa como devida. Esquematicamente, a representação seria a seguinte:

"Dado FT deve ser P ou

Dado n-P deve ser S", onde

FT: fato temporal

P: prestação

n-P: conduta diversa da prestação

S: sanção

Nesse esquema, o ato ilícito consiste em "n-P".

XXI.5.2 – A relevância da ilicitude para o Direito

No passado, afirmava-se que o ato ilícito não poderia ser considerado como uma espécie de ato jurídico por ser "antijurídico". Essa argumentação envolve apenas uma questão semântica. A expressão "antijurídico" indica uma conduta reprovável perante o Direito, mas não significa que esse mesmo Direito deixe de disciplinar os atos ditos "antijurídicos". Ou seja, um ato é considerado como "antijurídico" precisamente por ser assim qualificado pelo Direito. Portanto, o ato ilícito ("antijurídico") integra o mundo do Direito.

XXI.5.3 – Ato ilícito como conduta humana: a relevância da vontade

Reputava-se que qualquer ocorrência que produzisse dano a sujeitos ou objetos protegidos pelo Direito seria um ato ilícito. Bastava o resultado material para ocorrer a ilicitude. Essa concepção encontra-se ultrapassada.

O ato ilícito somente pode consistir numa manifestação da vontade humana. Não existe ato ilícito se não houver uma conduta externa produzida por uma vontade subjetiva reprovável.

XXI.5.4 – A questão do defeito na formação da vontade

O defeito na formação da vontade não significa a necessária existência de uma vontade conscientemente orientada a produzir um resultado danoso. O ilícito se

Cap. XXI · FATOS JURÍDICOS | 221

configura inclusive quando não houver intenção de produzir o dano, mas o sujeito tiver deixado de adotar as cautelas indispensáveis para evitar a sua ocorrência.

Isso conduz à diferenciação entre os atos ilícitos intencionais (dolosos) e os não intencionais (culposos).

A consciência e a vontade de produzir o ilícito denomina-se "dolo". O dolo é direto quando o sujeito prevê o resultado danoso e atua consciente e voluntariamente para a sua produção. Há dolo indireto quando o sujeito prevê o resultado danoso e aceita o risco de sua ocorrência.

Por exemplo, existe ato ilícito doloso quando o sujeito cria um ardil para enganar outrem. Assim, imagine-se a situação em que um licitante corrompe o agente público para vencer a licitação, mediante o pagamento de propina.

Alude-se a "culpa" para indicar condutas resultantes de imprudência, imperícia e negligência, mesmo que o resultado não tenha sido previsto nem desejado pelo sujeito. Os acidentes de trânsito, na maior parte dos casos, envolvem conduta culposa.

Observe-se que existem situações limítrofes, em que o sujeito infringe padrões tão essenciais e mínimos que o Direito considera a sua conduta como intencional. Por exemplo, suponha-se o sujeito que trafega com o seu veículo por via pública em velocidade tão elevada que a ocorrência do acidente era claramente previsível. Essa situação é denominada "dolo indireto" e indica as hipóteses em que o sujeito prevê o resultado, ainda que não deseje o resultado danoso, aceita a possibilidade de produzi-lo. No caso do dolo indireto, o agente não se importa se o dano vier a ocorrer.

XXI.5.5 – Os efeitos jurídicos: o sancionamento

O ato ilícito desencadeia efeito jurídico contemplado no mandamento da norma punitiva. Esse efeito jurídico é denominado genericamente sanção, mas há expressões técnicas específicas em certas áreas do Direito. No Direito Penal, o ilícito consiste usualmente no crime (mas há também a contravenção) e a sanção é denominada de pena.

Usualmente, esses efeitos jurídicos não são desejados pelo infrator, nem são por ele experimentados como algo positivo ou vantajoso. Mas não é possível excluir uma situação concreta diversa. Imagine-se o caso de um sujeito absolutamente carente que pratica um crime visando especificamente obter a condição de presidiário, o que lhe assegurará condições mínimas de sobrevivência.

XXI.5.6 – As diferentes categorias de atos ilícitos e de sancionamento

Mas há outras categorias. Um exemplo é o ilícito administrativo, tal como a infração de trânsito. Usualmente, os ilícitos administrativos são punidos com penalidades pecuniárias, mas é podem existir outras soluções, tal como a suspensão temporário de um Direito. Os ilícitos civis são punidos por meio de uma indenização.

XXI.5.7 – Ato ilícito e ato inválido

O ato ilícito não se confunde com o ato inválido, ainda que uma situação concreta possa configurar a ocorrência conjunta de ambas as figuras.

Por exemplo, suponha-se um criminoso que exige de outrem que assine um documento transferindo em seu favor um bem específico, mediante grave ameaça. Esse ato configura um crime sob o prisma do Direito Penal. Sob o prisma do Direito Civil, o ato de transferência é nulo. Nesse caso, há uma mesma situação fática objeto de disciplina por dois ramos do Direito.

O conceito de ilicitude não se confunde com a invalidade. O ato é inválido quando não preenche os requisitos exigidos por uma norma para a produção dos efeitos pretendidos. Por exemplo, suponha-se um indivíduo maior de dezesseis e menor de dezoito anos. Perante o Direito, trata-se de um relativamente incapaz. Imagine-se que esse menor resolva alienar o seu computador e promova a operação sem a assistência de pai e mãe (ou do tutor). Esse ato apresenta um defeito. Não foi observada uma exigência prevista no Direito para a validade da alienação. O ato inválido não produz efeitos.

Já o ato ilícito consiste na violação a um dever jurídico. O ato ilícito acarreta efeito jurídico, consistente numa punição.

Rigorosamente, a invalidade indica a ocorrência de um evento fático que não corresponde à descrição hipotética de uma norma. Por consequência, a ocorrência verificada no mundo real não é suficiente para acarretar a incidência do mandamento.

No entanto, a técnica jurídica conduziu à previsão explícita de hipóteses normativa de invalidade, cujo mandamento consiste na disciplina do desfazimento absoluto ou limitado dos efeitos que tal ato possa ter produzido. Nesse caso, o Direito consagra formalmente uma disciplina normativa para as condutas que configuram "vício" do ato jurídico. Essa solução técnica acaba assemelhando a situação a um caso de ilicitude, no sentido de que existiria uma "sanção" para a invalidade, consistente no desfazimento dos efeitos do ato.

XXI.6 – A FIGURA DO NEGÓCIO JURÍDICO (ATO JURÍDICO) OBRIGACIONAL

Uma categoria de ato jurídico que merece exame diferenciado é o negócio jurídico (ato jurídico) obrigacional.

XXI.6.1 – A atribuição de poder para a autovinculação de sujeitos

Existe situação em que uma norma jurídica geral atribui aos sujeitos o poder jurídico para produzir norma jurídica específica, destinada a disciplinar a própria conduta. Essa situação compreende casos de declaração unilateral de vontade e de contrato.

Por exemplo, considere-se um contrato de empréstimo bancário. O sujeito obtém um empréstimo de quantia em dinheiro, com a previsão de pagamento em parcelas mensais. As condições são pactuadas entre as partes e produzem efeito vinculante para elas. Ou seja, as partes se tornam titulares de Direitos e obrigações instituídos pela vontade própria.

Nesse caso, há duas dimensões normativas relevantes. Existe a norma geral que dispõe sobre a figura do contrato em empréstimo (mútuo), em termos gerais e abstratos. E há a norma contratual, produzida pela vontade das partes.

XXI.6.2 – A hipótese e o mandamento da norma geral

Portanto, existe a norma geral, veiculada por lei, dotada de uma hipótese e de um mandamento. A hipótese consiste na previsão de certas condições indispensáveis para a atuação das partes. O mandamento consiste na atribuição a elas do poder jurídico para produção de um contrato.

XXI.6.3 – O "negócio jurídico obrigacional"

No exercício do poder jurídico contemplado na norma legal geral, os sujeitos produzem um negócio jurídico obrigacional, por meio do qual produzem a criação de norma jurídica específica – também dotada de hipótese e mandamento. Por exemplo:

- Norma jurídica legal geral: "Dado o fato de dois sujeitos serem capazes lhes é facultado vincular-se por meio de contrato".
- Negócio jurídico obrigacional: "João se obriga a pagar, na data X, o preço Z em favor de Antônio; e Antônio se obriga, na mesma data, a transferir a João a propriedade do bem Y".

XXI.7 – OS EFEITOS JURÍDICOS DESENCADEADOS PELO FATO JURÍDICO

Os efeitos jurídicos desencadeados pelo fato jurídico (em sentido amplo) encontram-se previstos no mandamento normativo. Usualmente, esses efeitos jurídicos envolvem uma relação jurídica.

INTRODUÇÃO AO ESTUDO DO DIREITO · *Marçal Justen Filho*

A relação jurídica contempla usualmente direitos e deveres para os sujeitos, tal como previsto em um mandamento normativo.

Por isso, o fato jurídico pode conduzir ao nascimento, à modificação ou à extinção de Direitos e deveres para as partes ou terceiros.

XXI.8 – A EFICÁCIA DO ATO JURÍDICO

Os efeitos do ato jurídico podem ser orientados a confirmar a ocorrência de fatos jurídicos pretéritos, que já tenham produzido a incidência de um mandamento. Nesse caso, alude-se a uma eficácia declaratória. Por exemplo, o registro de nascimento da pessoa física é um ato jurídico em sentido restrito, cuja eficácia é declaratória.

Mas outros atos jurídicos podem ter eficácia constitutiva, no sentido de que há uma inovação na situação jurídica, que passa a ser diversa do que até então se passava. Por exemplo, o registro de constituição de sociedade empresária.

Observe-se que essa distinção se refere ao núcleo principal da eficácia do ato jurídico. Todo ato jurídico de eficácia declaratória produz um efeito mínimo inovador, ainda que seja a eliminação da incerteza sobre os eventos anteriores. Por outro lado, todo ato jurídico de eficácia constitutiva reflete a declaração da existência de certos requisitos necessários à produção de um efeito inovador.

O ponto relevante reside em que a eficácia declaratória reflete-se sobre o passado. Na terminologia jurídica, produz efeitos "ex tunc".

Já a eficácia constitutiva se estende para o futuro. Na terminologia jurídica, os seus efeitos se produzem "ex nunc".

RESUMO

- Fato jurídico em sentido amplo é o evento do mundo real que corresponde a uma previsão contida em uma norma jurídica, cuja consumação produz efeitos previstos pelo Direito. Existem três espécies de fatos jurídicos em sentido amplo – que são os atos jurídicos, o fato jurídico em sentido restrito e o ato ilícito.

- O ato jurídico é um evento do mundo real, decorrente de atuação voluntária de um sujeito, previsto em uma norma jurídica e cuja consumação produz efeitos previstos em uma ou mais normas jurídicas. O Código Civil de 2002 adotou a expressão "negócio jurídico" em substituição a ato jurídico. No caso do ato jurídico, o conteúdo da hipótese é a descrição de uma conduta ou de um estado de fato que traduza uma vontade, exteriorizada no mundo.

- Os atos jurídicos podem ser unilaterais, bilaterais e plurilaterais, conforme o número de partes. A expressão "parte" não é sinônima de "pessoa". A parte é um núcleo de interesses e Direitos, que podem ser atribuídos a uma ou mais pessoas.

- Ato jurídico unilateral individual é aquele em que a parte é composta por um único sujeito.

- Ato unilateral coletivo é aquele em que a parte é composta por mais de um sujeito, mas todos atuando de modo homogêneo.

- Ato unilateral complexo é aquele em que a parte é composta por mais de um sujeito, cada desenvolvendo uma atuação qualitativamente distinta da outra.

- O fato jurídico em sentido restrito é um evento do mundo real, não consistente em uma manifestação de vontade, previsto em uma norma jurídica e cuja consumação produz efeitos contidos em uma ou mais normas jurídicas. Caracteriza-se pela irrelevância da vontade na hipótese normativa.

- O ato ilícito é um evento do mundo real, decorrente de atuação voluntária de um sujeito, previsto como reprovável em uma norma jurídica, cuja consumação produz a incidência de uma sanção (punição). Não existe ato ilícito se não houver uma conduta externa produzida por uma vontade subjetiva reprovável.

- Há distinção entre os atos ilícitos intencionais e os não intencionais. A consciência e a vontade de produzir o ilícito denomina-se "dolo". Alude-se a "culpa" para indicar condutas resultantes de imprudência, imperícia e negligência.

- O dolo é direto quando o sujeito prevê o resultado danoso e atua consciente e voluntariamente para a sua produção. Há dolo indireto quando o sujeito prevê o resultado danoso e aceita o risco de sua ocorrência.

- O ato ilícito desencadeia efeito jurídico denominado genericamente de sanção. Existem diferentes categorias de atos ilícitos, subordinados a sancionamento de natureza diversa. A figura mais conhecida de ato ilícito é o crime, sancionado por uma pena.

- O ato ilícito não se confunde com o ato inválido. O ato é inválido quando não preenche os requisitos exigidos por uma norma para a produção dos efeitos pretendidos. O ato inválido não produz efeitos. O ato ilícito consiste na violação a um dever jurídico e acarreta numa punição.

- Uma categoria de ato jurídico que merece exame diferenciado é o negócio jurídico (ato jurídico) obrigacional. Existe situação em que uma norma jurídica geral atribui aos sujeitos o poder jurídico para produzir norma jurídica específica, destinada a disciplinar a própria conduta. Essa situação compreende casos de declaração unilateral de vontade e de contrato.

- Os efeitos do ato jurídico podem ser orientados a confirmar a ocorrência de fatos jurídicos pretéritos, que já tenham produzido a incidência de um mandamento. Nesse caso, alude-se a uma eficácia declaratória. Mas outros atos jurídicos podem ter eficácia constitutiva, no sentido de que há uma inovação na situação jurídica, que passa a ser diversa do que até então se passava.

 Caso prático

Suponha que João alugue um imóvel para Pedro, o qual deixa de pagar o aluguel na data prevista. João invade a casa alugada, destrói os objetos pessoais de Pedro. Chegando em casa, Pedro tropeça numa peça deixada no chão, bate a cabeça e falece. Qualifique os eventos ocorridos em vista da classificação de fato jurídico:

a) contrato de aluguel;
b) ausência de pagamento do aluguel;
c) invasão da casa alugada por João;
d) falecimento de Pedro.

 Questões

1) João assassinou Pedro. Enquadre esse evento na classificação dos fatos jurídicos.

2) Pedro morreu de ataque cardíaco. Enquadre esse evento na classificação dos fatos jurídicos.

3) João contratou Antônio para matar Pedro. Enquadre esse evento na classificação dos fatos jurídicos.

4) Carlos reconheceu a paternidade de 7. Enquadre esse evento na classificação dos fatos jurídicos e indique a sua eficácia.

Capítulo XXII
RELAÇÃO JURÍDICA

Para fins jurídicos, os direitos e deveres dos sujeitos se enquadram, usualmente, no âmbito de relações jurídicas.

XXII.1 – DEFINIÇÃO E ELEMENTOS

Relação jurídica é um vínculo estabelecido entre duas ou mais partes, que produz direitos e deveres de modo recíproco ou não.

XXII.1.1 – Vínculo jurídico

A relação jurídica não se confunde com as relações de outra natureza (tais como sociais, econômicas, familiares etc.). Trata-se de um vínculo jurídico, que se encontra previsto e disciplinado no Direito.

XXII.1.2 – As relações sociais

As relações sociais surgem de modo espontâneo, em virtude da coexistência entre as pessoas. Tais relações apresentam níveis diferentes de intensidade e acarretam efeitos variáveis em vista das circunstâncias.

Em alguns casos, existem relações sociais que são juridicizadas – ou seja, são incorporadas pelo Direito. Assim se passa, por exemplo, com as relações familiares.

Em outros, a relação jurídica surge sem existir um relacionamento social antecedente.

O conteúdo do relacionamento jurídico não coincide de modo preciso e exato com outras relações que possam estabelecer-se entre os membros da sociedade.

XXII.1.3 – A juridicização do relacionamento

A existência de um vínculo jurídico significa que o Direito dispõe sobre os requisitos para o surgimento do relacionamento e também sobre deveres e direitos daí decorrentes e sobre todos os demais aspectos – inclusive quanto à sua extinção.

A expressão "vínculo" indica a submissão dos sujeitos a imposições que deles independem e que produzem efeitos que ultrapassam os limites de sua vontade. A questão se relaciona com a heteronomia do Direito, tal como já visto em capítulos anteriores, significa que a subordinação dos sujeitos ao Direito não decorre de uma escolha autônoma.

É evidente, no entanto, que alguns vínculos jurídicos subordinam-se de modo mais intenso à vontade dos partícipes.

XXII.1.4 – A objetivização do relacionamento

O conteúdo e as demais condições atinentes a um relacionamento jurídico subordinam-se ao Direito. Isso significa a sua objetivação. Ou seja, tais condições apresentam uma padronização mínima, de modo que os diferentes relacionamentos jurídicos apresentam muitos pontos em comum.

Por exemplo, suponha-se um contrato de locação de imóvel. As partes dispõem de autonomia para pactuar uma grande quantidade de questões. No entanto, o seu relacionamento observará as condições determinadas pelo Direito. Assim, será obrigatória a previsão do pagamento de um aluguel, o locatário estará sujeito a limites no tocante ao uso, o locador subordinar-se-á a outros limites etc. Em outras palavras, todas as locações de imóveis apresentam pontos em comum, que refletem a própria existência do instituto jurídico.

XXII.1.5 – A relação jurídica como previsão do mandamento normativo

A relação jurídica está prevista num mandamento normativo. Isso significa que essa relação jurídica é um efeito atribuído pelo Direito à ocorrência de um fato correspondente à hipótese da norma jurídica.

XXII.2 – PARTES

A relação jurídica se estabelece entre partes. Tal como acima já adiantado, o conceito de parte não se identifica com o de sujeito de direito.

XXII.2.1 – Partes e sujeitos de Direito

A parte consiste numa posição jurídica, caracterizada pela titularidade de interesses uniformes e comuns, que é tratada pelo Direito como uma unidade. A condição de parte pode ser ocupada por um único sujeito de Direito ou por uma pluralidade de sujeitos.

Assim, suponha-se um imóvel de titularidade de uma pessoa física, que é locado a um terceiro. Sobrevém o falecimento do locador, que é sucedido por seus dez filhos. Se o contrato de locação se mantiver, a condição de parte passará a ser ocupada pelas dez pessoas físicas, de modo conjunto. Continuará a existir uma única parte. Perante o Direito, esses dez indivíduos serão tratados como se fossem uma unidade. Evidentemente, a situação pode gerar muitos problemas práticos, o que tenderá à extinção da locação ou a modificações subjetivas na parte locadora. Por exemplo, os dez sujeitos podem fazer um acordo, para que somente um deles fique investido na condição de parte.

XXII.2.2 – Pessoas físicas e (ou) jurídicas

A condição de parte na relação jurídica pode ser atribuída a pessoas físicas e (ou) jurídicas. Lembre-se que o atributo essencial da personalidade jurídica reside na aptidão para ser parte em uma relação jurídica.

De modo genérico, a qualidade de pessoa física ou jurídica é irrelevante para a disciplina da relação jurídica. No entanto, certas relações jurídicas reservadas exclusivamente para pessoas físicas. Tal se passa no tocante aos chamados direitos da personalidade, que envolvem atributos privativos do ser humano. Imagine-se uma obra de arte, tal como uma pintura. Uma pessoa jurídica pode tornar-se proprietária de um quadro, mas nunca lhe será facultado assumir a sua autoria.

Por outro lado, há outras relações jurídicas que são privativas de pessoas jurídicas. Essas hipóteses se verificam especialmente no âmbito da atividade empresarial. Por exemplo, é juridicamente impossível uma pessoa física emitir "ações" para negociação em bolsas de valores.

XXII.3 – OBJETO

A relação jurídica é um vínculo que tem um objeto. É possível diferenciar o objeto imediato e o objeto mediato da relação.

XXII.3.1 – Imediato: prestação

O objeto imediato consiste numa conduta, consistente em dar, fazer ou não fazer, que é disciplinada pelo Direito. Rigorosamente, toda conduta consiste num fazer. Permanecer imóvel não deixa de ser um fazer. Mas o Direito diferencia as hipóteses.

O fazer cujo conteúdo envolve prestação consistente em transferir o domínio ou a posse de um bem é qualificado como um dar. O fazer que se traduz numa conduta de abstenção é tratado como um não fazer.

XXII.3.2 – Mediato: bens jurídicos

A conduta que é objeto da prestação usualmente versa sobre bens jurídicos. Esses bens são considerados como objeto mediato da relação jurídica.

XXII.4 – A DISCIPLINA DA CONDUTA OBJETO DA RELAÇÃO JURÍDICA

O Direito estabelece a disciplina para a conduta objeto da relação jurídica, determinando que será (deverá ser) proibida, obrigatória ou permitida. Essa disciplina da conduta de uma das partes refletirá na conduta da outra parte, tal como será examinado em capítulo subsequente.

XXII.5 – CLASSIFICAÇÃO QUANTO AO REGIME JURÍDICO

Existem diversos critérios para classificação das relações jurídicas. Um deles se refere ao regime jurídico.

XXII.5.1 – Relações jurídicas de Direito Público

Algumas relações são disciplinadas pelo Direito Público. Isso significa que o objeto da prestação envolve interesses indisponíveis – ao menos, no âmbito de uma das partes. Como visto, usualmente essas relações de Direito Público envolvem, ao menos como uma das partes, uma pessoa estatal.

XXII.5.2 – Relações jurídicas de Direito Privado

As relações de Direito Privado versam sobre interesses disponíveis, encontrando-se submetidas ao regime respectivo. Na maior parte dos casos, ambas as partes são pessoas privadas. Lembre-se, no entanto, que existem sociedades estatais, que integram a Administração Pública, mas são dotadas de personalidade jurídica de direito privado e submetidas ao mesmo regime reservado aos particulares.

XXII.6 – CLASSIFICAÇÃO QUANTO AO NÚMERO DE PARTES

Não existe relação jurídica sem partes.

XXII.6.1 – As relações jurídicas bilaterais

Na visão tradicional, costuma-se afirmar que toda relação jurídica apresenta no mínimo duas partes.

Em alguns casos, parece haver apenas uma parte, tal como se passa no direito de propriedade. Mas essas relações jurídicas são estabelecidas "erga omnes" – ou seja, encontram-se na condição de parte todos os sujeitos possíveis. Quando se afirma que "a propriedade compreende os poderes de usar, fruir e dispor de uma coisa", isso significa que todos os demais sujeitos estão submetidos aos efeitos da propriedade. Essa solução tem sido adotada também em relação aos direitos personalíssimos.

Talvez essa orientação mereça uma revisão, para reconhecimento de que há certas condições intrínsecas ao ser humano, que são afirmadas e tuteladas na órbita exclusiva e privativa.

XXII.6.2 – As relações jurídicas plurilaterais

Por outro lado, há relações jurídicas que envolvem uma pluralidade de partes. Tal se passa especialmente no âmbito do Direito Público. Assim, por exemplo, considere-se o serviço público de transporte coletivo de passageiros concedido a uma empresa privada. Há o Estado (Poder Concedente), o concessionário e os usuários. Todos integram uma relação jurídica.

XXII.7 – A FORMALIZAÇÃO DA CONSTITUIÇÃO DA RELAÇÃO JURÍDICA

A relação jurídica instaura-se em virtude da ocorrência de um fato jurídico (em sentido amplo). Existem regras diversas relativamente às formalidades para o aperfeiçoamento desses eventos. Muito embora essas sejam questões que, logicamente, relacionem-se com o tema do fato jurídico, é apropriado tratar delas no âmbito da relação jurídica.

XXII.7.1 – Graus variáveis de rigor formalístico

Existem graus variáveis de rigor por parte do Direito relativamente ao modo de aperfeiçoamento do evento que desencadeia o surgimento da relação jurídica. Tal como exposto, verificam-se exigências formalísticas mais intensas no âmbito do Direito Público do que se passa no Direito Privado.

XXII.7.2 – Hipóteses de liberdade de forma

No âmbito do Direito Privado, o surgimento de relação jurídica obedece usualmente a solução da liberdade de forma. Como regra, a parte dispõe de autonomia para escolher a forma que melhor lhe aprouver para promover o ato jurídico. Por exemplo, admite-se a contratação verbal.

XXII.7.3 – Hipóteses de rigor formal

Mas o Direito impõe o rigor formal sempre que existirem interesses tão relevantes que a sua proteção exija grau de segurança mais intenso quanto à existência da relação jurídica. Isso se passa comumente no Direito Público, mas também algumas relações jurídicas de Direito Privado se subordinam a esse rigor formal. Por exemplo, assim se passa com o casamento.

XXII.8 – O DESENVOLVIMENTO DA RELAÇÃO JURÍDICA

O desenvolvimento da relação jurídica compreende uma pluralidade de eventos, que podem variar em vista das características da relação jurídica. Por isso, a disciplina normativa, no tocante à sequência e ao conteúdo dos atos a serem praticados, depende das circunstâncias relativas a cada espécie de relação jurídica.

XXII.8.1 – Disciplina normativa mandatória intensa

Em alguns casos, existe uma imposição formalística intensa. Por exemplo, a licitação produz o relacionamento jurídico entre a Administração e uma pluralidade de sujeitos, que disputam o direito de contratação administrativa. O desenvolvimento dessa relação jurídica é subordinado a disciplina minuciosa por parte da lei.

Especialmente no âmbito do Direito Público, foi consagrada a exigência do devido processo legal. Isso significa que o desenvolvimento da relação entre as partes deve observar uma sequência predeterminada de atos, sob pena de invalidade.

XXII.8.2 – Disciplina normativa restritiva

Em outros casos, a disciplina normativa apresenta cunho restritivo, fixando proibições quanto a certas condutas. Por exemplo, o art. 57 do Código Civil estabelece que:

> *"A exclusão do associado só é admissível havendo justa causa, assim reconhecida em procedimento que assegure direito de defesa e de recurso, nos termos previstos no estatuto".*

Uma associação estará proibida e promover a exclusão de um associado de seus quadros sem existir uma justa causa.

XXII.8.3 – Atribuição de autonomia às partes

Sobretudo no Direito Privado, é usual a consagração da autonomia. As partes dispõem da faculdade de conduzir o seu relacionamento sem a necessidade da observância de normas específicas.

XXII.9 – A EXTINÇÃO DA RELAÇÃO JURÍDICA

Muitas relações jurídicas permanecem ao longo do tempo, mesmo que se verifique a alteração da identidade da parte. Assim se passa, por exemplo, com a propriedade de um imóvel.

Outras relações jurídicas são temporárias e a sua extinção depende das suas características, inclusive no tocante ao objeto. Um exemplo é a locação de imóvel.

XXII.9.1 – Previsão legislativa impositiva

Em alguns casos, o Direito estabelece que a ocorrência de determinado evento acarreta, de modo automático, a extinção de certas relações jurídicas. Tal ocorre na relação de casamento, que é dissolvida pela morte de um dos cônjuges.

XXII.9.2 – Exaurimento do objeto

Em outras situações, a relação jurídica se encerra em virtude do exaurimento de seu objeto. Isso ocorre, por exemplo, quando há a execução voluntária do contrato, nada mais existindo a ser prestado por qualquer das partes. Por exemplo, suponha-se a contratação de um serviço de reparo residencial. Considere-se que o prestador do serviço executa a prestação e o proprietário paga a remuneração pactuada. Ambas as partes cumpriram as suas obrigações e o vínculo jurídico se extingue.

XXII.9.3 – Extinção anômala: rescisão, revogação e outras figuras

Existem outras hipóteses em que a extinção é produzida de modo anômalo, sem o atingimento das finalidades buscadas. Os exemplos são a rescisão do contrato por inadimplemento ou a extinção por inconveniência para uma das partes (quando tal for permitido pelo Direito).

RESUMO

- Relação jurídica é um vínculo estabelecido entre duas ou mais partes, que produz direitos e deveres de modo recíproco ou não. A existência de um vínculo jurídico significa que o Direito dispõe sobre os requisitos para o surgimento do relacionamento, assim como sobre deveres e direitos daí decorrentes e sobre todos os demais aspectos – inclusive quanto à sua extinção. A expressão "vínculo" indica a submissão dos sujeitos a imposições que deles independem e que produzem efeitos que ultrapassam os limites de sua vontade.

- A relação jurídica está prevista num mandamento normativo. Isso significa que essa relação jurídica é um efeito atribuído pelo Direito à ocorrência de um fato concreto correspondente à hipótese da norma jurídica.

- A relação jurídica se estabelece entre partes. A parte consiste numa posição jurídica, caracterizada pela titularidade de interesses uniformes e comuns, que é tratada pelo Direito como uma unidade. A condição de parte na relação jurídica pode ser atribuída a pessoas físicas e (ou) jurídicas.

- Certas relações jurídicas são reservadas exclusivamente para pessoas físicas. Tal se passa no tocante aos chamados direitos da personalidade, que envolvem atributos privativos do ser humano. Outras relações jurídicas são privativas de pessoas jurídicas, o que se verifica especialmente no Direito Empresarial.

- A relação jurídica tem um objeto imediato (prestação) e um objeto mediato (bem jurídico). As relações jurídicas podem ser de Direito Público ou de Direito Privado. Conforme o número de partes, as relações jurídicas podem ser bilaterais ou plurilaterais.

- A formalização da relação jurídica depende da ocorrência de um fato jurídico (em sentido amplo). Existem graus variáveis de rigor por parte do Direito relativamente ao modo de aperfeiçoamento do evento que desencadeia o surgimento da relação jurídica. Há exigências formalísticas mais intensas no Direito Público. No âmbito do Direito Privado, o surgimento de relação jurídica obedece usualmente a solução da liberdade de forma.

- A disciplina normativa, no tocante à sequência e ao conteúdo dos atos a serem praticados, depende das circunstâncias relativas a cada espécie de relação jurídica.

- Algumas relações jurídicas são mantidas ao longo do tempo, enquanto outras são temporárias. Em alguns casos, o Direito estabelece que a ocorrência de determinado evento acarreta, de modo automático, a extinção de certas relações jurídicas. Em outras situações, a relação jurídica se encerra em virtude do exaurimento de seu objeto. Existem outras hipóteses em que a extinção é produzida de modo anômalo, sem o atingimento das finalidades buscadas (rescisão por inadimplemento).

Caso prático

Rubens firma um documento privado em que está prevista a alienação de um imóvel e de um veículo em favor de Carlos, mediante o pagamento de importância determinada em dinheiro. Carlos paga a integralidade do preço e apresenta o documento para o Registro de Imóveis e para o Detran. Na sua opinião, Carlos conseguirá obter a transferência da titularidade do imóvel e do veículo para o próprio nome?

Questões

1) O que significa "vínculo jurídico"?

2) Diferencie "parte" de "sujeito de direito".

3) Existem relações jurídicas privativas de pessoas físicas? Explique.

4) Existem relações jurídicas privativas de pessoas jurídicas? Explique.

5) Por que o Direito impõe, em alguns casos, rigor formal para a constituição de relações jurídicas?

Capítulo XXIII
BENS JURÍDICOS

Os bens jurídicos são o objeto mediato das relações jurídicas e compreendem não apenas objetos economicamente avaliáveis.

XXIII.1 – CONCEITO

O bem jurídico é um objeto, dotado ou não de existência física, economicamente avaliável ou não, cuja existência, condição ou destino são disciplinados pela norma jurídica.

A condição de bem jurídico compreende uma pluralidade de objetos qualitativamente distintos.

XXIII.1.1 – Coisas inanimadas e vegetais

Os objetos integrantes da Natureza, inanimadas ou não, e aquelas produzidas pela criatividade humana comportam o enquadramento como bem jurídico, mesmo nas hipóteses em que não sejam apropriáveis pelo ser humano.

Anteriormente, reputava-se inviável enquadrar o ar ou a atmosfera na condição de bens jurídicos. Mas esse enfoque não é mais prevalente. Assim, admite-se a edição de normas jurídicas para proteger a atmosfera.

Também podem ser considerados como bens jurídicos os processos físico-químicos. Por exemplo, a energia elétrica se constitui num bem jurídico, que comporta inclusive comercialização.

XXIII.1.2 – Animais (?)

A situação dos animais já foi objeto de debate. De modo geral, os animais sempre foram considerados como bens jurídicos. No entanto, há propostas no sentido da sua personificação, mas essa orientação ainda não foi incorporada no Direito brasileiro.

XXIII.1.3 – Objetos produzidos pelo Direito

Muitos bens jurídicos são produzidos pelo próprio Direito. Assim se passa com as ações de uma sociedade anônima, as patentes de invenção e outros produtos da atividade criativa previstos na disciplina jurídica.

XXIII.1.4 – Objetos de existência futura

Os bens de existência futura podem ser objeto de relações jurídicas. Por exemplo, é possível a comercialização de safras futuras, do produto a ser obtido pelo pescador etc.

XXIII.1.5 – A questão do ser humano

O ser humano não comporta o enquadramento como bem jurídico. O ser humano é sempre pessoa, titular de condição jurídica diferenciada. Essa determinação estende-se à vedação da comercialização de órgãos, mas não impede a sua doação por razões humanitárias. A Lei 9.434/1997 dispõe sobre o tema.

XXIII.2 – ALGUMAS QUESTÕES ADICIONAIS

Há algumas questões adicionais, cujo exame permite compreender melhor o conceito de bem jurídico.

XXIII.2.1 – Bens jurídicos personalíssimos

Diversas manifestações da condição humana são objeto de tutela específica. Assim, por exemplo, a própria vida humana pode ser considerada como protegida, tal como a dignidade inerente a cada ser humano. Há diversas outras manifestações da existência humana protegidos pelo Direito. A expressão "bens jurídicos personalíssimos" abrange esse conjunto amplo de valores e manifestações imateriais, relacionados com a condição e a identidade do ser humano.

Tais bens jurídicos são irrenunciáveis e destituídos de existência física e de patrimonialidade.

XXIII.2.2 – Os direitos subjetivos como "bens"

O direito subjetivo consiste num poder jurídico de exigir uma prestação, versando sobre um bem. Portanto e rigorosamente, os direitos não se confundem com os bens. No entanto, o Código Civil reconhece que os direitos são considerados como bens. Assim, por exemplo, o art. 83 do dito Código determina o seguinte:

"Consideram-se móveis para os efeitos legais:

I – ...

II – os direitos reais sobre objetos móveis e as ações correspondentes;

III – os direitos pessoais de caráter patrimonial e respectivas ações".

Essa disciplina permite inclusive a comercialização de tais direitos.

XXIII.2.3 – A questão da patrimonialidade

A patrimonialidade não é um requisito para a existência de um bem jurídico. A patrimonialidade consiste na avaliação econômica do bem e se relaciona com a potencial apropriação do bem por um ser humano determinado.

XXIII.3 – A QUESTÃO DA EXISTÊNCIA FÍSICA

A existência física também não se constitui em requisito para o objeto ser qualificado como bem jurídico.

XXIII.3.1 – Bens corpóreos: coisas

Os bens jurídicos dotados de existência física são usualmente denominados de coisas.

XXIII.3.2 – Bens incorpóreos: ideias (dotadas ou não de conteúdo patrimonial)

Entre os bens incorpóreos, podem ser referidos inclusive as ideias (dotadas ou não de conteúdo patrimonial). Por exemplo, o Direito protege a utilização exclusiva de ideias inventivas (patente de invenção).

XXIII.4 – A DISCIPLINA DOS BENS JURÍDICOS

As normas gerais relativas a bens jurídicos encontram-se no Código Civil. No entanto, é evidente que todos os ramos do Direito tratam do tema – precisamente porque grande parte das normas jurídicas são orientadas a disciplinar a existência, a condição e o destino dos bens jurídicos.

XXIII.5 – A CLASSIFICAÇÃO DOS BENS QUANTO AO CRITÉRIO DO DESLOCAMENTO

Um dos critérios fundamentais para classificar os bens jurídicos se relaciona com a viabilidade de seu deslocamento.

XXIII.5.1 – Os bens imóveis

O art. 79 do Código Civil prevê que:

> *"São bens imóveis o solo e tudo quanto se lhe incorporar natural ou artificialmente".*

A categoria de bens imóveis compreende não apenas o solo propriamente dito, mas também aquilo que vier a ser agregado a ele. Por exemplo, um edifício se constitui em bem imóvel. Evidentemente, uma casa sobre rodas não é um bem imóvel, pelo menos enquanto for mantida a possibilidade de seu deslocamento.

XXIII.5.2 – Os bens móveis

Segundo o art. 82 do Código Civil:

> *"São móveis os bens suscetíveis de movimento próprio, ou de remoção por força alheia, sem alteração da substância ou da destinação econômico-social".*

XXIII.5.3 – A relevância jurídica da distinção

A diferenciação entre bens móveis e imóveis apresenta relevância jurídica fundamental. O Direito adota tratamento jurídico muito diverso para cada uma das duas espécies. Por exemplo, uma distinção envolve o modo de transferência da propriedade. A propriedade dos bens móveis é alterada pela transferência da posse sobre eles. Já a propriedade do imóvel depende da inscrição no Registro de Imóveis, a qual depende usualmente de uma escritura pública (lavrada perante um Tabelionato). Existem muitas outras diferenças de tratamento jurídico entre bens móveis e imóveis.

XXIII.6 – CLASSIFICAÇÃO QUANTO À TITULARIDADE

O Código Civil contempla uma sistematização dos bens jurídicos e de sua disciplina. No art. 98, há uma classificação fundada no critério da titularidade.

XXIII.6.1 – Bens públicos

Os bens públicos são aqueles de titularidade de uma pessoa de Direito Público. Esses bens podem ser móveis ou imóveis. O Código Civil refere-se aos bens imóveis públicos.

No Brasil, a identificação dos bens públicos encontra a sua origem na Lei 601/1850 (Lei de Terras). Esse diploma buscou resolver a situação caótica das propriedades no Brasil. A coroa portuguesa transferiu o domínio do território brasileiro para as capitanias hereditárias. Uma parcela dos titulares realizou a transferência de áreas para o domínio de terceiros. Houve a ocupação de áreas de modo desorganizado, inclusive com o surgimento das cidades.

Depois da Independência em 1822, surgiu a necessidade de identificar as terras públicas e privadas. A Lei de 1850 estabeleceu que eram públicos todos os imóveis formalmente na titularidade do Estado e também aqueles que não se encontrassem legitimamente no domínio privado ou na posse de particulares na data da vigência da referidas Lei. Não comprovada a propriedade por um particular, a terra seria considerada como devolvida (devoluta) para o domínio público.

XXIII.6.2 – Bens privados

Os bens privados são todos os demais, que não sejam de titularidade do Estado.

XXIII.6.3 – A relevância da distinção

O Direito adota tratamento jurídico distinto para bens públicos e privados. Assim, por exemplo, os bens públicos não são usucapíveis, diversamente dos bens privados. Isso significa que a ocupação mansa e pacífica por um particular de um bem público, mesmo que por longos períodos, não acarreta a aquisição do domínio.

XXIII.7 – BENS PÚBLICOS

O Código Civil contempla um elenco dos bens públicos no art. 99.

São bens de uso comum do povo aqueles que podem ser fruídos de modo genérico por qualquer pessoa, tal como rios, rodovias, ruas, praças e assim por diante.

Os bens de uso especial são aqueles utilizados pelo Estado para o desempenho de suas atividades, neles instalando, por exemplo, repartições públicas, escolas, hospitais e museus.

Os bens dominicais são aqueles não afetados à realização de fins de interesse público e que se encontram disponíveis para fins diversos.

Os bens públicos somente podem ser alienados mediante autorização legislativa prévia (Cód. Civil, arts. 100 e 101). Quanto aos bens de uso comum e de uso especial, a lei deve dispor sobre a sua desafetação, expressão que indica a vinculação desses bens ao atendimento de necessidades coletivas.

XXIII.8 – BENS SINGULARES E COLETIVOS (UNIVERSALIDADE DE FATO OU DE DIREITO)

O Código Civil admite que os bens jurídicos sejam objeto de tratamento de modo individualizado ou no seu conjunto.

XXIII.8.1 – Os bens singulares

O art. 89 do Código Civil estabelece que:

> *"São singulares os bens que, embora reunidos, se consideram de per si, independentemente dos demais".*

XXIII.8.2 – Os bens coletivos

Em algumas situações, admite-se que um conjunto de bens seja considerado como se fosse uma unidade. Isso configura uma universalidade. A universalidade pode ser de fato ou de direito, tal como previsto no Código Civil:

> *"Art. 90. Constitui universalidade de fato a pluralidade de bens singulares que, pertinentes à mesma pessoa, tenham destinação unitária.*
>
> *Parágrafo único. Os bens que formam essa universalidade podem ser objeto de relações jurídicas próprias".*
>
> *"Art. 91. Constitui universalidade de direito o complexo de relações jurídicas, de uma pessoa, dotadas de valor econômico".*

São universalidades de fato uma biblioteca e um rebanho, por exemplo. Isso significa que esse conjunto de elementos pode ser tratado pelo Direito como se fosse um único bem. Logo, é possível comercializar a biblioteca ou o rebanho, sem a necessidade de individualizar cada um dos elementos integrantes. Mas não existe impedimento à separação de tais elementos. Assim, é possível vender um ou alguns dos animais que integra o rebanho, sem que isso afete a existência dele – ainda que possa alterar o seu valor.

Já a universalidade de direito é composta por uma pluralidade de relações jurídicas, dotadas de valor econômico e consideradas juridicamente como um conjunto. Os exemplos de universalidade de direito são o patrimônio, o espólio (ou seja, o conjunto de bens objeto da herança, durante o processo de inventário) e a massa falida.

As relações jurídicas que compõem a universalidade de direito versam sobre bens jurídicos, os quais podem apresentar as mais diversas configurações, nos termos das considerações anteriores. A universalidade de direito não é dotada de personalidade jurídica própria. Por isso, o espólio não é uma pessoa jurídica.

XXIII.9 – PATRIMÔNIO

Patrimônio é o conjunto de relações jurídicas, economicamente avaliáveis, de titularidade de uma pessoa, objeto de tratamento jurídico unitário e configurando uma universalidade de direito.

XXIII.9.1 – Algumas considerações filosóficas

O capitalismo se alicerça na apropriação privada da riqueza e propõe aos sujeitos a ampliação do seu patrimônio. Sob um certo ângulo, o patrimônio é considerado como como uma manifestação da subjetividade. Esse processo produz a "coisificação" do mundo, em que o ser humano avalia os objetos segundo o critério da possibilidade de sua apropriação e considera as pessoas segundo a dimensão do seu patrimônio.

XXIII.9.2 – A composição do patrimônio

Somente integram o patrimônio os bens economicamente avaliáveis. Por isso, todos os ademais atributos e qualidades, tal como os bens destituídos de cunho econômico, não integram o patrimônio da pessoa.

Por outro lado, compõem o patrimônio tanto os ativos e os créditos como também os passivos e os débitos.

XXIII.9.3 – Todo sujeito é titular de um patrimônio

Do ponto de vista jurídico, todo sujeito é titular de um patrimônio, ainda que a dimensão econômica efetiva seja variável. Um sujeito carente, destituído de qualquer bem, é titular de um patrimônio. Uma pessoa jurídica endividada tem um patrimônio "negativo".

XXIII.9.4 – Todo sujeito é titular de um único patrimônio indivisível

Mais ainda, a regra é que todo sujeito é titular de um único patrimônio. Não se admite que o sujeito adquira mais de um patrimônio.

XXIII.9.5 – Responsabilidade patrimonial

O patrimônio do sujeito responde pelas dívidas por ele assumidas:

> *"O devedor responde com todos os seus bens presentes e futuros para o cumprimento de suas obrigações, salvo as restrições estabelecidas em lei"* (art. 789 do CPC).

Essa determinação evidencia a relevância da previsão da unidade patrimonial. Como todo sujeito é titular de um único patrimônio e como esse patrimônio responde pelas suas dívidas, não há solução prática para o sujeito deixar de pagar as suas dívidas se dispuser de condições para tanto.

XXIII.9.6 – O regime diferenciado para alguns bens

No entanto, alguns bens integrantes do patrimônio estão sujeitos a regime jurídico diferenciado. A Lei 8.009/1990 determina o seguinte, em seu art. 1º:

"O imóvel residencial próprio do casal, ou da entidade familiar, é impenhorável e não responderá por qualquer tipo de dívida civil, comercial, fiscal, previdenciária ou de outra natureza, contraída pelos cônjuges ou pelos pais ou filhos que sejam seus proprietários e nele residam, salvo nas hipóteses previstas nesta lei".

Outra hipótese envolve o patrimônio de afetação. Essa figura se verifica quando a lei prevê que um conjunto delimitado de bens serão administrados por uma pessoa para a realização de finalidades específicas. Tais bens são de titularidade formal de uma pessoa, mas são destinados a atividades delimitadas e não respondem pelas dívidas do titular "aparente". Por exemplo, esse é o tratamento dos bens aportados para a incorporação de edifícios. Assim também se passa com o Fundo de Investimento Imobiliário – FII.

XXIII.10 – TITULARIDADE DO PATRIMÔNIO E PERSONALIDADE JURÍDICA

A criação de uma pessoa jurídica produz efeito similar à multiplicação do número de patrimônios de que o sujeito é titular. Embora cada pessoa (física ou jurídica) seja titular de apenas um patrimônio, é facultado à pessoa participar de um número ilimitado de outras pessoas jurídicas.

XXIII.10.1 – O patrimônio próprio da pessoa jurídica

Cada pessoa jurídica é titular de um patrimônio específico, que não se confunde com o patrimônio de seu sócio.

XXIII.10.2 – A responsabilidade ilimitada da pessoa jurídica

O patrimônio da pessoa jurídica responde de modo ilimitado por suas dívidas. Aplica-se à pessoa jurídica a regra geral do art. 789 do CPC.

XXIII.10.3 – A responsabilidade limitada dos sócios

A Lei estabelece a responsabilidade limitada dos sócios em certos tipos societários. Isso ocorre especificamente com as sociedades anônimas e as sociedades limitada.

XXIII.10.4 – O efeito similar à multiplicação de patrimônios

A participação do sujeito em uma pessoa jurídica produz efeitos similares ao da multiplicação de seu patrimônio. Assim se passa especialmente nos casos em que a responsabilidade do sócio pelas dívidas da pessoa jurídica seja limitada, tal como se passa com as sociedades anônimas e as sociedades limitadas.

RESUMO

- O bem jurídico é um objeto, dotado ou não de existência física, economicamente avaliável ou não, cuja existência, condição ou destino são disciplinados pela norma jurídica.

- Enquadram-se como bens jurídicos:
  a) Coisas inanimadas e vegetais
  b) Animais
  c) Objetos produzidos pelo Direito
  d) Objetos de existência futura

- O ser humano não comporta o enquadramento como bem jurídico. Essa determinação estende-se à vedação da comercialização de órgãos, mas não impede a sua doação por razões humanitárias.

- Bens jurídicos personalíssimos: conjunto amplo de valores e manifestações imateriais, relacionados com a condição e a identidade do ser humano. Tais bens jurídicos são irrenunciáveis e destituídos de existência física e de patrimonialidade.

- O direito subjetivo consiste num poder jurídico de exigir uma prestação, versando sobre um bem. Portanto e rigorosamente, os direitos não se confundem com os bens. Mas o Código Civil reconhece que os direitos são considerados como bens.

- Os bens jurídicos dotados de existência física são usualmente denominados de coisas.

- As normas gerais relativas a bens jurídicos encontram-se no Código Civil. A categoria de bens imóveis compreende não apenas o solo propriamente dito, mas também aquilo que vier a ser agregado a ele. Os bens móveis são *"suscetíveis de movimento próprio, ou de remoção por força alheia, sem alteração da substância ou da destinação econômico-social"* (CC, art. 82).

- A diferenciação entre bens móveis e imóveis apresenta relevância jurídica fundamental. O Direito adota tratamento jurídico muito diverso para cada uma das duas espécies.

- Quanto à titularidade, os bens se diferenciam em públicos e privados. Os bens públicos são aqueles de titularidade de uma pessoa de Direito Público. Esses bens podem ser móveis ou imóveis. O Código Civil refere-se aos bens imóveis públicos. Os imóveis públicos são qualificados a partir da Lei de Terras de 1850. Não comprovada a propriedade por um particular, a terra seria considerada como devolvida (devoluta) para o domínio público.

- Os bens privados são todos os demais.

- Há três categorias de bens públicos (CC, art. 99). São bens de uso comum do povo aqueles que podem ser fruídos de modo genérico por qualquer pessoa. Os bens de uso especial são aqueles utilização pelo Estado para **o desempenho** de suas atividades. Os bens dominicais são aqueles não afetados à realização de fins de interesse público e que se encontram disponíveis para fins diversos.

- Bens singulares são aqueles que, *"embora reunidos, se consideram de per si, independentemente dos demais"* (CC, art. 89). Bens coletivos são aqueles considerados como uma unidade (universalidade).

- Patrimônio é o conjunto de relações jurídicas, economicamente avaliáveis, de titularidade de uma pessoa, objeto de tratamento jurídico unitário e configurando uma universalidade de direito. Compõem o patrimônio tanto os ativos e os créditos como também os passivos e os débitos. Todo sujeito (pessoa física ou jurídica) é titular de um único patrimônio indivisível. O patrimônio do sujeito responde pelas dívidas por ele assumidas.

- A criação de uma pessoa jurídica produz efeito similar à multiplicação do número de patrimônios de que o sujeito é titular. Embora cada pessoa (física ou jurídica) seja titular de apenas um patrimônio, é facultado à pessoa participar de um número ilimitado de outras pessoas jurídicas.

Caso prático

Imagine que o Prefeito Municipal de "Vapor do Sal" delibere alienar a praça central da cidade. Questionado sobre a validade da alienação em virtude da ausência de autorização legislativa, o Prefeito afirma que a Lei Orgânica do Município estabelece que "cabe ao Prefeito Municipal representar o Município em todos os atos jurídicos", o que dá fundamento de validade ao ato. Qual a solução jurídica a ser adotada?

Questões

1) Somente se configuram como bens jurídicos aqueles dotados de patrimonialidade?

2) O ser humano é "proprietário" do próprio corpo?

3) Uma ideia pode ser considerada como um bem jurídico?

4) O que são os "bens dominicais"?

5) Um museu de propriedade do Estado se configura como um bem de uso comum do povo ou como um bem de uso especial?

Capítulo XXIV
POSIÇÕES JURÍDICAS SUBJETIVAS

O Direito se constitui num conjunto de normas que produzem a disciplina das condutas intersubjetivas. Nesse sentido, utiliza-se a expressão Direito Objetivo.

A disciplina produzida pelas normas jurídicas de conduta acarreta o surgimento de posições jurídicas subjetivas, que se traduzem em vantagens ou desvantagens para o sujeito.

XXIV.1 – OS EFEITOS SUBJETIVOS DAS NORMAS JURÍDICAS

As normas jurídicas, ao disporem sobre as condutas dos sujeitos, produzem efeitos sobre eles.

XXIV.1.1 – As posições jurídicas

A expressão "posição jurídica" indicar o tratamento adotado pelo Direito para um sujeito em vista da sua participação em uma relação jurídica. Por exemplo, pode-se aludir à posição jurídica do comprador de um imóvel. Isso compreende um conjunto de direitos, deveres, limitações.

XXIV.1.2 – Os reflexos sobre os sujeitos ("direito subjetivo" e "dever jurídico")

A disciplina jurídica compreende posições jurídicas vantajosas e outras que se configuram como desvantajosas.

As posições jurídicas vantajosas são aquelas em que o sujeito é investido do poder de exigir que outrem execute uma certa conduta. De modo genérico, alude-se à existência de um "direito subjetivo" para indicar essa situação.

As posições jurídicas desvantajosas envolvem a submissão do sujeito às exigências e determinações alheias. Costuma-se falar em "dever jurídico" para esses casos.

XXIV.1.3 – A "bilateralidade" das posições jurídicas: correspondência

O Direito dispõe sobre condutas intersubjetivas. Logo, o Direito nunca disciplina a conduta isolada de um único sujeito, mas sempre a conduta que se produz em interferência intersubjetiva. Daí se segue que o Direito, ao disciplinar a conduta de um sujeito perante outro, dispõe sobre a conduta ambos.

Quando o Direito atribui a alguém um direito subjetivo, isso implica necessariamente um dever jurídico para outrem. Assim, o Direito estabelece que alguém pode exigir o pagamento de uma certa importância. É inevitável que outrem seja obrigado ao dito pagamento. Não existe um credor sem existir um devedor.

É nesse sentido que se alude à bilateralidade do Direito.

XXIV.2 – AS POSIÇÕES JURÍDICAS DE PREPONDERÂNCIA (ATIVAS)

Há diversas espécies de posições jurídicas de preponderância ou vantagem, que podem ser indicadas como ativas.

XXIV.2.1 – Poder jurídico

O poder jurídico consiste na faculdade atribuída a um sujeito de criar relações jurídicas e que podem abranger inclusive o surgimento de posições jurídicas de preponderância para si e de dependência para outrem. Por exemplo, o Estado tem o poder jurídico de instituir tributos. As pessoas têm o poder jurídico de avençar contratações.

A contrapartida do poder jurídico consiste na sujeição jurídica ou num dever jurídico.

XXIV.2.2 – Direito subjetivo

O direito subjetivo é a faculdade de exigir uma conduta alheia, consistente em dar, fazer ou não fazer algo (economicamente avaliável ou não). Por exemplo, o credor tem o direito subjetivo de exigir o pagamento do seu crédito.

A expressão "direito subjetivo" costuma ser empregada de modo amplo, inclusive para indicar as situações de poder jurídico. Assim, é usual a afirmativa de que as pessoas têm "direito" de pactuarem contratos.

A contrapartida do direito subjetivo é o dever jurídico ou a obrigação.

XXIV.3 – AS POSIÇÕES JURÍDICAS DE DEPENDÊNCIA (PASSIVAS)

Existem diversas posições jurídicas de dependência, que se configuram como uma outra face das posições jurídicas de preponderância.

XXIV.3.1 – Sujeição jurídica

A sujeição jurídica consiste na subordinação de um sujeito à instituição por outrem de relações jurídicas, inclusive tendo por objeto prestações consistentes em deveres jurídicos. Observe-se que essa situação de sujeição passiva não envolve o dever de praticar uma conduta determinada. A sujeição passiva indica uma posição de submissão, que pode ou não se traduzir no surgimento de um dever de realizar alguma conduta específica.

Assim, por exemplo, pode-se afirmar que o empregado está sujeito às determinações do empregador. O poder jurídico do empregador poderá ou não ser exercitado e o empregado se encontra em posição de sujeição jurídica na acepção de subordinação.

XXIV.3.2 – Dever jurídico

Dever jurídico indica genericamente toda posição de subordinação do sujeito a executar em favor de outrem de uma prestação consistente em dar, fazer ou não fazer. No entanto, a expressão pode ser utilizada de modo mais preciso para aludir às hipóteses em que essa subordinação encontra-se prevista em uma norma produzida por meio de lei ou de regulamento.

Por exemplo, imagine-se uma placa afixada em local público, estabelecendo "É vedado pisar na grama". Isso significa que todos têm o dever jurídico de abster-se de pisar na grama.

A contrapartida desse dever jurídico consiste no direito subjetivo de alguém exigir a cessação da conduta infringente. Em alguns casos, a violação ao dever pode acarretar inclusive uma sanção mais severa, tal como uma multa.

XXIV.3.3 – Obrigação

A obrigação é uma espécie de dever jurídico, caracterizado pela subordinação à realização em favor de outrem de uma prestação, prevista numa relação jurídica determinada e específica, consistente em dar, fazer ou não fazer algo economicamente avaliável – sendo que essa característica da patrimonialidade seja questionada por alguns.

A obrigação tem origem em um ato de vontade de um sujeito (ainda que se trate de um ato ilícito).

Por exemplo, pode-se dizer que João tem a obrigação de pagar o empréstimo que obteve perante o banco.

A contrapartida da obrigação é o direito subjetivo.

XXIV.3.4 – A distinção entre dever jurídico e obrigação

A obrigação é produzida no bojo de uma relação jurídica específica e determinada, resultante da vontade do sujeito. Por decorrência, a obrigação apresenta um cunho de individualidade. Não decorre de uma situação geral.

Já o dever jurídico é instituído por uma lei ou um ato administrativo normativo, com efeitos gerais e abstratos.

Os dois exemplos fornecidos permitem compreender essa diferença. Quando alguém circula numa praça pública, não existe uma relação jurídica específica e determinada. A proibição de pisar na grama aplica-se de modo genérico e indistinto para todos os transeuntes.

Diversamente se passa na hipótese do pagamento do empréstimo bancário. Existe uma obrigação que surgiu no relacionamento determinado, entre sujeitos específicos.

Outra distinção reside em que a obrigação tem um objeto economicamente avaliável, enquanto o dever não apresenta essa dimensão. Mas essa é uma distinção que não é pacífica.

Porém, é muito comum, na vida cotidiana, que as expressões "dever jurídico" e "obrigação" sejam utilizadas como sinônimas. Alguém pode afirmar que existe a obrigação de não pisar na grama e que João tem o dever de pagar o empréstimo bancário. Ainda que essa seja uma prática difundida, daí não se segue que seja essa a solução mais satisfatória.

XXIV.3.5 – Ônus

O ônus consiste numa posição jurídica em que o sujeito está subordinado a realizar certa conduta (ativa ou omissiva) para obter uma posição mais vantajosa ou para evitar uma posição mais desvantajosa. O ônus não se confunde com o dever nem com a obrigação e está compreendida no âmbito da sujeição jurídica. Por exemplo, num processo judicial, a parte tem o ônus de provar os fatos constitutivos da sua pretensão.

Outro exemplo envolve o comparecimento dos alunos à aula. Alguém poderia afirmar que o aluno tem o "dever" de comparecer à aula – num contexto de aulas presenciais. No entanto e rigorosamente, ninguém tem a faculdade jurídica de exigir que o aluno compareça à aula. Se o aluno deixar de comparecer à aula, isso acarretará o agravamento de sua condição. Poderá redundar inclusive na sua reprovação por faltas. Mais precisamente, a conduta de "comparecer à aula" não produz um benefício para terceiro.

Qual a contrapartida do ônus? Rigorosamente, não existe. O ônus se constitui num aspecto da situação de sujeição jurídica em que alguém se encontra. Assim, se a parte não produzir prova quanto ao fato constitutivo de sua pretensão, o resultado provável será uma decisão desfavorável. Se o aluno não comparecer à aula, uma decorrência possível será a ausência do aproveitamento da aula e uma eventual reprovação. Isso se passará porque o aluno não é titular do poder para, de modo individual e isolado, obter a satisfação de seu interesse (no caso, ser aprovado).

XXIV.3.6 – Limitação a direito

A limitação a direito consiste em uma redução do âmbito original de uma posição jurídica ativa, tornando-a menos ampla ou condicionando o seu exercício a limites. Por exemplo, suponha-se a fixação de horários mais reduzidos para o funcionamento de estabelecimentos comerciais.

Talvez se pudesse contrapor que a redução de um direito não se enquadra no conceito de sujeição jurídica. Mas é relevante aludir à figura para reconhecer a sua relevância jurídica. Essa limitação a um direito também consiste numa decorrência de uma posição de sujeição jurídica. A imposição de limitação a um direito é produzida no exercício de um poder jurídico. No exemplo, a questão envolve o chamado "poder de polícia" reconhecido à Administração Pública.

XXIV.4 – A DISTINÇÃO ENTRE "POSIÇÃO JURÍDICA" E "PRETENSÃO"

É relevante diferenciar os conceitos de direito subjetivo, dever jurídico e obrigação, de um lado, e de pretensão, por outro.

A pretensão consiste na manifestação concreta de uma pessoa quanto a uma posição jurídica de que é titular, orientada a obter efetivamente uma prestação alheia ou a se opor à execução de uma prestação própria. A expressão é utilizada para indicar situações de conflito, em que as partes em uma relação jurídica contendem sobre as próprias posições jurídicas.

Assim, suponha-se que João compra um imóvel, paga uma parte do preço e exige que o domínio lhe seja transferido. Paulo, que vendeu o imóvel, sustenta que o dever de transferir o domínio somente será exigível quando receber o pagamento integral do preço. Nesse exemplo, João e Paulo exercitam pretensões um contra o outro.

Ou seja, João e Paulo defendem que são titulares de certos direitos subjetivos. Essa afirmação é uma manifestação de entendimento subjetivo sobre a posição jurídica de cada qual. É nesse sentido que se adota a expressão "pretensão".

Somente ao final do litígio é que será possível determinar a extensão do direito subjetivo e do dever de cada qual e determinar qual era a pretensão procedente.

XXIV.5 – CLASSIFICAÇÃO DOS DIREITOS SUBJETIVOS PRIVADOS

É usual promover a classificação dos direitos subjetivos privados em dois grandes grupos.

XXIV.5.1 – Direitos subjetivos relativos

Os direitos subjetivos relativos se caracterizam pela existência de um sujeito passivo determinado ou determinável. Por exemplo, o direito subjetivo do vendedor a receber o pagamento do preço por parte do comprador.

XXIV.5.2 – Direitos subjetivos absolutos

Já o direito subjetivo absoluto se caracteriza quando esse direito é oponível à generalidade dos sujeitos. (erga omnes"). Por exemplo, o direito do proprietário de um imóvel, que pode ser exercitado em face de qualquer pessoa.

XXIV.6 – A FUNÇÃO COMO POSIÇÃO JURÍDICA

A função consiste numa posição jurídica em que o Direito atribui ao titular poderes jurídicos diferenciados, adequados e necessários à realização de um interesse de natureza transcendente e indisponível, cuja realização deve ser promovida de modo obrigatório.

XXIV.6.1 – Poderes jurídicos para fins alheios ao interesse do titular

O aspecto fundamental reside em que o Direito cria, em determinados casos, posições jurídicas de poder orientadas à realização de fins alheios aos interesses objeto de tutela.

Ou seja, ocorre a dissociação no tocante à identidade do titular do interesse e do titular da posição jurídica. A posição jurídica é atribuída a um sujeito, mas que não se encontra legitimado a atuar de modo egoístico.

XXIV.6.2 – A vinculação aos fins de interesse público

Nas hipóteses em que a posição jurídica é vinculada à realização de fins de interesse público, a disciplina jurídica é muito diversa daquela reservada para os casos em que o sujeito é titular dos interesses a serem realizados. Quando há um fim a ser satisfeito, que não se confunde com os fins pessoais e privados do agente, o Direito atribui poderes mais intensos e limitações mais severos do que ocorre quando a posição jurídica apresenta cunho individualista e egoístico.

XXIV.6.3 – A restrição à satisfação do interesse pessoal

No caso de posições jurídicas vinculadas à satisfação de interesse coletivo, existe vedação a que o titular oriente a sua atuação à realização de seu interesse pessoal. A posição jurídica não é instituída para que um indivíduo dela se valha para obtenção de benefícios pessoais. A atuação do titular dessa posição jurídica deve ignorar as conveniências e comodidades pessoais e ser orientada a concretizar os interesses fundamentais que justificam a própria existência da dita posição.

XXIV.6.4 – A limitação à autonomia da vontade do titular

Nesses casos, a posição jurídica não é orientada a assegurar a manifestação e a satisfação da vontade pessoal, egoística, do sujeito. Aquele que é investido de posição jurídica dessa ordem encontra-se limitado pelo Direito. A sua vontade subjetiva somente apresenta relevância quando assim for previsto na ordem jurídica.

XXIV.7 – A FÓRMULA DO "PODER-DEVER"

Esse modelo jurídico é descrito pela expressão "poder-dever", que indica que a posição jurídica contempla os poderes necessários e adequados à realização de um fim, mas também se caracteriza pela submissão ao atingimento desses mesmos fins. Por isso, o titular desse tipo de posição jurídica não é legitimado a exercitar os poderes de modo desvinculado dos fins a serem realizados.

Por exemplo, o Direito autoriza que o Estado promova a desapropriação de bens privados, nos casos em que tal seja necessário à satisfação de interesses públicos e necessidades sociais. Por decorrência, o agente público é investido do poder de declarar que o bem privado é considerado como de interesse público, o que desencadeia medidas jurídicas orientadas a produzir a extinção da propriedade privada. Mas esse poder jurídico somente será utilizado de modo legítimo quando existir, de modo efetivo, uma necessidade pública ou interesse social, cuja realização dependa da utilização do referido bem. O poder para desapropriar é limitado e conformado pelo fim de interesse coletivo a ser realizado. Se o sujeito exercitar a sua competência para realizar interesse pessoal e individual, estará configurada a violação à ordem jurídica.

Ou seja, o poder-dever apresenta consistência muito diversa de um direito subjetivo de direito privado. Nesse caso, o titular do direito subjetivo é legitimado a valer-se da posição jurídica para satisfação, inclusive arbitrária, dos próprios interesses.

XXIV.7.1 – A atribuição de faculdades: poderes jurídicos (ativos)

A exigência de atingimento a um fim de natureza transcendente acarreta a previsão de poderes jurídicos diferenciados. Esses poderes podem ser considera-dos como um meio para a realização do referido fim. Sob esse ângulo, a posição jurídica apresenta natureza ativa.

XXIV.7.2 – A submissão ao fim: deveres jurídicos (passivos)

Sob outro prisma, existe o dever de realização do fim almejado. Isso significa a limitação do exercício concreto dos poderes jurídicos atribuídos. Por esse prisma, a posição jurídica é dotada de natureza passiva.

XXIV.7.3 – A dimensão complexa do instituto da função jurídica

Ou seja, a função jurídica se configura como uma posição jurídica de natureza tanto ativa como passiva. Mais precisamente, existe uma submissão do sujeito à realização dos fins e uma posição de poder no tocante ao modo de seu atingimento.

XXIV.8 – A FUNÇÃO COMO INSTITUTO DE DIREITO PÚBLICO E DE DIREITO PRIVADO

A função é um instituto consagrado não apenas no Direito Público, mas também no Direito Privado.

XXIV.8.1 – A difusão no direito de família (poder familiar, curador)

O instituto da função é consagrado especialmente no âmbito do direito de família. A posição jurídica dos titulares do poder familiar (pai e mãe ou tutor) apresenta essa natureza, tal como também se passa no tocante ao curador. Em tais casos, o Direito institui uma posição jurídica investida de poderes para promover o atendimento dos interesses dos incapazes.

XXIV.8.2 – A ampla aplicação no Direito Público

A função é amplamente aplicada no Direito Público. A concepção republicana de Estado significa que o ocupante de cargo ou mandato não é titular dos interesses estatais e nacionais. Cabe-lhe exercitar os poderes previstos, mas sempre segundo uma concepção de submissão aos interesses coletivos.

XXIV.8.3 – A competência estatal e a sua natureza funcional

As competências atribuídas aos agentes públicos apresentam natureza funcional. O agente público é investido em uma parcela do poder estatal, o que significa o reconhecimento da atribuição privativa para a prática de certos atos e para a adoção de determinadas providências. Essas competências são um instrumento para a realização de fins de interesse coletivo, que transcendem às conveniências e circunstâncias do ocupante do cargo ou mandato.

XXIV.8.4 – A figura do desvio de poder

Um dos institutos jurídicos fundamentais ao Direito Público envolve a repressão ao desvio de poder. Prevalece o entendimento de que a utilização de uma competência para realizar fim distinto ao qual ela se orienta configura uma infração à ordem jurídica. O ato praticado com desvio de poder é inválido, ainda que o agente seja titular da competência para a sua prática.

XXIV.9 – A FUNCIONALIZAÇÃO DAS POSIÇÕES JURÍDICAS EM GERAL

Tem-se verificado um processo de funcionalização das posições jurídicas de direito privado em geral.

XXIV.9.1 – A inviabilidade de atuação absolutamente egoística

A evolução social conduziu ao reconhecimento da inviabilidade de uma vida social norteada pelo absoluto e ilimitado individualismo, em que cada sujeito se conduza sem tomar em vista os interesses dos demais componentes da sociedade.

A limitação à satisfação de modo absoluto e ilimitado dos interesses individuais reflete o reconhecimento do potencial e provável colapso da sociedade. Se todos se conduzirem em termos totalmente egoísticos, os recursos naturais serão destruídos, a sobrevivência individual será comprometida e a vida social tornar-se-á insuportável.

Portanto, a imposição de limites à satisfação dos interesses individuais configura-se como uma necessidade inclusive para a sobrevivência individual.

XXIV.9.2 – A concepção da solidariedade

A limitação à realização absoluta e ilimitada das conveniências individuais funda-se também numa concepção de solidariedade. Há o reconhecimento de que os esforços individuais e a atuação isolada dos sujeitos podem gerar danos irreparáveis aos interesses e direitos de alguns dos integrantes da sociedade. A afirmação da dignidade humana de cada um dos integrantes da comunidade exige o reconhecimento da equivalência entre todos. Isso implica a necessidade de compartilhamento dos esforços e dos recursos e do respeito à condição subjetiva alheia.

XXIV.9.3 – A vedação ao absolutismo do direito subjetivo privado

Por decorrência, há a rejeição à concepção absolutista dos direitos subjetivos privados. A titularidade de um direito subjetivo não autoriza o seu exercício de modo a prejudicar a vida social ou a acarretar danos a interesses legítimos de terceiros. Mais precisamente, reconhece-se que o direito subjetivo privado não autoriza ações ou omissões que ultrapassem o necessário à satisfação dos interesses do seu titular.

XXIV.9.4 – A figura do abuso de direito: excesso ou anormalidade

A funcionalização dos direitos subjetivos privados envolve o desenvolvimento da teoria do abuso de direito. Essa teoria afirma que o exercício excessivo ou anormal de um direito subjetivo infringe a ordem jurídica, acarretando a sua repressão.

INTRODUÇÃO AO ESTUDO DO DIREITO • *Marçal Justen Filho*

XXIV.9.5 – A previsão constitucional quanto à propriedade: art. 5° da CF

O art. 5º da CF consagrou formalmente a funcionalização do direito de propriedade, que sempre foi considerado como a manifestação mais absoluta do individualismo. Essa disciplina foi consagrada nos seguintes termos:

> *"XXII – é garantido o direito de propriedade;*
> *XXIII – a propriedade atenderá a sua função social".*

A infração à função social da propriedade acarreta a incidência de uma série de providências limitadoras, que podem conduzir inclusive à extinção da propriedade exercitada de modo abusivo.

XXIV.9.6 – A funcionalização generalizada nos diversos ramos do Direito

A funcionalização tem-se verificado nos diversos ramos do Direito. De modo muito amplo, tem sido estabelecido que o exercício dos direitos subjetivos deve respeitar os interesses legítimos de terceiros. Essa imposição foi consagrada no âmbito empresarial. A Lei das S.A. (Lei 6.404/1976) já determinava o seguinte, no parágrafo único do art. 116:

> *"O acionista controlador deve usar o poder com o fim de fazer a companhia realizar o seu objeto e cumprir sua função social, e tem deveres e responsabilidades para com os demais acionistas da empresa, os que nela trabalham e para com a comunidade em que atua, cujos direitos e interesses deve lealmente respeitar e atender".*

RESUMO

- A expressão "posição jurídica" indica o tratamento adotado pelo Direito para um sujeito em vista da sua participação em uma relação jurídica. Há posições jurídicas vantajosas e outras que se configuram como desvantajosas.

- As posições jurídicas vantajosas são aquelas em que o sujeito é investido do poder de exigir que outrem execute uma certa conduta. As posições jurídicas desvantajosas envolvem a submissão do sujeito às exigências e determinações alheias.

- Quando o Direito atribui a alguém um direito subjetivo, isso implica necessariamente um dever jurídico para outrem.

- As posições jurídicas de preponderância (ativas):
  a) O poder jurídico consiste na faculdade atribuída a um sujeito de criar relações jurídicas e que podem abranger inclusive o surgimento de posições jurídicas de preponderância para si e de dependência para outrem. A contrapartida do poder jurídico consiste na sujeição jurídica ou num dever jurídico.
  b) O direito subjetivo é a faculdade de exigir uma conduta alheia, consistente em dar, fazer ou não fazer algo (economicamente avaliável ou não). A contrapartida do direito subjetivo é o dever jurídico ou a obrigação.

Cap. XXIV · POSIÇÕES JURÍDICAS SUBJETIVAS | 255

- As posições jurídicas de dependência (passivas):
  a) A sujeição jurídica consiste na subordinação de um sujeito à instituição por outrem de relações jurídicas, inclusive tendo por objeto prestações consistentes em deveres jurídicos.
  b) Dever jurídico indica genericamente toda posição de subordinação do sujeito a executar em favor de outrem de uma prestação consistente em dar, fazer ou não fazer. O dever jurídico é instituído por uma lei ou um ato administrativo normativo, com efeitos gerais e abstratos.
  c) A obrigação é uma espécie de dever jurídico, caracterizado pela subordinação à realização em favor de outrem de uma prestação, prevista numa relação jurídica determinada e específica, consistente em dar, fazer ou não fazer algo economicamente avaliável. A obrigação tem origem em um ato de vontade de um sujeito (ainda que se trate de um ato ilícito) e é produzida no bojo de uma relação jurídica específica e determinada.
  d) Ônus consiste numa posição jurídica em que o sujeito está subordinado a realizar certa conduta (ativa ou omissiva) para obter uma posição mais vantajosa ou para evitar uma posição mais desvantajosa.
  e) A limitação a direito consiste em uma redução do âmbito original de uma posição jurídica ativa, tornando-a menos ampla ou condicionando o seu exercício a limites.

- A pretensão consiste na manifestação concreta de uma pessoa quanto a uma posição jurídica de que é titular, orientada a obter efetivamente uma prestação alheia ou a se opor à execução de uma prestação própria. A expressão é utilizada para indicar situações de conflito, em que as partes em uma relação jurídica contendem sobre as próprias posições jurídicas.

- Os direitos subjetivos relativos se caracterizam pela existência de um sujeito passivo determinado ou determinável.

- Já o direito subjetivo absoluto se caracteriza quando esse direito é oponível à generalidade dos sujeitos (erga omnes").

- A função consiste numa posição jurídica em que o Direito atribui ao titular poderes jurídicos diferenciados, adequados e necessários à realização de um interesse de natureza transcendente e indisponível, cuja realização deve ser promovida de modo obrigatório. Suas características são:
  a) Poderes jurídicos para fins alheios ao interesse do titular
  b) A vinculação aos fins de interesse público
  c) A restrição à satisfação do interesse pessoal
  d) A limitação à autonomia da vontade do titular

- Esse modelo jurídico é descrito pela expressão "poder-dever", que indica que a posição jurídica contempla os poderes necessários e adequados à realização de um fim, mas também se caracteriza pela submissão ao atingimento desses mesmos fins:
  a) A atribuição de faculdades: poderes jurídicos (ativos)
  b) A submissão ao fim: deveres jurídicos (passivos)

- A função é um instituto consagrado não apenas no Direito Público, mas também no Direito Privado. Apresenta grande relevância no Direito Público, onde as competências atribuídas aos agentes públicos apresentam natureza funcional.

- Um dos institutos jurídicos fundamentais ao Direito Público envolve a repressão ao desvio de poder. Prevalece o entendimento de que a utilização de uma competência para realizar fim distinto ao qual ela se orienta configura uma infração à ordem jurídica.

- Tem-se verificado um processo de funcionalização das posições jurídicas de direito privado em geral. A limitação à realização absoluta e ilimitada das conveniências individuais funda-se também numa concepção de solidariedade.

 Caso prático

Suponha que um pai, Incitatus, esteja espancando o próprio filho, Calígula. A autoridade policial comparece ao local e Incitatus afirma que tem direito de bater em Calígula, que é seu filho menor, e que ninguém tem nada com isso. Qual a solução jurídica a ser adotada? Por quê?

 Questões

1) Explique a bilateralidade das posições jurídicas.

2) Diferencie direito subjetivo e função jurídica.

3) Diferencie dever jurídico e limitação a um direito.

4) Diferencie dever jurídico e ônus.

5) Diferencie direitos subjetivos absolutos e relativos.

Capítulo XXV
DIREITOS FUNDAMENTAIS

Direito fundamental consiste em um conjunto de normas jurídicas, previstas primariamente na Constituição Federal e destinadas a assegurar e promover a dignidade humana em suas diversas manifestações, de que derivam posições jurídicas para os sujeitos privados e estatais.

XXV.1 – DIGNIDADE HUMANA

A dignidade humana indica a condição do ser humano como sujeito das relações sociais e jurídicas, que se externa como uma integralidade corporal, psicológica e espiritual e que se desenvolve como uma vivência autônoma.

XXV.2 – CONTEÚDOS ESSENCIAIS

Segundo Luís Roberto Barroso, a dignidade humana compreende três dimensões distintas.[1]

XXV.2.1 – Valor intrínseco de cada ser humano

A dignidade humana implica a vedação à instrumentalização do ser humano sob qualquer dimensão. O ser humano se apresenta como um fim em si mesmo, ainda que cada ser humano seja singular e inconfundível com qualquer outro. Mas todos compartilham de condição idêntica.

---

[1] *A Dignidade da Pessoa Humana no Direito Constitucional Contemporâneo* – A construção de um conceito jurídico à luz da jurisprudência mundial, Belo Horizonte, Fórum, 2012.

XXV.2.2 – Autonomia individual

A autonomia individual envolve o reconhecimento da condição individual de orientar os próprios atos, de realizar escolhas e existir de modo livre. A dignidade humana assegura ao ser humano um espaço próprio para formar a sua vontade e para realizar escolhas na sua vida. Mas isso exige proporcionar ao ser humano um mínimo existencial. Para ser livre, o ser humano necessita satisfazer necessidades essenciais, relacionadas com educação, saúde, alimentação, vestuário, saneamento e habitação. Sem isso, a liberdade e a autonomia são afirmações retóricas.

XXV.2.3 – Valor comunitário

O valor comunitário indica a vocação humana para a convivência e o reconhecimento da dignidade própria e dos demais. Por decorrência, a dignidade humana de todos os integrantes da comunidade exige a limitação das potencialidades individuais. Não se admite que a realização das aspirações de um indivíduo – ainda que a propósito do atendimento à própria dignidade – processe-se às custas da redução ou da eliminação da dignidade alheia.

XXV.3 – A PREVISÃO CONSTITUCIONAL DOS DIREITOS FUNDAMENTAIS

A disciplina dos direitos fundamentais consta de modo principal na Constituição.

XXV.3.1 – A multiplicidade de direitos fundamentais constitucionais

A Constituição consagra uma pluralidade de direitos fundamentais, que são veiculados basicamente em dispositivos específicos, tais como o art. 5º e o art. 6º, ainda que esse diploma, em seu conjunto, amplie e desenvolva a proteção correspondente.

XXV.3.2 – A previsão do art. 5º, § 2º, da CF

O art. 5º, § 2º, da CF estabelece uma previsão de cunho complementar, destinada a evitar uma interpretação restritiva. Ali está previsto que:

> *"Os direitos e garantias expressos nesta Constituição não excluem outros decorrentes do regime e dos princípios por ela adotados, ou dos tratados internacionais em que a República Federativa do Brasil seja parte".*

Portanto, o regime constitucional pode implicar outros direitos fundamentais, que não estejam expressamente referidos na Constituição. Assim, por exemplo, tem-se entendido que existiria um direito fundamental ao acesso à internet de banda larga.

Por outro lado, há tratados internacionais incorporados no Direito brasileiro, cujos termos podem implicar a existência de direito fundamental. Por exemplo, o Decreto Legislativo 186/2008 aprovou o texto da Convenção de Nova Iorque de 2007 sobre os Direitos das Pessoas com Deficiências, compreendendo diversos direitos fundamentais relacionados à acessibilidade, à não discriminação e outros temas.

XXV.4 – DIREITOS FUNDAMENTAIS COMO "PRINCÍPIOS" E COMO "REGRAS"

Um tema controvertido se relaciona com a natureza jurídica das normas que consagram os direitos fundamentais.

XXV.4.1 – Casos de princípios e casos de regras

Na dimensão constitucional, os direitos fundamentais são usualmente configurados como princípios.

Assim se passa, por exemplo, com o princípio da igualdade, que é objeto de diferentes determinações na CF. A mais evidente se encontra no inc. I do art. 5º, que estabelece que "homens e mulheres são iguais em direitos e obrigações, nos termos desta Constituição".

O princípio da igualdade, que será objeto de estudo em ponto específico adiante, contempla uma determinação, que comporta diferentes soluções no caso concreto, a depender das circunstâncias.

Mas há casos em que a CF consagra direito fundamental sob a configuração de uma regra. Por exemplo, o inc. III do art. 5º consagrou a seguinte proibição:

"ninguém será submetido a tortura nem a tratamento desumano ou degradante".

Trata-se de regra, que não comporta incerteza ou indeterminação. Esse dispositivo não veiculou um princípio, o que implicaria soluções variáveis em face das circunstâncias do caso concreto.

XXV.4.2 – A plena eficácia jurídica: art. 5º, § 1º, da CF

No passado, os direitos fundamentais assegurados constitucionalmente eram relativizados mediante o argumento da ausência de eficácia e aplicabilidade – tema já analisado nesta obra. Reiterando as considerações anteriores, é indispensável assinalar que os direitos fundamentais constitucionais não podem ser ignorados. São dotados de eficácia para a sua aplicação direta, ainda que haja casos em que a edição de normas infraconstitucionais propicie uma solução mais precisa e determinada. Esse entendimento encontra-se imposto na própria CF, no art. 5º, § 1º, assim redigido:

> *"As normas definidoras dos direitos e garantias fundamentais têm aplicação imediata".*

XXV.4.3 – A atribuição "prima facie" de direito subjetivo

A eficácia plena e a aplicabilidade imediata estão presentes inclusive nas hipóteses em que o direito fundamental se configura como um princípio. A condição de princípio significa que o direito fundamental atribui ao sujeito uma tutela "prima facie". Ou seja, acarreta uma proteção jurídica, cujo conteúdo será determinado e definido em vista das circunstâncias da realidade.

XXV.4.4 – O sopesamento para aplicação

Nas hipóteses em que os direitos fundamentais são configurados como princípios, caberá ao aplicador do Direito promover o sopesamento dos diversos princípios, das várias circunstâncias, de modo a adotar a solução que realize todos os princípios do modo mais intenso possível.

XXV.4.5 – A reserva do possível

A consagração do direito fundamental não significa a eliminação de limites externos, produzindo a inviabilidade da realização integral e absoluta da determinação própria desse direito fundamental. A expressão "reserva do possível" indica essas circunstâncias da realidade, que envolvem especialmente as limitações econômico-financeiras, as quais constrangem a eficácia integral dos direitos fundamentais.

XXV.5 – A DUPLA EFICÁCIA DOS DIREITOS FUNDAMENTAIS

A eficácia dos direitos fundamentais pode ser avaliada sob dois planos.

XXV.5.1 – A eficácia vertical: indivíduo vs. Estado

A eficácia vertical se refere ao relacionamento entre o indivíduo e o Estado. Sob um certo ângulo, os direitos fundamentais são orientados a assegurar ao indivíduo uma pretensão em face do Estado.

XXV.5.2 – A eficácia horizontal: sujeitos entre si

No entanto, os direitos fundamentais também apresentam uma eficácia horizontal, produzindo efeitos no relacionamento direto dos sujeitos entre si. A

CF determina, no art. 3º, inc. I, que um dos objetivos fundamentais da República consiste em "constituir uma sociedade livre, justa e solidária". Isso significa que o Direito é orientado não apenas a disciplinar o relacionamento entre o Estado e o indivíduo, mas a dispor sobre as pessoas no seu relacionamento recíproco.

Por exemplo, a vedação a preconceitos relacionados à origem, raça, sexo e outros fatores é dirigida não apenas (nem principalmente) ao Estado. O direito fundamental à não discriminação se aplica no relacionamento direto entre os particulares.

XXV.6 – CLASSIFICAÇÃO QUANTO AO CONTEÚDO

Tomando em vista o conteúdo dos direitos fundamentais, é possível classificá-los em dois grandes grupos.

XXV.6.1 – Direito à limitação da ação estatal (proibição de excesso)

Alguns direitos fundamentais são orientados a limitar a ação estatal, de modo a evitar atuações públicas que ultrapassem certos limites. Esse grupo compreende, por exemplo, os direitos fundamentais relativos à liberdade e à propriedade.

XXV.6.2 – Direito à ação estatal (proibição da insuficiência)

Outros direitos fundamentais têm por objeto impor ao Estado uma atuação ativa. Eles são dirigidos contra a inércia e a omissão do Estado, nas hipóteses em que a realização da dignidade humana exige a sua intervenção efetiva. Essa categoria abrange, por exemplo, o direito à educação e à saúde.

XXV.7 – CLASSIFICAÇÃO GERACIONAL DOS DIREITOS FUNDAMENTAIS

Difundiu-se uma classificação geracional dos direitos fundamentais.[2] Essa classificação é alicerçada na concepção evolutiva e ampliativa desses direitos. Reconhece que, ao longo do tempo, o conteúdo dos direitos fundamentais versou sobre temas de diversa natureza. A evolução civilizatória alterou, com o passar o tempo, a dimensão de valores tutelados pelos direitos fundamentais.

XXV.7.1 – Direitos fundamentais de primeira geração (individualistas)

Os direitos fundamentais de primeira geração compreendem questões individualistas, relacionadas com a própria sobrevivência do sujeito. São basicamente

---

[2]   A esse respeito, consulte-se BONAVIDES, Paulo. *Curso de Direito Constitucional*, 33. ed., São Paulo: Malheiros, 2018.

direitos de defesa em face do Estado, tal como os direitos à vida, à liberdade, à propriedade.

XXV.7.2 – Direitos fundamentais de segunda geração (democráticos)

Depois de afirmados e conquistados os direitos de primeira geração, houve a consagração daqueles de segunda geração. Tais direitos eram orientados, por um lado, à conquista de uma organização política democrática. Essa categoria envolve os direitos de cidadania e de cunho político, tal como o sufrágio universal.

Esses direitos também eram dirigidos a obter prestações do Estado necessárias à promoção da igualdade. Isso compreende os direitos sociais, econômicos e culturais.

XXV.7.3 – Direitos fundamentais de terceira geração (socioeconômicos)

Numa terceira etapa, houve a admissão dos direitos fundamentais de terceira geração, que se referem a temas socioeconômicos. São direitos orientados à fraternidade e a solidariedade, envolvendo tanto abstenções como intervenções do Estado (desenvolvimento econômico sustentável), visando a proteção do gênero humano.

XXV.7.4 – Direitos fundamentais de outras categorias

Tem-se aludido a outras categorias de direitos fundamentais, mas cuja definição precisa não é admitida de modo pacífico. Assim, há referência a direitos fundamentais orientados a promover uma organização democrática mais efetiva, também envolvendo abstenções e intervenções do Estado. Esses direitos se relacionam, por exemplo, ao combate às fake news no âmbito do processo eleitoral. Mais recentemente, o STF reconheceu que o direito à privacidade de dados pessoais se constitui em direito fundamental (ADI-MC 6.387, Pleno – sessão por videoconferência, rel. Min. Rosa Weber, j. 7.5.2020, *DJe* 12.11.2020).

XXV.8 – SÍNTESE: IMPLICAÇÕES

A consagração e a multiplicação dos direitos fundamentais apresentam implicações muito significativas no tocante à ordem jurídica.

XXV.8.1 – A constitucionalização da ordem jurídica

Produziu-se um fenômeno de constitucionalização do Direito, na acepção da existência de direitos fundamentais protegidos constitucionalmente em todos os setores. Há direitos fundamentais referidos à generalidade dos temas. Isso significa a ampliação da abrangência da Constituição.

Cap. XXV · DIREITOS FUNDAMENTAIS | **263**

XXV.8.2 – Os reflexos generalizados da disciplina constitucional

Os reflexos generalizados da disciplina constitucional acarretam a aproximação dos diversos ramos do Direito. Mesmo que cada ramo envolva temas diversos e muito peculiares, há um mínimo jurídico comum – que se relaciona à Constituição. E, precisamente porque essas normas constitucionais se sobrepõem a todas as demais, esse mínimo jurídico comum influencia e reconfigura cada um dos ramos do Direito.

As matérias constitucionais são submetidas à jurisdição do STF, que passa a conhecer e decidir sobre os temas mais variados possíveis, nos mais diversos ramos do Direito.

XXV.8.3 – A transformação do jurista em constitucionalista

Outra implicação relevante consiste na exigência do conhecimento e do domínio do Direito Constitucional por todos os operadores do Direito. Ainda que exista um processo contínuo e intenso de especialização dos vários ramos do Direito, o mínimo jurídico comum de natureza constitucional necessita ser dominado e conhecido por todos.

RESUMO

- Direito fundamental consiste em um conjunto de normas jurídicas, previstas primariamente na Constituição Federal e destinadas a assegurar e promover a dignidade humana em suas diversas manifestações, de que derivam posições jurídicas para os sujeitos privados e estatais.

- A dignidade humana indica a condição do ser humano como sujeito das relações sociais e jurídicas, que se externa como uma integralidade corporal, psicológica e espiritual e que se desenvolve como uma vivência autônoma.

- Segundo Luís Roberto Barroso, a dignidade humana compreende três dimensões distintas:
  a) Valor intrínseco de cada ser humano
  b) Autonomia individual
  c) Valor comunitário

- A Constituição consagra uma pluralidade de direitos fundamentais. O art. 5º, § 2º, da CF estabelece que:

    "Os direitos e garantias expressos nesta Constituição não excluem outros decorrentes do regime e dos princípios por ela adotados, ou dos tratados internacionais em que a República Federativa do Brasil seja parte".

- Na dimensão constitucional, os direitos fundamentais são usualmente configurados como princípios, que observam os seguintes parâmetros:
  a) A plena eficácia jurídica: art. 5º, § 1º, da CF (*"As normas definidoras dos direitos e garantias fundamentais têm aplicação imediata"*)
  b) A atribuição "prima facie" de direito subjetivo
  c) O sopesamento para aplicação
  d) A reserva do possível

- Mas há casos em que a CF consagra direito fundamental sob a configuração de uma regra. A dupla eficácia dos direitos fundamentais
  a) A eficácia vertical: indivíduo vs. Estado
  b) A eficácia horizontal: sujeitos entre si
- Classificação quanto ao conteúdo
  a) Direito à limitação da ação estatal (proibição de excesso)
  b) Direito à ação estatal (proibição da insuficiência)
- Classificação geracional dos direitos fundamentais
  a) Direitos fundamentais de primeira geração (individualistas)
  b) Direitos fundamentais de segunda geração (democráticos)
  c) Direitos fundamentais de terceira geração (socioeconômicos)
  d) Direitos fundamentais de outras categorias
- Síntese: implicações
  a) A constitucionalização da ordem jurídica
  b) Os reflexos generalizados da disciplina constitucional
  c) A transformação do jurista em constitucionalista

 Caso prático

Incitatus discute com um vizinho e a ele dirige insultos ao vizinho, relacionados com a sua origem étnica. O vizinho invoca a garantia constitucional do art. 5°, inc. XLI ("a lei punirá qualquer discriminação atentatória dos direitos e liberdades fundamentais"). Incitatus responde que os direitos fundamentais destinam-se apenas a defender o indivíduo em face do Estado. Qual a solução jurídica a ser adotada? Por quê?

 Questões

1) Explique, em suas palavras, o conceito de dignidade humana.

2) Existem direitos fundamentais que não estejam previstos na Constituição Federal?

3) Explique a reserva do possível.

4) O direito fundamental pode ser invocado entre sujeitos privados?

5) Diferencie os direitos fundamentais de segunda e terceira geração.

Capítulo XXVI
HERMENÊUTICA JURÍDICA: INTRODUÇÃO

Acesse e assista à aula explicativa sobre este assunto.
> https://uqr.to/r4iz

A hermenêutica jurídica é o estudo da teoria e das técnicas pertinentes à revelação do sentido e do conteúdo do Direito. Trata-se de um tema de relevo para a aplicação do Direito nos casos concretos. Sob um certo ângulo, a hermenêutica jurídica se constitui na temática mais importante e essencial para o operador do Direito.

XXVI.1 – ORIGEM E EVOLUÇÃO HISTÓRICA

A hermenêutica jurídica tem uma longa tradição histórica, relacionadas com a interpretação dos textos escritos. Nesse enfoque tradicional, não havia diferenciação precisa entre a hermenêutica jurídica e não jurídica.

XXVI.1.1 – A origem etimológica: "Hermes"

A expressão "hermenêutica" teria sido originada a partir do nome do deus Hermes. Na mitologia grega, Hermes é o mensageiro dos demais deuses. Dentre outros atributos, incumbia-lhe estabelecer comunicação com a sociedade humana. Portanto, a expressão "hermenêutica" já indicava o esforço de conexão entre a dimensão da realidade humana e o conteúdo de vontades de sujeitos desconhecidos.

XXVI.1.2 – Estudo dos textos escritos e a evolução mais recente

Desde a Antiguidade, a hermenêutica versava sobre o estudo dos textos escritos clássicos, no âmbito teológico, literário e jurídico.

Mais recentemente, verificou-se a ampliação do objeto da hermenêutica. Ela passou a abranger também a compreensão de outros signos e o exame das manifestações artísticas de diversa natureza.

XXVI.2 – A DISPUTA SOBRE O OBJETIVO: A "COMPREENSÃO"

Uma questão controvertida reside na determinação do objetivo da atividade hermenêutica. Pode-se afirmar, de modo genérico, que a hermenêutica visa a compreensão do texto (ou da obra de arte, por exemplo). No entanto, há diferentes concepções sobre essa questão.

XXVI.2.1 – A revelação da vontade do autor

Um enfoque tradicional, relacionado especificamente com os textos literários e teológicos, defendia que a finalidade da hermenêutica era revelar a vontade do autor. O hermeneuta tinha por função examinar o texto para obter evidências que lhe permitissem reconstruir a vontade e as intenções do autor.

XXVI.2.2 – A revelação de uma vontade inerente ao objeto

Outra abordagem admite que a atividade hermenêutica destina-se a revelar uma vontade inerente e autônoma do próprio texto, criada ou não intencionalmente pelo autor. Esse enfoque sustenta que a obra, uma vez completada, desvincula-se da vontade do autor, a qual se torna irrelevante.

XXVI.2.3 – A recriação do objeto artístico pelo sujeito

Uma outra proposta sustenta que a atividade hermenêutica propicia a recriação da experiência artística pelo intérprete. Isso significa que cada intérprete experimenta o objeto segundo uma visão própria, que traduz as suas vivências, os seus valores e as suas concepções.

XXVI.3 – AS VARIAÇÕES INERENTES AO OBJETO

Essas diversas concepções devem ser examinadas com cautela, tomando em vista as diferenças inerentes ao objeto da atividade hermenêutica.

XXVI.3.1 – A arte e suas peculiaridades

Assim, a arte apresenta peculiaridades próprias, que iniciam pela disputa quanto à sua própria configuração. As diversas concepções sobre arte, especialmente nos tempos mais recentes, refletem-se na disputa sobre a relação entre o autor e o intérprete. Nesse contexto, não é desproporsitado afirmar que a interpretação da obra de arte apresenta uma dimensão inovadora muito significativa. Pode-se defender que a obra de arte é um trabalho inacabado, que será objeto de complementação individual e variada por cada um dos apreciadores. Sob esse ângulo, a hermenêutica não se destina a revelar o passado, mas a produzir uma inovação relevante.

XXVI.3.2 – A literatura e suas peculiaridades

A literatura propicia considerações de outra ordem. A dimensão linguística e a delimitação semântica das palavras produzem usualmente limitações na atuação hermenêutica.

É verdade que alguns autores se caracterizam por adotar uma linguagem que impõe ao leitor uma atuação menos limitada. No entanto e na generalidade dos casos, a interpretação do texto literário conjuga uma atuação orientada à revelação da vontade do autor com uma compreensão segundo os parâmetros da subjetividade do leitor.

XXVI.3.3 – A teologia e suas peculiaridades

A interpretação teológica se caracteriza pela preponderância dogmática da vontade cristalizada no texto. A religião se desenvolveu como um processo de comunicação entre a divindade e o fiel. É usual que os textos religiosos sejam dotados de uma dimensão simbólica, comportando diferentes interpretações, que são influenciadas por variáveis muito diversas.

O grau do dogmatismo da interpretação do texto religioso é variável em vista da própria religião. Assim, algumas religiões se caracterizam pela apropriação da tarefa hermenêutica por um especialista.

Em outros casos, a autonomia hermenêutica é uma característica do modelo religioso. De modo genérico, no entanto, a interpretação dos textos religiosos se caracteriza pelo reconhecimento da preponderância da vontade do autor.

XXVI.3.4 – O Direito e suas peculiaridades

O Direito apresenta características distintas. A natureza heterônoma do Direito implica a redução (se não a supressão) da autonomia do intérprete para determinar o sentido e o alcance da disciplina jurídica. Uma parcela dos pensadores, especialmente nos EUA, defende que a finalidade da hermenêutica é revelar a exata intenção dos autores da lei.

Contudo, a generalidade dos operadores do Direito, especialmente no Brasil, entende que a lei é dotada de vontade autônoma (*mens legis*), que não se confunde com a vontade dos legisladores (*mens legislatoris*). Em alguns casos, admitem-se interpretações destinadas a adequar as condições normativas à realidade. No entanto, é pacífico que a interpretação jurídica não atribui ao intérprete uma margem de autonomia para adotar o sentido normativo que lhe parecer mais conveniente, adequado ou legítimo.

Lembre-se, no entanto, que toda e qualquer atividade de interpretação compreende, de modo necessário e inevitável, uma margem de inovação, a cargo do intérprete.

XXVI.4 – O DESENVOLVIMENTO DA LINGUÍSTICA E SUAS IMPLICAÇÕES

Os estudos de hermenêutica sofreram grande impacto pelo desenvolvimento da linguística. Diversos pensadores dedicaram-se a examinar as relações entre linguagem, realidade e Direito.

XXVI.4.1 – A questão da semântica: a descoberta do significado

Tradicionalmente, reputava-se o núcleo da atividade interpretativa envolvia a dimensão semântica. Tratava-se de identificar o sentido das palavras utilizadas, de modo a traduzir para um conjunto de operadores o significado da lei e o conteúdo da norma.

XXVI.4.2 – A questão da dialética: a dinâmica do pensamento

A dinâmica do relacionamento entre os sujeitos e a influência recíproca produzida pela conduta dos operadores têm sido destacadas, envolvendo a dimensão dialética do processo de aplicação do Direito. Isso significa o reconhecimento de que o Direito se desenvolve segundo um processo dinâmico.

XXVI.4.3 – A questão da pragmática: a comunicação

A concepção pragmática reconhece a relevância da comunicação como uma dimensão fundamental. A determinação normativa não pode ser compreendida como uma questão puramente semântica. Como afirma Thamy Pogrebinschi:

"Por meio do pensamento é possível projetar uma sociedade no futuro ou no passado, desde que se pressuponha sempre uma relação social dentro da qual o processo de comunicação ocorra".[1]

XXVI.5 – A LINGUAGEM E O "MUNDO"

As concepções pragmáticas destacam a relevância constitutiva da linguagem para a produção do conhecimento e a compreensão do mundo.

---

[1] *Pragmatismo: teoria social e política*. Rio de Janeiro: Relume Dumará, 2005, p. 102.

XXVI.5.1 – A linguagem e os processos mentais

Todos os processos mentais são processados por meio da linguagem. O pensamento é um processo linguístico.

XXVI.5.2 – A linguagem e os limites do sujeito

Daí se segue que a linguagem delimita a própria capacidade de compreensão do mundo pelo sujeito. Como afirmou Ludwig Wittgenstein, "os limites da minha linguagem significam os limites do meu mundo".[2] Essa afirmativa sintetiza a incapacidade de uma compreensão desvinculada da linguagem por meio da qual o sujeito interage com o mundo.

Mas isso também significa que as características da linguagem influenciam e condicionam o modo de entendimento do mundo. Ou seja, nenhuma linguagem apresenta uma função puramente "descritiva" do mundo. Esse mundo é descrito pela linguagem. E essa linguagem impõe ao mundo a sua própria configuração.

Não se passa diversamente com a atividade hermenêutica relativamente ao Direito.

XXVI.5.3 – O processo de comunicação

A filosofia pragmática reconhece que a comunicação é um processo reflexivo, que afeta tanto o sujeito a quem a fala é dirigida como o próprio sujeito que fala.

A produção do Direito não é um processo unilateral, em que o Estado se contrapõe à sociedade. Há uma interação comunicacional, em que o Direito produz efeitos sobre si mesmo, tal como a atuação da sociedade também apresenta esse cunho reflexivo.

XXVI.6 – A QUESTÃO DA "PRÉ-COMPREENSÃO"

Outro aspecto fundamental assinalado pelos pensadores mais recentes se relaciona com o fenômeno da pré-compreensão. Essa questão foi apontada por Heidegger e por Gadamer.[3]

XXVI.6.1 – A existência de processos mentais conscientes e inconscientes

Todo sujeito desenvolve processos mentais conscientes e inconscientes, que condicionam a sua existência e o seu relacionamento com o mundo. A experiência

---

[2] Sobre o tema, confira-se "The Limits of My Language Mean the Limits of My World", T. R. Martland, *The Review of Metaphysics*, v. 29, n. 1, pp. 19-26, Sep., 1975.

[3] Uma análise sobre a questão da pré-compreensão em Heidegger e em Gadamer pode ser encontrada na obra de PALMER, Richard E. *Hermenêutica*. Lisboa: Edições 70, 2018.

modela o modo como o sujeito compreende o mundo, ainda que a razão seja um instrumento de revisão e de controle da influência da tradição sobre o intérprete.

XXVI.6.2 – A concepção antecedente do sujeito

O conhecimento pressupõe uma compreensão prévia e antecedente, por mínima que o seja. Todo sujeito realiza a sua atividade de conhecimento de modo condicionado por pressupostos, muitos dos quais são inconscientes. A ausência absoluta de qualquer concepção antecedente e preliminar dificulta (se não inviabiliza) o conhecimento.

Assim, por exemplo, é muito problemático supor que alguém, sem qualquer conhecimento jurídico, teria condições de ler pela primeira vez a Constituição e promover a sua interpretação jurídica. A compreensão que o sujeito poderia extrair de uma leitura da Constituição seria influenciada por suas concepções antecedentes sobre temas gerais. O resultado seria, possivelmente, a mera reafirmação daquilo que o sujeito já dominava.

XXVI.6.3 – A "compreensão" condicionada pela "pré-compreensão"

Por decorrência, o processo de compreensão é condicionado e influenciado por uma "pré-compreensão". Essa pré-compreensão afeta a capacidade de o sujeito desenvolver uma atuação absolutamente imparcial e isenta. O sujeito enfrenta o objeto segundo uma orientação prévia que, na maior parte dos casos, é inconsciente.

XXVI.6.4 – O referencial para a expressão linguística

A pré-compreensão não se estabelece apenas de modo abstrato, mas versa sobre o conteúdo das expressões linguísticas. Uma palavra desconhecida pelo sujeito não envolve qualquer pré-compreensão, o que se constitui em obstáculo à atividade hermenêutica.

As palavras e os símbolos conhecidos são acompanhados de uma pré-compreensão que se refere à experiência existencial do sujeito – o que não significa uma dimensão consciente e racional. As expressões linguísticas objeto da interpretação são dotadas de um sentido para o sujeito e esse sentido se relaciona com os objetos que integram a sua vida.

Logo, a aproximação do sujeito relativamente ao texto a ser interpretado não se faz de um modo neutro. Ou seja, a capa do livro interfere sobre a atividade hermenêutica, tanto como o seu título.

XXVI.6.5 – O "meio é a mensagem"

Essas considerações podem ser conectadas com uma afirmação que mereceu grande prestígio, nos anos 1960. O filósofo Marshall McLuhan cunhou a expressão "o meio é a mensagem" para indicar a inviabilidade da dissociação entre o meio pelo qual o sujeito estabelece contato com o mundo e a mensagem transmitida. Essa concepção afirma que a mensagem é indissociável do meio utilizado, de tal modo que não existem mensagens idênticas quando os meios variam.[4]

XXVI.6.6 – As implicações para a interpretação jurídica

Segundo esse enfoque, a interpretação jurídica é influenciada pela pré-compreensão do intérprete. Isso significa que, ao se aproximar da situação concreta objeto da interpretação, a atuação hermenêutica já se encontra condicionada. Logo, o intérprete do Direito é influenciado por suas concepções anteriores, o que produz a tendência à reafirmação das convicções pessoais do sujeito.

Justamente por isso, a hermenêutica jurídica envolve uma pluralidade de mecanismos e de técnicas, que se destinam a identificar e a neutralizar (se possível) as pré-compreensões do intérprete. A revelação desses pressupostos de pré-compreensão é essencial para reduzir o risco da prevalência de soluções subjetivas e irracionais, reflexo de preconceitos e de juízos prévios do sujeito.

RESUMO

- A hermenêutica jurídica é o estudo da teoria e das técnicas pertinentes à revelação do sentido e do conteúdo do Direito.

- A hermenêutica visa a compreensão do texto (ou da obra de arte, por exemplo).

- No entanto, há diferentes concepções sobre essa questão:
  a) A revelação da vontade do autor
  b) A revelação de uma vontade inerente ao objeto
  c) A recriação do objeto artístico pelo sujeito

- As variações inerentes ao objeto
  a) A arte e suas peculiaridades: a obra de arte é um trabalho inacabado, que será objeto de complementação individual e variada por cada um dos apreciadores.
  b) A literatura e suas peculiaridades: a interpretação do texto literário conjuga uma atuação orientada à revelação da vontade do autor com uma compreensão segundo os parâmetros da subjetividade do leitor.
  c) A teologia e suas peculiaridades: a interpretação dos textos religiosos se caracteriza pelo reconhecimento da preponderância da vontade do autor.
  d) O Direito e suas peculiaridades: a natureza heterônoma do Direito implica a redução (se não a supressão) da autonomia do intérprete para determinar o sentido e o alcance da disciplina jurídica. A generalidade dos operadores do Direito, especialmente no Brasil, entende que a lei é dotada de vontade autônoma (mens legis), que não se confunde com a vontade dos legisladores (mens legislatoris).

---

[4] Para uma exposição sobre o pensamento de Marshall McLuhan e suas implicações para o estudo do Direito, consulte-se *Os meios de comunicação como extensões do homem (understanding media)*, trad. Décio Pignatari. São Paulo: Editora Cultrix, 1969.

- Toda e qualquer atividade de interpretação compreende, de modo necessário e inevitável, uma margem de inovação, a cargo do intérprete.
- O desenvolvimento da linguística e suas implicações:
  a) A questão da semântica: a descoberta do significado
  b) A questão da dialética: a dinâmica do pensamento
  c) A questão da pragmática: a comunicação
- O pensamento é um processo linguístico. Como afirmou Ludwig Wittgenstein, *"os limites da minha linguagem significam os limites do meu mundo"*.
- A comunicação é um processo reflexivo, que afeta tanto o sujeito a quem a fala é dirigida como o próprio sujeito que fala.
- O fenômeno da pré-compreensão afeta a capacidade de o sujeito desenvolver uma atuação imparcial e isenta. O sujeito enfrenta o objeto segundo uma orientação prévia que, na maior parte dos casos, é inconsciente.
- O "meio é a mensagem": a mensagem é indissociável do meio utilizado e não existem mensagens idênticas quando os meios variam.
- A interpretação jurídica é influenciada pela pré-compreensão do intérprete. O intérprete do Direito é influenciado por suas concepções anteriores, o que produz a tendência à reafirmação das convicções pessoais.

 Questões

1) Diferencie a hermenêutica relativa a textos literários e a textos jurídicos.

2) A interpretação de uma pintura encontra limites na estrutura material do objeto?

3) Explique a pré-compreensão do sentido de um texto.

4) É possível afirmar que a linguagem produz a essência de todas as coisas?

5) Qual a sua pré-compreensão sobre "direito líquido e certo"?

Capítulo XXVII
A HERMENÊUTICA JURÍDICA: INTERPRETAÇÃO JURÍDICA

A atividade de "interpretação jurídica" envolve muitas controvérsias.

XXVII.1 – A PLURALIDADE DE SIGNIFICAÇÕES DE "INTERPRETAR"

Interpretar é um vocábulo que apresenta uma pluralidade de significados. Indica a atividade criativa de um sujeito, ao reproduzir uma obra artística (tal como a interpretação musical ou teatral).

Mas também se refere à "tradução" de uma língua para outra.

Em todas essas situações, há uma atividade de intermediação entre um objeto e um sujeito. Interpretar consiste em revelar a alguém uma mensagem, que está contida num objeto, num documento ou num discurso.

XXVII.1.1 – A "revelação": pressuposição de um objeto autônomo

A "revelação" indica a eliminação da obscuridade que cercava algum objeto. Revelar é eliminar o desconhecimento. Envolve a transmissão de uma mensagem autônoma, até então desconhecida pelo destinatário. É usual aludir à "revelação da verdade", o que implica a pré-existência de algo, que era até então ignorado por outrem.

No entanto, a atividade de interpretação envolve uma intermediação que gera uma margem de inovação.

Por isso, a questão da interpretação causa controvérsias relacionadas com a margem de interferência inovadora produzida pela atuação do intérprete.

XXVII.1.2 – O sentido: o conteúdo da disciplina jurídica

A revelação do sentido e do alcance da disciplina jurídica consiste na identificação do conteúdo dessa disciplina. Isso significa a identificação da disciplina consagrada normativamente, de modo a verificar a solução prevista pelo Direito para determinada situação. A interpretação jurídica visa a determinar a existência e a solução contemplada no Direito relativamente às diversas situações decorrentes do relacionamento entre os sujeitos de direito.

XXVII.1.3 – O alcance: a abrangência da disciplina normativa

O alcance significa a abrangência dessa disciplina normativa. Ou seja, versa sobre o âmbito das pessoas cuja conduta é disciplinada, tal como a delimitação relativa ao tempo e ao espaço em que a disciplina jurídica prevalece.

XXVII.2 – A VARIAÇÃO ENTRE COSTUME E LEI E SUAS IMPLICAÇÕES

A atividade hermenêutica desenvolve-se em condições distintas conforme verse sobre disciplina normativa costumeira ou legislativa.

XXVII.2.1 – Ainda a distinção entre norma jurídica, lei e costume

É indispensável reiterar a distinção entre norma jurídica, lei e costume. A norma jurídica é uma imposição quanto à conduta humana, destituída de existência física, que é compreendida pelos integrantes do grupo.

A norma jurídica resulta, usualmente, da lei ou do costume. Mas a norma jurídica não se confunde, não se identifica com a lei, nem com o costume. A interpretação é desenvolvida relativamente a um conjunto de circunstâncias, entre os quais apresenta grande relevância a lei e (ou) o costume.

XXVII.2.2 – O costume e a redução da incerteza

Nos casos em que a norma jurídica tem origem no costume, a atividade hermenêutica costuma ser mais simples. A existência de uma prática reiterada ao longo do tempo, acompanhada necessariamente da convicção quanto à sua eficácia vinculante, reduz as incertezas e as dúvidas. Impõe-se ao intérprete que tome em vista essa sucessão de eventos materiais e leve em consideração o modo como a norma foi vivenciada no passado. Alguma dificuldade pode surgir apenas quando a situação concreta a ser disciplinada pela norma costumeira apresenta diferenças relativamente àquilo que ocorreu no passado. Mas essa é uma dificuldade que se relaciona não propriamente à tarefa hermenêutica, mas decorre das próprias limitações do costume como fonte formal do Direito.

XXVII.2.3 – A lei e a ampliação da incerteza

Já as normas produzidas por meio de lei propiciam complexidade muito mais intensa. As leis são produzidas de modo intencional e são introduzidas no sistema jurídico de modo continuado. O intérprete depara-se com as novas leis e necessita promover a sua interpretação.

É possível estabelecer distinção quanto à amplitude e às dificuldades da interpretação relativamente às leis antigas e às novas. O decurso do tempo produz a consolidação da interpretação prevalente, gerando situação que se aproxima àquela descrita a propósito dos costumes.

XXVII.2.4 – A dinâmica da produção legislativa e seus reflexos

No entanto, a dinâmica da sociedade contemporânea sempre produz novos desafios. Por um lado, essas circunstâncias produzem o surgimento reiterado de novas leis, pois as antigas se tornam obsoletas. Com isso, desaparece a eficácia da interpretação reiterada praticada no passado. Torna-se necessário desenvolver a interpretação da legislação mais recente.

XXVII.2.5 – A questão da mutação legislativa

Denomina-se mutação legislativa a alteração da interpretação adotada relativamente a uma lei, sem que o texto tenha sofrido alteração. Esse fenômeno reflete os efeitos da dinâmica dos eventos. A mutação se verifica inclusive em relação à Constituição. Por exemplo, quando editada a CF, havia uma interpretação prevalente quanto ao art. 21, inc. XII, assim redigido:

> *"Compete à União:*
>
> *...*
>
> *XII – explorar, diretamente ou mediante autorização, concessão ou permissão: ...".*

O dispositivo contém uma série de atividades, tais como energia elétrica, navegação aérea, transporte ferroviário e aquaviário etc.

Esses dispositivos eram interpretados no sentido de que tais atividades somente poderiam ser prestadas por parte da União, sob regime de serviço público. Ao longo do tempo, essa concepção foi sendo afastada. Passou a prevalecer o entendimento de que tais atividades podem ser prestadas como serviço público por parte da União, mas também se admite a sua exploração pelos particulares, como uma atividade econômica privada. Houve uma mutação constitucional.

XXVII.2.6 – A questão da "inconstitucionalidade progressiva"

A inconstitucionalidade progressiva se verifica quando uma lei é reputada como constitucional num determinado contexto, mas se identifica que deixará de sê-lo em momento futuro. A interpretação funda-se em que as circunstâncias num dado momento impõem uma solução, cuja alteração conduzirá à adoção de outra interpretação. Essa solução tem sido adotada pelo STF, tal como no julgado adiante referido:

> "1. Não é de ser reconhecida a inconstitucionalidade do ... no ponto em que confere prazo em dobro, para recurso, às Defensorias Públicas, ao menos até que sua organização, nos Estados, alcance o nível de organização do respectivo Ministério Público, que é a parte adversa..." (HC 70.514, pleno, rel. Min. Sydney Sanches, maioria, j. 23.3.1994).

XXVII.3 – A HERMENÊUTICA E A QUESTÃO DA AUTONOMIA DO INTÉRPRETE

Como exposto, um dos temas centrais da hermenêutica jurídica se relaciona com a margem de autonomia do intérprete.

XXVII.3.1 – A tentativa de neutralizar (ocultar?) a influência do "intérprete"

O reconhecimento da autonomia do intérprete implicaria reduzir a dimensão heterônoma do Direito. Ou, quando menos, conduziria ao reconhecimento da insuficiência e limitação da teoria da separação dos poderes. O reconhecimento da autonomia do intérprete para introduzir inovação normativa implicaria reduzir a relevância da atuação do Poder Legislativo. Então, o Poder Legislativo produziria leis, cujo conteúdo seria determinado de modo autônomo pelo intérprete. Logo, a titularidade do poder para determinar o conteúdo da disciplina jurídica não seria de titularidade do Poder Legislativo.

Essa situação não é desejável, especialmente em vista de concepções democráticas.

Justamente por isso, existe um esforço em neutralizar a influência do intérprete quanto à fixação do conteúdo e do alcance do Direito. Há mecanismos jurídicos orientados a restringir essa influência. No entanto e em muitos casos, esses mecanismos acabam funcionando apenas para ocultar uma realidade.

Assim se passa porque a questão do Poder – especialmente do Poder estatal – não se estabelece de modo estático. Há uma dinâmica dos fatos, que determina a relevância da atuação dos diversos operadores do Direito. A margem de autonomia de cada operador do Direito não é estabelecida de modo definitivo num texto normativo, mas deriva da evolução dos fatos e do modo da organização das forças sociais e políticas.

XXVII.3.2 – A multiplicidade de interpretações

É incorreto supor que cada lei produz, de modo automático e inquestionável, uma norma jurídica de conteúdo preciso e determinado. Assim não o é, inclusive

Cap. XXVII · A HERMENÊUTICA JURÍDICA: INTERPRETAÇÃO JURÍDICA | **277**

porque muitas normas jurídicas são dotadas de amplitude e indeterminação inquestionáveis.

Portanto, a atividade de interpretação não é orientada a revelar "a" vontade, única e inquestionável do Direito. Uma lei propicia diferentes interpretações e a fixação do sentido das normas depende de variáveis diversas, muitas delas não relacionadas com o mundo do Direito.

Um exemplo evidente se relaciona com o tema da discriminação racial no Direito dos EUA. O texto da Constituição estadunidense não foi alterado, mas recebeu interpretações muito diversas ao longo do tempo. Durante um largo período, prevaleceu o entendimento de que os seres humanos brancos e afrodescendentes seriam "separados, mas iguais". Ao longo do tempo, a questão sofreu o forte influxo dos fatos. Pode-se estimar que o movimento "Black Lives Matter" repercutirá sobre a interpretação de diversos dispositivos legais e sobre a disciplina das competências estatais.

XXVII.3.3 – A disputa pela prevalência da interpretação mais favorável

A atividade hermenêutica reflete a disputa pelo Poder e pela capacidade de influenciar a decisão a ser adotada na realidade concreta dos fatos. Os diversos operadores do Direito defendem interpretações distintas, em uma disputa para prevalecer o posicionamento pessoal.

XXVII.3.4 – A intensa dimensão retórica da atividade interpretativa

Há uma elevada carga retórica na atividade interpretativa. Os diversos operadores se valem dos argumentos que se afiguram mais aptos a conquistar a simpatia dos órgãos encarregados de decidir, o que envolve inclusive uma batalha pela opinião pública.

XXVII.3.5 – A lição de Louis Eisenstein

Um tributarista estadunidense produziu uma interessante meditação sobre a atividade interpretativa desenvolvida no mundo real. Embora as suas considerações se referissem ao âmbito do Direito Tributário, são aplicáveis amplamente a toda a atividade hermenêutica. Ele afirmava que as teses hermenêuticas defendidas por alguém podiam ser enquadradas em uma de três categorias. Parafraseando-o, pode-se dizer que alguém defende uma tese interpretativa acerca do Direito ou porque nela acredita sinceramente, ou porque ela é conveniente aos seus interesses, ou porque foi remunerado para tanto.[1]

---

[1] *The ideologies of taxation*, New York: Ronald Press Company, 1961.

XXVII.4 – CONCEPÇÕES CLÁSSICAS

Os estudos sobre hermenêutica jurídica vêm sendo desenvolvidos ao longo de muitos séculos. Há uma "teoria clássica" da interpretação, que condiciona e influencia o posicionamento atual. Deve-se destacar que essa teoria foi concebida e desenvolvida em face de modelos jurídicos diversos daquele atualmente existentes.

XXVII.4.1 – Redução da hermenêutica a uma atividade mecânica

Usualmente, essa teoria clássica proclama que a interpretação é uma atividade mecânica, em que as escolhas do intérprete são irrelevantes.

XXVII.4.2 – A tese da "técnica": "regras de interpretação"

Essa concepção é alicerçada na afirmação de uma técnica hermenêutica precisa e delimitada. Há regras de interpretação, consagradas pelo consenso do tempo e dos especialistas, que se sobrepõem à vontade do operador do Direito.

XXVII.4.3 – A pluralidade de "métodos hermenêuticos"

A hermenêutica compreende diversos métodos, cuja conjugação permite uma elevada margem de segurança na determinação da vontade legislativa.

XXVII.5 – A DISPUTA SOBRE A FINALIDADE DA INTERPRETAÇÃO DA LEI

As leis e os outros atos normativos estatais infralegislativos, tal como os regulamentos administrativos são destinados a veicular uma disciplina geral e abstrata – ao menos, como regra.

XXVII.5.1 – A revelação da vontade do legislador ("mens legislatoris")

De modo genérico, reputa-se que a vontade do legislador não apresenta relevância para a atividade interpretativa. No entanto, há uma parcela da doutrina nos EUA que defende uma concepção originalista, especificamente em relação à Constituição estadunidense. Segundo essa proposta, a finalidade da interpretação é descobrir, revelar e preservar a vontade dos autores da Constituição.

XXVII.5.2 – A revelação da vontade da lei ("mens legis")

A generalidade do pensamento jurídico adota entendimento diverso. Reputa-se que a vontade do legislador somente é relevante no período anterior ao surgimento da lei. Uma vez entrando em vigência, a lei adquire existência (e vontade) autônoma. Cabe ao intérprete examinar a lei tal como foi objetivamente produzida,

Cap. XXVII · A HERMENÊUTICA JURÍDICA: INTERPRETAÇÃO JURÍDICA | **279**

sendo plenamente cabível adotar interpretação radicalmente diversa da intenção que norteara o legislador durante a tramitação do projeto.

XXVII.5.3 – Ainda a disputa sobre a margem de autonomia do intérprete

As considerações anteriores não afastam as ressalvas anteriores relativamente à autonomia do intérprete. Aliás, até reforçam essas considerações anteriores.

Se a vontade do legislador fosse prevalente, então a própria vontade do intérprete seria irrelevante. Ao negar a preponderância da vontade do legislador, abre-se a oportunidade para a prevalência de outras vontades.

XXVII.6 – A FINALIDADE DA INTERPRETAÇÃO DO NEGÓCIO JURÍDICO

A interpretação do negócio jurídico subordina-se a entendimento diverso.

XXVII.6.1 – A revelação da vontade da parte

Reputa-se que o negócio jurídico é uma manifestação da vontade da parte, a qual deve ser preservada e respeitada. O intérprete não é legitimado a ignorar a vontade da parte, que prepondera sobre todos os elementos objetivos.

XXVII.6.2 – A rejeição a sentido dissociado da vontade das partes

Nesse sentido, o art. 112 do Código Civil determina o seguinte:

> *"Nas declarações de vontade se atenderá mais à intenção nelas consubstanciada do que ao sentido literal da linguagem".*

O art. 113 do Código Civil estabelece outras regras de interpretação, reconhecendo relevância a outros elementos do relacionamento entre as partes. Assim, por exemplo, deve prevalecer o sentido que "for confirmado pelo comportamento das partes posterior à celebração do negócio" (inc. I). Portanto, o modo como as partes se relacionam de modo efetivo prevalece sobre a redação de documentos entre elas pactuados.

XXVII.7 – A QUEM INCUMBE A ATIVIDADE DE INTERPRETAR A LEI?

Uma indagação versa sobre a identidade do intérprete. A resposta intuitiva é que todos os sujeitos estão legitimados a promover a interpretação. Assim se impõe inclusive em virtude do disposto no art. 3º do Dec.-lei 4.657/1942 (LINDB), que estabelece que *"Ninguém se escusa de cumprir a lei, alegando que não a conhece".*

Essa orientação foi desenvolvida por HÄBERLE, que defendeu a tese da sociedade aberta dos intérpretes da Constituição. Segundo esse enfoque, *"no processo da interpretação constitucional estão incluídos potencialmente todos os órgãos do Estado, todos os poderes públicos, todos os cidadãos e todos os grupos".*[2]

Tal como acima exposto, há uma disputa entre diversos operadores para fazer prevalecer o próprio entendimento quanto à interpretação jurídica. Portanto e embora todos na sociedade desenvolvam uma atividade interpretativa, daí não se segue que a última palavra caberá à generalidade da população.

XXVII.8 – A INTERPRETAÇÃO DOUTRINÁRIA

A interpretação doutrinária é aquela produzida por especialistas no conhecimento jurídico, mas que não se encontram investidos em função estatal de produzir decisões formais e vinculantes sobre o Direito. A interpretação doutrinária não apresenta eficácia vinculante e a sua relevância é proporcional ao prestígio do doutrinador.

XXVII.8.1 – As concepções teóricas dos especialistas

Cada especialista num certo tema adota uma concepção sobre a disciplina jurídica vigente. Em muitos casos, esse entendimento é formalizado em um documento físico ou virtual e dado ao conhecimento público em geral. Esses entendimentos são indicados de modo generalizado como "doutrina jurídica". Essa produção não é subordinada a uma disciplina normativa específica, mas se constitui numa manifestação da opinião e da liberdade individual.

XXVII.8.2 – As influências políticas, econômicas e sociais

A produção doutrinária de cada autor reflete influências políticas, econômicas e sociais diversas. Essas influências (e pré-compreensões) conduzem a conclusões distintas, versando sobre o mesmo tema jurídico.

Por exemplo, considere-se a questão da prisão em segunda instância. O art. 5º, inc. LVII, da CF estabelece que "ninguém será considerado culpado até o trânsito em julgado de sentença penal condenatória". Alguns doutrinadores afirmam que isso significa que a execução da pena depende do trânsito em julgado da sentença condenatória. Outros defendem que a vedação ao sujeito ser considerado culpado não impede a execução da sentença. A divergência reflete não apenas a interpretação da CF em si mesma, mas também o posicionamento político adotado.

---

[2]   *El Estado Constitucional*, Buenos Aires: Editorial Astrea, 2007. p. 264.

XXVII.8.3 – A interpretação realizada de modo abstrato

Uma das características da interpretação doutrinária reside em que se desenvolve de modo abstrato, sem referência específica a uma questão concreta. Essa modelagem tornaria a interpretação mais confiável, eis que não seria influenciada pelo interesse de produzir um resultado prático determinado.

XXVII.8.4 – A ausência de eficácia vinculante da interpretação doutrinária

A interpretação doutrinária não é vinculante em face de terceiros. Cada sujeito dispõe da faculdade de emitir a sua opinião, a qual não acarreta para terceiros o dever de observância.

XXVII.8.5 – O processo de comunicação: a Ciência do Direito

Um aspecto fundamental da interpretação doutrinária se relaciona com o debate entre os especialistas. As propostas veiculadas por um doutrinador são objeto de crítica pelo restante da comunidade de especialistas. No posicionamento de Jürgen Habermas:

> *"a pretensão de validez, com a qual o falante se refere às condições de validade de seu proferimento, não pode ser definida exclusivamente na perspectiva do falante. Pretensões de validez dependem do reconhecimento intersubjetivo através do falante e do ouvinte; elas têm de ser resgatadas através de razões, portanto discursivamente...".* [3]

XXVII.8.6 – O poder do conhecimento: a influência sobre a sociedade

No entanto, existe um inquestionável poder do conhecimento. O reconhecimento de um determinado sujeito como especialista produz um efeito de autoridade. Em situações de equivalência de alternativas, há a tendência a acolher o posicionamento dos sujeitos com maior reputação quanto ao domínio de certo tema.

A consagração pacífica e harmônica de uma determinada interpretação no âmbito doutrinário tende a produzir consenso perante o restante da sociedade. Mesmo o Poder Judiciário acaba por incorporar essas propostas – inclusive porque os seus membros integram a comunidade dos especialistas que atua no âmbito da doutrina.

---

[3] *Pensamento pós-metafísico – Estudos Filosóficos*, Rio de Janeiro: Tempo Brasileiro, 1990, pp. 123-124.

XXVII.8.7 – O posicionamento de Peter Häberle

Häberle defende que a doutrina consagrada (clássica) integra o próprio Direito. Afirma que *"textos de clássicos são 'textos constituintes'- talvez num sentido distinto da palavra escrita da Constituição, mas decerto com uma pretensão e eficácia nada menores"*.[4] Essa orientação se refere à influência da atividade hermenêutica desenvolvida pela comunidade (abrangendo inclusive o povo) para produzir especialmente o sentido das normas constitucionais.

XXVII.9 – A INTERPRETAÇÃO ADVOCATÍCIA

À falta de denominação melhor, pode-se aludir a uma interpretação advocatícia para indicar a atividade desenvolvida por um operador do Direito, na defesa dos interesses de uma parte em um litígio. Esse modelo não é privativo de advogados, mas envolve a defesa interessada de solução determinada. Esse tipo de interpretação é "parcial", na acepção de ser desenvolvida no interesse de uma parte, que se encontra efetiva ou potencialmente em conflito com outra.

Essa interpretação não é comprometida com a obtenção do resultado mais perfeito e satisfatório, eis que apresenta natureza instrumental para a obtenção de um resultado favorável ao interesse defendido. Isso não caracteriza uma prática reprovável, nem a violação à ética. Todos têm direito de defender os próprios interesses.

O exercício da profissão da advocacia impõe promover a mais ampla e efetiva defesa dos interesses do cliente. Advogar a interpretação mais favorável ao cliente não configura conduta antiética. Por isso, nada impede que um advogado defenda uma certa tese hermenêutica em um caso e adote interpretação oposta e contraditória para beneficiar outro cliente.

XXVII.10 – A INTERPRETAÇÃO PELO PODER LEGISLATIVO: "INTERPRETAÇÃO AUTÊNTICA"

Em muitos casos, o próprio Poder Legislativo pretende impor uma interpretação determinada, editando uma lei para fixar a interpretação a ser adotada relativamente a outra lei. Alude-se, em tal caso, a uma "interpretação autêntica".

XXVII.10.1 – A lei "interpretativa"

Alude-se a uma lei "interpretativa" para indicar a hipótese em que o Poder Legislativo edita uma lei, cujo objeto é a fixação do sentido de outra lei. A lei interpretativa visa um efeito declaratório, esclarecendo o conteúdo e o alcance de lei anterior. Ou seja, a lei interpretativa não visa propriamente dispor de modo

---

[4] *Textos clássicos na vida das Constituições*, trad. Peter Naumann, São Paulo: Saraiva, 2016 (Série IDP: *Linha* direito comparado), pp. 107-108.

inovador. A sua finalidade não reside em criar novas normas, mas a tornar claras e inquestionáveis as normas já existentes.

XXVII.10.2 – O problema da necessidade de interpretação da lei interpretativa

A lei interpretativa pode produzir controvérsias, porque também ela exige interpretação. A edição da lei interpretativa pode ampliar as incertezas, eis que, em alguns casos, não elimina as anteriores e cria outras.

XXVII.10.3 – O problema da autonomia entre as diversas leis

Por outro lado, a lei anterior e a lei nova são autônomas entre si. A edição de uma lei interpretativa sempre dá oportunidade ao argumento de que a disciplina dela constante somente poderá ser adotada a partir de sua vigência. Há o argumento de que, se a lei antiga já dispunha em determinado sentido, era desnecessária e inútil uma nova lei. Entretanto, a edição de uma nova lei sugere que a lei antiga não dispunha no mesmo sentido.

XXVII.11 – A INTERPRETAÇÃO ADMINISTRATIVA

As autoridades administrativas produzem interpretação, especificamente para nortear o desenvolvimento de suas funções. Enquadram-se nessa categoria não apenas as atividades hermenêuticas desenvolvidas pelos agentes administrativos integrantes da Administração Pública (o que abrange inclusive as agências reguladoras), mas também aquelas realizadas no âmbito dos Tribunais de Contas.

XXVII.11.1 – O órgão titular de função pública interessada

Em princípio, a atuação dos órgãos estatais, que desempenham atividade administrativa, deve observar a imparcialidade. Isso significa a vedação à utilização dos poderes recebidos para produzir benefícios indevidos em favor do Estado ou prejuízos não legítimos contra os particulares.

No entanto, essa atuação é desenvolvida por sujeitos que ocupam cargos públicos, encontrando-se vinculados formalmente ao Estado. Mais ainda, esses órgãos administrativos não atuam de modo desinteressado. Há vínculos jurídicos que afetam a isenção dos agentes, mesmo que tal não envolva uma tomada de consciência precisa e exata por parte deles.

XXVII.11.2 – O efeito vinculante frente aos particulares

De modo geral, a interpretação administrativa vincula não apenas o órgão estatal que a adotou, mas também os particulares, que necessitam obter provimento jurisdicional para desconstituir a interpretação administrativa.

XXVII.12 – A INTERPRETAÇÃO JUDICIAL

A interpretação judicial é aquela produzida pelo Poder Judiciário, no desempenho de função jurisdicional. De modo genérico, o Poder Judiciário é titular da competência para fixar, de modo definitivo, o sentido e o alcance do Direito.

A interpretação judicial configura a manifestação jurídica definitiva relativamente à interpretação a ser adotada.

XXVII.12.1 – A interpretação produzida em vista do caso concreto

Em princípio, a interpretação judicial é produzida em vista de um caso concreto. As circunstâncias relacionadas com a questão produzem reflexos sobre a interpretação prevalente. Ou seja, a afirmativa de que "a deusa da Justiça tem os olhos vendados" configura um discurso retórico. Isso não significa negar a imparcialidade do magistrado nem imputar ao Poder Judiciário algum defeito. Trata-se apenas de afirmar que a questão não se refere apenas à identidade das partes – a qual, aliás, é de conhecimento dos julgadores. Mais do que isso, o conjunto das circunstâncias é potencialmente apto a afetar a escolha da solução interpretativa a ser adotada pelo Poder Judiciário.

XXVII.12.2 – A interpretação produzida de modo abstrato

No Brasil, admite-se a interpretação formulada de modo abstrato, de modo independente de um conflito concreto. Tal se passa especificamente no tocante ao controle de constitucionalidade. A interpretação relativamente à Constituição pode ser estabelecida sem tomar em vista as peculiaridades de um caso concreto.

XXVII.12.3 – A pluralidade de decisões não uniformes

Na tradição brasileira, reconhecia-se a autonomia de cada juiz para adotar a interpretação que reputasse mais satisfatória, sem estar vinculado à jurisprudência predominante. Isso acarretava, muitas vezes, interpretações contraditórias em casos similares. Esse modelo vem sendo alterado, com a afirmação da eficácia vinculante das decisões proferidas pelos tribunais.

XXVII.12.4 – A função dos tribunais de uniformização da jurisprudência

Sob um certo ângulo, sempre foi reconhecida aos tribunais a competência para uniformização de jurisprudência. Era admitido o recurso para o tribunal superior contra decisão judicial que adotasse interpretação conflitante com outro julgado.

XXVII.12.5 – O efeito vinculante da jurisprudência: a uniformidade

Mais recentemente, a Constituição e o Código de Processo Civil consagraram mecanismos mais severos para reforçar o efeito vinculante da jurisprudência dos tribunais. Por exemplo, o art. 103-A, § 3º, da CF determina que:

Cap. XXVII · A HERMENÊUTICA JURÍDICA: INTERPRETAÇÃO JURÍDICA | 285

"Do ato administrativo ou decisão judicial que contrariar a súmula aplicável ou que indevidamente a aplicar, caberá reclamação ao Supremo Tribunal Federal que, julgando-a procedente, anulará o ato administrativo ou cassará a decisão judicial reclamada, e determinará que outra seja proferida com ou sem a aplicação da súmula, conforme o caso".

O art. 927 da Lei 13.105/2015 (CPC) consagrou o seguinte:

"Os juízes e os tribunais observarão:

I – as decisões do Supremo Tribunal Federal em controle concentrado de constitucionalidade;

II – os enunciados de súmula vinculante;

III – os acórdãos em incidente de assunção de competência ou de resolução de demandas repetitivas e em julgamento de recursos extraordinário e especial repetitivos;

IV – os enunciados das súmulas do Supremo Tribunal Federal em matéria constitucional e do Superior Tribunal de Justiça em matéria infraconstitucional;

V – a orientação do plenário ou do órgão especial aos quais estiverem vinculados".

Em decorrência, tem-se verificado um processo de uniformização do conteúdo das decisões do Poder Judiciário. Essas decisões versam especificamente sobre a interpretação das leis e a fixação do conteúdo e do alcance das normas jurídicas.

XXVII.12.6 – A definitividade da solução: ainda Kelsen

Cabe relembrar o posicionamento de Kelsen. Como visto, esse autor defendia a orientação de que a norma jurídica superior estabelece uma moldura a ser preenchida pela inferior. Mas o exato conteúdo da norma superior somente é determinado por meio da decisão proferida pelo órgão de mais elevada hierarquia do Poder Judiciário.

RESUMO

- Interpretar é um vocábulo que apresenta uma pluralidade de significados. Interpretar consiste em revelar a alguém uma mensagem, que está contida num objeto, num documento ou num discurso. Revelar é eliminar o desconhecimento. A atividade de interpretação envolve uma intermediação que produz uma margem de inovação.

- A interpretação jurídica visa a determinar a existência e a solução contemplada no Direito relativamente às diversas situações decorrentes do relacionamento entre os sujeitos de direito. O alcance significa a abrangência dessa disciplina normativa.

- A norma jurídica não se confunde com a lei, nem com o costume. A interpretação é desenvolvida relativamente a um conjunto de circunstâncias, entre os quais apresenta grande relevância a lei e (ou) o costume.

- As normas produzidas por meio de lei propiciam complexidade muito mais intensa. As leis são produzidas de modo intencional e são introduzidas no sistema jurídico de modo continuado. Cada nova lei afeta o ordenamento jurídico e pode impactar a interpretação até então adotada para leis anteriores. Por outro lado, a evolução dos fatos também é relevante.

- Mutação legislativa é a alteração da interpretação adotada relativamente a uma lei, sem que o texto tenha sofrido alteração, em virtude da dinâmica dos eventos.

- Inconstitucionalidade progressiva é o reconhecimento de que uma lei é constitucional enquanto não houver a alteração das circunstâncias.

- Um dos temas centrais da hermenêutica jurídica se relaciona com a margem de autonomia do intérprete. A heteronomia do Direito significa vedação a que o intérprete realize escolha subjetiva sobre a interpretação preferida. Isso conduz à tentativa de ocultar a autonomia do intérprete. A atividade hermenêutica reflete a disputa pelo Poder e pela capacidade de influenciar a decisão a ser adotada na realidade concreta dos fatos.

- Uma lei propicia diferentes interpretações e a fixação do sentido das normas depende de variáveis diversas, muitas delas não relacionadas com o mundo do Direito.

- Segundo Louis Eisenstein, alguém defende uma tese interpretativa acerca do Direito ou porque nela acredita sinceramente, ou porque ela é conveniente aos seus interesses, ou porque foi remunerado para tanto.

- A "teoria clássica", concebida e desenvolvida em face de modelos jurídicos diversos daquele atualmente existentes, defende que a interpretação é uma atividade mecânica, em que as escolhas do intérprete são irrelevantes. Essa concepção é alicerçada na afirmação de uma técnica hermenêutica precisa e delimitada.

- A vontade do legislador não apresenta relevância para a atividade interpretativa. Uma vez entrando em vigência, a lei adquire existência (e vontade) autônoma.

- A interpretação do negócio jurídico subordina-se a entendimento diverso. O intérprete não é legitimado a ignorar a vontade da parte, que prepondera sobre todos os elementos objetivos.

- Interpretação doutrinária: produzida por especialistas no conhecimento jurídico, mas que não se encontram investidos em função estatal de produzir decisões formais e vinculantes sobre o Direito. As propostas veiculadas por um doutrinador são objeto de crítica pelo restante da comunidade de especialistas. Atingido um consenso na doutrina, é usual que a jurisprudência adote essa orientação.

- Interpretação advocatícia: desenvolvida por um operador do Direito, na defesa dos interesses de uma parte em um litígio. Esse modelo não é privativo de advogados.

- Interpretação pelo Poder Legislativo ("interpretação autêntica"): produzida por meio de uma lei, destinada a determinar a interpretação de outra. A lei interpretativa produz controvérsias, porque também exige interpretação.

- Interpretação administrativa: desenvolvida pelo Estado, no desempenho de funções de natureza administrativa (não jurisdicional, nem legislativa). Compreende inclusive as interpretações dos Tribunais de Contas. Essa interpretação pode apresentar efeito vinculante para o órgão estatal que a adotou e para o particular.

- Interpretação judicial: A interpretação judicial é aquela produzida pelo Poder Judiciário, no desempenho de função jurisdicional. Configura a manifestação jurídica definitiva relativamente à interpretação a ser adotada.

- Ausência de uniformidade das interpretações judiciais: no passado, reconhecia-se a autonomia de cada juiz para adotar a interpretação que reputasse mais satisfatória. Esse modelo vem sendo alterado, com a afirmação da eficácia vinculante das decisões proferidas pelos tribunais. Mais recentemente, a Constituição e o Código de Processo Civil consagraram mecanismos mais severos para reforçar o efeito vinculante da jurisprudência dos tribunais.

- Kelsen defendia a orientação de que a norma jurídica superior estabelece uma moldura a ser preenchida pela inferior. Mas o exato conteúdo da norma superior somente é determinado por meio da decisão proferida pelo órgão de mais elevada hierarquia do Poder Judiciário.

Caso prático

Eudócrito é um grande advogado e doutrinador. Nessa condição, adota uma certa interpretação para dispositivo legal. Posteriormente, Eudócrito é nomeado juiz e profere sentença, adotando interpretação oposta àquela que defendera como advogado e doutrinador. A parte vencida interpõe recurso, afirmando que a sentença é inválida porque Eudócrito contradissera como juiz aquilo que afirmara como doutrinador. Qual a solução jurídica a ser adotada? Por quê?

Questões

1) Diferencie interpretação doutrinária e judicial.

2) O que é uma lei "interpretativa"?

3) A lei pode ser interpretada tal como se constituísse em um objeto puramente "pensado" (uma ideia)?

4) A interpretação da lei é uma atividade mecânica?

5) Diferencie a hermenêutica das regras e dos princípios.

Capítulo XXVIII
HERMENÊUTICA JURÍDICA: OS MÉTODOS DE INTERPRETAÇÃO

Os métodos de interpretação vêm sendo desenvolvidos ao longo das últimas décadas e nem sempre refletem os atributos do Direito contemporâneo.

XXVIII.1 – A CONJUGAÇÃO DE MÉTODOS

De todo modo, é usual que a interpretação resulte da conjugação de uma pluralidade de métodos.

XXVIII.1.1 – A inexistência de método único

Não existe um método hermenêutico único, a ser utilizado de modo padronizado, em todas as oportunidades. Há métodos diversos. O intérprete escolhe alguns deles e promove a sua conjugação para determinar o sentido e o alcance das normas aplicáveis. Isso permite aludir a uma atividade construtiva por parte do intérprete, eis que ele produz uma conjugação de métodos distintos.

XXVIII.1.2 – A inviabilidade de utilização do mesmo método

Mas esse método complexo, produzido em vista de uma situação concreta, nem sempre é aplicável para outros casos. O modelo construído pelo intérprete poderá não ser igualmente satisfatório para todas as situações.

XXVIII.1.3 – A escolha do método e a determinação do resultado

Observe-se que a escolha do método produz efeitos sobre o resultado. Portanto, adotar um método e não outro acarreta reflexos sobre a conclusão atingida.

Por isso, muitas das controvérsias sobre a interpretação versam sobre o método hermenêutico a ser empregado.

XXVIII.2 – AS CIRCUNSTÂNCIAS DA SITUAÇÃO CONCRETA E SEUS REFLEXOS

Como já apontado, a situação concreta afeta a atuação do intérprete. Essa circunstância é inerente à condição da parte. Assim, é evidente que os advogados do autor e do réu selecionam os métodos hermenêuticos de acordo com o interesse da parte.

O problema mais relevante se relaciona com a posição da autoridade julgadora. A imparcialidade exige que a seleção do método seja produzida de modo isento, de modo a evitar que as pré-compreensões do magistrado propiciem vantagens injustas para qualquer das partes.

Mas existe uma tendência à legitimação da avaliação pela autoridade julgadora quanto aos resultados a serem atingidos, de modo a que a seleção de um dentre eles seja produzida de modo claro. Essa prática é menos cabível no âmbito do Direito Penal, mas tende a ser difundida para evitar decisões incompatíveis com as imposições da realidade.

XXVIII.2.1 – A atividade de interpretação não se desenvolve "fora do mundo"

Todas essas ponderações são fundamentais para destacar que a atividade hermenêutica não se desenvolve "fora do mundo", numa dimensão de abstração. A atuação doutrinária até se aproxima desse modelo, mas isso acarreta, em muitos casos, a dissociação com as circunstâncias da realidade. De modo geral, todas as demais manifestações de atividade hermenêutica se vinculam a uma situação concreta do mundo.

XXVIII.2.2 – A interpretação é afetada pela avaliação dos fatos

Sob outro enfoque, a interpretação é afetada pela avaliação dos fatos. As circunstâncias do caso concreto são apresentadas ao intérprete antes de se desenvolver a atividade hermenêutica. Isso intensifica a influência do mundo circundante sobre a interpretação, especialmente em vista do fenômeno já apontado da pré-compreensão.

XXVIII.2.3 – A identificação da norma pressupõe a avaliação sobre os fatos

Deve-se ter em mente que a identificação da norma aplicável depende da avaliação dos fatos. Por isso, o conhecimento sobre os fatos se constitui na etapa inicial da aplicação do Direito. Antes de interpretar o Direito, o sujeito conhece e compreende os fatos relevantes.

Cap. XXVIII · HERMENÊUTICA JURÍDICA: OS MÉTODOS DE INTERPRETAÇÃO | 291

Assim, por exemplo, considere-se a avaliação de uma situação fática envolvendo uma questão de legítima defesa num caso de homicídio. A legítima defesa se caracteriza quando o sujeito reage a uma agressão injusta, efetiva ou potencial.

XXVIII.2.4 – É possível interpretar uma lei de modo "abstrato"?

Por isso, é questionável a viabilidade de uma interpretação realizada de modo puramente abstrato, em que o sujeito desenvolve um esforço relacionado a determinar a disciplina jurídica sem tomar em vista qualquer questão concreta.

XXVIII.2.5 – A questão da "interpretação" e da "aplicação" do Direito

Isso significa que a atividade de interpretação é estreitamente vinculada com a atuação para a aplicação do Direito, que será objeto de análise em ponto seguinte.

XXVIII.2.6 – A tridimensionalidade do Direito

Essa controvérsia apresenta relação com a concepção tridimensional do Direito, tal como elaborada por Miguel Reale e objeto de exposição anterior. A atividade de interpretação não apresenta uma natureza de cunho puramente lógico, mas também exige uma avaliação da realidade fática e a compreensão do aspecto valorativo do Direito.

XXVIII.3 – HERMENÊUTICA DOS PRINCÍPIOS E HERMENÊUTICA DAS REGRAS

Um tema que adquiriu relevo jurídico em época mais recente se relaciona com a interpretação dos princípios e das regras.

XXVIII.3.1 – A dimensão "fechada" da regra

A regra apresenta uma dimensão "fechada", na acepção de contemplar condições específicas para a sua aplicação e estabelecer um mandamento determinado e definido. Isso permite ao intérprete identificar um conteúdo mais preciso, tal como também é mais restrito o âmbito de sua abrangência.

XXVIII.3.2 – A dimensão "aberta" do princípio

Já o princípio se caracteriza por sua dimensão "aberta". Não há limitações internas à própria norma no tocante aos pressupostos para a sua aplicação, tal como não existe um comando com conteúdo exato e preciso.

XXVIII.3.3 – As concepções tradicionais modeladas segundo as regras

Ocorre que as concepções tradicionais sobre a atividade hermenêutica foram modeladas tomando em vista a figura das regras. A hermenêutica dos princípios passou a ser desenvolvida nas últimas décadas.

Mais ainda, a hermenêutica contemporânea exige a interpretação conjugada dos princípios entre si, mas também em vista das regras. A determinação do sentido e do conteúdo de uma regra necessita considerar os princípios pertinentes ao mesmo tema. Por decorrência, inferências e conclusões que poderiam resultar do exame isolado das regras são afetadas pela conjugação dos princípios.

Essa advertência necessita ser tomada em consideração no exame dos métodos tradicionais de interpretação, que refletem esse enfoque excludente da juridicidade dos princípios.

XXVIII.4 – O MÉTODO GRAMATICAL OU LITERAL

O primeiro, mais tradicional e mais simples método de interpretação é o gramatical ou literal, que defende que a revelação, o sentido e o alcance da lei resultam do sentido semântico das palavras.

XXVIII.4.1 – A língua natural e sua textura aberta

O problema da interpretação literal reside em que a língua natural é caracterizada por uma textura aberta. As palavras e as construções verbais são afetadas pelo contexto histórico e social, o que produz a multiplicidade quanto ao referencial semântico. Poucas palavras do vocabulário natural são dotadas de um sentido único.

XXVIII.4.2 – A técnica jurídica e a redução da incerteza

A evolução política conduziu à sofisticação da elaboração das leis e regulamentos. Existe um vocabulário técnico-jurídico, em que as palavras são dotadas de acepções menos incertas. Isso produz a tendencial redução da incerteza semântica. Mas nem sempre é possível eliminar a incerteza por meio da simples e pura tradução do sentido das palavras.

Um exemplo permite compreender a dificuldade. O art. 121 do Código Penal tipifica o homicídio, definido como "Matar alguém". Em termos literais, isso significa produzir a extinção da vida alheia. Suponha-se a seguinte situação. Uma esposa, tendo conhecimento de que o marido é um glutão, prepara um bolo e nele coloca veneno. Antes de sair de casa, diz ao marido: "Não coma o bolo, isso vai matar você". Retornando à casa, a mulher encontra o marido morto em virtude da ingestão do veneno existente no bolo. A indagação é: a conduta da mulher configura ou não crime de homicídio?

Em suma, é muito problemático defender que seria suficiente a interpretação gramatical para determinar o significado normativo da expressão "matar alguém".

XXVIII.4.3 – O risco do congelamento do sentido da lei

Por outro lado, a interpretação gramatical propicia o congelamento do sentido da lei, eis que as palavras são interpretadas em vista de um sentido que é mantido como imutável. Nem sempre é viável promover a interpretação compatível com a realidade se o intérprete ficar vinculado de modo absoluto às palavras da lei.

XXVIII.4.4 – O risco do "desmembramento" do Direito

Outro problema é o risco do ignorar as relações entre os diversos diplomas normativos. O efeito prático seria o isolamento da disciplina normativa.

XXVIII.4.5 – O posicionamento generalizado: necessário, mas não suficiente

De modo genérico, reputa-se que a interpretação literal é uma etapa necessária, mas não suficiente à complementação da atividade hermenêutica. Como já se disse, a intepretação gramatical é um pressuposto da interpretação, que não se encerra com a determinação do sentido das palavras.

XXVIII.4.6 – As propostas de superação do texto legislativo

Essa ponderação implica admitir a possibilidade da superação do texto legislativo. Em muitos casos, os demais métodos hermenêuticos permitem confirmar o entendimento propiciado pela interpretação literal. Mas há outros em que se evidencia a ocorrência de uma dissociação entre as palavras e a vontade da lei. Os limites para a atuação do intérprete, em tais hipóteses, são muito problemáticos.

XXVIII.5 – O MÉTODO HISTÓRICO

A interpretação histórica defende que o sentido e o alcance da lei são revelados pela descoberta das circunstâncias que condicionaram a produção da norma legal.

XXVIII.5.1 – A vinculação do sentido da lei ao contexto da sua criação

O método histórico preconiza a compreensão do sentido da lei em vista do contexto que produziu a sua criação. Isso envolve examinar os fatores de diversa ordem que influenciaram a edição da norma. Parte-se do pressuposto de que a norma é um resultado produzido por essas circunstâncias.

XXVIII.5.2 – A prevalência da "mens legis"

O método histórico perdeu a sua relevância especialmente em vista da preponderância da vontade legislativa. De modo genérico, o exame das circunstâncias históricas apresenta alguma relevância para confirmar uma determinada vontade legislativa. No entanto, é inviável desconstituir a vontade legislativa, tal como revelada por outros métodos, mediante a invocação dos fatores históricos antecedentes ao surgimento da lei.

XXVIII.6 – O MÉTODO TELEOLÓGICO (FINALÍSTICO)

O método teleológico (finalístico) defende que a finalidade buscada determina o sentido e o conteúdo da lei.

XXVIII.6.1 – A identificação da finalidade buscada pela lei

Isso envolve admitir que toda lei apresenta uma finalidade específica e diferenciada, que pode ser identificada em cada caso concreto.

XXVIII.6.2 – A inferência lógica sobre a lei

A identificação do fim buscado conduz à pressuposição de que o texto da lei se constitui no meio para o seu atingimento. Trata-se de aplicar a concepção de que, "quem impõe o fim, determina o meio". Segundo esse enfoque, seria um despropósito que a norma tivesse consagrado uma solução incompatível com a finalidade por ela buscada.

Um exemplo permite compreender o raciocínio. Suponha-se uma lei que determine "É obrigatório, sob pena de multa, o uso de máscara cobrindo a boca e o nariz da pessoa". Essa regra deve ser interpretada em vista da finalidade buscada. Trata-se de impor o uso de um equipamento destinado a reduzir o risco da difusão do vírus da Covid-19. Logo, deve-se reputar que não existe a obrigatoriedade em situação de ausência de risco de difusão da doença. Portanto, o uso da máscara não seria exigível em situações em que o sujeito se encontra sozinho ou quando em contato com pessoas imunes à doença.

XXVIII.6.3 – A dificuldade quanto à identificação da finalidade

A dificuldade desse método envolve, primeiramente, a identificação da finalidade buscada pela norma. Nem sempre existe uma finalidade clara e precisa, tal como nem sempre há uma finalidade única, que norteie de modo unívoco a existência da norma.

Cap. XXVIII · HERMENÊUTICA JURÍDICA: OS MÉTODOS DE INTERPRETAÇÃO | 295

XXVIII.6.4 – A dificuldade em vista da alteração dinâmica da finalidade

Em outros casos, existem alterações dinâmicas da realidade, que tornam superada a avaliação realizada pelo intérprete relativamente às finalidades a que a norma era orientada.

XXVIII.6.5 – A ausência de conexão necessária entre o fim e o meio

Outro problema se relaciona com a ausência de racionalidade absoluta da lei, no tocante à conexão entre fim e meio. Existe a possibilidade de a norma consagrar uma certa finalidade e determinar um meio para o seu atingimento sem existir um vínculo de cunho necessário entre eles.

Em alguns casos, isso poderia conduzir a rejeitar a validade da norma. Por exemplo, suponha-se uma lei estabelecendo *"É obrigatório, sob pena de multa o uso de máscara de cor laranja cobrindo a boa e o nariz da pessoa"*. A definição de uma cor para a máscara não apresenta relação com a finalidade buscada. No entanto, imagine-se que a exigência da cor seja imposta para assegurar a identificação por parte das autoridades quanto ao uso da máscara. Isso produziria uma disputa hermenêutica bastante complexa.

XXVIII.6.6 – A utilidade da interpretação finalista

O método finalista apresenta grande utilidade para a atividade hermenêutica. A racionalidade entre fins e meios é uma questão cada vez mais relevante no âmbito do Direito, especialmente para assegurar soluções eficientes e evitar determinações inúteis e meramente formalísticas.

XXVIII.7 – O MÉTODO SISTEMÁTICO

O método hermenêutico mais difundido é o sistemático, que defende que o sentido e o alcance da lei são determinados pela análise do ordenamento jurídico em seu todo.

XXVIII.7.1 – A afirmação do Direito como sistema (ordenamento jurídico)

Esse método se alicerça na concepção do Direito como um ordenamento jurídico, que se organiza de modo racional e harmônico.

XXVIII.7.2 – A impossibilidade de compreensão isolada

O fundamento do método sistemático consiste no reconhecimento da inviabilidade da compreensão isolada das palavras e das normas. Como exposto, nenhuma norma pode ser qualificada como jurídica de modo isolado, sem a sua colocação no seio do ordenamento jurídico. A inter-relação entre as normas afeta e condiciona o seu sentido, o seu conteúdo e o seu alcance.

Por isso, afirma-se que interpretar uma norma implica em interpretar o ordenamento jurídico em seu conjunto. Nesse sentido, o STF decidiu:

> *"Não se interpreta o direito em tiras; não se interpreta textos normativos isolada-mente, mas sim o direito, no seu todo marcado, na dicção de Ascarelli, pelas suas premissas implícitas"* (ADPF 101/DF, pleno, rel. Min. Cármen Lúcia, j. 24.6.2009, DJ 1º.6.2012, trecho do voto do Min. Eros Grau).

XXVIII.7.3 – A questão do "círculo hermenêutico"

Um outro aspecto fundamental atinente à interpretação sistemática se relaciona com o chamado "círculo hermenêutico", que afirma que "o sentido do todo é determi-nado pelo sentido das partes, que é determinado pelo sentido do todo". Isso significa, em última análise, que o todo do Direito é mais do que a simples soma das partes.

XXVIII.7.4 – A rejeição ao fracionamento da ordem jurídica

A interpretação sistemática rejeita o fracionamento da ordem jurídica e afirma que o tratamento isolado de leis, dispositivos de lei ou palavras acarreta a desnaturação da ordem jurídica.

XXVIII.7.5 – A eventual superação da redação literal da lei

A consideração ao ordenamento jurídico em seu todo conduz, em algumas situações, à superação da redação literal da lei. Admite-se que a consistência normativa do Direito em seu conjunto produza a superação do sentido literal das palavras de uma lei.

XXVIII.7.6 – A ampliação da incerteza

Anote-se que o método sistemático acarreta a elevação da incerteza do Direito. A rejeição ao texto literal de um dispositivo legal pode redundar na imprevisibili-dade do conteúdo da disciplina jurídica aplicável a um determinado dispositivo. Um exemplo envolve a interpretação adotada pelo STJ relativamente ao inc. VIII do art. 10 da Lei 8.429/1992. A redação do dispositivo é a seguinte:

> *"Constitui ato de improbidade administrativa que causa lesão ao erário qual-quer ação ou omissão, dolosa ou culposa, que enseje perda patrimonial, desvio, apropriação, malbaratamento ou dilapidação dos bens ou haveres das entidades referidas no art. 1º desta lei, e notadamente:*
>
> *...*
>
> *VIII – frustrar a licitude de processo licitatório ou de processo seletivo para celebração de parcerias com entidades sem fins lucrativos, ou dispensá-los indevidamente;".*

Cap. XXVIII · HERMENÊUTICA JURÍDICA: OS MÉTODOS DE INTERPRETAÇÃO | 297

Segundo a redação textual do dispositivo, a configuração da improbidade administrativa se verifica quando a conduta acarretar "perda patrimonial". O STJ adotou interpretação no sentido de que a dispensa indevida de licitação configura necessariamente ato de improbidade, porque se extrai do ordenamento que a licitação é um meio para assegurar contratação mais vantajosa. Portanto e mesmo que não seja demonstrado o prejuízo para o erário, existirá ato de improbidade.

XXVIII.7.7 – A "interpretação conforme a Constituição"

Uma manifestação de interpretação sistemática é a figura da interpretação conforme a Constituição. Sempre que um dispositivo legal comportar diversas interpretações, caberá optar por aquela que seja compatível com a Constituição e que impede a configuração de inconstitucionalidade. A jurisprudência do STF contempla uma pluralidade de decisões nesse sentido. Por exemplo, o Estatuto da OAB (Lei Federal 8.906/1994) previu o seguinte, no seu art. 50:

> "Para os fins desta lei, os Presidentes dos Conselhos da OAB e das Subseções podem requisitar cópias de peças de autos e documentos a qualquer tribunal, magistrado, cartório e órgão da Administração Pública direta, indireta e fundacional".

O STF julgou procedente a Ação Direta de Inconstitucionalidade para adotar interpretação conforme a Constituição para o referido dispositivo, "traduzindo a expressão 'requisitar' para a expressão 'requerer', observada a motivação, a compatibilização com as finalidades da lei, o atendimento de custos e ressalvados os documentos cobertos por sigilo" (ADI 1.127-DF, Pleno, rel. p. acórdão Min. Ricardo Lewandowski, maioria, j. 17.5.2006).

RESUMO

- Não existe um método hermenêutico único, a ser utilizado de modo padronizado, em todas as oportunidades. Há uma atividade construtiva por parte do intérprete, eis que ele produz uma conjugação de métodos distintos.
  a) O modelo construído pelo intérprete poderá não ser igualmente satisfatório para todas as situações.
  b) A escolha do método usualmente afeta a conclusão atingida.
  c) A atividade de interpretação não se desenvolve "fora do mundo".
  d) A interpretação é afetada pela avaliação dos fatos.
  e) A identificação da norma pressupõe a avaliação sobre os fatos.
  f) A atividade de interpretação não apresenta uma natureza de cunho puramente lógico, mas também exige uma avaliação da realidade fática e a compreensão do aspecto valorativo do Direito (Tridimensionalidade do Direito).
  g) A hermenêutica das regras não é idêntica àquela dos princípios. Os princípios têm natureza aberta e exigem a ponderação das circunstâncias e dos demais princípios, o que envolve uma atividade de sopesamento. As regras têm natureza mais delimitada e a sua aplicação se faz pela subsunção dos fatos à norma.

- O método gramatical ou literal: defende que a revelação o sentido e o alcance da lei resultam do sentido semântico das palavras.
  a) A língua natural e sua textura aberta: incerteza quanto ao sentido das palavras.
  b) A técnica jurídica e a redução da incerteza: existem acepções próprias para as palavras no Direito.
  c) O risco do congelamento do sentido da lei: a vinculação ao sentido das palavras impede a adequação das normas a novas realidades.
  d) O risco do "desmembramento" do Direito: há o risco de atingir conclusão incompatível com outras normas jurídicas.
  e) O posicionamento generalizado: método necessário, mas não suficiente. A interpretação literal é sempre necessária, mas não encerra a atividade hermenêutica.

- O método histórico: defende que o sentido e o alcance da lei são revelados pela descoberta das circunstâncias que condicionaram a produção da norma legal.
  a) A vinculação do sentido da lei ao contexto da sua criação: a preocupação se volta ao contexto da produção da lei.
  b) A prevalência da "mens legis": esse método produz a prevalência da "mens legislatoris".

- O método teleológico (finalístico): defende que a finalidade buscada determina o sentido e o conteúdo da lei.
  a) A identificação da finalidade buscada pela lei: é necessário descobrir a finalidade da lei.
  b) A inferência lógica sobre a lei: exige uma formulação lógica partir da descoberta do fim para determinar o sentido e o alcance.
  c) A dificuldade quanto à identificação da finalidade: nem sempre é possível identificar o fim e nem sempre há um fim único.
  d) A dificuldade em vista da alteração dinâmica da finalidade: a evolução da realidade pode produzir a alteração da finalidade.
  e) A ausência de conexão necessária entre o fim e o meio: nem sempre existe uma conexão lógica entre fim e meio.

- O método sistemático: defende que o sentido e o alcance da lei são determinados pela análise do ordenamento jurídico em seu todo.
  a) A afirmação do Direito como sistema (ordenamento jurídico).
  b) A impossibilidade de compreensão isolada: não é possível determinar o sentido e o alcance de uma lei sem tomar em vista o ordenamento em seu conjunto.
  c) A questão do "círculo hermenêutico": o conhecimento das partes é determinado pelo todo e vice-versa.
  d) A rejeição ao fracionamento da ordem jurídica: a ordem jurídica não pode ser compreendida de modo fracionado. "Não se interpreta o Direito em tiras".
  e) A eventual superação da redação literal da lei: em alguns casos, é possível desconsiderar o teor literal da lei, fazendo prevalecer as imposições decorrentes do ordenamento em seu conjunto.
  f) A ampliação da incerteza: risco de incerteza quanto à disciplina efetiva.
  g) A "interpretação conforme a Constituição": deve prevalecer a interpretação que evite a inconstitucionalidade da lei.

 Caso prático

Um processo judicial envolve controvérsia sobre o conteúdo de um dispositivo legal. Em audiência, ocorre a ouvida como testemunha do autor do anteprojeto da lei, o qual afirma que a finalidade original pretendida era aquela favorável à tese do autor. Em seguida, ocorre o testemunho de um parlamentar que esclarece que a vontade dos membros do Congresso Nacional tinha sido adotar a tese invocada pelo réu. Qual a solução a ser adotada na sentença?

 Questões

1) Como superar a "textura aberta" da língua natural?

2) O intérprete do direito está vinculado ao sentido das palavras da lei?

3) Quais são as limitações da interpretação teleológica?

4) Em que consiste o "círculo hermenêutico"?

5) A interpretação conforme a Constituição pode acarretar a alteração do texto legal?

Capítulo XXIX
A APLICAÇÃO DO DIREITO

Acesse e assista à aula explicativa sobre este assunto.
> https://uqr.to/r4j2

Aplicar o Direito é executar qualquer atividade fundada no Direito, para produzir uma medida teórica ou prática destinada à solução de problemas passados, presentes ou futuros. Compreende a edição leis pelo Poder Legislativo, o desenvolvimento da atividade administrativa estatal, a composição de conflitos pelo Poder Judiciário. Mas também abarca a atuação dos particulares na pactuação de contratos e na prática de atos juridicamente relevantes.

XXIX.1 – A INTER-RELAÇÃO ENTRE INTERPRETAÇÃO E APLICAÇÃO

A aplicação e a interpretação do Direito são atividades insuscetíveis de dissociação. Isso é mais evidente no tocante à aplicação, que pressupõe a identificação do conteúdo e da extensão das normas aplicáveis. Mas também se deve ter em vista que a atividade de interpretação somente é completa quando toma em vista a dimensão das questões efetivas da realidade.

XXIX.2 – A INTERPRETAÇÃO E SUA DIMENSÃO INOVADORA

As considerações anteriores evidenciam a inevitável dimensão inovadora da atividade interpretativa.

XXIX.2.1 – A interpretação e a agregação de sentido

Toda atividade de interpretação consiste numa agregação de sentido. Mesmo quando o intérprete reconhece a existência de um sentido objetivo na norma, esse processo apresenta um cunho de inovação. Quando muito, seria cabível afirmar que a estabilização do Direito por longos períodos e a redução da dinâmica dos

302 | INTRODUÇÃO AO ESTUDO DO DIREITO • *Marçal Justen Filho*

fenômenos sociais poderia reduzir a intensidade do nível de inovação na atividade hermenêutica.

No entanto e numa sociedade caracterizada pelo dinamismo permanente e pela intensidade da alteração do cenário jurídico, a atividade interpretativa não é condicionada pela tradição consolidada. O cunho de inovação é permanente.

XXIX.2.2 – A disputa pelo poder: ainda "in claris non fit interpretatio"

O reconhecimento da dimensão inovadora da atividade hermenêutica conduziu à tentativa de impedir a sua efetivação. Há um provérbio, no sentido de que "quando a lei é clara, não se realiza interpretação". Essa afirmativa tem sido rejeitada pelos estudiosos, que apontam que a clareza da disciplina normativa não se constitui em elemento dado de antemão, mas é reconhecida a partir da atividade hermenêutica. Portanto, a conclusão de que uma lei é clara somente pode ser produzida depois de desenvolvida a interpretação.

XXIX.2.3 – A atuação dos "intérpretes"

Nesse contexto, os "intérpretes" disputam entre si a prevalência quanto a suas posições. Os diversos operadores do Direito formulam propostas para a interpretação do Direito, buscando obter um resultado favorável a suas convicções e interesses.

XXIX.3 – O ENQUADRAMENTO FORMAL DO RESULTADO ATINGIDO

O resultado atingido é qualificado segundo uma avaliação relativamente à redação legal.

XXIX.3.1 – Interpretação declaratória

Costuma-se aludir a uma interpretação declaratória nas hipóteses em que a conclusão atingida coincide com o texto da lei, sem produzir inovações significativas.

XXIX.3.2 – Interpretação ampliativa

Diz-se que existe uma interpretação ampliativa nos casos em que a interpretação resulta em formulações que ampliam o conteúdo e o alcance da norma jurídica em comparação ao texto legislativo.

XXIX.3.3 – Interpretação restritiva

Fala-se de interpretação restritiva para indicar o resultado oposto. Nesses casos, a interpretação resulta em uma norma jurídica menos abrangente do que poderia ser obtido em vista da própria redação do dispositivo.

XXIX.3.4 – Interpretação "ab-rogante"

Há referência a uma interpretação "ab-rogante" nas hipóteses em que se conclui pela ausência de validade e vigência da disposição legal interpretada. Essa conclusão pode derivar da constatação de que lei posterior produziu a extinção da vigência da lei interpretada ou, mesmo, em casos de ausência de sua compatibilidade com normas de hierarquia superior. Rigorosamente, a "ab-rogação" da lei não é produzida pela interpretação, que apenas identifica a ocorrência de eventos que produzem tal resultado.

XXIX.4 – A IDENTIFICAÇÃO DE CONFLITOS ENTRE NORMAS

A atividade de interpretação e de aplicação do Direito pode conduzir à conclusão inicial quanto à existência de conflitos ou de lacunas. Essas questões são resolvidas pelos critérios normativos previstos na Constituição e no Dec.-lei 4.657/1942 – LINDB.

Tal como já exposto anteriormente, o conflito aparente entre normas se resolve mediante três critérios. O critério da hierarquia determina que a norma superior prevalece sobre a inferior. O critério da temporalidade implica que a norma posterior revoga a anterior, ainda que de modo implícito. O critério da especialidade indica a ausência de conflito entre leis gerais e leis especiais.

XXIX.5 – A IDENTIFICAÇÃO DE LACUNAS: A INTEGRAÇÃO

Integração do Direito consiste na atividade de identificação de uma solução normativa para uma situação que, aparentemente, não foi objeto de disciplina pelo ordenamento jurídico. Existe uma lacuna no Direito, mas toda lacuna é apenas aparente.

XXIX.5.1 – A relevância da amplitude da CF

No atual cenário jurídico brasileiro, a constatação de uma lacuna em nível legislativo encontra usualmente solução no âmbito constitucional. As normas constitucionais fornecem solução para a generalidade das questões.

XXIX.5.2 – Axioma da completude: o Direito não contém lacunas

Existe um axioma jurídico, que estabelece que o Direito não contém lacunas. O fundamento desse postulado reside em que "ninguém será obrigado a fazer ou a deixar de fazer alguma coisa senão em virtude de lei" (CF, art. 5º, inc. II). Portanto e se for reconhecida a ausência de uma lei disciplinando a conduta de um sujeito, isso significa que essa conduta é autorizada pelo Direito.

XXIX.5.3 – O art. 4º da LINDB

A LINDB contempla soluções a serem aplicadas em hipóteses em que é necessária uma solução determinada, que não se traduza no reconhecimento de que a ausência de lei implica a inexistência de proibição ou obrigatoriedade de uma conduta. O art. 4º fixa que:

> *"Quando a lei for omissa, o juiz decidirá o caso de acordo com a analogia, os costumes e os princípios gerais de direito".*

XXIX.5.4 – A analogia

A analogia consiste na aplicação da disciplina legal prevista para situações similares. Diante de situações idênticas, devem ser aplicadas soluções jurídicas similares. Essa solução é adotada, usualmente, no âmbito do Direito Privado. Como regra, não é admissível nas hipóteses em que a Constituição exigir tratamento específico em lei. Por exemplo, é vedada a aplicação analógica das normas sancionatórias (penais e não penais) e tributárias. Essa solução é incompatível com a segurança jurídica consagrada constitucionalmente a propósito desses temas.

XXIX.5.5 – Os costumes

O costume é uma prática reiterada, cuja repetição uniforme produz a convicção da obrigatoriedade da solução adotada.

Os costumes apresentam relevância jurídica secundária, pelas razões já expostas. Em muitos casos, os costumes são relevantes não como fonte normativa autônoma, mas como critério para identificar a vontade das partes. Nesses casos, a expressão é utilizada muito mais na acepção da prática usualmente adotada em determinadas atividades.

XXIX.5.6 – Princípios gerais do direito

Princípios gerais do direito consistem em concepções genéricas sobre a disciplina de questões jurídicas fundamentais, desenvolvidas pela experiência comum de uma nação específica ou da própria Civilização.

Essa passagem do art. 4º da LINDB apresenta pequena relevância prática, em virtude da evolução jurídica brasileira. Em 1942, a complexidade e a sofisticação do Direito brasileiro eram muito mais modestas. Naquele contexto, fazia sentido a alusão aos "princípios gerais do direito", fórmula que se referia a soluções jurídicas tradicionais e que poderia abranger inclusive a experiência de outros países.

XXIX.6 – O ENFOQUE "CONSEQUENCIALISTA"

A aplicação do Direito exige a avaliação das consequências potenciais das soluções interpretativas identificadas e das diversas alternativas existentes na realidade. Não cabe ao intérprete apenas verificar qual a interpretação "mais correta", mas também lhe incumbe avaliar as consequências decorrentes.

XXIX.6.1 – A postura ortodoxa rigorosa: "Fiat Justitia, pereat mundus"

Uma postura jurídica ortodoxa tradicional preconizava que as consequências da decisão jurídica não eram um tema relevante. Em latim, dizia-se que "A Justiça deve ser feita, ainda que isso produza o fim do mundo".

XXIX.6.2 – A exigência de avaliação dos efeitos concretos

A complexidade da vida social tem conduzido ao reconhecimento da necessidade de avaliação dos efeitos concretos das diversas interpretações possíveis de serem adotadas. Isso conduz à seleção da interpretação em vista da consequência mais desejável ou menos nociva.

Mas essa solução não pode ser adotada em termos absolutistas. Não pode resultar no sacrifício de direitos fundamentais protegidos pela Constituição.

XXIX.6.3 – O risco de comprometimento da ética

O posicionamento consequencialista cria o risco de infração à ética. A solução adotada pode configurar-se como injusta e comprometer a imparcialidade, além de dar oportunidade a soluções variáveis segundo as circunstâncias de cada situação concreta.

XXIX.6.4 – O risco de comprometimento da igualdade

Também há o risco de comprometimento da igualdade, eis que pode resultar no tratamento diferenciado de pessoas em condições similares, violando a isonomia.

XXIX.6.5 – O risco de comprometimento da segurança

Além disso, há o risco do comprometimento da segurança jurídica, eis que a interpretação prevalente dependerá de um juízo realizado em vista das consequências – o que envolve uma avaliação que, em muitos casos, somente é viável ocorrer em momento posterior à consumação dos fatos.

XXIX.6.6 – A recepção da concepção consequencialista no Brasil

A LINDB acolheu, em diversas passagens, uma concepção consequencialista, tal como se evidencia nos dispositivos abaixo reproduzidos:

> "Art. 5º Na aplicação da lei, o juiz atenderá aos fins sociais a que ela se dirige e às exigências do bem comum".

"Art. 20. Nas esferas administrativa, controladora e judicial, não se decidirá com base em valores jurídicos abstratos sem que sejam consideradas as consequências práticas da decisão".

"Art. 21. A decisão que, nas esferas administrativa, controladora ou judicial, decretar a invalidação de ato, contrato, ajuste, processo ou norma administrativa deverá indicar de modo expresso suas consequências jurídicas e administrativas".

XXIX.7 – A PROPORCIONALIDADE: PRINCÍPIO OU TÉCNICA?

Uma das facetas do enfoque consequencialista se refere ao princípio (ou técnica) da proporcionalidade, que desempenha uma função fundamental na compatibilização das normas e na formulação de interpretações e decisões em face dos casos concretos.

XXIX.7.1 – Os limites ao exercício do Poder

Todo exercício do Poder sujeita-se a uma avaliação quanto à compatibilidade entre as soluções e concepções adotadas e o conjunto das circunstâncias. A adoção de providências excessivas ou desconectadas do contexto configura uma solução abusiva.

XXIX.7.2 – A configuração da proporcionalidade como solução jurídica

Uma solução jurídica fundamental para evitar soluções abusivas consiste na proporcionalidade. Em muitos momentos, alude-se à proporcionalidade como um "princípio jurídico". No entanto, a proporcionalidade não apresenta um conteúdo jurídico próprio, mas condiciona e restringe o exercício do Poder em vista das circunstâncias existentes. Não significa que a proporcionalidade não comporte tratamento como um princípio jurídico. Contudo, a proporcionalidade se configura muito mais como uma técnica de interpretação e de aplicação do Direito.

XXIX.8 – AS TRÊS DIMENSÕES DA PROPORCIONALIDADE

A proporcionalidade é avaliada em três dimensões complementares, sendo usual a afirmação de que a sua aplicação é promovida de modo progressivo.

XXIX.8.1 – A proporcionalidade-adequação

Primeiramente, a proporcionalidade é examinada sob o prisma da adequação. Exige que a solução adotada – assim considerada a interpretação atingida e a decisão escolhida – configure-se como um meio adequado à realização do fim buscado. Essa avaliação pressupõe a identificação de um fim a ser obtido. Sob esse prisma, há uma aproximação entre a proporcionalidade a interpretação finalista.

Mas é fundamental diferenciar a proporcionalidade e a atividade interpretativa. O método hermenêutico finalista se preocupa em identificar a finalidade inerente à lei interpretada. A proporcionalidade versa sobre a finalidade a ser buscada no caso concreto, no processo de aplicação.

A proporcionalidade-adequação apresenta uma abrangência mais ampla do que a interpretação finalista, que é um método hermenêutico para revelação da "mens legis". A proporcionalidade-adequação produz o controle de validade da autonomia da própria lei e do próprio aplicador quanto à produção da norma jurídica geral ou da decisão relacionada à aplicação de uma norma de hierarquia superior.

XXIX.8.2 – A proporcionalidade-necessidade

A proporcionalidade-necessidade significa que nenhuma restrição, autorizada em norma geral e especificada no momento da aplicação do Direito, pode exceder ao mínimo necessário para atingir o fim buscado. São válidas as soluções normativas que limitam e restringem as condutas dos destinatários das normas, mas é vedada medida que ultrapasse aquilo que é indispensável para a satisfação da necessidade pretendida.

Se existir um único meio para realizar o fim buscado, não se cogita da proporcionalidade-necessidade. A invalidação por infração à proporcionalidade-necessidade pressupõe a exigência de uma pluralidade de alternativas para atingir o resultado pretendido. Quando há várias opções, impõe-se a escolha da providência menos gravosa, menos limitadora, menos onerosa para os sujeitos envolvidos.

XXIX.8.3 – A proporcionalidade em sentido restrito

A terceira etapa envolve a proporcionalidade em sentido restrito, que determina que a realização de princípio ou valor determinado não autoriza o sacrifício absoluto de outros princípios ou valores protegidos pela ordem jurídica.

Portanto, a invocação a um princípio ou a um valor – mesmo que inquestionavelmente protegidos pela Constituição – não autoriza a violação ou o sacrifício de outro princípio ou de outro valor igualmente protegidos constitucionalmente.

Essa manifestação da proporcionalidade reflete o reconhecimento da equivalência entre os princípios e os valores protegidos constitucionalmente. Não existe hierarquia entre as normas constitucionais: todas se encontram em idêntica posição.

A proporcionalidade em sentido restrito conduz à exigência de ponderação entre as diversas normas e valores, visando a adotar a solução que promova a máxima realização possível de todos eles. Isso pode conduzir à restrição da amplitude de algum deles, mas não autoriza a sua supressão ou desconsideração absoluta.

XXIX.9 – A TUTELA CONSTITUCIONAL À PROPORCIONALIDADE

A proporcionalidade não se encontra consagrada expressamente na Constituição, mas é inquestionável a sua incorporação ao plano constitucional.

XXIX.9.1 – A solução técnica para a máxima realização constitucional

A proporcionalidade preconiza que a aplicação do Direito encontra-se subordinada à máxima realização possível das normas constitucionais.

XXIX.9.2 – Aplicar a Constituição é atuar segundo a proporcionalidade

Por isso, aplicação mais fiel da Constituição se verifica quando é observada a proporcionalidade. Quando a proporcionalidade é infringida, ocorre a violação a uma determinada e específica norma constitucional.

XXIX.9.3 – A preponderância da Constituição

A preponderância da Constituição impõe o respeito às técnicas compreendidas na proporcionalidade. Logo, não há necessidade de que a Constituição aluda explicitamente à proporcionalidade.

XXIX.10 – OBSERVAÇÕES CONCLUSIVAS

A questão da interpretação do Direito apresenta relevância central. O domínio desse tema é essencial para compreender o Direito na realidade concreta.

XXIX.10.1 – As limitações da exposição tradicional sobre o tema

A exposição tradicional sobre o assunto compromete a compreensão da realidade do Direito, porque oculta os fenômenos sociais, econômicos e políticos a ele relacionados.

XXIX.10.2 – A atribuição de uma "entidade ideal" à norma

Esse enfoque tradicional induz a existência de uma entidade ideal à norma jurídica, tal como se ela fosse dotada de existência independente do mundo real.

XXIX.10.3 – A dissociação do caso concreto

A abordagem tradicional também resulta na dissociação entre a atividade hermenêutica e a solução dos casos concretos, tal como se fosse viável determinar o conteúdo e o alcance da norma jurídica em termos abstratos.

XXIX.10.4 – A desconsideração à natureza dinâmica e complexa

Além disso, essa concepção desconsidera a natureza dinâmica e complexa da atividade interpretativa. A interpretação do Direito, que se interconecta com a sua aplicação, é um fenômeno da realidade social, que reflete as diversas dimensões fáticas e valorativas prevalentes numa comunidade.

RESUMO

- Aplicar o Direito é executar qualquer atividade fundada no Direito, para produzir uma medida teórica ou prática destinada à solução de problemas passados, presentes ou futuros. Isso se verifica na edição de leis pelo Poder Legislativo, no desenvolvimento da atividade administrativa estatal, na composição de conflitos pelo Poder Judiciário, atuação dos particulares na pactuação de contratos e na prática de atos juridicamente relevantes.

- A aplicação e a interpretação do Direito são atividades insuscetíveis de dissociação. Toda atividade de interpretação consiste numa agregação de sentido. Mesmo quando o intérprete reconhece a existência de um sentido objetivo na norma, esse processo apresenta um cunho de inovação.

- Os "intérpretes" disputam entre si a prevalência quanto a suas posições.

- Interpretação declaratória: a conclusão atingida coincide com o texto da lei, sem produzir inovações significativas.

- Interpretação ampliativa: a interpretação amplia o conteúdo do texto legislativo.

- Interpretação restritiva: a interpretação resulta em norma jurídica menos abrangente do que a previsão legal.

- Interpretação "ab-rogante": conclui pela ausência de validade e vigência da disposição legal interpretada.

- Conflitos entre normas: resolvidas pelos critérios normativos previstos na Constituição e no Dec.-lei 4.657/1942 – LINDB.

- Integração do Direito: identificação de solução normativa para uma situação que, aparentemente, não foi disciplinada pelo Direito. Toda lacuna no Direito é aparente.

- Axioma da completude: se for reconhecida a ausência de uma lei disciplinando a conduta de um sujeito, essa conduta é autorizada pelo Direito.

- O art. 4º da LINDB: *"Quando a lei for omissa, o juiz decidirá o caso de acordo com a analogia, os costumes e os princípios gerais de direito".*

- A relevância da amplitude da CF: a lacuna encontra usualmente solução no âmbito constitucional.

- A analogia consiste na aplicação da disciplina legal prevista para situações similares.

- O costume é uma prática reiterada, cuja repetição uniforme produz a convicção da obrigatoriedade da solução adotada.

- Princípio geral do direito consiste em concepções genéricas sobre a disciplina de questões jurídicas fundamentais, desenvolvidas pela experiência comum de uma nação específica ou da própria Civilização.
- O enfoque "consequencialista": cabe ao intérprete avaliar as consequências decorrentes da solução que escolher.
  a) O risco de infração à ética
  b) O risco de comprometimento da igualdade
  c) O risco de comprometimento da segurança
  d) A recepção da concepção consequencialista no Brasil
- Proporcionalidade: A adoção de providências excessiva ou desconectadas do contexto configura uma solução abusiva.
- A proporcionalidade não se encontra consagrada expressamente na Constituição, mas é inquestionável a sua incorporação ao plano constitucional.
- A proporcionalidade-adequação: a solução adotada deve ser um meio adequado à realização do fim buscado.
- A proporcionalidade-necessidade: nenhuma restrição pode exceder ao mínimo necessário para atingir o fim buscado.
- A proporcionalidade em sentido restrito: a realização de princípio não autoriza o sacrifício absoluto de outros princípios protegidos pela ordem jurídica.
- Observações conclusivas
  a) As limitações da exposição tradicional sobre o tema: a exposição tradicional oculta os fenômenos sociais, econômicos e políticos a ela relacionados.
  b) A atribuição de uma "entidade ideal" à norma: tal como se ela fosse dotada de existência independente do mundo real.
  c) A dissociação do caso concreto: tal como se fosse viável determinar o conteúdo e o alcance da norma jurídica em termos abstratos.
  d) A desconsideração à natureza dinâmica e complexa: a interpretação do Direito é uma atividade que reflete os fatos e os valores da comunidade.

 Caso prático

Suponha que uma lei determine que "Todos os automóveis devem ser pintados da cor vermelha, sob pena de confisco em favor do Estado". Essa determinação seria orientada a reduzir o número de acidentes, pois facilitaria a visualização dos veículos à distância. Esse dispositivo legal seria válido, em face do princípio da proporcionalidade?

 Questões

1) Por que os princípios gerais do direito não apresentam relevância na atualidade?

2) Quais são os riscos da interpretação consequencialista?

3) Explique o conceito de proporcionalidade-adequação.

4) Explique o conceito de proporcionalidade-necessidade.

5) Explique o conceito de proporcionalidade em sentido restrito.

Capítulo XXX
A VIGÊNCIA DA LEI NO TEMPO E NO ESPAÇO

A aplicação do Direito compreende a identificação das leis aplicáveis. E a aplicabilidade da lei envolve dimensões temporais e espaciais.

XXX.1 – O FENÔMENO DA VIGÊNCIA DA LEI

A expressão "vigência da lei" indica a aptidão da lei para ser aplicada num espaço geográfico e num momento temporal específicos.

XXX.1.1 – A existência da lei

A existência da lei decorre da observância de um procedimento estabelecido pelo Direito, que compreende a especificação dos atos concretos exigidos e das autoridades competentes.

XXX.1.2 – A validade da lei

A validade consiste na compatibilidade entre a lei produzida e as normas de hierarquia superior, usualmente contempladas na Constituição.

XXX.1.3 – A vigência da lei

A vigência é a aptidão da lei para ser aplicada para disciplinar os casos concretos, tomando em vista os requisitos previstos nela próprio e em outras normas gerais. De modo geral, o conceito de vigência é aproximável ao de eficácia.

XXX.1.4 – O âmbito de vigência temporal

O âmbito de vigência temporal significa o período de tempo dentro do qual a norma é eficaz.

XXX.1.5 – O âmbito de vigência espacial

O âmbito de vigência espacial consiste no espaço geográfico em que a lei é dotada de eficácia.

XXX.2 – A VIGÊNCIA DA LEI NO TEMPO

A vigência da lei no tempo envolve um momento inicial, a partir do qual a lei é eficaz, e pode abranger um momento terminal. Em alguns casos, o prazo de vigência da lei é determinado, o que significa a predeterminação do momento para a sua extinção. Em outros casos, o prazo é indeterminado e dependerá das circunstâncias.

XXX.2.1 – A "entrada em vigor" da lei nova

Admite-se que cada lei disponha sobre o seu termo inicial de vigência. Mas a LINDB estabelece regras gerais a serem aplicadas em caso de omissão de dispositivo específico:

> *"Art. 1º Salvo disposição contrária, a lei começa a vigorar em todo o país quarenta e cinco dias depois de oficialmente publicada".*

XXX.2.2 – A vigência no estrangeiro

A vigência da lei no tempo pode ser afetada pela questão geográfica. O § 1º do art. 1º da LINDB formula a solução para a vigência da lei fora do território brasileiro:

> *"Nos Estados, estrangeiros, a obrigatoriedade da lei brasileira, quando admitida, se inicia três meses depois de oficialmente publicada".*

XXX.2.3 – A exigência de publicação

O início da vigência da lei depende da sua publicação no órgão de imprensa oficial do ente federado, por meio da qual há a divulgação ao público em geral da sua existência e conteúdo.

O Decreto Federal 9.215/2017 estabeleceu que o Diário Oficial da União, que é o órgão para a publicação das leis, terá versão exclusivamente eletrônica. Soluções semelhantes foram adotadas pelos diversos entes federados.

XXX.2.4 – A questão da "republicação"

O § 3º do art. 1º da LINDB dispôs sobre a hipótese de republicação:

> *"Se, antes de entrar a lei em vigor, ocorrer nova publicação de seu texto, destinada a correção, o prazo deste artigo e dos parágrafos anteriores começará a correr da nova publicação".*

XXX.2.5 – A "correção" de equívoco

A previsão do § 3º se aplica apenas nas hipóteses em que a republicação ocorrer antes do início da vigência. Se verificada quando a lei já estiver em vigor, a solução é distinta, tal como previsto no § 4º do mesmo art. 1º da LINDB: *"As correções a texto de lei já em vigor consideram-se lei nova".*

XXX.3 – A APLICAÇÃO DA LEI NOVA

Admite-se que a própria lei fixe as condições de sua aplicabilidade. Mas há limites constitucionais a isso.

XXX.3.1 – A disciplina constitucional e infraconstitucional

Em princípio, a lei é aplicável a todos os eventos verificados depois do início de sua vigência. O art. 5º, inc. XXXVI, da CF estabelece uma limitação nos termos seguintes:

> *"a lei não prejudicará o direito adquirido, o ato jurídico perfeito e a coisa julgada".*

Essa determinação já constara da LINDB:

> *"Art. 6º A Lei em vigor terá efeito imediato e geral, respeitados o ato jurídico perfeito, o direito adquirido e a coisa julgada".*

XXX.3.2 – A vigência para o futuro

O princípio da legalidade, ainda que implicitamente, a veda a aplicação da lei a eventos verificados em data anterior à sua vigência. Sendo a lei necessária para disciplinar as situações, a aplicação da lei posterior aos eventos verificados em data anterior configuraria uma frustração da legalidade.

Portanto, a lei se aplica aos eventos ocorridos depois de sua vigência, respeitados os limites nela próprio estabelecidos.

XXX.3.3 – Os efeitos pendentes de atos pretéritos

Há eventos que produzem efeitos continuados para momento posterior. Surge a possibilidade de que, antes de se exaurirem os efeitos do evento, haja inovação normativa. Se a lei nova fosse aplicada sobre os efeitos, os eventos passados e consumados estariam sendo disciplinados por ela. Por isso, a CF e a LINDB vedam a aplicação da lei nova em tais situações.

XXX.4 – ATO JURÍDICO PERFEITO

O ato jurídico perfeito se configura quando ocorre o aperfeiçoamento no mundo dos fatos de todos os requisitos exigidos na hipótese da lei, acarretando a incidência do mandamento.

O art. 6º, § 1º, da LINDB fornece a seguinte definição: *"Reputa-se ato jurídico perfeito o já consumado segundo a lei vigente ao tempo em que se efetuou".*

Por exemplo, imagine-se um contrato de locação, estabelecendo direitos e obrigações para as partes e determinando prazo de cinco anos para a vigência contratual. Uma lei nova, que entre em vigor antes de exaurido esse prazo de cinco anos, não pode afetar os direitos e as obrigações pactuados entre **as partes.**

XXX.5 – DIREITO ADQUIRIDO

O direito adquirido se configura quando ocorre o aperfeiçoamento no mundo dos fatos de todos os requisitos exigidos na hipótese de uma lei, estabelecidos como necessários para surgir um direito subjetivo para o sujeito, ainda que tal direito não tenha sido exercido.

O art. 6º, § 2º, da LINDB adota a seguinte definição:

> *"Consideram-se adquiridos assim os direitos que o seu titular, ou alguém por ele, possa exercer, como aqueles cujo começo do exercício tenha termo pré-fixo, ou condição pré-estabelecida inalterável, a arbítrio de outrem".*

Em princípio, o direito adquirido é uma decorrência de um ato jurídico perfeito. No entanto, nem sempre assim se passa. Um direito pode ser adquirido em virtude de um fato jurídico em sentido restrito.

Por exemplo, suponha-se que a CF estabeleça que os servidores públicos com mais de 60 anos de idade, que contem com 35 anos de contribuição previdenciária, têm direito a requerer a aposentadoria. Nesse caso, não existe um "ato jurídico". Se os fatos jurídicos forem bastantes e suficientes para a produção do efeito jurídico previsto na norma, surgirá o direito de adquirido.

A tutela a esse direito não depende do seu exercício. No exemplo fornecido, o direito adquirido à aposentadoria não depende do efetivo requerimento da aposentadoria. Se sobrevier alteração constitucional determinando que a aposentadoria voluntária dependerá da idade de 70 anos e da contribuição por mais de 45 anos, a nova regra não afetará o sujeito que, embora tendo preenchido os requisitos previstos na disciplina então vigente, não requerera a sua aposentadoria. Ele poderá fazê-lo em momento posterior, invocando os requisitos da norma revogada.

XXX.6 – COISA JULGADA (MATERIAL)

A coisa julgada material consiste no atributo reconhecido a uma decisão judicial (ou arbitral) que tenha decidido o mérito de um litígio e não comporte recurso.

O Código de Processo Civil (Lei 13.105/2015) prevê a definição de coisa julgada material no art. 502:

> *"Denomina-se coisa julgada material a autoridade que torna imutável e indiscutível a decisão de mérito não mais sujeita a recurso".*

A coisa julgada material não é produzida pela simples circunstância do exaurimento dos recursos contra uma decisão jurisdicional. É necessária decisão de "mérito" do litígio – ou seja, tenha avaliado as pretensões e tenha decidido sobre a sua procedência (ou improcedência).

XXX.7 – A APLICAÇÃO DO DIREITO E A VEDAÇÃO À RETROATIVIDADE

A vedação à aplicação retroativa compreende inclusive a interpretação *que venha a ser adotada relativamente a leis antigas.*

XXX.7.1 – A alteração superveniente da interpretação

Em muitas hipóteses, ocorre a consumação de fatos sujeitos a dispositivo legal cuja interpretação é pacífica. Isso conduz à adoção de uma determinada conduta, que é compatível e perfeita em vista da interpretação prevalente à época.

Há a possibilidade de que, com o passar do tempo, haja a alteração da interpretação relacionada a um dispositivo de lei, sem que esse dispositivo seja alterado.

Uma questão muito relevante seria a aplicação da interpretação posterior para disciplinar os eventos consumados sob a vigência da interpretação anterior, que deixou de ser prevalente.

Um exemplo extraído do Direito brasileiro envolve a repactuação de preços. Admite-se que a Administração Pública realize contratos de serviços continuados (tal como limpeza), prorrogáveis anualmente. Na oportunidade da prorrogação, os preços podem ser modificados em virtude da elevação dos custos. Prevalecia a interpretação que a prorrogação podia ser pactuada sem prever a elevação, a qual seria discutida posteriormente. Mas o TCU passou a adotar outra interpretação, estabelecendo que, se o documento de prorrogação não contivesse desde logo os acréscimos, era vedado introduzi-los posteriormente. Surgiu a controvérsia se essa nova interpretação podia ser aplicada para situações ocorridas antes da consagração desse entendimento pelo TCU.

XXX.7.2 – A vedação à aplicação retroativa da interpretação superveniente

As dúvidas sobre o tema conduziram à introdução de dispositivo específico sobre a matéria, na LINDB:

> "Art. 23. A decisão administrativa, controladora ou judicial que estabelecer interpretação ou orientação nova sobre norma de conteúdo indeterminado, impondo novo dever ou novo condicionamento de direito, deverá prever regime de transição quando indispensável para que o novo dever ou condicionamento de direito seja cumprido de modo proporcional, equânime e eficiente e sem prejuízo aos interesses gerais".

> "Art. 24. A revisão, nas esferas administrativa, controladora ou judicial, quanto à validade de ato, contrato, ajuste, processo ou norma administrativa cuja produção já se houver completado levará em conta as orientações gerais da época, sendo vedado que, com base em mudança posterior de orientação geral, se declarem inválidas situações plenamente constituídas.

> Parágrafo único. Consideram-se orientações gerais as interpretações e especificações contidas em atos públicos de caráter geral ou em jurisprudência judicial ou administrativa majoritária, e ainda as adotadas por prática administrativa reiterada e de amplo conhecimento público".

XXX.8 – A EXTINÇÃO DA VIGÊNCIA

A vigência da lei se extingue quando verificado evento nela própria previsto ou em decorrência da previsão em outra lei. Aplicam-se inclusive as regras da LINDB sobre o tema.

XXX.8.1 – Prazo predeterminado

Em alguns casos, a lei apresenta prazo determinado. É da essência das Medidas Provisórias a vigência limitada ao prazo de até 120 dias. Dentro desse prazo, ou a Medida Provisória é convertida em lei ou perde a vigência. Também há leis que são editadas com prazo de vigência delimitado.

XXX.8.2 – Consumação de condição resolutiva

Algumas hipóteses o prazo de vigência da lei será encerrado se e quando ocorrer um evento futuro incerto e indeterminado. Por exemplo, a Lei 13.979/2020 previu as medidas para enfrentamento da pandemia da Covid-19. Determinou o seguinte:

"Art. 8º Esta Lei vigorará enquanto estiver vigente o Decreto Legislativo nº 6, de 20 de março de 2020, observado o disposto no art. 4º-H desta Lei".

Portanto, se e enquanto a pandemia não for debelada e encerrado o estado de emergência, a referida lei permanecerá em vigor.

XXX.8.3 – Revogação pela lei posterior

A lei posterior poderá revogar a lei anterior. Essa revogação poderá ser total (ab-rogação da lei) ou apenas de determinados dispositivos da lei anterior (derrogação).

XXX.8.4 – Revogação explícita

A hipótese mais comum consiste na revogação explícita por lei posterior.

XXX.8.5 – Revogação implícita

Haverá a revogação implícita quando lei posterior editar dispositivos conflitantes com a lei anterior ou quando houver a disciplina exaustiva da mesma matéria.

XXX.8.6 – Não recepção por Constituição posterior

A lei pode perder a vigência sem se configurar a sua revogação. Assim se passa na hipótese em que existir uma alteração constitucional, estabelecendo disciplina normativa que é incompatível com as leis anteriores. Em tais casos, reputa-se que a lei anterior não foi recepcionada pela Constituição superveniente e ela perde a sua vigência.

XXX.9 – A QUESTÃO DA "REPRISTINAÇÃO"

A expressão "repristinação" indica a recuperação da vigência da lei, que deixara de ser vigente. O problema ocorre especificamente a propósito da revogação da lei posterior que revogara uma lei anterior.

A solução legislativa formal encontra-se no art. 2º, § 3º, da LINDB:

"Salvo disposição em contrário, a lei revogada não se restaura por ter a lei revogadora perdido a vigência".

XXX.10 – A VIGÊNCIA DA LEI NO ESPAÇO

Em princípio, a lei vigora no espaço territorial sobre o qual se estende a soberania do Estado que a produziu. Mas o problema também envolve a Federação e os entes federados autônomos.

XXX.10.1 – A dimensão interna

O tema pode ser examinado segundo o enfoque do Direito interno brasileiro, o que envolve temas distintos daqueles pertinentes à órbita externa.

No âmbito interno, o território brasileiro é o suporte para uma pluralidade de entes federados diversos. Tal com exposto anteriormente, isso conduz à multiplicidade de ordens políticas autônomas. É necessário diferenciar o âmbito de vigência espacial das leis editadas pela União, pelos Estados, pelo Distrito Federal e pelos Municípios.

XXX.10.2 – A dimensão externa

No âmbito externo, a problemática se relaciona com a multiplicidade de países, titulares de soberania para impor um Direito próprio relativamente ao território que ocupam.

O problema jurídico decorre da ausência de uniformidade quanto ao conteúdo do direito dos diversos ordenamentos estatais. A eventual submissão de uma mesma pessoa ou de uma mesma situação ao direito de mais de um Estado produz o surgimento de conflitos de leis no espaço. Trata-se de determinar a ordem jurídica que incidirá sobre as pessoas ou as situações relevantes.

XXX.10.3 – A disciplina jurídica do conflito das leis no espaço

O Direito Internacional Privado consagra as normas para determinar o ordenamento jurídico aplicável na hipótese de conflito de leis no espaço. São normas de "sobredireito", que não disciplinam a conduta das pessoas nem dispõem sobre as situações jurídicas, mas estabelecem regras sobre o ordenamento jurídico aplicável.

XXX.11 – OS ELEMENTOS DE CONEXÃO

As hipóteses em que uma mesma pessoa ou uma mesma situação encontra-se em condições de subordinação ao Direito de mais de um Estado soberano são solucionadas mediante a escolha de um elemento de conexão. A expressão indica o critério para a incidência do Direito de um Estado soberano específico.

XXX.11.1 – A ausência de critérios únicos, uniformes e abrangentes

Não existem critérios únicos, uniformes e abrangentes, que sejam aplicáveis indistintamente em todas as hipóteses.

XXX.11.2 – Os principais elementos de conexão

Os principais elementos de conexão são o local da ocorrência do evento ou de localização dos bens, a cidadania do sujeito e o local do domicílio.

XXX.12 – AS REGRAS DA LINDB

XXX.12.1 – Direitos da personalidade e de família: lei do domicílio

Segundo a LINDB, os direitos da personalidade e de família são disciplinados pelo Direito vigente no Estado em que o sujeito tem domicílio.

XXX.12.2 – Direito das obrigações

No Direito das obrigações, prevalece a lei do local de seu aperfeiçoamento.

XXX.12.3 – Direito empresarial

A constituição e o funcionamento das empresas são disciplinados pela lei do local da sua constituição. O art. 1.134 e seguintes do Código Civil dispõe sobre o funcionamento de sociedade estrangeira no Brasil. O referido art. 1.134 fixa que:

> "A sociedade estrangeira, qualquer que seja o seu objeto, não pode, sem autorização do Poder Executivo, funcionar no País, ainda que por estabelecimentos subordinados, podendo, todavia, ressalvados os casos expressos em lei, ser acionista de sociedade anônima brasileira".

XXX.12.4 – Direito das sucessões

Segundo o art. 10 da LINDB: *"A sucessão por morte ou por ausência obedece à lei do país em que domiciliado o defunto ou o desaparecido, qualquer que seja a natureza e a situação dos bens".*

Mas a CF estabelece que "a sucessão de bens de estrangeiros situados no País será regulada pela lei brasileira em benefício do cônjuge ou dos filhos brasileiros, sempre que não lhes seja mais favorável a lei pessoal do 'de cujus'" (art. 5º, inc. XXXI).

XXX.13 – A CHAMADA "EXTRATERRITORIALIDADE" DA LEI

Alude-se a extraterritorialidade para indicar a aplicação da lei de um país a pessoa ou a situação verificada em outro.

XXX.13.1 – As dificuldades políticas

A extraterritorialidade da lei envolve obstáculos políticos, eis que a soberania estatal conduz à exclusão da aplicação do Direito alienígena no território do país. Mas as circunstâncias da convivência entre os diversos países conduzem à adoção de soluções recíprocas.

Assim, reputa-se que o local em que se situam as embaixadas e representações oficiais de um país estrangeiro não se sujeitam ao Direito local, tal como também se passa com a pessoa dos embaixadores e outros representantes oficiais de um país e também com os navios e aeronaves oficiais.

XXX.13.2 – A extraterritorialidade da lei penal brasileira

O art. 7º do Código Penal dispõe sobre a extraterritorialidade da lei penal brasileira relativamente a ilícitos cometidos no estrangeiro. Assim, por exemplo, está previsto que:

> "Ficam sujeitos à lei brasileira, embora cometidos no estrangeiro:
>
> ...
>
> II – os crimes:
>
> ...
>
> b) praticados por brasileiro; ...".

Há uma série de requisitos para a aplicação dessa solução. Em tempo recente, essa questão despertou a atenção relativamente à acusação de estupro, que teria sido cometido no estrangeiro por um brasileiro contra uma brasileira. O crime foi objeto de apuração no Brasil.

XXX.14 – A TENDÊNCIA À UNIFORMIZAÇÃO

Especialmente no âmbito das atividades comerciais, ocorre uma tendência à uniformização do Direito interno dos diversos países.

XXX.14.1 – Convenções internacionais

Uma das alternativas reside na pactuação de convenções internacionais, por meio das quais os diversos países incorporam ao seu próprio Direito normas de conteúdo homogêneo.

XXX.14.2 – A harmonização quanto ao conteúdo

A adoção do Direito uniforme produz a harmonização do Direito dos diversos países. Isso conduz à redução dos conflitos e divergências. O Brasil é signatário de diversos tratados relacionados com a uniformização do Direito. Assim, por exemplo, o Decreto 8.327/2014 promulgou a Convenção das Nações Unidas sobre Contratos de Compra e Venda Internacional de Mercadorias – UNCITRAL.

XXX.15 – O PROBLEMA DA VIRTUALIZAÇÃO DAS RELAÇÕES

Uma questão que produz controvérsias cada vez mais intensas se relaciona com a virtualização das relações jurídicas, em virtude dos recursos da internet.

XXX.15.1 – A internet e a "desespacialização" das relações

A internet propicia a desespacialização física das relações jurídicas, que se aperfeiçoam de modo virtual, sem o deslocamento espacial das pessoas.

XXX.15.2 – A dificuldade na repressão de ilícitos

Esse cenário tornou bastante problemática a repressão a práticas ilícitas e ao inadimplemento. Não existe viabilidade material de o Estado exercitar seu poder soberano relativamente a sujeitos que muitas vezes são desconhecidos e, em outros casos, encontram-se no território de outros países.

Há situações práticas em que se torna inviável uma solução efetiva, o que se torna muito grave em relação a práticas criminosas.

XXX.15.3 – A necessidade de colaboração entre os diversos países

A única alternativa para enfrentar essas dificuldades é a colaboração entre os diversos países. Têm sido adotados tratados internacionais para a repressão a práticas de terrorismo e de lavagem de dinheiro.

RESUMO

- A expressão "vigência da lei" indica a aptidão da lei para ser aplicada num espaço geográfico e num momento temporal específicos.

- O âmbito de vigência temporal significa o período dentro do qual a norma é eficaz.

- O âmbito de vigência espacial consiste no espaço geográfico em que a lei é dotada de eficácia.

- A vigência da lei no tempo envolve um momento inicial, a partir do qual a lei é eficaz, e pode abranger um momento terminal.

- *"Salvo disposição contrária, a lei começa a vigorar em todo o país quarenta e cinco dias depois de oficialmente publicada"* (LINDB, art. 1º).

- O início da vigência da lei depende da sua publicação no órgão de imprensa oficial do ente federado, que pode ter versão eletrônica.

- *"Se, antes de entrar a lei em vigor, ocorrer nova publicação de seu texto, destinada a correção, o prazo deste artigo e dos parágrafos anteriores começará a correr da nova publicação"* (LINDB, art. 1º, § 3º).

- *"As correções a texto de lei já em vigor consideram-se lei nova"* (LINDB, art. 1º, § 4º).

- Vedação à retroatividade da lei nova: *"a lei não prejudicará o direito adquirido, o ato jurídico perfeito e a coisa julgada"* (CF, art. 5º, inc. XXXVI).

324 | INTRODUÇÃO AO ESTUDO DO DIREITO · *Marçal Justen Filho*

- O ato jurídico perfeito: configura-se quando ocorre o aperfeiçoamento no mundo dos fatos de todos os requisitos exigidos na hipótese da lei, acarretando a incidência do mandamento.

- Direito adquirido: configura-se quando ocorre o aperfeiçoamento no mundo dos fatos de todos os requisitos exigidos na hipótese de uma lei, estabelecidos como necessários para surgir um direito subjetivo para o sujeito, ainda que tal direito não tenha sido exercitado.

- Coisa julgada material: atributo reconhecido a uma decisão judicial (ou arbitral) que tenha decidido o mérito de um litígio e não comporte recurso.

- A vedação à aplicação retroativa compreende inclusive a interpretação que venha a ser adotada relativamente a leis antigas. LINDB, arts. 23 e 24.

- A extinção da vigência: vigência da lei se extingue quando verificado evento nela própria previsto ou em decorrência da previsão em outra lei.
  a) Prazo predeterminado: data ou evento fixados.
  b) Consumação de condição resolutiva: se e quando ocorrer um evento futuro incerto e indeterminado.
  c) Revogação pela lei posterior: total (ab-rogação da lei) ou parcial (derrogação).
  d) Revogação explícita.
  e) Revogação implícita.
  f) Não recepção por Constituição posterior.

- Repristinação: *"Salvo disposição em contrário, a lei revogada não se restaura por ter a lei revogadora perdido a vigência"* (LINDB, art. 2º, § 3º).

- A vigência da lei no espaço: em princípio, a lei vigora no espaço territorial sobre o qual se estende a soberania do Estado que a produziu.
  a) Dimensão interna: âmbito de vigência espacial das leis editadas pela União, pelos Estados, pelo Distrito Federal e pelos Municípios.
  b) A dimensão externa: a problemática se relaciona com a multiplicidade de países, titulares de soberania para impor um Direito próprio relativamente ao território que ocupam.

- Direito Internacional Privado: normas para determinar o ordenamento jurídico aplicável na hipótese de conflito de leis no espaço. Ausência de critérios únicos, uniformes e abrangentes.

- Os principais elementos de conexão: o local da ocorrência do evento ou de localização dos bens, a cidadania do sujeito e o local do domicílio.

- Extraterritorialidade: aplicação da lei de um país a pessoa ou a uma situação verificada em outro.

- A tendência à uniformização: A harmonização quanto ao conteúdo

- O problema da virtualização das relações:
  a) A internet e a "desespacialização" das relações.
  b) A necessidade de colaboração entre os diversos países.

 Caso prático

Em 31.12.2020, o Hospital Santo Exultante, uma associação privada, adquiriu cem mil doses de vacina contra Covid-19 do Laboratório Spotfy, para entrega em 20.5.2021. Imagine que, em 20.1.2021, tenha sido aprovada uma lei federal proibindo a comercialização de vacinas para instituições privadas. A compra e venda entre o Hospital e o Laboratório é válida ou não?

 Questões

1) Quando se inicia a vigência da lei brasileira no Exterior?

2) Qual o fundamento para a vedação à retroatividade da lei nova?

3) O que é coisa julgada?

4) Explique a figura do direito adquirido.

5) O que é elemento de conexão, no âmbito do Direito Internacional Privado?

Capítulo XXXI
APLICAÇÃO DO DIREITO E AUTONOMIA DO APLICADOR

A aplicação do Direito envolve a criação de uma disciplina jurídica, que é extraída da interpretação do ordenamento jurídico e da avaliação dos fatos da realidade. Um dos temas centrais do Direito se relaciona com a margem de autonomia do aplicador.

XXXI.1 – AINDA O LIMITE DA INTERPRETAÇÃO

A temática foi examinada a propósito da atividade hermenêutica. Cabe rememorar as considerações realizadas.

XXXI.1.1 – Ainda a heteronomia do Direito

Um alicerce fundamental reside na heteronomia do Direito. Daí se segue a vedação à autonomia dos diversos agentes para criar, aceitar ou negar o Direito, tal como vigente num determinado momento. Portanto, a atividade de interpretação do Direito não atribui ao intérprete a faculdade de impor a sua vontade pessoal sobre a disciplina normativa vigente.

XXXI.1.2 – A autonomia "oculta"

No entanto, existe uma margem de autonomia "oculta" na atuação do intérprete, que é inerente à compreensão das leis e das normas exigentes.

XXXI.1.3 – O problema do erro redacional

Em situações anômalas, cabe ao intérprete corrigir erro consagrado no texto legal. Assim se passou, por exemplo, com a redação original da al. "d" do inc. II, do art. 65 da Lei 8.666/1993. O texto legal consagrou a "área", ao invés de "álea". Tratou-se de um erro material, que foi reconhecido e corrigido imediatamente.

XXXI.1.4 – O problema da norma "injusta"

Há hipóteses em que a disciplina consagrada pela lei é injusta. A injustiça pode acarretar a descaracterização da validade de uma norma e autorizar a rejeição à sua aplicação pela generalidade das pessoas quando violar, de modo insuportável, os valores fundamentais da Civilização.

Mas, em princípio, a heteronomia do Direito implica que a lei permanecerá vigente até a verificação de evento que suspenda ou extinga a sua eficácia. O questionamento da injustiça da norma deve ser submetido ao Poder Judiciário, a quem incumbe a competência para o controle de constitucionalidade.

O intérprete não é dotado da faculdade de substituir a norma injusta – mesmo que inconstitucional – por outra, que lhe pareça mais acertada.

XXXI.1.5 – O problema da norma incorreta ou inadequada

Existem casos em que a solução legislativa é incorreta ou inadequada. Aplicam-se considerações similares àquelas expostas relativamente à disposição injusta.

XXXI.1.6 – Ainda a questão da interpretação conforme a Constituição

Em muitos casos, a solução cabível é a interpretação conforme à Constituição. Por exemplo, o STF adotou o seguinte posicionamento:

> "4. Cautelar parcialmente deferida, para conferir interpretação conforme a Constituição ao art. 2º da MP 966/2020, no sentido de estabelecer que, na caracterização de erro grosseiro, leva-se em consideração a observância, pelas autoridades: (i) de standards, normas e critérios científicos e técnicos, tal como estabelecidos por organizações e entidades internacional e nacionalmente reconhecidas; bem como (ii) dos princípios constitucionais da precaução e da prevenção" (ADI 6.421-MC, Pleno – sessão por videoconferência, rel. Min. Roberto Barroso, j. 21.5.2020, DJe 12.11.2020).

Discutia-se norma de uma Medida Provisória que determinava que decisões do agente público somente acarretariam a sua responsabilização quando eivadas de dolo ou de erro grosseiro.

XXXI.2 – A ATRIBUIÇÃO PELA LEI DE MARGEM DE AUTONOMIA PARA O APLICADOR

No entanto, há hipóteses em que a lei atribui explicitamente ao aplicador do Direito uma margem de autonomia para formular a solução cabível no caso concreto.

XXXI.2.1 – A inviabilidade de definição da solução mais satisfatória

Essa solução se verifica especificamente nos casos em que o próprio Direito reconhece a inviabilidade de consagrar antecipadamente uma solução para disciplinar a situação concreta. Isso compreende tanto os casos em que é impossível estabelecer a melhor solução de antemão como aqueles em que não é apropriado adotar uma solução uniforme e padronizada para todos os casos. Por isso, o Direito atribui ao aplicador do Direito uma margem de autonomia para determinar a solução apropriada.

XXXI.3 – A CONSAGRAÇÃO DE PRINCÍPIO

Assim se passa nas hipóteses em que o Direito consagra um princípio. Tal como exposto, o princípio comporta uma pluralidade de soluções concretas, cabendo ao aplicador promover o sopesamento das situações e escolher a opção mais compatível com a proporcionalidade em vista do caso concreto.

A figura do princípio já foi examinada em capítulos anteriores.

XXXI.4 – RIGIDEZ E FLEXIBILIDADE DO DIREITO

A questão do controle apresenta grande relevo porque se encontra no núcleo do problema da rigidez e da flexibilidade contemplados pelo Direito. Há mecanismos jurídicos orientados tanto para mitigar a rigidez legislativa como para limitar a flexibilidade legislativa.

O sistema jurídico se caracteriza por preocupações pendulares entre segurança e rigidez, por um lado, e justiça e flexibilidade, por outro. Não existe um padrão normativo uniforme, aplicável a todos os casos.

XXXI.5 – MECANISMOS JURÍDICOS PARA AUTONOMIA LIMITADA

O Direito concebe mecanismos jurídicos para assegurar a autonomia limitada do aplicador. Isso revela a necessidade de que o aplicador disponha de margem de autonomia para conceber a solução mais satisfatória em face do caso concreto, mas sendo indispensável estabelecer limites que permitam restringir uma autonomia excessiva.

Os principais mecanismos jurídicos adotados são os seguintes:
- A discricionariedade
- Os conceitos jurídicos indeterminados
- Os conceitos técnico-científicos
- Os conceitos valorativos

XXXI.6 – O INSTITUTO DA "DISCRICIONARIEDADE"

A discricionariedade consiste na previsão normativa da competência para o agente adotar a decisão que se afigurar como a mais satisfatória, segundo critério de conveniência e oportunidade.

XXXI.6.1 – A instituição e a delimitação da autonomia pela lei

A competência discricionária é criada e delimitada pela lei. Isso significa que não existe discricionariedade anterior à lei, nem há poderes ilimitados.

XXXI.6.2 – A escolha circunscrita a limites jurídicos

A validade da decisão do sujeito depende da observância dos limites impostos pelo Direito. Isso envolve inclusive o respeito às exigências decorrentes da proporcionalidade.

XXXI.6.3 – A dimensão funcional da competência discricionária

A discricionariedade apresenta uma dimensão funcional. Tal como exposto anteriormente, a função é uma posição jurídica caracterizada pela atribuição de um poder que se constitui num meio para o atingimento de um determinado fim. Trata-se de um "poder-dever" jurídico.

XXXI.6.4 – A vedação ao arbítrio

A discricionariedade não se confunde com o arbítrio porque não se autoriza que o agente exercite o seu poder para a satisfação de um interesse diverso daquele buscado pela norma que criou a competência. Não se admite que o sujeito se valha da competência discricionária para realizar os próprios intentos, para produzir vantagens ou benefícios indevidos a quem quer que seja.

XXXI.6.5 – A limitação do controle externo à decisão adotada

As decisões adotadas nos limites da discricionariedade são insuscetíveis de revisão ou reprovação. A divergência de entendimento quanto à solução mais adequada não autoriza a reprovação da escolha realizada pelo agente, desde que existissem elementos que respaldassem a sua decisão. Nem muito menos é cabível que, depois de consumados os fatos, adote-se reprimenda fundada em que mais adequada teria sido decisão distinta, sem tomar em vista a incerteza existente.

XXXI.7 – A DISTINÇÃO ENTRE "INTERPRETAÇÃO" E "DISCRICIONARIEDADE"

Adota-se o entendimento de que interpretação não se confunde com discricionariedade.

XXXI.7.1 – A negação da distinção: a questão prática

Alguns negam a distinção, afirmando que, em termos práticos, o agente público dispõe de margem de autonomia equivalente nas hipóteses de interpretação da lei e de exercício de discricionariedade. Seria irrelevante diferenciar interpretação e discricionariedade porque, na vida real, as duas atuações se confundiriam.

XXXI.7.2 – A diferenciação teórica

Sob o prisma teórico, as duas atividades são inconfundíveis. Interpretar consiste em revelar a vontade legislativa, enquanto exercer a competência discricionária envolve escolher uma solução, segundo um juízo de conveniência e oportunidade delimitado pelas circunstâncias.

A lei não atribui ao intérprete a liberdade para adotar a interpretação que lhe parecer mais conveniente e oportuna. Ao interpretar, o sujeito atribui a sua escolha à vontade legislativa. Ao exercitar a discricionariedade, o sujeito assume a escolha como proveniente de sua vontade pessoal.

Nesse sentido, houve manifestação do STF nos seguintes termos:

> "Interpretar o direito é formular juízos de legalidade, ao passo que a discricionariedade é exercitada mediante a formulação de juízos de oportunidade. Juízo de legalidade é atuação no campo da prudência, que o intérprete autêntico desenvolve contido pelo texto. Ao contrário, o juízo de oportunidade comporta uma opção entre indiferentes jurídicos, procedida subjetivamente pelo agente. Uma e outra são praticadas em distintos planos lógicos" (ADPF 101/DF, Pleno, rel. Min. Cármen Lúcia, trecho do voto do Min. Eros Grau, j. 24.6.2009, DJe 4.6.2012).

XXXI.7.3 – A distinção no tocante ao controle

A diferenciação apresenta grande relevo prático no tocante ao controle. O controle da interpretação é ilimitado, mas o controle da discricionariedade não alcança o conteúdo essencial da escolha.

XXXI.8 – OS "CONCEITOS JURÍDICOS INDETERMINADOS"

Os conceitos jurídicos indeterminados são padrões para qualificação de situações da realidade, juridicamente relevantes para a aplicação do Direito. Rigorosamente, são conceitos determináveis.

XXXI.8.1 – A realidade fática é autônoma

A realidade dos fatos e das situações é autônoma em face do Direito e se compreende uma categoria indistinta de sujeitos e objetos.

XXXI.8.2 – O direito institui uma classificação jurídica dos fatos

Em muitos casos, o Direito produz uma classificação jurídica desses objetos e situações, introduzindo diferenças entre elas. Essas diferenças significam que o Direito institui um conceito abrangente de apenas parte da realidade.

Por exemplo, suponha-se que o Direito estabeleça um tratamento diferenciado para os sujeitos "economicamente vulneráveis". Ou para os "idosos". Ou para "animais perigosos". Não existe uma definição precisa e exata da abrangência do conceito consagrado juridicamente. Assim se passa porque é problemático estabelecer uma linha divisória exata e precisa entre as situações da realidade e aquelas abrangidas no conceito jurídico. Isso acarreta uma margem de incerteza na aplicação do conceito indeterminado.

XXXI.8.3 – Diferenciação de três áreas de abrangência

Ocorre que a aplicação dos conceitos jurídicos indeterminados à realidade conduz à diferenciação de três áreas de abrangência.

XXXI.8.4 – Área de certeza positiva: aplicação inquestionável

Primeiramente, há uma área de certeza positiva, que compreende os objetos, sujeitos e situações inquestionavelmente abrangidos no âmbito do conceito. Assim, um morador de rua e desempregado se enquadra no conceito de "economicamente vulnerável", uma pessoa com mais de oitenta anos é "idosa" e um tigre é um "animal perigoso". Daí se segue a ausência de autonomia do aplicador do Direito para deixar de aplicar a norma relativamente aos casos em que existe certeza positiva.

XXXI.8.5 – Área de certeza negativa: não aplicação inquestionável

Sob outro ângulo, há uma área de certeza negativa, que atinge os objetos, sujeitos e situações inquestionavelmente não abrangidos no âmbito do conceito. Assim, um sujeito empregado, com remuneração de vários milhares de reais por mês, não pode ser considerado como "economicamente vulnerável", um adolescente de quinze anos não pode ser considerado como "idoso" e uma sabiá não pode ser enquadrada como "animal perigoso". Por decorrência, não há margem de autonomia do aplicador do Direito para determinar a aplicação da norma quanto aos casos em que existe certeza negativa.

XXXI.8.6 – Área cinzenta: margem de autonomia de escolha

A indeterminação existe apenas na área cinzenta, que compreende objetos, sujeitos e situações que podem ou não ser enquadrados no conceito, a depender das circunstâncias. Assim, uma pessoa que recebe dois salários mínimos por mês talvez seja "economicamente vulnerável", um sujeito com sessenta anos de idade pode ou não ser considerada como "idoso" e alguns cachorros podem ser considerados como "animais perigosos".

XXXI.8.7 – A redução da margem de autonomia do aplicador

Ao se valer de um conceito juridicamente indeterminado, o Direito atribui uma margem de autonomia limitada ao aplicador. Mais ainda, não caberá ao sujeito um julgamento fundado em uma opinião subjetiva. A decisão quanto às situações na zona cinzenta deverá observar a finalidade jurídica que norteia a classificação.

XXXI.9 – OS "CONCEITOS TÉCNICO-CIENTÍFICOS"

Em outros casos, a disciplina jurídica compreende a adoção de uma decisão fundada no conhecimento especializado ou na experiência, que se traduz em conceitos técnico-científicos.

XXXI.9.1 – A inviabilidade de solução predeterminada

Em tais hipóteses, a decisão a ser adotada dependerá da evolução do conhecimento técnico-científico. Isso propicia o risco de uma solução, reputada como satisfatória e adequada num determinado momento, tornar-se incorreta e defeituosa em vista da alteração do conhecimento.

Então, a lei determina que a autoridade competente deverá adotar uma decisão fundada no conhecimento técnico-científico. Por exemplo, imagine-se uma norma estabelecendo a proibição do acesso a certos estabelecimentos comerciais de pessoas "portadoras de comorbidade". Essa solução dispensa a necessidade de a lei indicar, de modo exaustivo, as hipóteses de sua aplicação, tal como elimina o risco de inclusão de situações irrelevante e de ausência de inclusão de hipóteses indispensáveis.

XXXI.9.2 – O consenso científico determina o conteúdo da expressão

Quando a lei se vale de conceitos técnico-científicos, a vontade subjetiva do agente público é irrelevante. Cabe a ele submeter-se ao consenso científico relativamente ao tema. Ou seja, não existe uma real autonomia do aplicador para adotar a solução que melhor lhe parecer.

É verdade que, em muitos casos, não existe consenso científico sobre determinados temas. Quando isso ocorrer, caberá à autoridade escolher uma solução que disponha de respaldo científico satisfatório. Quando a decisão envolver risco de danos irreparáveis ou de difícil reparação, deverá ser adotada aquela que se afigurar como a mais razoável e menor lesiva.

XXXI.10 – OS "CONCEITOS VALORATIVOS"

Em outros casos, a lei incorpora "conceitos valorativos", que traduzem valores insuscetíveis de tratamento normativo predeterminado e exaustivo.

XXXI.10.1 – Ainda a inviabilidade de solução predeterminada

Os conceitos valorativos são utilizados pela lei nas hipóteses pertinentes a valores, que também não comportam uma disciplina exaustiva e predeterminada em lei. Ao invés de remeter o aplicador a uma avaliação puramente subjetiva, a lei consagra um conceito valorativo.

XXXI.10.2 – A solução fundada no entendimento prevalente

Isso acarreta a redução da margem de autonomia de escolha da autoridade. A decisão precisa ser compatível com o entendimento prevalente. Em muitos casos, isso exigirá a consulta a especialistas.

Por exemplo, suponha-se o interesse na aquisição de uma "obra de arte" para compor o acervo de um museu. A referência a "obra de arte" exige o recurso à opinião especializada, de modo que a escolha do sujeito será delimitada por parâmetros dotados de alguma objetividade. Daí se segue que o conceito valorativo limita a autonomia do intérprete.

XXXI.11 – SÍNTESE

A disciplina exaustiva em lei amplia a previsibilidade e a segurança, mas também produz o risco de soluções inadequadas no caso concreto. A eliminação da autonomia do aplicador não é uma solução viável em muitos casos. Em outras situações, não é desejável que a lei contemple todas as soluções de modo rigoroso.

Por isso, houve o desenvolvimento de mecanismos jurídicos que permitem a flexibilidade da disciplina legislativa, mas sem a eliminação de parâmetros para controlar as escolhas do sujeito.

O sistema jurídico se caracteriza por preocupações pendulares entre segurança e rigidez, por um lado, e justiça e flexibilidade, por outro. Não existe um padrão normativo uniforme, aplicável a todos os casos.

Cap. XXXI • APLICAÇÃO DO DIREITO E AUTONOMIA DO APLICADOR | 335

RESUMO

- Um dos temas centrais do Direito se relaciona com a margem de autonomia do aplicador. Existe uma margem de autonomia "oculta" na atuação do intérprete, que é inerente à compreensão das leis e das normas exigentes.
  a) O problema do erro redacional: cabe a correção do defeito material na redação do ato interpretado.
  b) O problema da norma "injusta": ausência de efeito vinculante em hipótese de violação aos valores essenciais. Nos demais casos, cabe ao Poder Judiciário decidir.
  c) O problema da norma incorreta ou inadequada: cabe ao Poder Judiciário decidir.
  d) Ainda a questão da interpretação conforme a Constituição: Existindo várias interpretações possíveis para uma lei, não será adotada aquela que for incompatível com a Constituição.

- A atribuição pela lei de margem de autonomia para o aplicador: em muitos casos, o Direito atribui intencionalmente margem de autonomia para o aplicador do Direito.

- A "discricionariedade": previsão normativa da competência para o agente adotar a decisão que se afigurar como a mais satisfatória, segundo critério de conveniência e oportunidade.
  a) O poder jurídico para escolher a solução mais adequada
  b) A instituição e a delimitação da autonomia pela lei
  c) A escolha circunscrita a limites jurídicos
  d) A dimensão funcional da competência discricionária
  e) A vedação ao arbítrio
  f) A limitação do controle externo à decisão adotada

- A distinção entre "interpretação" e "discricionariedade": a interpretação é a revelação da vontade legislativa. A discricionariedade é o poder para escolher a solução mais adequada para o caso concreto.
  a) A negação da distinção: a situação seria muito semelhante sob o prisma prático.
  b) A diferenciação teórica: a natureza das duas situações é qualitativamente distinta.
  c) A distinção no tocante ao controle: o controle da interpretação é amplo e ilimitado. O controle da discricionariedade não invade a avaliação de conveniência e oportunidade.

- "Os conceitos jurídicos indeterminados":
  a) Área de certeza positiva: aplicação inquestionável
  b) Área de certeza negativa: não aplicação inquestionável
  c) Área cinzenta: margem de autonomia de escolha

- Os "conceitos técnico-científicos":
  a) A inviabilidade de solução predeterminada
  b) O consenso científico determina o conteúdo da expressão

- Os "conceitos valorativos":
  a) Ainda a inviabilidade de solução predeterminada
  b) A solução fundada no entendimento prevalente

Caso prático

Uma lei estabelece que "será assegurada merenda escolar às crianças carentes". Suponha que a quantidade de merenda escolar entregue numa escola pública seja insuficiente para atender à totalidade dos alunos. O diretor da escola disporia de autonomia para escolher as crianças que receberiam merenda escolar? Por quê?

 Questões

1) A interpretação atribui ao intérprete a mesma margem de autonomia prevista na discricionariedade?

2) Uma lei que veicula uma solução absurda ou injusta deve ser aplicada?

3) A competência discricionária autoriza decisões arbitrárias?

4) Como aplicar, num caso concreto, uma norma que reserva tratamento preferencial para os idosos?

5) Qual a margem de autonomia de um aplicador da lei que consagrou conceito valorativo?

Capítulo XXXII
AINDA OS VALORES JURÍDICOS

Os valores jurídicos se constituem em aspecto essencial da existência individual e do próprio Direito. O tema foi objeto de exame ao início desta obra e comporta aprofundamento depois do exame da generalidade dos temas técnicos.

XXXII.1 – OS VALORES E O SENTIDO DA EXISTÊNCIA

Os valores resultam do relacionamento entre o ser humano e o mundo circundante. Refletem o sentido da existência, que se desenvolve como um processo de diferenciação entre aquilo que é indiferente, aquilo que é experimentado como positivo e o conjunto das vivências negativas. Até se pode reputar que o núcleo dos valores encontra-se nas sensações – essa é uma escola filosófica, denominada hedonismo. De modo genérico, no entanto, afirmou-se que os valores são experimentados como positivos ou negativos em condições dissociadas das sensações.

XXXII.1.1 – A existência como experiência concreta da vida

Todos os valores se referem à existência como uma experiência concreta da vida. Não comportam conhecimento adequado numa dimensão puramente abstrata. Ninguém pode avaliar o Bem ou o Mal apenas como uma questão teórica. Por exemplo, não se pode experimentar a maldade por meio de vídeos na Internet.

XXXII.1.2 – Os valores e a preservação da realização do "humano"

A realização concreta dos valores produz o surgimento da condição humana. A incapacidade de experimentar valores – circunstância que afeta muitos seres humanos – reduz o atributo da humanidade. Bloqueia a capacidade de interagir com outros seres humanos e dificulta o reconhecimento de um sentido para a vida.

XXXII.1.3 – A evolução civilizatória e a tendência à objetivação dos valores

Como exposto, a evolução civilizatória produziu uma crescente objetivação dos valores. Tal se passou não apenas relativamente aos valores positivos, mas também com aqueles negativos. Essa consideração não significa afirmar uma tendência generalizada da humanidade em direção aos valores positivos. Consiste em afirmar que a existência, o conteúdo e a aplicação concreta dos valores positivos e negativos dissociaram-se de uma concepção puramente individual. Tornou-se possível diferenciar as experiências do Bem e do Mal como inconfundíveis entre si e como ocorrências insuscetíveis de uma valoração puramente subjetiva.

Em termos práticos, não é defensável argumentar que o sujeito dispõe da autonomia para valorar como positiva a conduta de impor sofrimento físico a outrem. Nem é cabível defender que o sujeito tem o direito subjetivo de negar a dignidade humana intrínseca e insuprimível de seres humanos de outra raça, cor, preferência religiosa ou sexual. Esses são valores dotados de existência autônoma, como produto cultural e da evolução civilizatória da humanidade.

XXXII.1.4 – A pluralidade dos valores jurídicos e a tensão entre eles

Existe uma pluralidade de valores jurídicos, dotados dessa existência objetiva, que norteiam e dão sentido ao Direito. Tais valores encontram-se em situação de tensão e de potencial conflito. A evolução civilizatória processa-se como uma experiência comum de composição e ajustamento entre esses diversos valores. Cabe uma análise mais específica relativamente a alguns valores jurídicos, que podem ser reputados como dotados de aplicação mais ampla.

XXXII.1.5 – Valor jurídico e norma jurídica

Os valores não se confundem com as normas jurídicas, ainda que estejam entre si relacionados. Ainda admitindo a existência objetiva do valor jurídico, isso não implica uma força vinculante autônoma. A norma jurídica incorpora uma dimensão valorativa, em termos específicos. Portanto, o Direito reflete o conteúdo de valores, em termos e condições escolhidos num determinado contexto. Ou seja, o valor não se sobrepõe à norma, mas é por ela recepcionado, na extensão e para os fins que forem reputados adequados.

Até é possível afirmar que não poderá ser aceito como Direito um conjunto de atos estatais que infrinja de modo absoluto os valores fundamentais da Civilização. O exemplo evidente se relaciona com regras que neguem a condição de sujeito de direito a qualquer grupo de seres humanos. Mas essas são situações teratológicas, que se configuram como totalmente excepcionais.

Dentro dos limites da experiência usual, a imputação de violação a valores não é suficiente para desconstituir a existência de um Direito.

XXXII.2 – SEGURANÇA JURÍDICA

Segurança Jurídica é o valor produzido pela existência de uma disciplina normativa objetiva, aplicável à conduta própria e de terceiros, tanto no momento presente como em relação ao passado e ao futuro.

XXXII.2.1 – Segurança Jurídica e a dimensão temporal

A Segurança Jurídica apresenta uma dimensão temporal inafastável. O sentimento de Segurança Jurídica se produz no âmbito da existência no tempo.

XXXII.2.1.1 – Segurança como "conhecimento da disciplina jurídica"

Na dimensão do presente, a Segurança Jurídica se produz como conhecimento da disciplina jurídica. Implica a existência precisa, clara e exaustiva de normas que dispõem sobre o tratamento dispensado pelo Direito aos sujeitos.

XXXII.2.1.2 – Segurança como "previsibilidade da disciplina jurídica" futura

Na dimensão do futuro, a Segurança Jurídica envolve a possibilidade de prever o tratamento jurídico que será adotado. Isso requer não apenas a confiança na manutenção da disciplina prevista para o presente, mas também a convicção de que eventuais inovações não produzirão a destruição daquilo que foi construído no presente para manter-se para o futuro.

XXXII.2.1.3 – Segurança como "estabilidade da disciplina jurídica" passada e presente

Na dimensão do passado, a Segurança Jurídica reflete a permanência e a manutenção daquilo que foi realizado, sem a alteração da disciplina jurídica aplicável, nem a eliminação das ações produzidas.

XXXII.2.2 – Requisitos da existência da Segurança Jurídica

A existência da Segurança Jurídica depende de certos pressupostos.

XXXII.2.2.1 – Existência de normas claras e precisas

Em primeiro lugar, é necessária a existência de normas claras e precisas, que contemplem a disciplina sobre a posição dos sujeitos e a disciplina de sua conduta. Numa sociedade dinâmica como a presente, isso envolve principalmente a consagração da legalidade. A introdução, a modificação e a extinção das normas precisam submeter-se a um processo formal, consistente com a legalidade.

A legalidade compreende inclusive a vedação ao efeito retroativo da lei posterior, tal como exposto em tópico antecedente.

XXXII.2.2.2 – A estabilidade da disciplina jurídica

A Segurança Jurídica depende da ausência de inovações abruptas ou, mesmo, contínuas. As situações concretas da vida precisam ser subordinadas a uma disciplina inalterável quanto aos eventos passados, estável quanto àqueles presentes e previsível quanto aos futuros.

XXXII.2.2.3 – A submissão de todos os sujeitos (inclusive o Estado) às normas

Em segundo lugar, é indispensável a prevalência do Direito sobre todos os sujeitos e todos os processos sociais. Essa questão envolve o conceito de Estado de Direito, produzido ao longo do séc. XIX – que se caracteriza pela submissão do Estado ao princípio da separação dos poderes, à prevalência da legalidade e à universalidade da jurisdição.

XXXII.2.2.4 – A observância do devido processo legal

Em terceiro lugar, é indispensável a observância do devido processo legal. Isso significa que a validade das decisões estatais está condicionada ao cumprimento de um procedimento, caracterizado pelo contraditório, pela ampla defesa e pelo direito de recurso. Essa garantia deve ser adotada inclusive no âmbito da atividade administrativa, de modo a evitar que a autoridade estatal disponha da possibilidade de introduzir inovações indevidas.

XXXII.2.2.5 – A garantia da jurisdição

Ademais, é indispensável a possibilidade de revisão da validade dos atos por parte de uma autoridade independente e imparcial, organizada de modo permanente e em condições de não submissão à vontade dos governantes.

XXXII.2.3 – Os inconvenientes da Segurança Jurídica

A Segurança Jurídica pode gerar efeitos negativos na vida individual e social.

XXXII.2.3.1 – O "engessamento" da disciplina jurídica

A absoluta Segurança Jurídica tende a produzir o bloqueio de inovações e implica a ausência de flexibilidade para adoção de soluções variáveis em vista das circunstâncias. Como decorrência, produz-se o engessamento da disciplina jurídica.

XXXII.2.3.2 – O risco de soluções injustas e inconvenientes

Daí se segue risco de decisões injustas e inconvenientes. A predeterminação de uma solução a ser aplicada de modo indistinto pode produzir o comprometimento de interesses que merecem tutela. Cria a perspectiva de um Direito mecânico, incapaz de incorporar diferenças necessárias a evitar danos irreparáveis a outros valores. Quando menos, as soluções cristalizadas podem resultar em desastres, especialmente nas hipóteses de eventos supervenientes que exigem soluções distintas daquelas consagradas no passado.

XXXII.3 – JUSTIÇA

A definição de Justiça é muito problemática, o que não afasta a relevância jurídica do tema.

XXXII.3.1 – As dificuldades do tema

As dificuldades do tema compreendem diferentes aspectos.

XXXII.3.1.1 – A indeterminação do significado da expressão

O primeiro aspecto se relaciona com a indeterminação do significado da expressão. Existem diferentes temas que podem ser abordados no âmbito da Justiça. Compreende, quando menos, a proteção à dignidade intrínseca de cada sujeito, mas também o tratamento dispensado a cada qual e a limitação das competências estatais.

XXXII.3.1.2 – A variação subjetiva do enfoque

Por outro lado, a temática da Justiça sempre envolve variações subjetivas de enfoque. Ao tratar de Justiça, cada indivíduo tende à afirmação da própria conveniência e a visualização do sistema jurídico segundo a ótica pessoal ou do próprio grupo.

XXXII.3.1.3 – A variação histórica do enfoque: a evolução socioeconômica

É evidente também a influência da evolução socioeconômica sobre as concepções de Justiça. Até se poderia aludir a diferentes níveis de realização da Justiça conforme as circunstâncias de cada época e das concepções gerais prevalentes.

XXXII.3.1.4 – A multiplicidade de teorizações ao longo da história

Essas variações e dificuldades explicam a multiplicidade de teorizações ao longo da história. Não há um enfoque uniforme quanto ao conteúdo da Justiça.

XXXII.3.1.5 – A tendência à aproximação com igualdade

De todo modo, existe uma tendência à aproximação da Justiça com a igualdade. O sentimento de Justiça é especialmente afrontado em vista da adoção de tratamento diferenciado de modo injustificado para pessoas e situações. Sob esse ângulo, a Justiça envolveria um valor experimentável no tratamento coletivo.

XXXII.3.2 – Justiça e tratamento individual

Porém, é cabível reconhecer a existência de uma dimensão individual da Justiça, sem promover o exame da disciplina jurídica dispensada a outros.

XXXII.3.2.1 – O reconhecimento da condição intrínseca

Nessa acepção, a Justiça envolve o reconhecimento da dignidade humana de cada indivíduo e a adoção de medidas jurídicas compatíveis com ela. Isso significa assegurar a integridade da vida, da saúde física e mental e de outras necessidades essenciais.

XXXII.3.2.2 – O reconhecimento do merecimento

A Justiça, nessa dimensão individual, também compreende o reconhecimento do merecimento do indivíduo. Os esforços realizados e os sacrifícios padecidos devem ser reconhecidos, quando não compensados. Sob esse ângulo, a Justiça envolve a premiação das condutas meritórias.

XXXII.3.2.3 – O reconhecimento da necessidade

No entanto, a Justiça também impõe o reconhecimento da necessidade, independentemente da conduta pretérita. Aqueles que se encontram em situação de carência devem receber atendimento adequado e compatível.

XXXII.3.2.4 – A observância das regras predeterminadas

Mas a Justiça também apresenta uma dimensão relacionada com a Segurança. A Justiça exige o cumprimento das promessas, o atendimento àquilo que tinha sido previsto, a preservação das "regras do jogo", de modo a assegurar que o sujeito possa concretizar suas expectativas – seja numa dimensão positiva ou negativa.

XXXII.3.3 – Justiça e tratamento intersubjetivo (comparativo)

Já a Justiça numa dimensão intersubjetiva envolve uma avaliação comparativa das diferentes situações, aproximando-se do tema da igualdade – tal como já apontado.

Cap. XXXII · AINDA OS VALORES JURÍDICOS | 343

XXXII.3.3.1 – A justiça distributiva (Aristóteles)

A Justiça distributiva significa a igualdade formal entre as pessoas, no sentido de assegurar tratamento equivalente a todos.

XXXII.3.3.2 – A justiça corretiva (Aristóteles)

A Justiça corretiva se relaciona com a correção das desigualdades, de modo a tratar desigualmente aqueles que se encontram em situação desigual.

XXXII.4 – IGUALDADE (ISONOMIA)

Outro valor jurídico fundamental é a isonomia ou igualdade.

XXXII.4.1 – A concepção clássica

Segundo a concepção clássica, a igualdade consiste em tratar igualmente os que se encontram em situação igual e desigualmente os que estão em situação desigual.

Essa definição apresenta virtudes retóricas, mas não elimina dificuldades práticas relevantes. O ponto central reside em que não existem situações ou pessoas idênticas.

XXXII.4.2 – A formulação de Celso Antônio Bandeira de Mello

Celso Antônio Bandeira de Mello desenvolveu um trabalho brilhante relativamente ao tema.[1] A exposição adiante envolve um desenvolvimento pessoal, baseado nas referidas concepções.

XXXII.4.3 – Esboço quanto ao conteúdo jurídico da igualdade

A avaliação da igualdade relativamente a uma norma jurídica ou a uma decisão concreta envolve, de modo necessário, uma atividade de comparação entre dois ou mais objetos, pessoas ou situações. A determinação da compatibilidade da solução com a isonomia se desenvolve em uma série de etapas.

XXXII.4.3.1 – Identificação da finalidade a ser realizada

O ponto de partida reside em identificar a finalidade a ser realizada por meio do tratamento jurídico normativo ou decisório. A produção de uma norma geral ou individual sempre envolve a realização de alguma finalidade, cuja identificação é fundamental para o tema da isonomia.

---

[1] *O conteúdo jurídico do princípio da igualdade*. São Paulo: RT, 1978.

Por exemplo, suponha-se que se trate da definição do cabimento de cotas para ingresso em universidades públicas. A finalidade buscada consiste em implantar uma política afirmativa, visando propiciar a pessoas em situação de carência econômica ou a grupos étnico-raciais o acesso ao ensino superior (gratuito).

XXXII.4.3.2 – Delimitação do conjunto de situações

O segundo passo reside na delimitação do conjunto de pessoas ou situações que serão tomados em consideração para a adoção do tratamento jurídico. Como é evidente, a isonomia sempre envolve a comparação entre duas ou mais situações, pessoas ou objetos. Logo, é indispensável promover a delimitação do universo relevante para a avaliação da isonomia.

Há casos em que a violação da isonomia decorre da simples ausência de consciência quanto à multiplicidade de situações, objetos ou pessoas impactados pela decisão adotada.

No exemplo do item acima, existe um universo de pessoas físicas a serem afetadas, que são aquelas interessadas em ingressar numa universidade pública.

XXXII.4.3.3 – Escolha do critério de comparação adequado

A terceira etapa consiste em escolher um critério de comparação entre as diversas situações, objetos ou pessoas atingidas. Essa é uma questão fundamental, eis que não existe absoluta identidade no mundo real. Sempre é possível promover uma diferenciação. Mas essa diferenciação precisa ser racional e consciente, o que significa a necessidade de escolher um ou mais critérios específicos.

Na situação objeto de exemplo, há vários critérios possíveis para a distinção, que são delimitados em vista da finalidade a ser realizada (primeira etapa). Não é cabível adotar critério de diferenciação incompatível com essa finalidade. Isso violaria a proporcionalidade-adequação.

Suponha-se o exemplo referido e se imagine que fosse adotado como critério a estatura física do indivíduo. É óbvio que a política de garantir acesso ao ensino superior para os sujeitos carentes não será realizada por meio de uma discriminação fundada no tamanho do indivíduo. Como se trata de superar uma situação de carência, o critério de discriminação somente pode ser um aspecto apto a evidenciar a carência. A identificação da carência pode ser concretizada por diversos critérios, relacionados direta ou indiretamente com a situação econômica do sujeito.

Observe-se que é cabível inclusive utilizar critérios raciais, na medida que a finalidade da discriminação seja ampliar a participação de pessoas de certo grupo étnico-racial (tal como afrodescendentes ou indígenas) nos extratos da educação superior.

XXXII.4.3.4 – A definição do tratamento jurídico e a sua adequação

Em seguida, deve-se definir o tratamento jurídico a ser adotado e avaliar a sua compatibilidade com a finalidade buscada. Ou seja, não basta apenas identificar a finalidade e o critério de diferenciação. Um aspecto nuclear da questão da igualdade consiste na definição da solução jurídica a ser adotada, para avaliar se é adequada a realizar a finalidade e se reflete a discriminação prevista.

No exemplo em questão, a promoção do acesso de pessoas carentes à universidade pública pode ser implementada por diversas vias. Uma solução consiste em reservar um número específico de vagas para as pessoas que preencham os critérios escolhidos. Mas isso não elimina a necessidade de definir o regime jurídico de modo mais detalhado. Pode haver um número de pessoas carentes que supere o número de vagas. Isso implica uma discriminação de segunda ordem, realizada entre as pessoas carentes. Essa segunda discriminação deve obedecer aos mesmos passos acima descritos.

XXXII.4.3.5 – O exame da proporcionalidade em sentido restrito

A última etapa reside em examinar se a solução adotada, em seu conjunto, é compatível com a proporcionalidade em sentido restrito. Isso significa avaliar a generalidade dos valores constitucionais, para determinar se a disciplina normativa produz uma solução incompatível com eles. Suponha-se, no exemplo adotado, que o tratamento discriminatório implique a reserva de todas as vagas da universidade pública para pessoas carentes. Essa solução implicaria violação à garantia constitucional de acesso à universidade pública para a generalidade da população. Ou seja, a reserva de uma parte das vagas para os indivíduos carentes é compatível com a Constituição, mas não o será a eliminação da possibilidade de pessoas não carentes ingressarem na universidade pública.

XXXII.4.4 – Síntese

O valor da igualdade apresenta um conteúdo muito controvertido, especialmente porque a discriminação é valorada como aceitável por parte do sujeito beneficiado, não por aquele que não o é. Os reflexos da discriminação sobre os interesses dos grupos e dos indivíduos tornam improvável a aceitação voluntária da sua prática.

XXXII.5 – SOLIDARIEDADE

A solidariedade consiste num valor relacionado com a convivência e com o compartilhamento de destinos entre os seres humanos.

XXXII.5.1 – A interconexão entre os seres vivos

A coexistência entre os seres vivos acarreta não apenas a interação entre os sujeitos. Existem recursos comuns, cuja fruição absoluta por uma parcela dos seres humanos colocaria em risco a sobrevivência dos demais.

Os seres vivos, inclusive os humanos, encontram-se em situação de interconexão, na acepção de que a realização dos seus desígnios individuais produz reflexos sobre os demais.

XXXII.5.2 – A legitimidade dos interesses dos diversos sujeitos

Os diversos seres humanos são titulares de muitos interesses comuns, mas também de interesses individuais. No seu inter-relacionamento, os seres humanos encontram-se frequentemente em posição de conflito. A realização absoluta dos interesses de alguns pode significar o sacrifício absoluto dos interesses de outros. Ocorre que os interesses dos diversos sujeitos comportam avaliação equivalente, no tocante à sua legitimidade. Se todos os sujeitos são dotados de idêntica dignidade, não se pode admitir o sacrifício integral da dignidade de um para a realização integral da dignidade de outro.

XXXII.5.3 – A inviabilidade da prevalência absoluta dos interesses individuais

Isso significa a inviabilidade da prevalência absoluta dos interesses individuais. A condição humana, compartilhada entre todos, acarreta a limitação da órbita individual para a realização mínima da dignidade de cada um. Essa exigência se põe não apenas como uma questão de sobrevivência material, mas como uma decorrência da humanidade comum.

XXXII.5.4 – A solidariedade e a generosidade

A solidariedade é um reflexo do compartilhamento dos destinos e não se confunde com a generosidade, entendida como uma ação de renúncia desprendida. A solidariedade é o reconhecimento da identidade entre os seres humanos, o que fundamenta o compartilhamento de esforços, de recursos e de destinos.

XXXII.5.5 – A satisfação proporcional às circunstâncias individuais

A solidariedade fundamenta a limitação da satisfação dos interesses e das necessidades individuais em termos proporcionais às circunstâncias de cada qual, mas em condições vinculadas à dignidade humana.

XXXII.5.6 – Solidariedade, voluntariedade e imposição

Em princípio, a solidariedade se manifesta como uma escolha voluntária, que conduz ao compartilhamento entre os seres humanos. No entanto, nem

Cap. XXXII · AINDA OS VALORES JURÍDICOS | 347

sempre é assim. Há hipóteses em que se faz necessária uma imposição normativa para promover o atendimento à solidariedade. Essa realização compulsória da solidariedade pode reduzir a legitimidade da solução sob o prisma puramente moral, mas não afeta a legitimidade da solução no âmbito do Direito. Não seria exagero afirmar que, sob um determinado prisma, a solidariedade se constitui no fundamento mais consistente da legitimidade do Direito.

XXXII.6 – CONCLUSÃO

O Direito não é uma criação abstrata, que resulte de propostas individuais ou de alguns grupos. O Direito se integra na existência humana, individual e social. Reflete as limitações e as falhas do indivíduo e da sociedade e incorpora a constante contraposição entre interesses e valores.

Até por circunstâncias da realidade, é impossível que uma ordem jurídica realize, de modo integral e absoluto, todos os valores jurídicos. Pode-se estimar que o Direito se encontre em um processo constante de aperfeiçoamento. Essa visão otimista não é necessariamente verdadeira. Ainda assim, é fundamental produzir um Direito que reflita valores mínimos indispensáveis à existência digna da generalidade dos sujeitos.

RESUMO

- Os valores resultam do relacionamento entre o ser humano e o mundo circundante. Refletem o sentido da existência, que se desenvolve como um processo de diferenciação entre aquilo que é indiferente, aquilo que é experimentado como positivo e o conjunto das vivências negativas.

- A realização concreta dos valores produz o surgimento da condição humana.

- A evolução civilizatória produziu uma crescente objetivação dos valores. Não significa uma tendência generalizada da humanidade em direção aos valores positivos. A existência, o conteúdo e a aplicação concreta dos valores positivos e negativos dissociou-se de uma concepção puramente individual.

- Existe uma pluralidade de valores jurídicos, dotados dessa existência objetiva, que norteiam e dão sentido ao Direito. Tais valores encontram-se em situação de tensão e de potencial conflito.

- Os valores não se confundem com as normas jurídicas, ainda que estejam entre si relacionados. O valor não se sobrepõe à norma, mas é por ela recepcionado, na extensão e para os fins que forem reputados adequados.

- Até é possível afirmar que não poderá ser aceito como um Direito um conjunto de atos estatais que infrinja de modo absoluto os valores fundamentais da Civilização. O exemplo evidente se relaciona com regras que neguem a condição de sujeito de direito a qualquer grupo de seres humanos. Mas essas são situações teratológicas e se configuram como totalmente excepcionais.

348 | INTRODUÇÃO AO ESTUDO DO DIREITO · *Marçal Justen Filho*

- Segurança Jurídica é o valor produzido pela existência de uma disciplina normativa objetiva, aplicável à conduta própria e de terceiros, tanto no momento presente como em relação ao passado e ao futuro.
  a) Segurança como "conhecimento da disciplina jurídica"
  b) Segurança como "previsibilidade da disciplina jurídica" futura
  c) Segurança como "estabilidade da disciplina jurídica" passada e presente

- Requisitos da existência da Segurança Jurídica
  a) Existência de normas claras e precisas
  b) A estabilidade da disciplina jurídica
  c) A observância do devido processo legal
  d) A submissão de todos os sujeitos (inclusive o Estado) às normas
  e) A garantia da jurisdição

- Os inconvenientes da Segurança Jurídica
  a) O "engessamento" da disciplina jurídica
  b) O risco de soluções injustas e inconvenientes

- Justiça
  a) A indeterminação do significado da expressão
  b) A variação subjetiva do enfoque
  c) A variação histórica do enfoque: a evolução socioeconômica
  d) A multiplicidade de teorizações ao longo da história
  e) A tendência à aproximação com igualdade

- Justiça e tratamento individual
  a) O reconhecimento da condição intrínseca
  b) O reconhecimento do merecimento
  c) O reconhecimento da necessidade
  d) A observância das regras predeterminadas

- Justiça e tratamento intersubjetivo (comparativo)
  a) A justiça distributiva (Aristóteles)
  b) A justiça corretiva (Aristóteles)

- Igualdade (isonomia): na concepção clássica, a igualdade consiste em tratar igualmente os iguais e desigualmente os desiguais, na medida em que se igualem ou em que se desigualem. Essa é uma formulação insuficiente.
  a) Identificação da finalidade a ser realizada
  b) Delimitação do conjunto de situações
  c) Escolha do critério de comparação adequado
  d) A definição do tratamento jurídico e a sua adequação
  e) O exame da proporcionalidade em sentido restrito

- **Solidariedade:**
  a) A interconexão entre os seres vivos
  b) A legitimidade dos interesses dos diversos sujeitos
  c) A inviabilidade da prevalência absoluta dos interesses individuais
  d) A solidariedade e a generosidade
  e) A satisfação proporcional às circunstâncias individuais
  f) Solidariedade, voluntariedade e imposição

- Conclusão: O Direito não é uma criação abstrata, que resulte de propostas individuais ou de alguns grupos. O Direito se integra na existência humana, individual e social. Reflete as limitações e as falhas do indivíduo e da sociedade e incorpora a constante contraposição entre interesses e valores.

Caso prático

Um edital de concurso para provimento em cargo público determina que os cargos vagos somente podem ser preenchidos por pessoas do sexo feminino, portadoras de sangue tipo "A-negativo". O edital é questionado perante o Poder Judiciário por violação ao princípio da isonomia. Suponha que você é encarregado de defender a validade do edital. Quais seriam os argumentos que poderiam ser utilizados para negar a infração à igualdade?

Questões

1) O valor é algo puramente subjetivo?

2) Há distinção entre Justiça e Igualdade?

3) É possível determinar se existe violação da igualdade, num caso concreto, sem a análise das circunstâncias? Por quê?

4) A solidariedade autoriza o confisco de bens privados?

5) Qual valor é mais importante, a Segurança Jurídica ou a Justiça?

Capítulo XXXIII
A CIÊNCIA DO DIREITO

Acesse e assista à aula explicativa sobre este assunto.
> https://uqr.to/r4j7

O Direito é objeto de pesquisa e estudo, sob diferentes ângulos. Uma discussão fundamental envolve a "Ciência do Direito".

XXXIII.1 – A TERMINOLOGIA ADOTADA

Numa acepção tradicional, "Ciência do Direito" indica a atividade desenvolvida pelos estudiosos do Direito. "Ciência do Direito", "Dogmática Jurídica" e "doutrina" podem ser utilizadas como sinônimos. A equivalência entre essas expressões nem sempre é admitida pelos estudiosos.

XXXIII.2 – O ESTUDO DO DIREITO E A QUESTÃO DE UMA "CIÊNCIA DO DIREITO"

O Direito tem sido objeto de estudo desde a Antiguidade. Isso envolveu as mais diversas concepções e abordagens. A controvérsia sobre a existência de uma "Ciência do Direito" é bem mais recente.

XXXIII.2.1 – "Sujeito que conhece" *vs.* "objeto conhecido"

Um enfoque tradicional preconizava a diferenciação absoluta entre o sujeito (que realiza a atividade de conhecer) e o objeto (que é estudado pelo sujeito). Esse enfoque defende que o objeto conhecido é dotado de existência autônoma em face do sujeito cognoscente.

XXXIII.2.2 – A concepção clássica das ciências da Natureza

Esse modelo era fundado especificamente na concepção positivista de ciência, desenvolvida no séc. XIX, que tomava por modelo as ciências da Natureza. Partia-se do pressuposto de que a Natureza era dotada de existência própria e independente e que a ciência consistia na descoberta dessa realidade. Havia um método científico, baseado na experimentação dos eventos. O conhecimento científico era dotado de certeza, resultante da observação dos fatos e da realização de experimentos.

XXXIII.2.3 – As "ciências do espírito" e a inserção do sujeito no "objeto conhecido"

Houve a proposta do desenvolvimento de "ciências do espírito", baseado no modelo das ciências da Natureza.[1] Mas uma das dificuldades se relacionava com a inclusão do sujeito no objeto a ser conhecido. Isso significava a dificuldade em promover a dissociação entre o plano do sujeito e do objeto, o que punha em questão da natureza "científica" desse conhecimento.

XXXIII.3 – A "CIÊNCIA DO DIREITO" É UMA "CIÊNCIA"?

A resposta para essa indagação depende não apenas de definir a atuação designada por "Ciência do Direito". Também depende do conceito de ciência.

XXXIII.3.1 – O método das ciências naturais

Se a condição de ciência for reservada apenas para os conhecimentos desenvolvidos segundo o método das ciências naturais, não teria cabimento o reconhecimento de uma "Ciência" do Direito. Assim se passa em virtude da inviabilidade de testes e experimentos, destinados a produzir hipóteses quanto à previsibilidade dos acontecimentos e a verdade de enunciados.

XXXIII.3.2 – A ampliação do conceito de ciência

Eventualmente, pode-se admitir a ampliação do conceito de ciência, para admitir a pluralidade de métodos de conhecimento. A objetividade do conhecimento seria o aspecto essencial, ainda que não fosse viável adotar procedimentos adequados à descoberta da verdade relativamente aos fenômenos físico-químicos.

XXXIII.3.3 – A inexistência de uma "Ciência do Direito"

O enfoque adotado defende a inexistência de uma "Ciência do Direito" com natureza científica, orientada à descoberta da "verdade" e da "certeza".

---

[1] Sobre o tema, confira-se Hans-Georg Gadamer, *Verdade e Método*, 13 ed., Petrópolis: Vozes, Editora Universitária São Francisco, 2013. O autor inicia a sua obra afirmando que *"A autorreflexão lógica das ciências do espírito, que acompanha o seu efeito desenvolvimento no século XIX, está completamente dominada pelo modelo das ciências da natureza"* (p. 37).

Mas a manutenção da expressão "Ciência do Direito" é algo secundário. Adotar a terminologia "Ciência do Direito" não significa que exista efetivamente uma "ciência".

XXXIII.3.4 – A manutenção da terminologia e seus efeitos indiretos

A utilização dessa terminologia não é irrelevante, porque induz a generalidade das pessoas a supor que o conhecimento exposto por um doutrinador sobre o Direito apresenta uma natureza objetiva e comprovável. A terminologia "Ciência do Direito" produz uma pré-compreensão no sentido de que a proposta apresentada por um sujeito é dotada de um cunho similar ao dos conhecimentos científicos.

XXXIII.4 – O CONHECIMENTO DO DIREITO

Esse é o contexto básico para a discussão sobre o estudo do Direito e a sua dimensão objetiva.

XXXIII.4.1 – Ainda a dificuldade em diferenciar sujeito e objeto

Mais precisamente, a vivência pessoal do doutrinador influencia significativamente a compreensão da norma jurídica. Hart destacou esse aspecto, ao apontar a distinção entre um enfoque "interno" e um enfoque "externo" do Direito.[2] Essa distinção funda-se na experimentação do Direito como obrigatório ou não. Suponha-se, por exemplo, a questão da pena de morte. Esse tema comporta uma abordagem diversa conforme o estudioso integre a comunidade que está sujeita à aplicação da pena de morte ou não.

XXXIII.4.2 – A aplicação e o estudo do Direito

Por outro lado, a aplicação do Direito não se confunde com o estudo do Direito. A aplicação envolve uma dimensão imperativa, em que o resultado reflete um elemento volitivo. Já o estudo do Direito apresenta uma natureza cognitiva, em que a vontade apresentaria uma função secundária.

XXXIII.5 – A INTER-RELAÇÃO ENTRE "DIREITO" E "CIÊNCIA DO DIREITO"

Existe uma inter-relação muito intensa entre Direito e Ciência do Direito. Mas a determinação do conteúdo e da finalidade dessa inter-relação é desperta

---

[2] Confira-se a obra *O conceito de direito*, ob. cit.

discussões. A Ciência do Direito estuda o Direito, mas o Direito é influenciado pela Ciência do Direito.

XXXIII.5.1 – A heteronomia e objetividade do Direito (em tese)

Como visto, o Direito consiste num ordenamento, dotado de existência objetiva e caracterizado pela heteronomia. Em tese, o Direito não se confunde com a concepção sobre ele adotada pelo estudioso. O Direito é o que é, não aquilo que o estudioso pensa que o Direito é.

XXXIII.5.2 – A "produção" de um "sistema jurídico"

Mas a doutrina é um dos fatores fundamentais para a produção do sistema jurídico. A Ciência do Direito dedica-se a analisar e revisar as leis, formulando teses quanto às normas. Esse esforço é fundamental para a existência de um ordenamento sistemático. Não é exagero afirmar que o sistema jurídico é resultado da atuação dos estudiosos e dos aplicadores do Direito. A aplicação do Direito reflete essas concepções adotadas na doutrina.

XXXIII.5.3 – A influência da Ciência do Direito sobre a produção legislativa

Também por isso, é inegável que a produção legislativa é influenciada pelas concepções prevalentes na Ciência do Direito. É muito difícil existir uma lei que contrarie o consenso prevalente na doutrina.

XXXIII.5.4 – A determinação do conteúdo do Direito no caso concreto

Por outro lado, a determinação do Direito se verifica no caso concreto. O conteúdo das leis e das decisões jurisprudenciais reflete, de modo muito intenso, as conclusões atingidas pela doutrina. Ainda que a doutrina não se constitua em fonte formal do Direito – não apresenta força vinculante -, ela apresenta um grau de influência muito mais elevado do que qualquer outra fonte material.

XXXIII.6 – A IDENTIDADE ENTRE O APLICADOR E O DOUTRINADOR

Especialmente no Brasil, há uma identificação entre o aplicador do Direito e o doutrinador. Tal se deve pela circunstância de que um grande número de agentes públicos também exerce a atividade doutrinária. Por exemplo, uma parcela muito significativa dos atuais Ministros do STF e do STJ exercem ou exerceram o magistério. É usual os magistrados e outras autoridades produzirem livros de doutrina jurídica. Isso acarreta a incorporação dos posicionamentos doutrinários na interpretação e na aplicação do Direito.

XXXIII.7 – A DISPUTA PELO CONTEÚDO E SENTIDO DO DIREITO

Todas essas circunstâncias conduzem a uma disputa entre os doutrinadores quanto ao conteúdo e ao sentido do Direito. Os diversos doutrinadores defendem interpretações variadas, tal como os diversos órgãos consagram entendimentos diversos sobre o Direito. Essas divergências decorrem não apenas de diferentes concepções teóricas e filosóficas, mas da contradição no tocante a interesses coletivos e individuais.

XXXIII.7.1 – A dimensão política da atuação doutrinária

Existe uma dimensão política da atuação doutrinária. O estudioso se reconhece como cidadão e afirma que as suas convicções pessoais quanto aos valores a serem realizados no âmbito do Direito são manifestações legítimas – não apenas sob o prisma político, mas também como atuação "científica".

XXXIII.7.2 – A superação da diferenciação entre Direito e Ciência do Direito

Esse enfoque conduz à superação da distinção entre Direito e doutrina. Há uma tendência à integração entre o Direito e as propostas dos estudiosos, visando especificamente a que a disciplina concreta e efetiva da conduta das pessoas reflita as concepções políticas e axiológicas preferidas pelos diversos agentes.

XXXIII.7.3 – A redução da heteronomia

O efeito direto é a redução da heteronomia do Direito. A força vinculante do Direito, numa dimensão objetiva, torna-se irrelevante. Afirma-se como legítima a concepção de que o Direito é obrigatório nos limites da concordância do sujeito. Logo, não teriam cunho jurídico as formulações que não recebessem a concordância individual. Obviamente, é impossível que todas as pessoas concordem com todas as disposições normativas.

XXXIII.8 – A CONTRIBUIÇÃO DE TÉRCIO SAMPAIO FERRAZ JÚNIOR

O pensamento de Tércio é bastante útil para enfrentar algumas questões, tal como adiante referidas.[3]

XXXIII.8.1 – A opção pela expressão "dogmática jurídica"

O autor prefere adotar a expressão "dogmática jurídica", ao invés de "Ciência do Direito". Isso evidencia a rejeição a enfrentar a discussão sobre o conceito de

---

[3] O pensamento do autor encontra-se exposto em *A função social da dogmática jurídica*, 2. ed., São Paulo: Atlas, 2015.

ciência. Para esse doutrinador, existe um conjunto de atividades, um modelo de atuação e uma pluralidade de métodos que são tradicionais no âmbito do estudo do Direito. A expressão indica o conjunto das concepções, propostas, teses e manifestações, realizadas pelos estudiosos do Direito.

XXXIII.8.2 – A concepção da "função social da dogmática jurídica"

Tércio defende a existência de uma função social da dogmática jurídica. Observa que o jurista atua como um intermediário entre a sociedade e o Direito e se assemelha a um "sacerdote", na acepção de ser o veículo pelo qual a sociedade tem acesso ao Direito. Essa atuação conduz à neutralização das tensões sociais, inclusive pela racionalização sobre as manifestações das diversas instâncias de Poder.

XXXIII.9 – OS DIVERSOS MODELOS DE DOGMÁTICA JURÍDICA

Tércio afirma que a dogmática jurídica comporta diferentes modelos, que refletem uma escolha quanto aos aspectos e enfoques a serem privilegiados no tocante ao Direito.

XXXIII.9.1 – A multiplicidade dos modelos de abordagem

A diversidade de modelos de abordagem indica a pluralidade de alternativas, sendo incorreto reputar que existe uma solução certa, que deva ser adotada de modo necessário.

XXXIII.9.2 – A construção do modelo pelos doutrinadores

Mais ainda, não existem modelos puros e homogêneos. Cada doutrinador constrói um modelo de estudo próprio, que reflete as suas preferências pessoais. Portanto, a referência a "modelo" indica a característica principal escolhida pelo doutrinador para o seu enfoque. Cada doutrinador conjuga aspectos dos diversos modelos e produz uma concepção que é pessoal.

XXXIII.10 – O MODELO "ANALÍTICO"

O modelo analítico de dogmática jurídica caracteriza-se pelo foco central na figura da norma jurídica e do ordenamento jurídico. Existe uma preocupação abstrata com as relações formais entre as normas, segundo concepções lógicas formais, em que é irrelevante o conteúdo efetivo e concreto das normas.

Esse modelo foi praticado, por exemplo, no chamado pandectismo alemão do séc. XIX, que se caracterizou pela preferência por concepções abstratas e pela tendência à estruturação do Direito segundo critérios puramente lógicos.

XXXIII.11 – O MODELO "HERMENÊUTICO"

O modelo hermenêutico se volta à revelação do "sentido" do Direito. Há uma preocupação com a "vontade" (do legislador ou da norma) e uma consideração relativamente às alternativas produzidas pelos diversos métodos de interpretação. Tratou-se do modelo mais difundido no séc. XX, sendo praticado pela generalidade da dogmática jurídica.

XXXIII.12 – O MODELO "TECNOLÓGICO"

O modelo tecnológico se volta para a questão da "decisão", por meio da qual é produzida uma norma jurídica abstrata ou concreta. Existe um enfoque voltado às questões argumentativas e pragmáticas, em que o Direito é um instrumento para produção de resultados concretos. Sob um certo ângulo, o Direito é concebido como uma "caixa de ferramentas", a serem utilizadas para resolver problemas. Um exemplo desse enfoque é a concepção "tópica" de Theodor Viehweg, que defende a abordagem fundada na problematização àquelas que tendem à sistematização geral e abstrata.

XXXIII.13 – O DIREITO, A CIÊNCIA DO DIREITO E A APLICAÇÃO DO DIREITO

Muitas concepções sobre o Direito defendem um tratamento puramente abstrato, o que é incompatível com a realidade.

XXXIII.13.1 – A transformação do Direito num objeto "ideal"

Esse enfoque conduz à transformação do Direito num objeto "ideal" (existente apenas no mundo das ideias) e a Ciência do Direito numa atividade puramente teórica.

XXXIII.13.2 – O Direito e a vida real

Deve-se tomar em vista que o Direito existe para regular a vida das pessoas e a sua dissociação da experiência concreta do mundo acarreta a sua desnaturação. Por isso, a compreensão da norma – o que abrange a interpretação – depende de considerar a sua existência num contexto da realidade do mundo. Esse conjunto de circunstâncias condiciona a compreensão das normas e determina o "conteúdo" do Direito.

XXXIII.14 – A RELEVÂNCIA DO ENFOQUE PRAGMÁTICO

A compreensão sobre o Direito e a Ciência do Direito é facilitada pela adoção do enfoque pragmático, fundado nas concepções de Charles S. Peirce, William

James e John Dewey.[4] O método pragmático alicerça-se sobre a ausência de dogmas, o contextualismo e o consequencialismo.

Isso significa a rejeição de pressupostos definitivos, considerados como intocáveis e insuscetíveis de questionamento. O contextualismo indica o reconhecimento de que as situações da vida real afetam as decisões e as conclusões atingidas, o que exige que sejam sempre consideradas essas circunstâncias. O consequencialismo demanda a avaliação das consequências das decisões adotadas, o que exige a avaliação possível quanto às decorrências das escolhas realizadas.

O enfoque pragmático tem recebido prestígio crescente no Direito brasileiro. A Lei 13.655/2018, que alterou a LINDB, consagrou um enfoque pragmático muito intenso. Essas questões foram referidas em diversas passagens anteriores.

XXXIII.15 – SÍNTESE

Em síntese, a evolução social e tecnológica repercute sobre a concepção prevalente a respeito da "Ciência do Direito" – expressão cuja utilização não implica o reconhecimento da dimensão científica do conhecimento jurídico.

Cada doutrinador constrói um modelo dogmático próprio, que conjuga aspectos analíticos, hermenêuticos e tecnológicos. Na sua atuação, o doutrinador busca influenciar e convencer os demais da sua posição. Por isso, há uma relevância comunicativa essencial na atividade desenvolvida pela dogmática jurídica.

O Direito não se constitui num objeto ideal e abstrato, mas se constitui numa manifestação da vida real. Reflete a realidade e se destina a produzir a sua alteração. O "cientista do Direito" é um operador que atua nesse mundo real, buscando interferir sobre a dinâmica da vida.

RESUMO

- "Ciência do Direito" indica a atividade desenvolvida pelos estudiosos do Direito. "Ciência do Direito", "Dogmática Jurídica" e "doutrina" podem ser utilizadas como sinônimos. Existe uma controvérsia sobre a natureza científica ou não da Ciência do Direito.

- Concepção positivista de ciência (séc. XIX): diferenciação absoluta entre o objeto e o estudo desse objeto. O objeto conhecido é dotado de existência autônoma em face do sujeito cognoscente. Havia um método científico, baseado na experimentação dos eventos. O conhecimento científico era dotado de certeza, resultante da observação dos fatos e da realização de experimentos.

- O ser humano se insere no plano do Direito, o que acarreta a dificuldade em diferenciar sujeito e objeto do conhecimento.

---

4   Sobre as concepções originais, consulte-se, *The collected Works of John Dewey,* The Complete Works Pergamon Media (Highlights of World Literature). Pergamon Media. Edição do Kindle.

Cap. XXXIII • A CIÊNCIA DO DIREITO | 359

- A "Ciência do Direito" é uma "ciência"?
  a) A resposta para essa indagação depende não apenas de definir a atuação designada por "Ciência do Direito". Também depende do conceito de ciência.
  b) Se a condição de ciência for reservada apenas para os conhecimentos desenvolvidos segundo o método das ciências naturais, não teria cabimento o reconhecimento de uma "Ciência" do Direito.
  c) O enfoque exposto conduz ao reconhecimento da inexistência de uma "Ciência do Direito" com natureza científica. A manutenção da expressão é algo secundário. O conjunto dos conhecimentos sobre o Direito comporta diferentes denominações. Uma delas é "Ciência do Direito". Daí não se segue, no entanto, que exista efetivamente uma ciência. A terminologia "Ciência do Direito" produz uma pré-compreensão no sentido de que a proposta apresentada por um sujeito é dotada de um cunho similar ao dos conhecimentos científicos.

- O conhecimento do Direito: é inviável promover a diferenciação entre sujeito e objeto. A vivência pessoal do doutrinador influencia significativamente a compreensão da norma jurídica

- A aplicação e o estudo do Direito: A aplicação envolve uma dimensão imperativa, em que o resultado reflete um elemento volitivo. Já o estudo do Direito apresenta uma natureza cognitiva, em que a vontade apresentaria uma função secundária.

- A inter-relação entre "Direito" e "Ciência do Direito": A Ciência do Direito estuda o Direito, mas o Direito é influenciado pela Ciência do Direito.
  a) A heteronomia e objetividade do Direito (em tese): Em tese, o Direito é o que é, não aquilo que o estudioso pensa que o Direito é.
  b) A "produção" de um "sistema jurídico": a doutrina produz o sistema jurídico e essas concepções afetam a atuação dos aplicadores do Direito.
  c) A influência da Ciência do Direito sobre a produção legislativa
  d) A determinação do conteúdo do Direito no caso concreto
  e) A identidade entre o aplicador e o doutrinador: muitos magistrados e outros agentes públicos exercem o magistério e desempenham atuação como doutrinadores.

- A disputa pelo conteúdo e sentido do Direito: existe uma disputa entre os doutrinadores quanto ao conteúdo e ao sentido do Direito. Essas divergências decorrem não apenas de diferentes concepções teóricas e filosóficas, mas da contradição no tocante a interesses coletivos e individuais.

- A dimensão política da atuação doutrinária; O estudioso se reconhece como cidadão e afirma que as suas convicções pessoais quanto aos valores a serem realizados no âmbito do Direito são manifestações legítimas – não apenas sob o prisma político, mas também como atuação "científica".

- A superação da diferenciação entre Direito e doutrina: Há uma tendência à integração entre o Direito e as propostas dos estudiosos. O efeito direto é a redução da heteronomia do Direito.

- A contribuição de Tércio Sampaio Ferraz Júnior:
  a) A opção pela expressão "dogmática jurídica"
  b) A concepção da "função social da dogmática jurídica": o jurista atua como um intermediário entre a sociedade e o Direito e se assemelha a um "sacerdote", na acepção de ser o veículo pelo qual a sociedade tem acesso ao Direito.
  c) Os diversos modelos de dogmática jurídica

- O modelo "analítico": foco central na figura da norma jurídica e com o ordenamento jurídico. Existe uma preocupação abstrata com a relações formais entre as normas,
- O modelo "hermenêutico": O modelo hermenêutico se volta à revelação do "sentido" do Direito.
- O modelo "tecnológico": O modelo tecnológico se volta para a questão da "decisão", por meio da qual é produzida uma norma jurídica abstrata ou concreta.
- O Direito, a Ciência do Direito e a Aplicação do Direito
  a) O equívoco de transformar o Direito num objeto "ideal" (que está somente nos livros)
  b) O Direito e a vida real
  c) A relevância do enfoque pragmático: o método pragmático alicerça-se sobre a ausência de dogmas, o contextualismo e o consequencialismo. A Lei 13.655/2018, que alterou a LINDB, consagrou um enfoque pragmático muito intenso.

 Caso prático

Uma lei determina que é obrigatória a vacinação individual, prevendo inclusive o uso da força para esse efeito, cabendo ao Chefe do Poder Executivo municipal autorizar a dispensa da vacinação em casos especiais. Um doutrinador, Héctor Estudiante, defende que existe uma interpretação correta para o dispositivo, que consagrou uma regra geral fundada no princípio da solidariedade e que a competência para dispensar a vacinação somente pode ser adotada para atendimento a exceções. Um segundo jurista, Cesar Impactante, sustenta que o dispositivo legal impôs um dever de o Poder Público fornecer vacinas à totalidade da população e que é necessário examinar cada caso concreto para avaliar se a obrigatoriedade da vacinação ou a sua dispensa teriam um fundamento adequado. Já o doutrinador João BemAventurado expõe o entendimento de que não cabe discutir a determinação legal e os descontentes têm a faculdade de recorrer ao Poder Judiciário, a quem caberá decidir sobre o tema.

Enquadre, de modo fundamentado, o posicionamento de cada um dos doutrinadores nos modelos básicos de dogmática jurídica de Tércio Sampaio Ferraz Jr.

 Questões

1) A Ciência do Direito é uma ciência? Por quê?

2) Qual a importância da doutrina para a aplicação efetiva do Direito, especificamente no Brasil?

3) Explique as considerações de Tércio Sampaio Ferras Júnior sobre a função social da dogmática jurídica.

4) Explique o enfoque pragmático, tomando em vista as normas da LINDB.

5) Diferencie o modelo hermenêutico do modelo tecnológico de dogmática jurídica.

Capítulo XXXIV
AS CONTRIBUIÇÕES DE HANS KELSEN

Hans Kelsen foi um dos grandes juristas do séc. XX. Ainda que o seu pensamento possa ser considerado como superado em muitas passagens, suas propostas apresentam grande relevância e ainda são muito pertinentes.[1]

XXIV.1 – A ADVERTÊNCIA INICIAL INDISPENSÁVEL

As propostas de Kelsen são objeto de análise e crítica frequente, mas uma parcela significativa das manifestações ignora o conteúdo e a consistência do pensamento kelseniano.

XXIV.1.1 – A genialidade do pensamento kelseniano

O primeiro aspecto é a genialidade de Kelsen. Um dos maiores problemas reside na simplificação de suas propostas, o que acarreta a sua desnaturação.

XXIV.1.2 – A oposição (ideológica) a Kelsen

Muitas das críticas a Kelsen têm um fundamento ideológico. Kelsen se opunha, de modo direto, à influência dos valores sobre o desenvolvimento da Ciência do Direito e a tomada de posição do jurista relativamente a questões políticas. Isso conduziu à sua qualificação como conservador, o que não era necessariamente verdadeiro.

---

[1] Kelsen nasceu em 1881 em Praga, que à época integrava o Império Austro-húngaro. De origem judaica, abandonou a Alemanha e se estabeleceu nos EUA. Faleceu em 1973.

XXIV.1.3 – As críticas improcedentes

Muitas das críticas a Kelsen são simplesmente improcedentes. Assim, por exemplo, é usual afirmar-se que Kelsen reduzia o Direito à lei ou à norma. Esse nunca foi o seu posicionamento. Em outros casos, afirma-se que Kelsen não seria um democrata e que teria favorecido o estabelecimento do regime nazista. Essas afirmativas chegam às raias do absurdo, eis que Kelsen teve de abandonar a Alemanha em virtude da ascensão do nazismo. Mais ainda, Kelsen manteve uma famosa polêmica com Carl Schmitt – maior jurista do pensamento nazista – relativamente à defesa da Constituição. Kelsen firmou posição cristalina em defesa da democracia constitucional.

XXIV.2 – O DIREITO COMO DISCIPLINA DA "VIOLÊNCIA ESTATAL"

Para Kelsen, o Direito consiste na disciplina da violência. Especificamente, da disciplina da violência estatal. Ele defende que o Direito institui o Estado, especificamente ao disciplinar o uso da violência.

Para o referido autor, o conceito fundamental do Direito é a sanção (penal ou civil), que consiste na manifestação do exercício da violência. Mas o direito estabelece que a violência será exercitada de modo condicionado. A condição para a incidência da sanção consiste numa conduta que é denominada de ilícito.

Portanto, o conceito de ilícito não é um pressuposto para a compreensão do Direito. É apenas o pressuposto da incidência da sanção. Usualmente, o ilícito consiste num ato eticamente reprovável, mas isso não afeta a validade da norma jurídica.

A norma que dispõe sobre a sanção se constitui no núcleo do Direito e é qualificada como primária. Todas as demais normas são secundárias.

XXIV.3 – A TEORIA DO ORDENAMENTO JURÍDICO

Kelsen delineou a teoria do ordenamento jurídico, que foi objeto de exposição em capítulo anterior. Para rememorar rapidamente:

- A disciplina da sanção é produzida por normas diversas.
- As normas não se encontram no mesmo nível hierárquico.
- A validade da norma depende da sua compatibilidade com uma norma de hierarquia superior.
- Há uma norma última de direito positivo que apresenta a hierarquia mais elevada (Constituição).
- O fundamento de validade da norma positiva de mais elevada hierarquia consiste numa norma fundamental pressuposta ("Obedece ao Constituinte originário").

Cap. XXXIV · AS CONTRIBUIÇÕES DE HANS KELSEN | **365**

- O pressuposto de validade da norma fundamental pressuposta é o mínimo de eficácia do direito.
- As normas hierarquicamente superiores são gerais e abstratas.
- As normas hierarquicamente inferiores são específicas e concretas.
- Há uma variação quantitativa significativa entre as normas de hierarquia superior e de hierarquia inferior.
- A representação gráfica do ordenamento jurídico apresenta feição piramidal.
- A norma jurídica é sempre uma "moldura" que comporta diversos conteúdos.
- Essa moldura consiste na atribuição de poder (competência) para uma autoridade subordinada editar uma norma de hierarquia inferior.
- O conteúdo efetivo da norma consiste na decisão adotada pelo órgão jurisdicional investido de poder para decidir de modo definitivo.

XXIV.4 – DISTINÇÃO ENTRE "SER" E "DEVER SER" (LÓGICO)

Kelsen defende que o Direito integra o mundo do dever ser, que não se confunde com o mundo do ser.

XXIV.4.1 – Relações de causalidade e de imputação

O mundo do ser é regido por relações de causalidade, fundadas em causa e efeito, que comportam análise regressiva quase infinita. Já o mundo do dever ser é regido por relações de imputação, em que uma consequência é atribuída a uma causa. Essas relações de imputação não acarretam a realização necessária da consequência, precisamente porque esse efeito apenas "deve ser".

XXIV.4.2 – O "dever ser" do Direito é lógico

Para Kelsen, o dever ser do Direito é lógico, na acepção de que a consequência é imputada a uma causa segundo uma determinação impositiva. A criação da imputação decorre de uma pluralidade de fatores e circunstâncias. Reflete inclusive valores. No entanto, a exigência de realização da consequência não se fundamenta na sua compatibilidade com algum valor. Trata-se simplesmente de uma determinação imposta pela ordem jurídica.

XXIV.5 – A CONCEPÇÃO REALISTA DO DIREITO

A relevância atribuída por Kelsen à dimensão normativa do Direito e às concepções lógico-abstratas sobre o ordenamento jurídico não significava a adoção

366 | INTRODUÇÃO AO ESTUDO DO DIREITO • *Marçal Justen Filho*

de uma concepção formalista-abstrata quanto ao conteúdo da ordem jurídica. Kelsen reconhecia a relevância da jurisprudência. Seu pensamento era muito próximo ao do realismo jurisprudencial (que defende que o Direito é aquilo que os tribunais decidem).

Kelsen adotou uma concepção lógica relativamente à "estrutura" do Direito. Esse modelo não se preocupava com o conteúdo da disciplina jurídica adotada pelos diversos países, ao longo do tempo. A Constituição era superior às demais normas não por veicular os valores fundamentais, mas por se constituir em fundamento de validade de todas elas. Portanto, a concepção kelseniana era aplicável a qualquer situação concreta.

XXIV.6 – A DISTINÇÃO ENTRE DIREITO E CIÊNCIA DO DIREITO

Kelsen adotou um posicionamento positivista ao defender a distinção entre Direito e Ciência do Direito.

XXIV.6.1 – A Ciência do Direito como conhecimento do objeto

Para Kelsen, o Direito é um fenômeno complexo, que se desenvolve em diferentes dimensões. O estudo e o conhecimento do Direito podem ser realizados por diversos saberes, entre os quais a Ciência do Direito. Por isso, Kelsen afirma a distinção rigorosa entre Direito e Ciência do Direito.

XXIV.6.2 – Teoria Pura do Direito e não Teoria do Direito Puro

Kelsen concebeu a Teoria Pura do Direito. Tratou-se da pureza da teoria, não do Direito. Esse é um dos pontos mais fundamentais do pensamento kelseniano (e um dos equívocos mais básicos de alguns críticos). Kelsen nunca afirmou que o Direito seria um objeto "puro".

Para ele, o Direito conjuga valores, tradições e muitos fatores. A concretização do Direito é influenciada por fatores de diversa origem e características, inclusive pelos valores e pelas tradições.

XXIV.6.3 – A Ciência do Direito tem por objeto a descrição do Direito

A teoria kelseniana afirma que o Direito tem natureza normativa-prescritiva, dispondo sobre a conduta das pessoas. Já a Ciência do Direito tem natureza normativa-descritiva.

Existem vários saberes cujo objeto é o Direito, tal como a História do Direito, a Sociologia, a Filosofia, a Política. A Ciência do Direito se diferencia porque o seu objeto consiste na pura e simples descrição do Direito.

Isso significa que a Ciência do Direito se restringe a descrever as normas existentes e a jurisprudência dos tribunais. Não cabe à Ciência do Direito formular juízos sobre a compatibilidade entre as normas e os valores. Esse tipo de postura pode ser adotado por outros profissionais, não pelo cientista do Direito.

XXIV.6.4 – A exigência de neutralidade

Para Kelsen, a Ciência do Direito, tal como o cientista do Direito, devem observar a mais estrita neutralidade. A Ciência do Direito não comporta nenhuma avaliação de cunho ético ou político. Isso não significa rejeitar a avaliação ética ou política do Direito. Trata-se apenas de que cabe a outros saberes avaliar o Direito sob o enfoque de conveniência e adequação.

A Ciência do Direito apenas descreve aquilo que é o Direito. Não cabe ao cientista do Direito realizar opções, críticas ou emitir sugestões. Isso não significa que tais condutas sejam proibidas, mas que, quando praticadas, não configuram como exercício da Ciência do Direito.

Portanto, pode-se admitir que Kelsen adotou um positivismo científico, mas sem que isso implicasse a redução da complexidade do Direito. Ao afirmar que a Ciência do Direito estudava o Direito enquanto norma, Kelsen nunca defendeu que o Direito seria apenas norma jurídica.

XXIV.7 – A SUPERAÇÃO (LIMITADA) DO PENSAMENTO DE KELSEN

O pensamento kelseniano foi superado, em muitas passagens, pela evolução das circunstâncias e das condições do conhecimento.

XXIV.7.1 – A inviabilidade da neutralidade do sujeito

A condição humana é incompatível com essa concepção de neutralidade. O ser humano não é dotado de uma racionalidade lógica pura. Todo ser humano concentra impulsos e experiências, que condicionam o modo como compreende o mundo. Portanto, as preferências são inevitáveis e é impossível promover a sua eliminação mediante a vontade do cientista. Mesmo que o sujeito queira, não é possível atingir uma situação de neutralidade. O reconhecimento de processos de pré-compreensão tornou-se pacífico, especialmente a partir da corrente filosófica da hermenêutica.

XXIV.7.2 – As limitações da condição do cidadão

Tem sido destacado que o cientista do Direito é também um cidadão. Nessa condição, incumbir-lhe-ia o poder-dever de manifestar a sua preferência e exercitar a sua discordância quanto a normas e soluções jurídicas contrárias às suas convicções.

A neutralidade não é algo possível na realidade e a maioria das pessoas rejeita conscientemente a ausência de tomada de posição. Preconiza-se uma participação ativa desse "cientista" na vida sociopolítica, inclusive com uma ampla manifestação relativamente aos eventos do mundo circundante.

XXIV.7.3 – A rejeição à limitação da abrangência da Ciência do Direito

Bem por isso, a generalidade dos pensadores rejeita a redução da abrangência da Ciência do Direito a uma tarefa puramente descritiva da disciplina normativa. Defende-se a inclusão na "Ciência do Direito" das avaliações sobre os fatos e as normas, tal como preconizado inclusive pela Teoria Tridimensional do Direito.

XXIV.7.4 – Decorrências práticas

As decorrências práticas, especialmente no Brasil, consistem na elevação do grau de incerteza e da insegurança jurídica. Existe uma integração entre o Direito "em si" (se é que existe) e as opções próprias do "operador do Direito". O resultado prático é a postulação do cientista do Direito no sentido de que "O Direito não é o que é, mas o que eu digo que ele é".

XXIV.8 – A PERMANÊNCIA DO PENSAMENTO KELSENIANO

Existem muitos aspectos da contribuição kelseniana que se integraram de modo definitivo no pensamento jurídico.

Permanecem sendo aceitas, dentre outras, as concepções sobre:

- o ordenamento jurídico e sua completude
- a relação hierárquica entre as normas jurídicas e o conceito de validade
- a dimensão criativa da atividade de aplicação do Direito
- o reconhecimento do ilícito como um fenômeno jurídico

RESUMO

- A advertência inicial indispensável: as críticas generalizadas. Muitas das críticas decorrem do desconhecimento sobre a pessoa de Kelsen e sobre as concepções kelsenianas.

- O Direito como disciplina da "violência estatal": o aspecto central do Direito é a disciplina da violência, a ser desempenhada pelo Estado,

- A teoria do ordenamento jurídico: Kelsen afirma que o Direito é um conjunto de normas, organizadas segundo relações de supra e infraordenação. Uma norma é superior à outra quando se constitui em seu fundamento de validade. A Constituição é a norma de hierarquia superior, encontrando o seu fundamento de validade em uma norma fundamental pressuposta ("obedece ao constituinte originário").

- Distinção entre "ser" e "dever ser" (lógico): há dois mundos inconfundíveis. Um deles é o mundo do ser e o outro, o do dever ser. O dever ser jurídico é lógico.

- Relações de causalidade e de imputação: no mundo do ser, os fenômenos se conectam por relações de causa e efeito, cuja produção independe da vontade humana. No mundo do dever ser (lógico), as relações são instituídas por imposição do Direito. Um certo evento é escolhido pelo Direito para ser uma "causa" e outro para ser um "efeito". A sucessão entre o "efeito" e a "causa" não decorre de relações naturais, mas da determinação (imputação) imposta por uma norma jurídica.

- O "dever ser" do Direito é lógico: a consequência imputada pelo Direito a uma certa causa não é uma questão axiológica, mas apenas a decorrência da disciplina normativa.

- A concepção realista do Direito: a norma superior estabelece uma moldura a ser preenchida por ocasião de sua aplicação. Cabe ao Poder Judiciário definir a validade e o conteúdo das normas jurídicas. Essa concepção reconhece grande importância à atuação judicial.

- Teoria Pura do Direito e não Teoria do Direito Puro: o Direito é um fenômeno complexo e que é objeto do conhecimento de diversas ciências e da filosofia. A Teoria Pura do Direito estuda o Direito sobre o prisma normativo. É pura no sentido de desconsiderar todos os demais aspectos – o que não significa que o Direito se reduza apenas à norma.

- A Ciência do Direito tem por objeto a descrição do Direito: O Direito é um objeto normativo (impositivo). A Ciência do Direito é uma ciência normativa, porque descreve normas.

- A exigência de neutralidade: a Ciência do Direito não formula nenhuma avaliação sobre o Direito, mas apenas descreve aquilo que é o Direito. Não cabe ao cientista do Direito realizar opções, críticas ou emitir sugestões. Isso não significa que tais condutas sejam proibidas, mas que, quando praticadas, não se configuram como exercício da Ciência do Direito.

- A superação (limitada) do pensamento de Kelsen:
  A exigência de neutralidade do sujeito
  As limitações da condição do cidadão
  A rejeição à limitação da abrangência da Ciência do Direito
  A permanência do pensamento kelseniano

- Existem muitos aspectos da contribuição kelseniana que se integraram de modo definitivo no pensamento jurídico. Permanecem sendo aceitas, dentre outras, as concepções sobre:
  a) o ordenamento jurídico e sua completude
  b) a relação hierárquica entre as normas jurídicas e o conceito de validade
  c) a dimensão criativa da atividade de aplicação do Direito
  d) o reconhecimento do ilícito como um fenômeno jurídico

Questões

1) Tomando em vista as propostas de Tércio Sampaio Ferraz Júnior, as concepções de Kelsen se enquadram em qual dos modelos de dogmática jurídica?

2) Diferencie dever lógico de dever axiológico.

3) Diferencie Teoria Pura do Direito de Teoria do Direito Puro.

4) Se a neutralidade do estudioso do Direito não é possível, é legítimo que o doutrinador defenda entendimento específico mediante uma remuneração pecuniária?

5) O que deve prevalecer: o texto da Constituição ou a interpretação que os doutrinadores dele extraem?

Capítulo XXXV
AS CONTRIBUIÇÕES DE NORBERTO BOBBIO

Outro jurista fundamental para o desenvolvimento da Ciência do Direito foi Norberto Bobbio. Uma das características mais marcantes do pensamento de Bobbio foi a sua dinamicidade e atualização.

XXXV.1 – O "PRIMEIRO" BOBBIO: O DIREITO É IDENTIFICADO POR SUA ESTRUTURA

Numa primeira etapa de seu pensamento, Bobbio deu continuidade ao pensamento de Kelsen, aperfeiçoando as concepções kelsenianas. Essa etapa prolongou-se até final da década de 1950.

XXXV.1.1 – A tentativa de revelar as características estruturais do direito

Nesse período, Bobbio insistia na concepção kelseniana que buscava reconhecer o Direito em vista de atributos estruturais diferenciados e específicos.

XXXV.1.2 – A manutenção do enfoque da violência

Isso significava, basicamente, manter o enfoque de que o atributo do Direito consistia na organização do exercício da violência organizada, a cargo do Estado.

XXXV.1.3 – A inviabilidade da identificação do Direito como "uma norma"

Bobbio assinalou a impossibilidade de identificar o Direito como uma norma isolada. Os atributos do Direito resultavam do conjunto do ordenamento jurídico e cada norma, de modo isolado, não apresentava todas as características necessárias à configuração da ordem jurídica.

Sob esse ângulo, a norma jurídica isolada seria uma "árvore", que integrava uma floresta (ordenamento jurídico). A configuração desse conjunto correspondia ao Direito, que apenas podia ser identificado e diferenciado de outros sistemas sociais de controle de conduta se fosse considerado em seu todo.

XXXV.2 – O "SEGUNDO BOBBIO: O DIREITO É IDENTIFICADO POR SUA FUNÇÃO"

A partir dos anos 1960, Bobbio introduziu inovações marcantes em seu pensamento. Colocou em destaque a dimensão funcional do Direito.

XXXV.2.1 – O Estado não se restringe ao exercício da violência

Uma premissa fundamental residiu no reconhecimento de que o Estado não se restringe ao exercício da violência. É investido de funções muito mais complexas, o que se reflete sobre o Direito.

XXXV.2.2 – Estado de Polícia

Bobbio observou que o pensamento de Kelsen refletia a concepção do Estado oitocentista, que era caracterizado como um Estado de Polícia. Nesse cenário, o Estado exercitava a violência para assegurar a manutenção da situação existente.

O Estado era o instrumento para realizar a guerra na ordem externa e manter a paz no âmbito interno. Incumbia ao Estado proteger a ordem pública, assegurar a propriedade privada, defender a liberdade e evitar a violência entre os particulares. Como decorrência, o Direito apresentava uma configuração essencialmente repressiva e conservadora. O Direito era um instrumento para evitar a mudança.

A finalidade buscada pelo Direito era a omissão do indivíduo no plano social. A inércia individual permitia o atingimento das finalidades buscadas pelo Estado.

XXXV.2.3 – Estado de Bem-Estar Social

Essas concepções foram radicalmente alteradas, especialmente depois da II Guerra Mundial. O Estado foi investido de funções ativas, relacionadas com o desenvolvimento econômico, com o progresso social e com a realização dos mais diversos valores de interesse coletivo. Isso não significava negar a dimensão conservadora do Estado e repressiva do Direito, mas implicava afirmar a insuficiência da concepção anterior.

Num Estado de Bem-Estar Social, há uma atuação ativa tanto do Estado como dos cidadãos para implementar uma ordem distinta no âmbito social, político e econômico. O Estado assume funções interventivas sobre a realidade, visando promover a mudança.

Cap. XXXV · AS CONTRIBUIÇÕES DE NORBERTO BOBBIO | 373

A violência institucionalizada ainda é uma característica do Direito, mas a complexidade do Direito exige considerá-lo como instrumento para realizar fins de interesse coletivo e da dignidade humana.

XXXV.2.4 – A nova função do Direito

Um dos instrumentos para a realização desses novos encargos continua a ser o Direito. Mas a função do Direito é alterada radicalmente. Não mais se trata de um Direito repressivo e não interventivo. O Direito passa a se configurar como promocional. Os mecanismos jurídicos contemplam os incentivos para a alteração da situação existentes e para fomentar as condutas individuais e coletivas reputadas como socialmente desejáveis.

O Estado de Bem-Estar Social não aspira a omissão individual. A conduta ativa e cooperativa dos indivíduos passa a ser reconhecida como indispensável para o atingimento dos fins do Estado. Logo, surge uma outra finalidade do Direito, consistente em incentivar as condutas socialmente desejáveis dos particulares.

XXXV.3 – O SANCIONAMENTO COMO A PROVIDÊNCIA ESTATAL INTERVENTIVA

Bobbio introduziu, então, o conceito de sanção positiva, como o instrumento típico do Direito promocional.[1]

Bobbio reconheceu que uma manifestação nuclear do Direito consiste numa providência compulsória, que é destinada a interferir sobre a formação da vontade dos sujeitos.

XXXV.3.1 – A sanção

Essa providência encontra-se prevista numa norma jurídica e sua aplicação depende da ocorrência de um certo pressuposto. Pode-se denominar essa figura de sanção. No entanto, algumas sanções são negativas, enquanto outras são positivas.

XXXV.3.2 – A sanção negativa (punitiva)

A sanção negativa apresenta cunho punitivo e visa a desincentivar condutas socialmente indesejáveis. Seu conteúdo é uma medida de violência, a ser exercitada pelo Estado. É o instrumento jurídico por excelência do Estado de Polícia.

---

[1] Essas propostas encontram-se em diversos artigos, reunidos numa obra denominada *Dalla Struttura alla Fuzione: nuovi studi di teoria del diritto*, ob. cit.

XXXV.3.3 – A sanção positiva (prêmio)

A sanção positiva consiste num prêmio e visa a incentivar condutas socialmente desejáveis. O seu conteúdo consiste num benefício patrimonial ou não, que será reforçado pelo Estado, mas não necessariamente executado diretamente por ele. É o instrumento jurídico por excelência do Estado de Bem-Estar Social.

XXXV.3.4 – A distinção entre ação e inação do destinatário

Essa concepção reconhece uma distinção no relacionamento entre o Direito e a conduta do sujeito de direito. A finalidade buscada pelo Direito repressivo consiste na ausência de ação reprovável pelo destinatário da norma. Usualmente, isso significa a omissão absoluta do sujeito. Como regra, o sujeito que permanece omisso não infringe a finalidade buscada pela norma. Somente por exceção a sanção negativa é aplicada à conduta omissiva do sujeito.

Já o Direito promocional é orientado a obter uma conduta socialmente desejável do destinatário da norma. Portanto, a finalidade buscada é uma atuação ativa do sujeito, não a sua omissão. A sanção positiva é aplicada quando o sujeito adota a conduta desejável. Também nesse caso, a sanção positiva somente é aplicada à conduta omissiva do sujeito em casos excepcionais.

XXXV.3.5 – A insuficiência do exercício da violência pelo Estado

Essa concepção reconhece que a violência é um atributo necessário do Direito, mas não suficiente para o atingimento de suas finalidades. Não significa, portanto, o desaparecimento do Direito repressivo e da sanção negativa, mas o acréscimo de outros aspectos.

RESUMO

- O "primeiro" Bobbio: o direito é identificado por sua estrutura. A manutenção do enfoque da violência.

- O "segundo" Bobbio: o direito é identificado por sua função. O Estado não se restringe ao exercício da violência.

- Estado de Polícia: o fim buscado era a omissão (comportamento jurídico neutro).

- Estado de Bem-Estar Social: A ampliação das funções do Estado sobre o Direito e as novas funções estatais produziram o aumento da complexidade do Direito. A violência institucionalizada ainda é uma característica do Direito, mas a complexidade do Direito exige considerá-lo como instrumento para realizar fins de interesse coletivo e da dignidade humana.

- Sob esse ângulo, o Direito é identificado não propriamente pela sua estrutura, orientada a exercitar a violência, mas por uma função de inovação na ordem social. Como decorrência, o Direito apresentava uma configuração essencialmente repressiva e conservadora.

- A função promocional do Direito: os mecanismos jurídicos contemplam os incentivos para a alteração da situação existentes e para fomentar as condutas individuais e coletivas reputadas como socialmente desejáveis.

- A sanção negativa (punitiva): A sanção negativa apresenta cunho punitivo e visa desincentivar condutas socialmente indesejáveis. Seu conteúdo é uma medida de violência, a ser exercitada pelo Estado. É o instrumento jurídico por excelência do Estado de Polícia.

- A sanção positiva (premial): A sanção positiva consiste num prêmio e visa a incentivar condutas socialmente desejáveis. O seu conteúdo consiste num benefício patrimonial ou não, que será reforçado pelo Estado, mas não necessariamente executado diretamente por ele. É o instrumento jurídico por excelência do Estado de Bem-Estar Social.

- Essa concepção reconhece que a violência é um atributo necessário do Direito, mas não suficiente para o atingimento de suas finalidades. Não significa, portanto, o desaparecimento do Direito repressivo e da sanção negativa, mas o acréscimo de outros aspectos.

Questões

1) Em que consiste um "Direito Promocional"?

2) Na sua opinião, o Estado deve buscar a inação ou a ação dos indivíduos?

3) Qual a relação entre as concepções sobre o Estado e o Direito?

4) Qual a diferença entre sanção positiva e sanção negativa?

5) Bobbio repudiou a concepção de que o Direito é identificado por sua estrutura?

Capítulo XXXVI
O CÍRCULO HERMENÊUTICO E O ETERNO RETORNO

Cabem algumas considerações conclusivas, que se relacionam à trajetória do estudo realizado até este momento.

XXXVI.1 – A INTERPRETAÇÃO E A APLICAÇÃO DO DIREITO

O núcleo central da atividade jurídica é a interpretação e a aplicação do Direito. Todas as atividades relacionadas com o mundo do Direito envolvem necessariamente essa atuação conjugada de determinar o conteúdo e o alcance do Direito e produzir uma solução para um caso real – ainda que considerado de modo geral e abstrato (como a avaliação da constitucionalidade de uma lei).

XXXVI.2 – SEMPRE O CÍRCULO HERMENÊUTICO

Em todas essas hipóteses (tal como na generalidade da vida humana), o sujeito se deparará com o círculo hermenêutico. Em termos simplistas, esse círculo hermenêutico se reduz à afirmação de que a compreensão de um objeto depende da compreensão do todo, a qual depende da compreensão das partes, o que exige a compreensão do todo. Não se trata de um paradoxo, mas da afirmação da natureza não linear da compreensão.

XXXVI.2.1 – A compreensão como uma sucessão de etapas

Isso significa que a compreensão se desenvolve como uma sucessão de etapas. Não se aperfeiçoa de modo imediato, num átimo de tempo. A compreensão resulta e é produzida como uma trajetória.

XXXVI.2.2 – O percurso é antecedido por uma pré-compreensão

Esse percurso não é antecedido de um "nada". Quando o sujeito se aproxima do objeto de sua cogitação, traz consigo uma pluralidade de intuições, memórias e projeções. Muitas delas são inconscientes, relacionadas com eventos de um passado distante e esquecido. Outras decorrem de condicionamentos culturais, resultantes de usos e costumes.

XXXVI.2.3 – A pré-compreensão é inevitável

A pré-compreensão é inevitável. Não se trata, portanto, de um "defeito" do processo hermenêutico. Mais do que isso, essa pré-compreensão é um pressuposto do início da trajetória. Admitindo-se que fosse possível concretamente a ausência de pré-compreensão, seria inviável o início do processo hermenêutico.

XXXVI.2.4 – O cunho adivinhatório da pré-compreensão

Por outro lado, a pré-compreensão implica uma espécie de adivinhação. Por exemplo, alude-se à "expectativa" do sujeito, que é a previsão formulada sobre aquilo que será objeto de sua interpretação. Nem sempre o sujeito tem consciência dessa adivinhação.

XXXVI.2.5 – A adivinhação sobre o todo

Usualmente, essa adivinhação é uma pré-compreensão sobre o todo. Esse posicionamento condicionará a interpretação das parcelas que integram esse todo. A compreensão mais exata sobre essas partes se refletirá sobre o todo. E assim de modo sucessivo.

XXXVI.2.6 – A revisão da pré-compreensão

A atividade hermenêutica exige que o sujeito identifique e compreenda as suas próprias pré-compreensões. Logo, compreender o objeto significa compreender-se a si mesmo. Porque é impossível dissociar o objeto a ser compreendido e o sujeito que compreende.

XXXVI.2.7 – A pré-compreensão pode ser "correta" ou não

Em muitos casos, a pré-compreensão refere-se à realidade dos fatos ou dos valores. Em outros casos, relaciona-se com uma ideia pessoal relativamente ao Direito, ao Estado, à Nação e assim por diante. Tais concepções podem ou não refletir a realidade dos fatos.

XXXVI.2.8 – O esclarecimento e a revisão das pré-compreensões

O processo hermenêutico é orientado a aprofundar o domínio do conhecimento e da capacidade valorativa do sujeito relativamente ao objeto. Nessa trajetória, o sujeito aprofunda o domínio cognitivo sobre o objeto, incorpora novas informações e revisa as próprias valorações. Essa evolução hermenêutica versa tanto sobre o objeto no seu todo, como quanto às suas partes.

XXXVI.2.9 – A natureza circular dessa trajetória

A trajetória hermenêutica é circular. Compreender pressupõe rever o objeto no seu todo e em suas partes e revisar as próprias avaliações. Não se trata de um percurso linear. É necessário retornar ao ponto inicial, reexaminar as partes tomando em vista as compreensões já realizadas.

XXXVI.2.10 – A dimensão evolutiva da trajetória

Retornar ao ponto de partida não significa reiniciar do zero, do mesmo marco inicial. O sujeito retorna ao exame, mas traz consigo o resultado de sua trajetória anterior. Há uma experiência adquirida, que incorpora na sua vida valores e conhecimentos adquiridos sobre o objeto.

Logo, essa trajetória é evolutiva, porque o sujeito retorna ao ponto inicial, mas não é mais o mesmo que era ao iniciar. Ainda que o objeto não tenha sofrido qualquer alteração, o sujeito modificou-se pela trajetória desenvolvida.

XXXVI.3 – INTERPRETAR O DIREITO NÃO É APENAS VALORAÇÃO SUBJETIVA

Sob outro ângulo, a atividade hermenêutica jurídica não se reduz a um processo valorativo subjetivo, no qual o sujeito imporia ao objeto as suas impressões, os seus sentimentos e os seus impulsos subjetivos. Há uma exigência de conhecimento do mundo do Direito.

XXXVI.3.1 – O domínio das leis, das normas e dos institutos

A compreensão do Direito exige o conhecimento sobre as leis, as normas e os institutos. Isso envolve uma questão cognitiva. É necessário estudar, ampliar o conhecimento, ter acesso ao pensamento e às propostas da doutrina, examinar a jurisprudência, experimentar os processos sociais que são objeto da disciplina jurídica.

XXXVI.3.2 – A apreensão do conhecimento existente

O processo cognitivo apresenta uma dimensão teórica. É necessário incorporar o conhecimento existente, produto da experiência de muitos outros pensadores.

Quem ignora as noções existentes e institucionalizadas não dispõe de condições de compreender a situação jurídica em que se insere. Nem é dotado de condições para produzir conhecimento inovador.

XXXVI.3.3 – O contato com a realidade prática do mundo

Há uma dimensão prática, relacionada com a realidade do mundo. O conhecimento do Direito não se restringe à simples leitura de livros. Não se compreende a existência individual e coletiva sem travar contato com a circunstância de cada um e de todos.

XXXVI.4 – A CONQUISTA E O DOMÍNIO DO INSTRUMENTAL DO DIREITO

A ampliação do conhecimento e a experiência na atividade hermenêutica permitem ao sujeito conquistar e dominar o instrumental do Direito. Isso significa ampliar a capacidade de identificar os problemas, encontrar as fontes de consulta mais adequadas e formular as soluções mais satisfatórias.

Por mais hábil que seja o operador do Direito, sempre se defrontará com a questão do círculo hermenêutico. Cabe a cada um compreender que a aquisição da experiência também significa a elevação das pré-compreensões. Ninguém, por mais sábio e experiente, está imune ao erro, especialmente quando se submete às próprias pré-compreensões e se torna incapaz de duvidar de si mesmo. A trajetória pelo círculo hermenêutico pode tornar-se mais rápida e mais fácil, mas nunca poderá ser dispensada.

XXXVI.5 – O ETERNO RETORNO

A concepção circular do processo hermenêutico pode ser utilizada para avaliar o percurso em geral do ser humano no mundo. Nas diversas atividades e preocupações do ser humano, a dinâmica da vida não é incompatível com uma trajetória circular. Muitas vezes, o percurso é muito extenso, o que dificulta a consciência da configuração circular da trajetória.

Essa visão é orientada pela proposta do eterno retorno, que se encontra no núcleo do pensamento de Nietzsche, tendo sido professada por muitos filósofos antes dele.[1] Encontra-se no núcleo de muitas religiões, que incorporam a concepção do retorno futuro da divindade ou do reinício da existência individual.

---

[1] A concepção do eterno retorno foi *"... uma doutrina difundida na Antiguidade. É um modo de enxergar o mundo como permanente; ao interno dessa permanência, existe a ausência de permanência, na qual a História reside. Esse era o ponto de vista de Platão e de Aristóteles... O eterno retorno é admitido por Nietzsche como um postulado moral, não uma doutrina cosmológica"*

Nietzsche adotava uma concepção agnóstica do mundo. Segundo ele, o eterno retorno significava viver de modo a poder desejar que a própria vida se prolongue infinitamente ("Live so that you can will your entire life to recur infinitely"[2]). Seguindo ou não as doutrinas de Nietzsche em geral, esse é um bom conselho sobre a vida.

XXXVI.6 – A INTRODUÇÃO AO ESTUDO DO DIREITO E A TRAJETÓRIA INTERMINÁVEL

O Direito integra a experiência existencial individual e coletiva. A Introdução ao Estudo do Direito consiste num passo de ingresso nesse círculo hermenêutico existencial. Cada etapa subsequente permite compreender mais e melhor sobre o Direito. Não existe um ponto final nesse percurso.

É evidente que a trajetória de cada pessoa é própria e única, inclusive no mundo do Direito. Isso não exclui o desafio de manter o compromisso de sempre buscar ser, individual e coletivamente, mais e melhor.

(STRAUSS, Leo. *Leo Strauss on Nietzsche's Thus Spoke Zarathustra* (The Leo Strauss Transcript Series). University of Chicago Press. Edição do Kindle, tradução livre).

[2] STRAUSS, Leo, ob. et loc. cit.

BIBLIOGRAFIA

AFTALION, Enrique F.; OLANO, Fernando Garcia; VILANOVA, Jose. *Introducción al derecho*. Buenos Aires: Cooperadora de Derecho y Ciencias Sociales, 1972.

ALEXY, Robert. Data y los derechos humanos: mente positrónica y concepto dobletriádico de persona. In: ALEXY, Robert; GARCÍA FIGUEROA, Alfonso. *Star Trek y los derechos humanos*. Valencia: Tirant lo Blanch, 2007.

AMARAL, Diogo Freitas do. *Manual de introdução ao direito*. Coimbra: Almedina, 2019. v. II.

BANDEIRA DE MELLO, Celso Antônio. *O conteúdo jurídico do princípio da igualdade*. São Paulo: RT, 1978.

BAPTISTA MACHADO, J. *Introdução ao Direito e ao discurso legitimador*. Coimbra; Almedina, 1983.

BARROSO, Luís Roberto. *A dignidade da pessoa humana no direito constitucional contemporâneo* – A construção de um conceito jurídico à luz da jurisprudência mundial. Belo Horizonte: Fórum, 2012.

BOBBIO, Norberto. *Dalla struttura alla funzione: nuovi studi di teoria del diritto*. Milano: Edizioni di Comunità, 1977.

BONAVIDES, Paulo. *Curso de direito constitucional*. 33. ed., São Paulo: Malheiros, 2018.

CAMILLO, Carlos. *Manual de teoria geral do direito*. São Paulo: Almedina, 2019.

CASSESE, Sabino. Lo "stato pluriclasse" in Massimo Severo Giannini. In: CASSESE, Sabino; CARCATERRA, Gaetano; D'ALBERTI, Marco; BIXIO, Andrea (Coord.). *l'unità del diritto* – Massimo Severo Giannini e la teoria giuridica. Bologna: Il Mulino, 1994.

CHEVALLIER, Jacques. *O Estado pós-moderno*. trad. Marçal Justen Filho. Belo Horizonte: Fórum, 2009.

EISENSTEIN, Louis. *The ideologies of taxation*, New York: Ronald Press Company, 1961.

FERRAZ JÚNIOR, Tércio Sampaio. *A função social da dogmática jurídica*. 2. ed., São Paulo: Atlas, 2015.

FREUD, Sigmund. *Civilization and Its Discontents* (Penguin Modern Classics) (Locais do Kindle 929). Penguin Classics. Edição do Kindle.

GADAMER, Hans-Georg. *Hermenêutica em Retrospectiva*. 2. ed. Tradução Marco Antônio Casanova. Petrópolis: Vozes, 2007.

GADAMER, Hans-Georg. *Verdade e Método*. 13. ed. Petrópolis: Vozes, Editora Universitária São Francisco, 2013.

GIANNINI, Massimo Severo. *Diritto amministrativo*. 3. ed. Milano: A. Giuffrè, 1993. v. 2.

HÄBERLE, Peter. *El estado constitucional*. Buenos Aires: Editorial Astrea, 2007.

HÄBERLE, Peter. *Textos clássicos na vida das Constituições*. Trad. Peter Naumann, São Paulo: Saraiva, 2016 (Série IDP: *Linha* direito comparado).

HABERMAS, Jürgen. *Pensamento pós-metafísico – Estudos filosóficos*. Rio de Janeiro: Tempo Brasileiro, 1990.

HART, Herbert Lionel Adolphus. *O conceito de direito*. trad. A. Ribeiro Mendes. Lisboa: Fundação Calouste Gulbenkian, 1986.

HEIDEGGER, Martin. *Ser e tempo*. 4. ed. Brasileira. Petrópolis: Vozes, 1993.

JUSTEN FILHO, Marçal. *Sujeição passiva tributária*. Belém: Cejup, 1986.

JUSTEN FILHO, Marçal. *Desconsideração da personalidade societária no direito brasileiro*. São Paulo: RT, 1986.

JUSTEN FILHO, Marçal. Conceito de interesse público e a "personalização" do direito administrativo. *Revista Trimestral de Direito Público*. São Paulo: Malheiros, n. 26, p. 115-136, 1999.

KELSEN, Hans. *Teoria pura do direito*. Trad. João Baptista Machado. 3. ed. Coimbra: A. Amado, 1974.

PALMER, Richard E. *Hermenêutica*. Lisboa: Edições 70, 2018.

PEIRCE, Charles S.; JAMES, William; DEWEY, John. *The collected Works of John Dewey*, The Complete Works Pergamon Media (Highlights of World Literature). Pergamon Media. Edição do Kindle.

PONTES DE MIRANDA, Francisco Cavalcanti. *Comentários ao Código de Processo Civil* (arts. 1.º a 45). Rio de Janeiro: Forense, 1974. t. I.

MCLUHAN, Marshall. *Os meios de comunicação como extensões do homem (understanding media)*. Trad. Décio Pignatari. São Paulo: Editora Cultrix, 1969.

NIETZSCHE, Friedrich Wilhelm. *Assim falava Zaratustra*. Trad. Eduardo Nunes Fonseca, São Paulo: Hemus, 1979.

POGREBINSCHI, Thamy. *Pragmatismo: teoria social e política*. Rio de Janeiro: Relume Dumará, 2005.

REALE, Miguel. *Lições preliminares do direito*. 27. ed. São Paulo: Saraiva, 2013.

SILVA, José Afonso da. *Aplicabilidade das normas constitucionais*. 6. ed. São Paulo: Malheiros, 2002.

SILVA, Virgílio Afonso. O conteúdo essencial dos direitos fundamentais e a eficácia das normas constitucionais, *Revista de Direito do Estado*, n. 4, p. 23-51, 2006.

STRAUSS, Leo. *Leo Strauss on Nietzsche's Thus Spoke Zarathustra* (The Leo Strauss Transcript Series). University of Chicago Press. Edição do Kindle.

SUNDFELD, Carlos Ari. *Direito administrativo para céticos*. 2. ed. São Paulo: Malheiros, 2014.

VIEIRA, Oscar Vilhena. Colaboração de Flávia Scabin e Marina Feferbaum; pesquisadores da obra Eloisa Machado (et al). *Direito Fundamentais* – uma leitura da jurisprudência do STF. 2. ed. São Paulo: Malheiros, 2017.

WEBER, Max. Política como Vocação. *Política e Ciência:* Duas vocações. São Paulo: Martin Claret, 2015.

WITTGENSTEIN, Ludwig. The Limits of My Language Mean the Limits of My World, T. R. Martland, *The Review of Metaphysics*, v. 29, n. 1, p. 19-26, Sep., 1975.